하나님의 뜻 안에서
누리는 부부생활

즐거움을 위한 성

휘트 부부 지음

권영석, 송경숙 옮김

IVP

IVP(InterVarsity Press)는
캠퍼스와 세상 속의 하나님 나라 운동을 지향하는
IVF(InterVarsity Christian Fellowship)의 출판부로서
생각하는 그리스도인을 위한 문서 운동을 실천합니다.

Originally published by Fleming H. Revell
as *Intended for Pleasure* by Ed Wheat and Gaye Wheat
ⓒ 1997 by Ed Wheat and Gaye Wheat
Translated by permission of Fleming H. Revell
P. O. Box 6287, Grand Rapids, MI 49516-6287, U. S. A.

Korean Edition ⓒ 2000 by Korea InterVarsity Press
156-10 Donggyo-Ro, Mapo-Gu, Seoul 121-838 Korea

Intended for Pleasure

Ed Wheat, M.D. and Gaye Wheat

3rd Edition

50년의 세월 동안, 헌신과 따뜻함과 관대함과 성실함으로 진정한 아가페 사랑을 아름다운 그림처럼 보여 준 에드 휘트 시니어(Ed Wheat Sr.)와 그래디스 깁슨 휘트(Gradys Gibson Wheat)에게 이 책을 바친다.

차례

헌사 7
서문 11
감사의 말 15

1. 즐거움을 위해 주어진 성 17
2. 하나님의 설계도를 발견하라 25
3. 사랑하기로 결심하라 39
4. 기본을 이해하라 51
5. 한 몸을 이루라: 성교의 기술 91
6. 일반적인 문제의 해결책 105
7. 오르가즘을 모르는 아내들에게 127
8. 발기 부전증이 있는 남편들에게 139
9. 성적 친밀감의 잠재력 155

10. '완전한' 아내 ·· 171
11. 가족 계획의 이론과 실제: 피임법 ············ 189
12. 임신 기간의 성생활 ································ 235
13. 노년기의 성생활 ···································· 245
14. 성병의 이해 ·· 257
15. 질문과 답변 ·· 273
16. 완전한 사랑, 완전한 즐거움 ···················· 297
17. 결혼: 작은 천국 ······································ 305

참고 도서 ·· 313
추천하는 테이프 ·· 317
주제 색인 ·· 319
성구 색인 ·· 337

서문

이 책의 초판은 거의 예기치 않은 상황에서 나왔다. 이 책을 내게 된 이유는 단순히 우리가 책을 쓰고 싶었기 때문이 아니라, 삶, 결혼, 가정을 전격적으로 변화시킬 수 있는 유용한 정보를 사람들과 나누고 싶었기 때문이다.

성경을 믿고 가르치는 가정의로서 필자(에드)는, 지난 수년 동안 결혼 상담의 필요성이 너무나 증대되었기 때문에 이 일에 점점 더 많이 관여하게 되었다. 그 결과 전국을 다니면서 강연을 했고, 마침내 그리스도인 부부들이 활용할 수 있는 성적 기교와 부부의 성생활에 관한 강의 테이프를 만들게 되었다.

그런데 그 테이프들이 널리 배포된 후 얼마 지나지 않아서 그리스도인들이 보낸 서신이 날마다 쇄도했다. 테이프를 들은 이들은 성경적으로 사고하면서도 자신들을 도울 수 있는 의학 지식을 겸비한 상담가와 자신들의 문제를 직접 상의하기 원했다. 필자는 유사한 질문과 문제가 반복해서 제기되는 것을 보면서, 결혼 관계에서 아주 흔히 나타나는 성적 부적응 문제들에 대한 성경적 원리와 의학적 해결책을 둘 다 제공해 주고 싶어서 이 책을 쓰기로 마음먹었다.

안타깝게도 오늘날 수많은 부부가 하나님이 그들을 위해 결혼 관계에서 의도하신 바를 놓치고 있다. 그 중 소수는 자신들의 부부 관계가 이상적인 모습에 비추어서 만족스럽지 못하다고 생각하고는 적극적으로 해답을 찾기 시작했다. 그러나 대다수는 아직도 부부의 육체적인 관계가 서로에게 만족스럽고 즐거워야 한다는 사실조차 깨닫지 못하고 있는 것 같다.

오늘날 우리는 성에 관한 이야기를 공공연히 하지만, 부부의 성생활에 실제적인 도움이 될 만한 정확한 정보는 거의 접하지 못하는 실정이다. 어떻게 하면 애정을 갖고 배우자의 성적 필요를 충족시킬 수 있을지 그리고 만일 성이 충족되어야 할 필요 사항이라면, 성을 부부 관계의 중요한 측면으로 자리 매김 하기 위해서는 어떻게 해야 할지에 대한 구체적인 대답은 세속적인 매체에서 좀처럼 듣기 어렵다. 대다수의 그리스도인 부부는 성경이 성에 관해서 실제로 말하는 바에 대해, 또 하나님이 그들을 위해 마련해 놓으신 바를 온전히 즐길 수 있는 방법을 의학적인 견지에서 배운 적이 없다.

그래서 우리는 이 책에 나오는 사실과 정보들이 오늘날에도 여전히 필요하다는 사실을 깨달았다. 이 최신판은 성경적인 가르침의 틀 속에서 결혼 관계 내의 성에 관해 의학적으로 정확한 지식을 찾으려는 부부와 예비 부부에게 유익한 정보를 담고 있다. 우리는 부부의 성생활이란 주제를 아주 솔직하게 그리고 정확한 의학적 지식에 기초하여 논의하되, 성경이 이 주제를 신성하고 조심스럽게 다루는 만큼 우리도 신중하게 접근하려고 노력했다. 자신들의 결혼에 대한 하나님의 계획에 기꺼이 참여하려고 하는 모든 부부는 하나님의 약속대로 성적 완성을 체험할 것이며, 이 책의 목적도 그런 완성에 이르는 길을 제시하는 것이다.

필자 부부는 우리의 좋은 친구요 동료인 도우 퍼스리(Dow Pursley) 박사와 함께 상담과 세미나 개설에 참여해 왔다. 퍼스리 박사는 이 책의 새로운 판에 나오는 모든 의학적인 정보를 최신 정보로 바꾸는 일을 도와주었고, 볼(Marcia Ball) 박사, 발보(John Valvo) 박사와 하르츠하임(Paul Hartzheim) 박사는 정확한 최신 정보가 필수적인 성병에 관한 장을 써 주었다.

남편과 아내가 즐거운 관계를 이루는 데 필수적인 태도와 정보를 갖고 결혼 생활을 하나님께 맡길 때 그분은 경이로운 일을 이루실 것이다. 우리는 이 책을 통해 모든 독자에게 그러한 우리의 경이감과 기쁨을 전달하려고 애썼다.

이 책을 읽어 나가는 동안 이 놀라운 사실을 줄곧 명심하기 바란다. 하나님은 우리의 즐거움을 위해 성을 창안하셨다. 성은 하나님이 우리에게 **주신 — 즐거움을 위해 마련하신 —** 선물이다.

감사의 말

우리는 글로리아 오우크스 퍼킨스(Gloria Okess Perkins)가 애정이 깃든 노련한 작업을 성실하게 해준 것에 대해 마음에서 우러나오는 감사를 전한다. 글로리아의 숙련된 작업과 귀중한 기술이 아니었으면 초판은 물론 개정판도 나올 수 없었을 것이다. 성경에 대한 해박한 지식을 지닌 전문 작가인 그녀는 수년 간 우리와 함께 동역해 왔다.

리처드와 린다 닐센(Richard and Linda Nilsen) 부부, 제리와 샌디 노드(Jerry and Sandi Knode) 부부, 헨리 테일러(Henry Taylor), 우리 딸 메리 앤(Merry Ann), 수잔 반더워터(Susan Vanderwater), 케이다 그레이스(Kayda Grace) 박사, 조안 맥도날드(Joan McDonald), 알마 비어드(Alma Beard), 마틴 박(Martin Bak), 데일 엘렌(Dale Ellen)과 베니 빌즈(Benny Beals), 마이클 코코리스(Michael Cocoris), 르몽 클라크(LeMon Clark) 박사와 조디 딜로우(Jody Dillow), 돈 메레디스(Don Meredith)에게도 감사를 전한다.

이 개정판이 나올 수 있도록 도움을 주었던 사랑하는 분들에게 감사드린다. 특히 볼 박사, 발보 박사 그리고 하르츠하임 박사에게 감사를 돌리는 바다. 이 분들의 전문 지식 덕분에 독자들은 최근의 의학 연구로 검증된 내용을 추가로 확보할 수 있게 되었다. 또한 언어에 대한 전문적인 감각으로 우리를 도와준 폴 사간(Paul Sagan) 목사님께 감사드리며, 여성의 관점에서 예리하게 검토해 준 조안 퍼스리(Joan Pursley)에게도 감사를 전한다.

마지막으로(이 말은 절대로 가장 적은 도움이었다는 의미가 아니다) 우리는 도우 퍼스리 박사에게 감사해 마지 않는다. 퍼스리 박사의 기동력이 아니었으면 이 개정판은 결코 시작되지 못했고, 그가 들인 불굴의 노력과 시간이 아니었다면 이 개정판은 완성되지 못했을 것이다.

주님이 여러분 한 사람 한 사람에게 풍성한 복을 내리시기를 빈다.

에드와 게이 휘트 부부

1
즐거움을 위해 주어진 성

그리스도인들을 비롯한 수많은 사람이 결혼 생활의 특별한 문제에 대해 의학적인 해결책을 찾으려고 내 진료실을 찾는다. 나는 의학 박사로서 의학적으로 꽤 많은 것을 도울 수 있지만, 먼저 상처를 치유하고 관계를 회복시키며 부부의 성생활에 대한 건전한 태도를 정립하는 데 올바른 기초가 되는 성경 지식을 전달해야 할 필요가 더 절실할 때가 많다.

삶의 어떤 측면이든, 그 측면에 대해 하나님이 말씀하시는 바를 알고 이해하게 되면 적어도 그 영역에서는 온전해지게 된다. 그리고 성적인 영역보다 이런 필요가 더 절실한 곳은 없다. 이 영역에 대한 부정적인 태도들이 실제로 결혼 관계를 파괴해 왔기 때문이다.

하나님과 성을 동시에 논의하자 심히 혼란스러워하던 남자를 기억한다. 그 남자에게 성이란 그리스도인의 삶과는 전적으로 동떨어진 것이었다. 그는 성관계를 거룩하지 않은 행위라고 생각했고, 심한 죄의식을 지닌 채 성관계를 계속했는데 이것이 그와 아내의 성생활을 망가뜨렸다.

그 남자는 성에 관한 하나님의 관점을 오해했기 때문에 결과적으로 부드러움도 즐거움도 없는 성급한 육체 행위만 해 온 것이다.

결혼한 지 25년이 되었는데 오르가즘이 무엇인지 또는 자신이 이전에 오르가즘을 경험한 적이 있는지조차 알지 못하는 여성, 침실에서 자아가 너무 깊은 상처를 받아 서로 거의 말을 하지 않는 남편과 아내, 심각한 문제는 없지만 성관계에서 거의 기쁨을 누리지 못하는 신실한 그리스도인 부부 그리고 기쁨보다는 불행으로 가득한 결혼 생활을 하는 근심 어린 사람들을 나는 기억하고 있다.

하나님은 이 모든 이들에게 하실 말씀이 아주 많다! 성에 대한 그릇된 태도와 잘못된 접근 방식을 가지고 사는 불행한 부부들에게 그리스도인 의사로서 중요한 메시지를 전달하는 것은 내가 누리는 특권 가운데 하나다. 그 메시지란, 간략히 말하자면 이런 내용이다. 하나님은 우리에게 부부간의 성생활을 즐겨도 된다고 허락하셨다. 하나님이 성을 창안하셨다. 성을 맨 먼저 생각해 내신 분은 하나님이다. 우리는 성을 즐기는 법을 배울 수 있다. 남편이여, 그대들은 '젊어서 취한 아내'와 함께 짜릿하고 행복한 결혼 생활을 영위할 수 있다. 비록 현재의 결혼 생활이 연인들의 밀회 장소이기는커녕 전쟁터나 황무지 같다고 해도, 그 모든 것을 변화시킬 수 있다. 우리가 알다시피, 하나님은 결혼에 대한 완전한 계획을 가지고 계시므로 우리는 어느 때든지 새로운 걸음을 내디딜 수 있으며, 과거의 실수들을 말끔히 처리할 수 있다.

잠언 5:18-19은 옛날에 한 아버지가 하나님의 지혜에 기초하여 아들에게 주는 권면으로 보이는데, 이는 오늘날의 독자들에게도 마찬가지로 적절한 권면이다. "네 샘(생명을 생산하는 신체의 일부분)으로 복되게 하라. 네가 젊어서 취한 아내를 즐거워하라(또는 넋을 잃고 기뻐하라).…너는 그 품을 항상 족하게 여기며 그 사랑을 항상 연모하라(또는 가득 채우라)."

어떤 이들은 성경이 부부의 성생활에 대해 아주 공공연하고 유쾌하게 말하고 있음을 알고 놀랄지 모른다. 사실 성경 대부분의 책은 어느 정도 성에 대해 언급하고 있고 솔로몬의 애가는 부부간의 사랑의 행위를 절묘하게 묘사하고 있다. 그러나 무엇보다 기원에 관한 책인 창세기는 하나님이 부부 관계에 대해 뜻하신 바가 무엇인지를 가장 인상적으로 보여 준다.

하나님이 **남자**와 **여자**를 만드셨다고 기록한 창세기의 처음 세 장을 읽어 보면 "하나님이 그 지으신 모든 것을 보시니 보시기에 심히 좋았더라"(창 1:31)는 것을 발견할 수 있다. 흥미롭게도 빛을 만든 것이 '좋았고', 땅과 바다를 만든 것도 '좋았으며', 마찬가지로 채소, 물고기와 새와 동물을 만든 것 역시 '좋았다.' 그러나 하나님은 남자와 여자를 만드신 후에야 비로소 '**심히 좋다**'고 하신다. 이는 우리의 주의를 끈다.

에덴 동산과 지상에 '좋은' 것들이 아주 많이 있었음에도 불구하고 딱 한 가지가 **좋지 않았다**. "여호와 하나님이 가라사대 사람의 독처하는 것이 좋지 못하니 내가 그를 위하여 돕는 배필을 지으리라 하시니라"(창 2:18). 이 몇 마디의 말을 통해 하나님이 우리에게 가르쳐 주시는 바는, 남자를 위해서 자기 아내보다 더 나은 반려자나 아내를 대신할 자나 아니면 이를 능가하는 다른 계획이 없었다는 사실이다. '뼈 중의 뼈요 살 중의 살'이 없었기에 존재하던 애초의 공허는 오직 여자의 등장으로만 채워질 수 있었다. 하와가 아담의 일부로 만들어졌기에 남자는 자신의 하와 없이는 불완전한 상태로 남게 된다.

하나님은 결혼 관계에서 거의 최고의 우선권을 성적 결합에 두셨다. 하나님이 남자에게 악을 알게 되는 경험을 금지시키신 후에(창 2:17), 이어서 **두 번째**로 가르치신 것이 바로 남자와 여자가 결혼 관계를 맺는 방식이었다. "이러므로 남자가 부모를 떠나 그 아내와 연합하여 둘이 한 몸을 이룰지로다"(창 2:24). 하나님은 처음 하와를 만드실 때 남자에게서 분리시키셨다. 그러나 이제 그들에게 다시 한 몸으로 연합하라고 명하신다. 그 때는 죄나 죄의 결과인 이기심이 인간 사회에 들어오기 전이었지만, 이 간략한 권면에서 세 가지 기본 명령을 발견할 수 있다.

첫째, 결혼한 이들은 양가 부모에게 의지하지 않아야 한다. 배우자에게 완전히 의존해서 **모든** 필요를 충족시켜야 한다.

둘째, 남자는 결혼 관계를 유지할 책임을 진 사람으로서 그 아내와 '연합'해야 한다. 여기서 **연합**은 떨어질 수 없도록 용접한다는 의미이며, 그 결과 각 배우자는 상대방의 일부가 된다. 그러므로 남자는 자신의 아내에게 온전히 헌신해야 한다.

셋째, 우리는 성적으로 결합하라는, 즉 **한 몸**이 되라는 명령을 받았다.

"아담과 그 아내 하와가 벌거벗었으나 부끄러워 아니하더라"(창 2:25)는 행복한 말에서 우리는 하나님이 우리에게 의도하신 이상적인 상황을 찾아볼 수 있다. 아담과 하와는 부끄러워하지 않고 실망하거나 좌절하지 않고 서로를 실제 모습 그대로 볼 수 있었다. 하나님이 그들을 위해 마련하신 성관계는 동반자 의식과 연합과 기쁨이라는 복을 가져다 주었다 — 이것이 아이를 낳으라는 명령을 하기 **이전**이었음을 주목하라(창 3:16).

우리에게 즐거움을 주시겠다는 하나님의 계획은 결코 변하지 않았으며, 우리가 얼마나 "신묘 막측하게 만들어졌는지"(시 139:14)를 생각해 볼 때 이것은 더욱 확실해진다. 남편과 아내가 함께 즐거워하도록 하기 위해 하나님이 우리 몸 구석구석에 강렬하고 놀라운 감각을 풍부하게 제공해 주셨음을 발견하면 할수록, 부부 사이의 완전한 만족은 하나님의 의도였음을 더욱 확신할 수 있게 된다.

어떤 사람들은 죄가 세상에 들어온 이후에야 성행위가 인간의 삶 속에 자리잡았으며 이것은 거룩하지 못한 행습이라고 가정한다. 그러나 예수 그리스도께서 창세기의 처음 몇 장에 나타난 성에 대한 하나님의 기본적인 계획을 당시의 종교 지도자들에게 반복해서 말씀하신 것을 보면 이런 가정을 받아들일 수 없다. "창조 시로부터 저희를 남자와 여자로 만드셨으니 이러므로 사람이 그 부모를 떠나서 그 둘이 한 몸이 될지니라.…그러므로 하나님이 짝지어 주신 것을 사람이 나누지 못할지니라"(막 10:6-9; 마 19:5-6). 마가복음 10:10-11에서 예수님은 제자들에게 이것을 재차 강조하셨고, 에베소서 5:31에서도 이 명령이 재차 강조되고 있다.

성경은 사실 부부의 성생활은 남편과 아내 두 사람에게 놀랍고 지속적인 경험이 되지만, 그것을 넘어서 하나님에 대해 그리고 그분과 우리의 관계에 대해 훨씬 더 놀라운 것을 보여 주려는 의도가 들어 있음을 강조하고 있다. 에베소서 5:31-32은 이렇게 말한다. "이러므로 사람이 부모를 떠나 그 아내와 합하여 그 둘이 한 육체가 될지니 이 비밀이 크도다. 내가 그리스도와 교회에 대하여 말하노라." **그러므로 적절한 사랑의 방식으로 상호 만족을 주는 성적 결합은 하나님이 위대한 영적 진리를 보여 주시는 방법이다.** 이 본문은 유례를 찾아볼 수 없는 가장 위대한 사랑 이야기, 즉 어떻게 예수 그리스도께서 우리를 위해 자신을 주셨는지 그리고 어떻게 그분이 교회(그를 믿는 사람들)와 친밀하게 연결되어 있고 얼마나 교회를 사랑하시는지를 들려준다. 이런 틀로 보면 성숙해 가는 두 그리스도인 사이의 성관계는 기쁨일 뿐만 아니라 친밀한 교제가 될 수 있다.

또한 이 본문은 어째서 결혼을 통한 연합이 하나님이 계획해 놓으신 풍성함을 있는 그대로 누릴 수 있는 유일한 방법이 되는지를 설명해 준다. 결혼 관계는 자기 백성을 향한 끝없는 사랑을 예증하기 위해 하나님이 특별히 고안하신 것이기 때문에 성교는 (받기보다) 영원히 주려는 헌신의 맥락에서 경험해야만 한다. 이보다 못한 것은 상대방을 속이는 것이다.

어떤 사람들은 인간의 성욕을 동물의 성적 충동과 상당히 유사하다고 생각하기 때문에 성을 불편하게 느낀다. 그러나 동물들은 생물학적인 자극을 통해 본능적으로 번식할 뿐임을 기억해야 한다. 이에 비해 인간은 이성을 사용하여 성관계를 해야 할지 말지를 결정한다. 인간은 전인격으로 성교를 하는 유일한 피조물이다. 인간은 성관계를 통해 영적인 연합을 이룰 수 있고 또 서로를 더 깊이 알 수 있는 유일한 피조물이다. 남자와 여자의 몸이 어떻게 설계되었는지 명확히 이해해 보자. 성행위 자체만으로도 우리는 이것이 그저 신체적인 관계가 아니라 인격적인 관계임을 생각하게 된다. 왜냐하면 인간만이 마주 보고 성관계를 갖는 **유일한**

피조물이라는 점은 우연이 아니기 때문이다.

　성경은 우리가 하나님을 알 수 있는 것처럼, 신체적인 성행위를 통해 더 깊고, 더 고상하고, 더 친밀한 방식으로 우리의 배우자를 알 수 있다고 제시한다. 성경에서 **안다**는 용어는 우리와 하나님의 관계를 정의할 때 쓰인 말인데, 남편과 아내의 친밀한 연합을 가리키는 데도 같은 단어가 쓰였다. "아담이 하와를 알았다"(창 4:1). 마리아는 자신이 순결하다는 사실에 비추어 자신의 임신에 대한 의견을 나타낸다. "나는 사내를 알지 못하니 어찌 이 일이 있으리이까?"(눅 1:34) 마태복음 1:25은 요셉이 그리스도를 낳기까지 "그녀를 알지(동침하지) 아니했다"고 말한다. 성관계는 이렇게 사랑하는 사람을 **알아 가는** 지극히 소중한 즐거움을 제공한다. 우리의 결혼 관계가 하나님과 우리의 관계에 대한 진리를 드러내 준다는 사실을 깨달을 때, 우리는 성행위라는 역동적인 기회를 사용하여 남편 또는 아내에 대한 사랑을 더 자유롭고 온전히 표현할 수 있을 것이다.

　고린도전서 7:3-5은 성관계에 대한 하나님의 견해를 잘 드러내고 있는데, 남편과 아내가 배우자에게 육체적인 즐거움과 성적인 만족을 제공하는 것을 거부하면 이는 사실 서로 **속이는** 것이라고 한다. 특별한 이유가 있을 때 하는 기도와 금식만이 정기적인 성관계를 중단할 수 있는 유일하게 타당한 명분인데, 이것도 아주 제한적인 기간 상호 동의하에서만 가능하다.

　비록 에덴 동산에 살던 인간에게 죄가 들어오고, 그와 더불어 각양 좋은 것(성을 포함한)이 타락할 가능성도 함께 생겼지만, 사랑하는 창조물을 향한 하나님의 계획은 구주 예수 그리스도를 주심으로써 계속 유효하다. 사람들은 믿음으로 하나님의 길을 택할 수 있다. 정녕 우리 문화는 색욕으로 뒤틀린 성에 흠뻑 젖어 있고, 욕망은 비뚤어지고 일그러져서 하나님이 주신 경계선을 파괴하고 있으며, 길 한복판에서 날뛰는 고삐 풀린 야수 같은 지경이 되었다. **그럼에도 불구하고 부부의 침실은 하나님이 보시기에 거룩한 곳이다.** 우리는 부부의 성생활에 대한 이와 같은 견해를 잘 보존해야 한다. 왜냐하면 이것은 하나님의 견해이기 때문이다. 히브리서 13:4은 "모든 사람은 혼인을 귀히 여기고 침소를 더럽히지 않게 하라"고 말한다. 우리는 이러한 긍정적인 가치관을 소중히 간직하고 우리 자녀들에게 가르쳐야 한다. 하나님은 성경에서 친히 사랑/성에 관해 가르치고 계시며, 초지일관 결혼 관계 내의 성교를 결혼 관계 밖의 성교와는 전혀 다른 관점에서 보고 계신다. 결혼과 분리된 성교는 명백히 잘못된 것이라고 단호히 말해야 한다. 반대로 결혼 관계 내의 성교는 절대적으로 옳은 것이다. 이것을 결코 잊지 않도록 하자!

나는 솔직히 성숙한 그리스도인 부부가 경험하는 결혼 관계의 여러 차원을 충분히 묘사할 자신이 없다. 이들은 예수 그리스도께 자신을 온전히 의탁하고, 여기서 한걸음 더 나아가서 그들의 안전한 삶이 둘 사이의 영육간의 하나됨에 있음을 깨달은 사람들이다. 또 오직 상대방에게서만 발견할 수 있는 기쁨을 누리고 있으며, 이런 관계가 그들의 일생 동안 지속되리라고 생각한다. 온전히 하나가 되고 완전히 결합된 관계는 아무래도 아직 그것을 경험해 보지 못한 사람들에게 다 설명할 수가 없다. 이런 유의 관계를 경험하게 되면, 우리는 상대방과 나누는 완전한 사랑으로 인해 주님께 감사드리며, 끊임없이 그분을 찬양하게 되고, 기도를 통해 그분과 친교를 나누고 싶을 것이다.

그렇다. 하나님은 즐거움을 위해 성을 마련하셨다. 성은 문자 그대로 쾌락을 위한 것이다. 이렇게 표현하더라도, 우리의 언어로는 하나님이 우리를 위해 예비하신 바를 온전히 전달하지 못한다. 사라는 90세에 장차 아기를 가질 것이라는 말을 들었을 때 속으로 웃으면서 이렇게 말했다. "내가 노쇠하였고 내 주인도 늙었으니 내게 어찌 낙이 있으리요?"(창 18:12) 사라는 가장 경건한 여인으로 꼽히는 인물이기에(벧전 3:6), 황혼기의 사라와 아브라함 사이에 과연 즐거움을 주고받는 성적인 결합이 있었느냐 하는 문제는 아직도 논란이 되고 있다. 그러나 그 때나 지금이나 성관계를 통해 결혼한 남녀가 놀라운 느낌을 경험하는 것은 하나님의 뜻이며 계획이다. 왜냐하면 하나님은 우리의 큰 즐거움을 위해 성관계를 마련하셨기 때문이다.

2
하나님의 설계도를 발견하라

결혼 생활에서 성적 만족을 추구하려는 대다수의 사람은 신체적인 기교에 정통한 것이 지극히 부분적인 해답에 불과하다는 사실을 실감할 것이다. 성에 관한 일부 안내서의 주장과는 달리, 어떤 부부도 성교를 결혼 생활의 나머지 부분과 분리하여 완전히 숙달하기만 하면 언제든지 필요할 때 사용할 수 있을 것처럼 할 수 없다. 결혼 생활의 매사가 부부 생활에 영향을 미친다.

하나님이 의도하신 대로 온전한 성적 연합을 누리려면 성경적인 결혼 도면의 모든 단계가 제대로 되어 있어야 하기 때문에, 우리는 먼저 그분의 계획을 분명히 알아야 한다. 불행하게도 우리 대부분은 결혼 전에 이런 문제들에 대한 조언을 들어 보지 못한 채 행복에 이르는 길을 찾느라 적어도 처음 몇 년 간은 실수를 범한다. 거의 40년을 가정의로 활동하면서 내가 깨달은 바는, 중대하고 의미심장한 결혼이 최소한의 준비만 갖춰도 되는 인생사로 취급되고 있다는 점이다. 이혼이 전염병처럼 퍼져 나가고 있는데도 젊은 부부들이 준비하지 않은 상태로 과감하게 결혼에 뛰어드는 것은 놀라운 일이 아닐 수 없다. 대개 결혼식 전에 목사와 잠깐 만나고 대충 의식을 치르고 난 신혼 부부들은, 가족과 친지들이 최선을 기대하고 있는 상황에서 무엇을 어떻게 해야 할지도 모른 채 자기네 힘으로 행복을 찾아 암중모색하고 있다.

가정의로서 나는 혼전 상담을 나의 중대한 사명으로 생각한다. 이것은 가정 파탄을 예방하는 방법일 뿐 아니라, 나아가서 젊은 부부가 지속적인 관계 안에서 사랑하는 법을 배우고 즐거움과 기쁨을 창출할 수 있는 긍정적인 행동 양식을 함양하는 계기가 될 수 있다.

성교의 신체적인 측면에 대해 이야기하기 전에 내가 혼전 상담에서 다루는 기본 원리들을 모든 독자에게 강조하고 싶다. 대개는 예비 부부들과 이 원리들을 나누었지만, 이것은 신혼 부부든 결혼 28주년을 지난 부부든 어떤 부부에게나 확실히 도움이 될 것이다. 물론 지혜와 연륜이 아주 뛰어난 극소수의 부부는 다음의 성경적 원리에서 별 유익을 얻지 못할 수도 있다.

이 원리들은 내 진료실에서 전하는 강의 내용—혼전 상담에 들어 있다—과 흡사하기 때문에 이 상담이 어떻게 이루어지는지 아는 것이 도움이 될 것이다. 나는 예비 부부들과 결혼의 법적 요건으로 되어 있는 혈액 검사를 하기 위한 날짜를 정할 때 내 저서들—본서, 「사랑하는 아내와 남편」(Love Life for Every Married Couple, 생명의 말씀사), 「은밀한 선택」(Secret Choices) 그리고 「영원의 첫해」(The First Years of Forever)—을 읽으라고 권한다. 이런 책에 실린 혼전 상담 내용은, 성공적인 결혼 생활을 위해 결혼의 중요한 영역들—사전 계획이 필수적인—을 계획해 보는 기회를 제공해 준다.

그리고 난 후 약속 날짜가 되기 전에 내 가르침이 녹음된 테이프—"부부 생활의 기교와 문제점"(Sex Technique and Sex Problems in Marriage)과 "결혼 첫날밤"(Before the Wedding Night)—를 듣고 오라고 권한다. 이 두 강의는 맨 처음 몇 주간의 성교를 위한 특별 조언을 포함해서 능숙한 성생활에 필요한 정보를 확실하게 제공해 준다. 이 정보는 이 책의 4장에 수록했다. 두 사람이 함께 테이프를 듣는 동안 신랑은 신부가 무엇을 할지를 알고, 신부는 신랑이 무엇을 할지를 알며 그리고 둘 다 상대방이 그것들을 숙지하고 있다는 사실을 확인하게 된다. 그러면 불안감과 두려움이 대부분 사라지고, 두 사람은 그들의 삶에서 가장 친밀한 이 영역에서 자유롭게 이야기할 수 있는 상태로 결혼 생활을 시작한다.

그들이 진료실에 오면 신체 검사를 받게 되는데, 그 때 테이프에서 얻은 정보에 근거해서 궁금한 사항에 대해 질문할 수 있다. 이 과정을 통해 나는 그들이 알아야만 할 내용을 파악했는지 확실히 알게 되고, 하나님이 계획하신 결혼의 기본 원리들을 함께 검토하는 시간으로 활용하게 된다. 내가 발견한 바로는 이것이 대부분의 예비 부부가 생애의 전환점 − 결혼 준비 시기 −에서 받은 유일한 상담이었다.

본격적인 혼전 상담 시간에 들어가면 나는 행복한 결혼을 보장해 주는 성경적 원리 11가지를 간략하게 설명한다. 이런 기본 원리들을 적용한다면 그리스도인이건 아니건 간에 결혼 생활이 향상될 것이다. 하나님은 모든 남녀가 지켜야 할 확실한 원리들을 제시하셨는데 이것은 모든 사람의 삶에 유효하다. 단 하나 차이가 있다면, 불신자들은 이 원리들을 일생 동안 일관성 있게 실천할 수 없다는 점이다. 성경에 아주 구체적으로 언급되어 있는 이런 원리들을 실행할 수 있도록 능력을 공급해 주시는 주 예수 그리스도와 성령은, 오직 그리스도인 안에 거하신다.

나는 이런 식으로 예비 부부들과 그 원리들을 하나씩 하나씩 논의해 나간다.

1. 방해받지 않고 몇 주간 신혼기를 보낼 수 있도록 자금을 비축하라. "사람이 새로이 아내를 취하였거든 그를 군대로 내어 보내지 말 것이요 무슨 직무든지 그에게 맡기지 말 것이며 그는 일 년 동안 집에 한가히 거하여 그 취한 아내를 즐겁게 할지니라"(신 24:5).

이 시대의 엉성하기 짝이 없는 결혼 계획으로는 일 년 동안 일을 하지 않는다는 것은 기대하기 힘들다. 그러나 성경적 원리는 명확하다. 결혼한 후 처음 몇 주는 젊은 부부에게 아주 중대한 기간이다. 아내를 '즐겁게 한다'는 것은 히브리어에서 문자적으로 '성적인 측면에서 아내를 아는' 것을 의미하며, 또 육체적으로 '무엇이 아내를 더할 나위 없이 기쁘게 하는 것인지 이해한다'는 의미다.

당신도 다른 젊은이들처럼 결혼식에 엄청난 돈을 쓰면서도, 거기서 쓰고 남은 몇 푼으로 하룻밤을 같이 보내는 식으로 신혼 여행을 때울 생각을 하고 있는가? 그렇다면 몇 주일 동안은 일상의 책임에서 자유로울 수 있게끔 예산의 균형을 맞추어서 두 사람이 서로 적응하는 시간을 확보하라고 강권하고 싶다. 그 기간 중에 당신은 지금까지 사용하던 어떤 방법보다 더욱 분명하고 효과적인 의사 소통의 전용선을 확보하게 될 터인데, 당신의 인생에서 이런 기회는 두 번 다시 오지 않을지도 모른다. 만일 신혼 초에 상대방을 알아 가지 못한다면 시간이 갈수록 그런 의사 소통의 전용선이 점점 차단되는 것을 경험할 것이다.

입학이나 졸업 또는 새로운 사업을 시작하기 직전에는 절대로 결혼을 계획하지 말라. 이런 시기에는 시간과 노력을 많이 들여야 한다. 예를 들어 신학이나 의학 공부는 아주 집중적인 연구가 필요하다. 그러므로 방학 초나 휴가 기간에 결혼을 계획하라. 결혼 안에서 서로 돌보는 올바른 관계 유형을 확립하기 위해 상대방에게 집중하라.

2. 돈을 꾸지 말라. "피차 사랑의 빚 외에는 아무에게든지 아무 빚도 지지 말라"(롬 13:8). 결혼 전이나 결혼 직후에 돈을 빌리는 것은 결혼 서약에 또 다른 관용구 즉 '빚이 우리를 갈라놓을 때까지'를 덧붙이게 만든다. 다시 말해 하나님이 붙여 놓으신 것을 돈이 떼어놓게 하지 말라. 심리학 교과서에서 대표적인 결혼 문제를 열거한 목록을 보면 금전 관리가 1순위를 차지한다. 돈의 소유 정도가 아니라 돈에 대한 태도나 돈을 사용하는 방식이 문제를 일으키는 주요한 요인이다. 사실 나는 상담 경험을 통해 적당히 가진 사람들보다도 과다하게 돈이 많은 사람들에게 훨씬 더 많은 갈등이 있음을 발견했다.

이 원리는 "갈수록 가치가 떨어지게 마련인 상품을 구입하려고 돈을 빌리지는 말라"는 말로 다시 표현할 수 있다. 많은 신혼 부부가 비싼 자동차나 좋은 가구나 큰 집을 구입하기 위해 큰 빚을 진다. 그러나 살 수 있는 만큼 구입하고 난 다음, 자동차를 수리해서 쓰거나 가구를 직접 만들거나 할인 기간에 '보물'을 찾는 일로 주말을 함께 보내는 것이 훨씬 더 행복할 것이다.

나는 은행에 다달이 자동차 부금을 넣고 있는 한 신혼 부부를 알고 있다. 그들은 현금이 충분히 모였을 때 차를 사고, 차를 사고 난 다음에는 나중에 다른 자동차를 사기 위해 계속 돈을 적립한다. 그들은 그것을 누군가에게 지불하는 대신 그들 자신을 위해 적립함으로써 이자도 모으고 빚이 없는 홀가분함도 누린다. 재정적인 자유는 채권자가 원하는 대로가 아니라 **자신**이 원하는 대로 돈을 활용할 수 있는 능력을 부여해 준다. 즐겁고 유쾌한 결혼 생활을 원한다면, 함께 삶의 재미를 나눌 수 있는 자그마한 일들에 돈을 쓸 여유조차 생기지 않을 정도로 과다하게 지출해서는 안 된다.

3. 부모에게서 독립하라. 아버지와 어머니를 떠나라. "이러므로 사람이 부모를 떠나 그 아내와 합하여 그 둘이 한 육체가 될지니라"(엡 5:31). 그러나 **부모의 승인 없이 결혼해서는 안 된다.** "자녀들아 너희 부모를 주 안에서 순종하라. 이것이 옳으니라"(엡 6:1).

인간에게 죄가 들어오기 전에 아담은 두 가지 명령을 받았다. 하나는 선악을 알게(다시 말해, 경험적으로 악을 배우게) 하는 나무의 실과를 먹지 말라는 것이었고, 다른 하나는 부모가 결혼 관계 밖에 있어야 한다는 명령이었다! 하나님은 장차 생겨날 결혼 문제의 원인들을 꿰뚫어 보시면서, 인척이 결혼 생활에 연루되어서는 안 된다고 말씀하셨다(창 2:24). 신체적, 정서적, 재정적으로 부모를 떠나는 것은 새로운 사회 구성 단위를 형성하는 최선의 방법이다.

그런데 하나님은 **남자에게** 이 연합의 명령을 주셨다. 즉 남자에게 아내와 결합하기 위해 부모를 떠나야 한다(완전히 그리고 분리될 수 없도록 연합하라)고 말씀하고 있다. 남자는 그 아내를 사랑하라는 명령 이전에 그 아내와 연합하라는 명령을 받았다. 성경은 결혼 적령기에 대해 자세히 언급하고 있지는 않지만, 남자가 그 부모에게서 완전히 독립해서 자신의 가정을 세울 수 있어야만 한다는 원리를 확증하고 있다. 우리 문화에서는 통계적으로 여자의 결혼 적령기는 26세, 남자는 27-31세로 본다. 즉 이 연령에 결혼하면 이혼 확률이 낮다는 결과가 있다. 십대 결혼의 경우 현재 다섯 쌍 중 세 쌍이 이혼으로 끝난다. 그러나 나이에 관계없이, 행복한 결혼 계획에 하나님의 원리를 적용하는 그리스도인 부부라면 누구든지 하나님의 축복을 누릴 것이다.

당신의 양친이 당신이 결혼하는 것을 원하지 않는다면 또는 당신이 선택한 배우자를 불만스러워한다면 그들의 말을 경청하라고 권하고 싶다. 이것은 성경적일 뿐만 아니라 어느 누구보다도 자식을 잘 아는 사람이 부모라는 사실을 기억해야 하기 때문이다. 부모는 자식에게 필요한 배우자의 자질을 분별하는 지식―아마 자식이 분별하는 것보다 훨씬 더 나은 지식―을 갖고 있다. 자녀들이 결혼 전에 자기 부모의 조심스런 평가에 귀기울인다면 결혼 생활의 문제들을 상당 부분 피할 수 있을 것이다.

4. 적어도 일 년 간 텔레비전을 마련하지 말라. "남편 된 자들아 이와 같이 지식을 따라 너희 아내와 동거하고 귀히 여기라.…너희가 다 마음을 같이 하라"(벧전 3:7-8). 텔레비전을 마련하지 말라는 말은 젊은이들에게 너무나 괴상하게 들릴지 모르겠다. 말도 안 되는 소리로 생각할지도 모르겠다. 그러나 텔레비전이 우리의 시간을 훔치는 가장 강력하고 미묘한 도둑일 수 있다는 점을 알고 있는가? 그것은 당신이 배우자와 그 이후에 당신의 가족에게 마땅히 내어 주어야 할 순간들을 훔쳐 갈 것이다. 그것은 당신 인생의 가장 멋진 시간들―인격적인 의사 소통과 나눔에 사용할 수 있는 시간들, 서로 관계 맺는 법을 가장 잘 배울 수 있는 순간들―을 빼앗아 갈 것이다. 텔레비전을 보는 동안은 주지도 받지도 못한다. 텔레비전은 결코 '황금 시간대'를 창출해 내지 못한다. 도리어 두 사람의 황금 시간대를 빼앗는다.

남편들이여, 성경은 그대들에게 두 가지를 강권한다. 첫째, 성경을 연구하고 둘째, 당신의 아내를 연구하라. 그리하여 그 아내와 동거하라. 서로 아주 잘 아는 데서 오는 편안한 관계를 누리라. 이것이 바로 결혼 관계다.

5. 결코 불화한 상태로 잠자리에 들지 말라. "해가 지도록 분을 품지 말라"(엡 4:26). "주께서 너희를 용서하신 것과 같이 너희도 그리하라"(골 3:13).

성경은 원한이나 비통함을 야기하여 자기 자신을 파괴할 정도로 분을 품는 것에 대해 경계하고 있다. 어떤 사람들은 몇 날 몇 주 동안 부글부글 속을 끓인다. 그러나 이것은 하나님의 방식과는 거리가 멀며, 결혼 관계를 손상시킨다. 하루를 마감하기 전에 서로에 대한 부정적인 태도를 해결하라. 해결할 때까지 잠자리에 들지 말라. 두 사람의 성장 배경, 교육 수준, 정서 구조, 욕구와 목적이 서로 다르기 때문에 갈등은 생기게 마련이다. 사실 갈등 자체는 피할 수 없다. 그러나 이 갈등이 신속히 해결되지 않을 때 문제로 발전한다.

6. 일주일이 지나도 주요한 갈등을 해결할 수 없으면 외부인에게 영적인 상담을 요청하라. 일주일은 내가 제시하는 제한 시간이다. 성경은 영적인 조언을 구해야 할 시점을 구체적으로 언급하지 않는다. 그러나 비통함의 씨앗이 뿌리를 내리고 성장하여 당신의 결혼 생활을 질식시키게 해서는 안 된다. "형제들아, 사람이 만일 무슨 범죄한 일이 드러나거든 신령한 너희는 온유한 심령으로 그러한 자를 바로잡으라"(갈 6:1). "모든 사람으로 더불어 화평함과 거룩함을 좇으라. 이것이 없이는 아무도 주를 보지 못하리라. 너희는 돌아보아 하나님의 은혜에 이르지 못하는 자가 있는가 두려워하고 또 쓴 뿌리가 나서 괴롭게 하고 많은 사람이 이로 말미암아 더러움을 입을까 두려워하라"(히 12:14-15). "…뒤에 있는 것은 잊어버리고…"(빌 3:13). 이 모든 성경 말씀은 용서와 화해와 회복을 권하고 있다.

7. 아내가 성적인 만족을 얻지 못하는 일이 지속되면 상담을 요청하라. "남편은 그 아내에게 대한 의무를 다하고 아내도 그 남편에게 그렇게 할지라. 아내가 자기 몸을 주장하지 못하고 오직 그 남편이 하며 남편도 이와 같이 자기 몸을 주장하지 못하고 오직 그 아내가 하나니 서로 분방하

지 말라"(고전 7:3-5).

　이 구절은 성관계에서 상호 즐거움이 없으면 남편과 아내는 실제 서로를 속이고 있는 것이라고 말한다. 성경은 성적인 만족을 남편과 아내에게 주어진 일종의 권리라고 암시하며, 아주 분명하고 구체적으로 성적인 만족을 언급하고 있다. 즉 하나님은 남편과 아내에게 누릴 수 있는 권리가 있다고 말씀하신다.

　만일 결혼 초기에 각자가 상대방을 성적으로 만족시키는 것이 얼마나 큰 책임인지 깨닫는다면 대부분의 문제는 채 시작되기도 전에 사라지고 말 것이다. 거의 모든 경우 성적 만족의 문제는 올바른 상담과 적절한 정보와 올바른 기술의 적용과 실습으로 얼마든지 해결할 수 있다.

8. 날마다 함께 성경 공부를 하라. "사람이 떡으로만 살 것이 아니다"(마 4:4). "그리스도의 말씀이 너희 속에 풍성히 거하게 하라"(골 3:16). "물로 씻어 말씀으로 깨끗하게 하라"(엡 5:26). **그리고 또한 기도하라.** "너희 중에 누구든지 지혜가 부족하거든 하나님께 구하라"(약 1:5).

　에베소서 5:25-28은 결혼의 이런 원리를 아주 훌륭하게 적용한다. "남편들아, 아내 사랑하기를 그리스도께서 교회를 사랑하시고 위하여 자신을 주심같이 하라. 이는 곧 물로 씻어 말씀으로 깨끗하게 하사 거룩하게 하시고 자기 앞에 영광스러운 교회로 세우사 티나 주름잡힌 것이나 이런 것들이 없이 거룩하고 흠이 없게 하려 하심이니라. 이와 같이 남편들도 자기 아내 사랑하기를 제 몸같이 할지라."

　그리스도는 교회를 말씀의 물로 씻고 깨끗이 하심으로 그 필요를 채우신다. 이와 같이 남편도 아내를 사랑해야 한다. 아내와 가족을 하나님의 말씀 위에 세우는 것이 남편의 책임이다.

　남편들이여, 하나님의 말씀이 당신 아내의 마음과 인격과 존재에 충만할 수만 있다면 아내는 하나님이 의도하신 아름다운 인격체가 될 것임을 기억하라. 두 사람이 매일 성경 공부를 해 나가는 동안, 아내를 순수하지 못하게 만들었던 것들, 아름다운 아내가 되지 못하게 만들었던 것들이 점차 제거될 것이다. 이를 주도하는 것은 남편의 책임이다. 어떻게 시작할지 모른다면 카세트 테이프를 구해서 성경의 가르침을 들을 수 있을 것이다.* 자신의 독특한 상황에 적용할 수 있는 성경 공부 교재를 구할 수도 있을 것이다. 성경 공부와 기도를 중심으로 가정 생활을 건설하라. 이것은 당신이 여태껏 상상했던 것보다 훨씬 더 큰 행복과 조화를 당신의 가정에 선사할 것이다.

9. 남편은 아내를 사랑하는 데 100퍼센트 헌신해야 한다. 아내는 남편에게 복종하는 데 100퍼센트 헌신해야 한다(엡 5장). 남편이 아내를 사랑할 때 아내는 남편에게 기꺼이 복종한다. 아내가 남편에게 복종할 때 아내를 향한 남편의 사랑은 확실히 성장할 것이다. 불신자와 결혼하지 말라(고후 6:14). 구원을 위해 오직 주 예수 그리스도를 의지하는 사람만 그리스도인으로 간주할 수 있다(행 4:12). 누구든지 그리스도께 순복할 때만 복종하는 삶을 살 수 있다(고전 11:3; 엡 5:21).

남편은 아내에게 어떤 종류의 사랑을 베풀어야 할까? 그 사랑은 자기가 사랑하는 사람을 위해 언제나 지고의 선 이외에 아무것도 추구하지 않는, 강하고 견고하고 정신적인 태도를 의미한다. 말과 행동으로 이런 사랑을 표현하면, 그 사랑을 받는 사람은 또다시 자신을 상대방에게 기꺼이 내어 주게 된다.

아내가 남편에게 복종한다는 것은 무슨 뜻인가? **복종한다**는 말은 군사 용어에서 유래했는데 본래의 의미는 조직적으로 움직이는 것, 할당받은 일을 정해 놓은 방식대로 하는 것을 뜻한다. 그러나 성경에서 결혼 관계의 복종을 언급할 때는 항상 헬라어의 중간태 또는 수동태 동사를 사용하였다. 헬라어에서 태(態)는 아주 중요한데, 이 태를 통해 누군가가 복종을 강요하고 있는지 아니면 복종이 내면에서 나온 것인지를 구별할 수 있기 때문이다. 아내가 남편에게 하는 복종은 신선한 샘에서 솟아나는 생명수처럼 아내의 내면에서 흘러나오는 무상의 선물로서, 협박이나 외부의 힘에 의해 강요된 것과는 다르다. 복종은 아내가 남편에게 줄 수 있

---

* 무료 대여 도서관인 Bible Believers Cassettes사는 데이트, 결혼, 그리스도인 가정과 같은 주제에 관해 다양한 메시지를 제공한다(목록을 받으려면 130 N. Spring St., Springdale, AR 72764, USA로 연락하라).

는 것 가운데 가장 중요한 것이다. 민감하고 수용적인 아내는 남편의 사랑과 존경과 보호와 보살핌을 받아들이기 위해 자신의 자유를 기꺼이 포기할 것이다.

결혼은 주는 관계임에 틀림없다. 남편이 아내와 가족에게 최상의 것을 주기 위해 자신이 소유한 사랑과 에너지와 지식을 조금도 남김없이 베푸는 동안, 아내는 그 사랑과 존경과 보살핌에 응답해야 한다. 남편의 사랑에 대한 반응으로 아내는 심지어 남편이 요구하기도 전에 남편의 필요를 헤아리고 충족시키고자 하는 열망으로 가득하게 될 것이다. 이것이 아내에게 하나님의 뜻대로 행하려는 남편에 대한 아내의 자연스러운 반응일 것이다. 복종은 아내가 남편에게 주는 선물임에 틀림없는 것 같다. 왜냐하면 복종은 모든 자연적인 성향과 상반되기 때문이다. 그러나 복종이란 선물을 받게 되면 남편과 아내 사이에 사랑의 샘물이 흘러 넘칠 것이다.

사랑과 복종이라는 태도를 무시한다면 불행의 그림자와 함께 어려움이 다가올 것이다. 그러나 사랑과 복종을 실천한다면 행복한 결혼 생활을 누릴 수 있을 것이다. 하나님이 결혼 생활에서 의도하신 방식을 이 두 가지로 간명하게 말씀하신 것은 바로 이 때문이리라!

10. 남편이 그 아내의 머리여야 한다. "그러나 나는 너희가 알기를 원하노니 각 남자의 머리는 그리스도요 여자의 머리는 남자요 그리스도의 머리는 하나님이시라"(고전 11:3). "이는 남편이 아내의 머리 됨이 그리스도께서 교회의 머리 됨과 같음이라"(엡 5:23). "자기 집을 잘 다스려야 하며…"(딤전 3:4).

아내에 대한 남편의 권위는 교회에 대한 그리스도의 권위에 기초한다. 사실 우리가 지닌 모든 권위는 위임받은 권위며, 이것을 명심하는 남편은 결코 그 권위를 남용하지 않을 것이다. 반면에 자신의 지도력을 포기하는 사람은 곤경의 씨앗을 뿌리는 것과 같다.

남편은 그 역량이 어떻든 가정의 영적 **지도자요** 아내의 **머리다**. 결혼 관계에서 어떤 분열이 있든 그것은 남편의 책임이다. 지금 나는 그것이 남편의 실수라고 말하는 것이 아니다. 내가 말하려는 바는, 하나님이 결혼의 분열에 대해서 남편에게 책임을 지우셨다는 점이다. 왜냐하면 분리할 수 없을 만큼 아내와 연합하라는 명령을 받은 자는 남자이기 때문이다. 이 책임의 원리는 모든 관계 영역─영적, 정서적, 육체적인─에 적용된다.

예비 신부는 자신의 영적 지도자요 보호자요 머리인 사람, 기쁘게 반응하고 복종할 수 있는 남자와 결혼하는 것이 얼마나 중요한지를 결혼 전에 유념하고 있어야 한다. 나는 많은 젊은 여성에게 "당신이 존경할 수 없는 남자는 쳐다보지도 말라"고 말해 왔다.

11. "아내도 그 남편을 경외하라"(엡 5:33). 남편을 경외한다는 것은 무슨 뜻인가? 이것은 남편을 존경한다는 의미이다. 남편들이여, 만일 그대가 존경할 만한 사람이 못 된다면 아내가 그대를 존경하기란 힘들 것이다. 아내가 경외할 만하지 못한 남편을 경외하기란 불가능하다. 남편은 아내 앞에서 남편이 정말 존경할 만한 사람이라고 느끼게 해주는 삶을 살아야 한다─하나님은 아내에게 남편을 경외하라고 명하셨다. 본문에 대한 헬라어 성경의 다양한 의미를 적용해 본다면, 아내는 남편을 존경하고, 기뻐하고, 즐거워하고, 경외하거나 두려워하고, 경의를 표하고, 공경하고, 열렬히 좋아하고, 헌신하고, 귀하게 여기고, 칭찬하고, 깊이 사랑해야 한다는 말이다. 이것이 아내의 으뜸가는 책임이며, 원어 성경은 문맥상 그렇게 할 때 아내도 개인적으로 유익을 얻을 것이라고 암시한다.

만일 아내가 남편을 신뢰하고 존경하지 않는다면, 남편과 나아가서는 결혼 전체를 황폐하게 만들 것이다. 사랑의 가장 큰 욕구는 사랑으로 응답받는 것이다. 사랑의 가장 큰 슬픔은 신뢰받지 못하여 받아들여지지 않는 것이다. 그러나 아내가 남편을 경외하는 눈으로 바라본다면 남편은 가히 왕과 같은 존재가 된다!

거꾸로 남편은 아내에게 영예롭고 특별하고 귀중한 자리를 마련해 주어야 한다. 대다수의 남자가 이류 부인을 두고 있는데 이는 그들이 아내를 이류로 대우하기 때문이다. 그 결과 그토록 결혼하고 싶었던 진짜 여왕은 아무리 해도 만날 수 없다. 그들은 아내가 여러 면에서 남편인 자신을 반영한다는 사실을 미처 깨닫지 못한다. 하나님이 계획하신 결혼의 위대한 원리를 실행하고자 하는 현명하고 사랑 많은 남편은 아내를 여왕의 자리에 앉힌다.

이 장을 읽고 있는 독자 중에는 수년 안에 결혼하게 될 자녀를 두고 있어서, 자녀의 결혼을 훌륭하게 준비하는 일이라면 무엇이든 하고 싶어 하는 사람이 있을지 모르겠다. 그런 사람들을 위해 몇 가지 제안을 해 보겠다.

자녀들을 위해 아버지가 할 수 있는 가장 중요한 일은 바로 그들의 어머니를 사랑하는 것이다. 가정은 자녀들에게 세상에서 가장 매혹적인 곳이 되어야 하며, 어머니는 가장 매력적이어야 한다.

가정과 결혼 생활에 따뜻한 분위기―사랑, 관용, 용서의 분위기―가 없다면, 자녀들은 어떻게 사랑해야 하는지 배우지 못한다. 사랑하는 법을 알고 있는 유일한 사람은 사랑을 받았고, 사랑을 보았고, 사랑을 경험해 본 사람이다. 그리스도인 가정은 하나님의 사랑이 증명되는 실험실이다.

만일 당신의 가정에 이런 사랑이 없다면 당신의 자녀들은 열등감과 공허감과 자신이 무가치하다는 느낌을 갖고 성장하기 쉽다. 그러나 사랑의 가정으로 발전시키기에 너무 늦은 것은 아니다. 결혼 생활의 변화를 원하는 두 사람에게 너무 늦은 때란 결코 없다. 사실 대부분의 자녀에게는 가정에서 듣는 것 외에는 결혼에 대한 강의를 수강할 기회가 없음을 기억하라. 그리스도인 가정의 부모로서 우리는 서로에 대한 순수한 사랑을 유지하고, 그 사랑을 표현하는 최선의 방법을 배워 나가야 한다. 이렇게 함으로써 자녀들에게 구체적이고 지속적인 참 사랑의 증거를 확인시켜 줄 수 있으며, 그들에게 최상의 결혼 준비를 제공할 수 있을 것이다.

가정의로서 나는 하나님 말씀의 절대적인 원리에 근거하여 혼전 상담을 받았던 부부들의 결혼 생활이 과연 어떤지 확인할 기회가 있었다. 나는 이 원리를 적용했던 부부들이 사랑 넘치고, 만족스러우며, 안정적인 관계를 발전시키는 것을 수년에 걸쳐 지켜볼 수 있었다. **성경에 근거를 둔**

이런 기본 지침들은, 순종하기만 한다면 행복한 결혼을 보장해 줄 것이다.

천상의 원리를 결혼에 적용함으로써 이 땅에 천국을 만들어 낼 수 있다. 모든 신혼 부부, 나아가서 모든 가정을 향한 나의 바람은 바로 이것이다.

3
사랑하기로 결심하라

서로 **사랑하는** 남녀가 결혼 관계 안에서 누리는 성생활은 마치 완벽한 곳에 박혀서 반짝반짝 빛을 내는 보석과 같다.

그러나 당신이 결혼해서 배우자를 더 이상 사랑하지 않는다고 느낀다면 어떻게 될까? 당신의 감정을 바꾸는 것이 가능할까? 함께 성적 만족을 되찾을 수 있는 가망이 있을까?

나는 이 질문을 수차례 해 왔다. 내 답은 단순하게 '있다'이다. 그렇다. 당신은 당신의 감정을 바꿀 수 있다. 배우자와 함께 성적 만족을 누릴 수 있는 희망은 여전히 살아 있다. 이 장에서 그 방법을 설명하고자 한다. 그러나 우리는 사랑이 무엇인지 정의하는 일부터 시작해야 한다.

「옥스퍼드 영어 사전」이 **사랑**을 정의하는 데 5페이지 분량을 할애하고 나서도 별로 성공한 것으로 보이지 않는다고 느끼고 나면, 이 일은 만만한 과제가 아님을 알 것이다. 사랑의 정의에 관해 100명에게 물어 보면 적어도 90개 이상의 다른 대답이 나올 것이다.

분명히 세상에는 사랑에 대한 명확한 정의가 없다. 단어의 의미도 개인의 경험과 관점에 따라 달라진다. 사랑은 정열, 애착, 낭만적인 감정, 우정, 너무나 좋아함, 홀딱 반함 혹은 그런 특성들의 다양한 결합임에 틀림없다. 그러나 세상이 **사랑**이라는 말을 사용할 때, 거기에는 거의 언제나 뭔가를 대가로 얻을 것에 대한 기대가 포함되어 있다.

그러나 성경은 세상이 이해하지 못하는 또 다른 종류의 사랑을 보여 주고 있으며, '한 몸'으로 표현되어 있는 결혼 관계 안의 성적 경험은 바로 이런 유의 사랑이 있을 때 완벽하게 체험된다. 신약 성경은 그것을 **아가페** 사랑이라고 부르며, 우리 그리스도인들이 그 깊이를 다 헤아릴 수는 없겠지만 그 사랑을 이해할 수 있을 만큼은 말로든 행위로든 충분히 묘사하고 있다.

아가페 사랑은 무조건적이고 결코 취소가 없는 사랑이다. 우리가 우리의 사랑으로 하나님을 사랑하기 전에, 더욱이 그분이 어떤 분인지 알기도 전에 하나님은 우리를 먼저 사랑하기로 결정하셨다. 아가페 사랑은 값을 따져 보지 않은 채 또는 개인적인 이익을 생각하지 않고 주는 것이다. "하나님이 세상을 이처럼 사랑하사 독생자를 주셨으니 이는 저를 믿는 자마다 멸망하지 않고 영생을 얻게 하려 함이라"(요 3:16). 아가페 사랑은 자연적인 것이 아니라, 초자연적인 것이다! 이것은 우리에게 아주 풍성히 부어진 사랑으로, 우리의 최고 유익 외에는 아무것도 목표로 삼지 않는다. 이 사랑은 우리의 행위에 달려 있지 않다. 하나님은 우리의 반응을 원하시지만, 그분이 우리를 사랑할 것**인지 말지**를 결정하는 것은 그분에 대한 우리의 반응과는 무관하다. 그것은 이미 결정되었다. 그분은 우리를 정말 사랑하신다. 즉 무를 수 없는 사랑의 선택을 하셨다. 그리고 그분이 가지신 최상의 것—그의 아들—을 우리에게 주심으로써 그것을 입증하셨다.

부부에게 아가페 사랑은 양면적인 특성, 즉 영광스러운 면과 실제적인 면을 다 함축하고 있다. 바로 이 놀라운 사랑의 방식, 즉 **하나님의 방식**이 이제는 그분의 능력으로 **우리의** 방식이 될 수 있기 때문이다. 이 사랑의 원리를 결혼 관계에 적용할 수만 있으면, 아가페 사랑은 온갖 필요에 대한 대답이 될 수 있고, 모든 문제를 해결할 수 있으며, 끝없는 기쁨의 대지로 통하는 길을 보여 줄 것이다.

신약의 기록들은, 결혼 관계에서 이 아가페 사랑은 하나님이 우리에게 온전히 헌신하신 것과 같은 전적인 헌신을 수반한다는 사실을 보여 준다. 하나님이 아담에게 내리신 명령은 하와와 '연합'하라는 것이다. "이러므로 남자가 부모를 떠나 그 아내와 연합하여 둘이 한 몸을 이룰지로다"(창 2:24). 이 말은 하나님은 남편이 아내를 사랑할 것을 기대하시기 이전에 남편이 아내에게 온전히 헌신할 것을 기대하신다는 의미다. 남편과 아내 두 사람의 생각과 마음속 깊은 곳에 결혼 관계에 대한 철회할 수 없는 헌신이 자리잡아야 한다.

특별한 연고 없이도 얼마든지 이혼이 가능하도록 해 놓은 현대의 합의 이혼법으로 인해 결혼은 함부로 처분할 수 있는 것으로 여겨지고 있다. 온전한 헌신이란 시대에 뒤떨어진 것으로 간주된다. 그러나 세상이 우리의 기대치를 결정하도록 허용하기 시작하면서 이혼을 예외가 아닌 표준으로 삼게 된 것 같다. 물론 아직도 수많은 사람이 두 사람의 관계가 영원할 것을 명심하면서 결혼하고 있다. 그러나 대부분의 지역에서 이혼율은 계속 증가하고 있다. 이들은 어디에선가 실패한 것이 분명하다. 어쩌면 헌신을 가볍게 여기고 상대방에게 헌신하지 않은 것이 주 요인일지 모른다.

"부하든지 가난하든지, 병들든지 건강하든지, 죽음이 우리를 갈라놓기까지 서로 소중히 여기겠다"는 약속은, 결혼 생활에 얼마든지 폭풍이 불어닥칠 수 있으며 두 사람은 그것을 함께 극복해 내야 한다는 사실을 부부에게 상기시켜 준다. 떠나는 것이 차라리 낫게 생각될 만큼 심각한 경우가 닥친다면, 떠나는 것도 하나의 대안일 수 있다고 생각할지 모르겠다. 그러나 눈 깜짝할 사이에 가능성에서 개연성으로 넘어갈 수 있다. 따라서 우리는 "하나님이 짝지어 주신 것을 사람이 나누지 못할지니라"(막 10:9)고 하신 예수님의 말씀을 유념하여, 어떤 경우가 닥치든 결혼에 대한 온전한 헌신만이 유일한 대안이라는 사고를 견지해야 한다. 다시 말해, 결혼할 때 우리는 **나가는 길은 없다**는 생각을 가져야 한다. 그럴 때에야 두 배우자는 서로에게 헌신하게 되고 결혼 생활을 성공적으로 꾸려 갈 것이다.

그러나 아주 많은 부부가 "우리는 더 이상 서로 사랑하지 않아요"라고 시인하는 고통스러운 대목에 이르고 있다. 그렇게 말할 때, 그들은 결혼 생활은 당연히 끝장난 것으로 간주한다. 그러나 이런 태도는 그들이 사랑에 대한 세상적이고 모호한 개념과 잘못된 신념을 가지고 있음을 보여 주며, 하나님이 보여 주신 사랑의 방식은 애당초 그들의 결혼 생활에 있지 않았음을 드러내 준다.

사실, 성경은 결혼의 기초를 세상이 **사랑**이라고 부르는 감정에 놓아야 한다고 지시하지 않는다. 감정을 기반으로 한 결혼은 상황의 변화에 따라 요동하는 감정에 좌우될 것이다. 결과는 불안정한 정서, 위태로운 결혼이다!

감정은 결혼을 지탱해 주지 않을 것이며, 지탱할 수도 없다. 살다 보면 정서가 고갈되고 잠을 설치고 썰렁하고 우울한 아침을 맞이할 때가 있다. 분명히 감정은 결혼 생활의 기반은 못 된다. 그리고 우리가 빠져 들어가거나 우리를 걸려 넘어지게 하는 감정이나 사랑의 무력한 노예로 전락할 이유가 없다. 그러나 헌신을 통해 행복과 불행을 공유함으로써 남편과 아내가 하나로 결속한다면, 두 사람이 바라는 놀랍고 즐거운 정서는 이 아가페 사랑에서 저절로 솟아 나오게 된다. 헌신이 결속의 기반이라면, 사랑의 감정은 그 결과다. 온갖 변화하는 상황에도 불구하고 변함없는 헌신이라는 **사실**이 있을 때라야 **감정**이 생겨나게 된다.

결혼이 자동적으로 우리를 행복하게 해주는 것은 아니다. 그러나 서로 주고, 함께 노력하고, 서로 섬기고 그리고 함께 성장해 나가면 행복해질 수 있다. 반대로 이런 노력을 기울이지 않으면 결혼 생활이 붕괴될 수 있다.

누구나 행복을 추구하는 일에 집착해 본 적이 있을 것이다. 행복은 마치 숲 속의 놀란 사슴처럼 손에 거의 닿을 것처럼 가까이 있는 것 같아도 어느 한 순간 우리에게서 멀리 달아나고 만다. 행복은 좇아다닌다고 잡히는 것이 아님을 지금쯤은 대개가 알게 되었을 것이다. 반대로 행복은 우리가 다른 것에 정신을 쏟고 전혀 기대하지 않고 있을 때 갑작스럽게 다가온다. 먼저 헌신하고 베풀지 않으면서 감정적인 행복을 붙잡으려 한다면, 남는 것은 우리의 이기심이 거두어들인 비참함과 냉랭함뿐일 것이다. 그러나 순수하게 배우자의 행복을 바라면, 그것은 도리어 우리 자신의 삶에 놀랄 정도의 행복을 가져다 줄 것이다. "주라. 그리하면 너희에게 줄 것이니 곧 후히 되어 누르고 흔들어 넘치도록 하여 너희에게 안겨 주리라"(눅 6:38)고 하신 하나님 말씀의 원리에 따라 가산금까지 합해질 것이다.

사랑은 본질상 상대방에게 자기 자신을 내어 주는 의도적인 행위이며, 그 결과 상대방을 끊임없이 즐겁게 하는 것이다. 사랑의 가장 훌륭한 보상이 있다면, 자기 자신을 내어 주어 사랑할 때 상대방이 그 사랑에 반응하는 것이다. 남편과 아내가 서로서로 자신을 내어 준다면 각자는 충족감과 만족감을 누릴 것이다. 그것만이 아니다! 그 때에야 비로소 사랑하는 관계가 성립될 수 있는데, 이런 관계가 형성되면 결혼 생활 안에 온갖 즐거운 감정이 넘칠 것이다. 예나 지금이나 하나님이 결혼의 육체적인 관계를 계획하실 때 의도하신 즐거움을 누리기 위한 통로는 바로 아가페 사랑이다.

하나님은 우리를 성관계를 통한 육체적, 생리적인 휴식만으로 만족할 수 없는 존재로 만드셨다. 세상은 종종 결혼의 두 요소인 사랑과 성을 분리된 실재로 보는데 이는 핵심을 놓치는 것이다. 하나님의 완전한 계획에 따르면, 사랑의 모든 감정이 증대하는 것은 아가페 사랑을 특징으로 하는 결혼 생활을 할 때다. 우리는 사랑하는 사람과 하나가 되는 데서, 즉 사랑하는 자를 소유하고 동시에 섬기는 데서 가장 큰 만족을 발견한다. 그러나 헌신이란 틀은 결코 변하지 않지만 사랑은 고정된 것이 아니다. 헌신의 맥락 안에서 사랑의 정서는 날마다, 심지어 매시간 변할 수 있다. 어떤 때는 육체적인 욕구가 가장 크게 느껴진다. 어떤 때는 애정과 친밀한 우정에 대한 욕구만 중요해 보인다. 때로 친밀한 시간을 함께 보낸 후에 성적 욕구를 하나의 필요로 의식할 수도 있다. 그러나 우리가 하나님의 사랑의 방식을 알기 시작했고 우리의 결혼 생활에서 이 사랑을 개발하기 시작했다면, 온갖 당황스러운 변수와 예기치 않은 요구들이 뒤섞여 있는 생의 한가운데서도 함께하는 데서 오는 안전함을 경험할 것이다. 사랑, 하나님의 사랑과 같은 종류의 사랑이 그러한 복을 받는 길이다!

사랑을 새롭게 하라

더 이상 사랑하지 않기 때문에 결혼 관계도 당연히 끝났다고 가정하는 부부가 있다. 그러나 우리는 과거에 무슨 일이 일어났을지라도 하나님이 믿는 자들에게 발휘되도록 해 놓으신 아가페 사랑은 모든 면, 즉 일상 생활의 구체적이고 사소한 부분에까지 영향을 줄 뿐 아니라, 육체적인 관계도 놀라울 정도로 향상시키며, 두 사람의 결혼을 회복시키고 변화시킬 수 있음을 깨달아야 한다.

사랑의 회복은 세 영역—의지적 선택, 행동, 감정—에서 일어난다. 이때 감정이 제일 마지막에 오는 것을 주목하라. 왜냐하면 사랑의 **감정**은 결혼의 가장 중요한 요소가 아니기 때문이다. 상대방에 대한 불변하는 헌신에 기초를 둔 사랑의 **사실**이 가장 중요하다.

사랑의 회복은 자신의 생각에서 시작된다. 즉 의지를 움직여서 비록…일지라도 사랑할 것을, 결코 사랑하기를 멈추지 않을 것을 선택하고 결단해야 한다. 우선 자신과 배우자가 아파하고 있는 상처들을 치유해야 한다. 사랑의 감정이 떠난 곳에는 반드시 온갖 불행한 감정—분노, 죄책감, 상처, 원한, 비통함—이 그림자처럼 잠복해 있다. 그것들을 찾아서 내다 버리라! 그런 정서를 내쫓는 것은 당연하다. 왜냐하면 그것들은 슬픔을 야기할 따름이기 때문이다. 당신과 배우자는 솔직하고 숨김없는 의사소통의 중요성을 인식했을 것이다. 온전한 용서에 기초하여 솔직한 의사소통이 가능하다면, 이는 다름 아닌 치유의 증거라고 할 수 있다. 당신이 먼저 시작하라. 자신이 사랑을 상실한 이유는 주고 싶어하기보다 받고 싶어했기 때문임을 먼저 시인하라. 당신 자신은 하나님의 사랑을 배우자에게 전달하기 위한 도구라는 사실을 인식하라. 이를 위해 기도하면서 헌신하라. 하나님은 약속하신 대로 당신을 통해 초자연적인 아가페 사랑이 흘러 넘치도록 하실 것을 소망하며 감사드리라.

이 사랑은 배워야 하는 것으로서, 우리의 생각에서 출발하고, 감정이 아닌 의지에 복종하는 속성을 지니고 있다. 이런 사랑은 언제나 **행동**으로 나타나게 되어 있다. 사랑은 우리가 **느끼는** 것이라기보다 **행하는** 것이다. 따라서 우리는 이 사랑을 행하기로 혹은 증명하기로 결심해야 한다.

사랑을 보여 주는 방법 또한 참으로 중요하다. 하나님은 남편과 아내가 결혼 관계에서 해야 할 역할에 관해 구체적인 지침을 주셨다. 성경에 따르면, 아내는 돕는 자요 수용하는 자인 반면, 남편은 주도하는 자요 사랑하는 자다. 그러나 하나님이 주신 지침의 진수라고 할 수 있는 사랑과 수용/복종은 문화적인 변형을 거치면서 모호해진 것 같다. 하나님은 남편과 아내의 관계를 그들의 독특한 강점과 차이를 감안하셔서 설계하셨을 것이다. 그 결과 남편은 복종하고 수용하는 아내를 기쁘게 사랑하는 반면, 아내는 하나님의 방식으로 사랑하는 남편에게 기쁘게 복종한다. 그러나 둘 다 상대방에게서 특정한 반응을 **요구**해서는 안 된다. 그것은 선물이어야 한다. 놀라운 것은 양쪽 중 어느 쪽이든 먼저 시작할 수 있다는 것이다. 진심으로 사랑하고, 돌보고, 보호해 주는 남편이 있다면 아내는 기꺼이 순종하고 싶어할 것이다. 아내의 순종의 결과로 남편은 아내를 더욱 사랑하게 되고 남편은 무엇이든 아내를 기쁘게 하는 것으로 보답하려 할 것이다. 아내의 신속한 반응은 또다시 남편으로 하여금 아내를 더욱 사랑하게 만들고, 이 사랑의 순환은 영광스럽게 반복될 것이다.

남편은 그 아내를 사랑하는 일에 100퍼센트 헌신해야 한다. "남편들아, 아내 사랑하기를 그리스도께서 교회를 사랑하시고 위하여 자신을 주심같이 하라"(엡 5:25). 아내는 그 남편에게 복종하는 일에 100퍼센트 헌신해야 한다. "그러나 교회가 그리스도에게 하듯 아내들도 범사에 그 남편에게 복종할지니라"(엡 5:24).

어떤 사람들은 이상적인 결혼을 50 대 50의 관계로 본다. 그러나 이 개념이 안고 있는 문제는, 항상 상대방이 먼저 뭔가 할 것을 기다리게 만든다는 점이다. 100 대 100의 동반자 관계로 개념을 잡는다면, 각자 100퍼센트 주려는 태도로 행동해서 두 사람 다 결혼 관계에 공헌할 수 있게 되며, 결과적으로 상대방에게서 사랑의 보답을 받을 수 있을 것이다.

아내의 복종하는 역할은 남편이 가정의 중요한 결정을 책임지고 있음—남편이 그 역할을 좋아하든 안 하든 간에—을 전제로 하고 있다. "그러나 교회가 그리스도에게 하듯 아내들도 범사에 그 남편에게 복종할지니라"(엡 5:23). 이것은 아내의 지위를 폄하하거나 아내를 깎아 내리려는 것이 아니다. 오히려 아내는 불필요한 부담을 덜게 된다. 만일 남편이 이런 책임들을 소홀히 한 결과 아내가 그것을 대신한다면, 본래 맡겨지지 않은 부담스러운 일을 떠맡게 되는 셈이다. 남편은 그 책임을 회피하는 격이 되고 가정의 질적 저하가 초래된다. 오늘날 수많은 가정에서 이런 일이 발생했다.

사랑은 정서적으로 성숙한 사람의 두드러진 특성이다. 왜냐하면 고린도전서 13장에 의하면 사랑은 자기의 유익을 구하지 않기 때문이다. 그러므로 아내를 정말 사랑하는 현명한 남편은 자신의 책임을 의연하게 감당할 것이다. 남편을 정말 사랑하는 현명한 아내는 남편이 무엇인가를 부탁할 때 자신의 권리를 주장하지 않을 것이다. 만일 아내가 남편을 세심하게 사랑한다면 아내는 자신의 자아를 방어하려고 애쓸 필요가 없다. 아내는 기쁨으로 감당하려 할 것이다. 아내 쪽에서 사랑의 확인이 필요하다는 명백한 표현을 하기 전에 남편이 아내에게 자신의 사랑을 창의적으로 표현하려고 애쓰는 것처럼, 아내는 남편이 요청하기도 전에 남편을 기쁘게 하려고 창의적으로 반응하고 남편의 뜻을 행하려고 노력할 것이다.

만일 당신이 하나님의 방식대로 사랑하기로 결정한다면, 당신이 채워 줄 수 있는 배우자의 필요가 무엇인지 살피게 될 것이다. 하나님이 당신에게 실제적인 필요를 보여 주시는 대로 당신은 그 필요들을 기꺼이 채

우려 할 것이다. 그리고 무엇을 심든지 그대로 거둘 것이다(갈 6:7-10을 보라). 당신이 무엇을 베풀든지 그대로 되돌아 올 것이다. 그리하여 하나님의 이런 원리들이 당신의 결혼 생활에서 재삼 재사 입증될 것이다.

배우자 중 어떤 쪽이든 이것을 먼저 시작할 수 있지만, 나는 남편들에게 이 원리의 구체적인 적용점 몇 가지를 말하고 싶다.

남편들이여, 만일 그대가 아내 사랑하는 **법**을 원점에서부터 다시 배우고 싶다면, 아내에게 하나님의 아가페 사랑을 베푸는 것부터 하라. 그대가 자신(시간, 관심과 보살핌)을 내어 주기 시작하면 아내에 대한 사랑의 감정이 자랄 것이다. 에베소서 5장은 남편들에게 그리스도께서 교회에 자신을 주셨던 것처럼 자신을 아내에게 희생적으로 내어 주라고 명령한다. 다시 말해 그분은 교회를 위해 죽으실 만큼 교회를 사랑하셨다. 유사시에는 아내의 생명을 구하기 위해 자신의 생명까지 주겠다고 장담하면서도, 정작 아내의 정서적, 신체적, 영적인 필요를 위해서는 자신을 내어 줄 틈이 없이 사는 남편들이 얼마나 많은가! 만일 사랑의 기쁨이 늘어나는 것을 체험하기 바란다면 먼저 베풀어야 한다. 먼저 베풀고 후히 베풀고 계속 베풀어야 한다. 만일 당신이 베풀지 않고 있다면 당신은 받고 있을 뿐이다. 서로 베푸는 이 강력한 힘말고는 결혼을 유지할 수 있는 자연적인 동력은 존재하지 않는다. 사랑의 반대는 증오가 아니라 **무관심**임을 명심하라.

자 그러면, 남편들이여, 어떻게 사랑을 시작하겠는가? 퇴근 후 당신은 그 날 받은 스트레스로 언짢은 기분으로 집에 들어올 수도 있고, 아니면 아내가 하루 종일 겪은 것들에 관심을 갖고 기분 좋게 들어올 수도 있다. 한 현명한 친구는 집에 오는 길에 있는 어떤 신호등을 정하고, 거기서 사무실의 문제들과 긴장을 다 버리고, 다음날까지 그것들을 다시 집어들지 않기로 결심한다고 한다. 문젯거리를 집에 가지고 와서는 신문이나 텔레비전 뒤로 도피하려는 것은 아내를 사랑하는 태도와 거리가 멀다.

아내를 향한 관심 어린 태도는 만족스러운 성생활을 위한 적절한 분위기를 조성한다. 그럼에도 불구하고 대부분의 남편은 기분 나쁜 날이나 가족간의 논쟁이 있은 후나 걱정이 쌓여 있어도, 나아가서 부엌에서 음식이 타고 있을 때도 성교를 시작할 수 있다. 그러나 아내는 남편이 보이는 존경과 배려라는 자극을 받을 때 훨씬 더 잘 반응한다. 아내는 세심한 배려라는 예비 단계가 필요하다. 그것이 없으면 아내는 온전히 반응하지 못하며 만족스러운 성관계를 할 수 없다. 보살펴 주고 낭만적인 분위기를 조성하는 것은 남편 쪽에서 보이는 진정한 사랑의 표식이다.

여성은 정서 구조상 남편이 언어적인 표현을 통해 지속적인 사랑과 안전을 확인해 줄 것을 요구한다. 남편은 아내의 이런 점을 파악하고 있을 만큼 현명해야 하고 또 그것을 행할 만큼 애정이 있어야 한다. 남편은 단지 말로써 아내의 자존감을 세워 줄 수 있다. 말에는 능력이 있다! 사실 남편이 아내에게 사랑과 존경을 보여 줄 수 있는 방법은 수없이 많다. 카드, 사탕 또는 꽃으로 사랑을 표현하라. 그러나 어떻게 해서든 **말로 표현하라**. "결혼 생활 10년 동안 한 번도 아내를 사랑한다고 말하지 않은 이유는 결혼 서약 때 이미 아내에게 말했고 아직도 그것을 취소하지 않았기 때문입니다"라고 했던 어떤 남편에 대한 농담이 있다. 그러나 이것은 농담에 그치는 것은 아닌 것 같다. 불행히도 이것은 너무나 많은 부부의 엄연한 현실이다.

배우자를 사랑하는 또 다른 측면은 아내에게 있는 온갖 훌륭한 자질로 인해 하나님께 감사드리는 것이다. 우리는 처음에 매력적이던 배우자의 자질은 간과하고 넘어가는 반면, 못마땅한 자질들에 대해서는 자주 불평을 한다. 아가페적 사랑은 배우자의 필요와 갈망, 과거, 현재, 미래를 깊이 인식하고, 배우자에 대한 깊은 감사를 언행과 기도를 통해 표현하는 것이다.

부부의 경우 행동하는 사랑이란 신체적인 접촉을 포함한다. 사실, 사랑의 가장 큰 욕구는 사랑의 응답을 받는 것이다. 그 때문에 결혼 관계에서는 민감하게 반응하는 배우자에게 계속 다가가고 그가 부드럽게 어루만지며 자신에게 다가오는 것보다 강도 높은 사랑의 감정을 만들어 낼 수 있는 것은 없다. 그것은 두 사람이 서로를 점점 더 가까이 끌어당기고 꼭 끌어안고 쓰다듬는 것이다.

　이런 예는 친밀한 육체적 접촉에 너무 많은 시간을 쏟고 있는 십대들에게서 생생하게 볼 수 있다. 그들은 육체적인 면에 집착한 나머지 과다하게 분출하는 감정의 무력한 노예가 되어, 서로에게서 어떤 결함도 볼 수 없으며, 상대방이 바람직하고 훌륭한 것을 다 갖추고 있는 것으로 간주하며, 서로를 소유하려는 맹목적인 충동에 사로잡혀 있다.

　오, 더욱 많은 그리스도인 부부가 더욱 친밀한 신체적 접촉에 관심을 기울이고, 사랑을 표현하는 수단으로서 신체적인 의사 소통의 중요성을 깨달아 결혼 관계 안에서 더욱 위대한 하나됨을 이룰 수 있기를! 성관계는 남편과 아내가 다같이 베풀기를 시작할 수 있는 가장 적절한 행위일 것이다.

　이 책을 읽으면서 성적인 관계에 대해 새로운 통찰과 지식을 얻을수록, 당신은 신체적인 영역의 장애물을 쉽게 제거할 수 있을 것이며, 이전에 장애물에 막혀 있던 당신의 사랑은 풀려날 것이다. 육체적인 관계에서 상대방을 만져 주고 기쁘게 해줌으로 애정을 자유롭게 표현하면 할수록, 당신 자신도 배우자에 대한 사랑을 더욱 강하게 '느끼게' 될 것이다. 신체적인 애정 표현들은 지금까지 가로막혀 있었던 사랑의 감정을 풀어 줄 것이다. 방어용 시설과 무기 밑에서 절망적으로 묻혀 있던 사랑의 감정은 그 보호막의 껍질을 벗고 모습을 드러냄으로써 가장 멋진 방식으로 결혼을 축복해 줄 것이다.

　사랑의 회복은 사랑하기로 헌신하는 의지적인 결정으로 시작되며, 애정어린 관심을 표현하는 행동이 따르고 그 뒤를 이어 사랑의 감정이 자연스럽게 흘러나오는 과정이다. 감정은 이 과정에서 세 번째 단계에 온다. 감정을 바꾸는 것보다 행동을 바꾸는 것이 더 쉽다는 사실을 기억하라. 당신의 행동이 눈에 띄게 달라지기 시작하면 자신이 원하는 감정도 그 뒤를 바싹 따라오게 될 것이다.

　부부간의 사랑의 갱신은 하나님이 애초에 계획하신 대로 '한 몸' 관계의 즐거움을 경험하는 지름길이 될 수 있다.

4
기본을 이해하라

부부의 성관계에 대한 조언에는 반드시 신체 구조에 관한 기본적인 설명이 포함되어야 한다. 이런 지식은 너무 초보적인 것처럼 보일지 모른다(만일 당신이 이 주제를 이미 연구했다면). 그러나 성기관의 복잡한 구조와 기능을 분명히 이해하면, 우리 신체에 숨겨져 있는 완전 무결한 하나님의 설계에 대해 경이감을 느끼게 되고, 그리하여 성교의 즐거움이 한층 더 깊어지며, 자녀 출산을 더 원활하게 할 수 있다. 부디 이 부분을 신중하게 살펴보라. 이 영역에서 잘못된 정보나 오해가 있으면 당신의 결혼은 만족스럽지 못한 관계로 귀착될 수 있다. 이런 '기본적인 이해'에는 성행위에 직접 영향을 미치는 의학적인 문제들도 들어 있어야 한다. 특히 결혼을 앞둔 부부들은 첫날밤을 위한 가르침을 주의 깊게 살펴보기 바란다.

우리는 이 전문 지식을 이해하기 쉬운 언어와 실례로 설명할 것이다. 부모 된 이들은 자녀들이 정보를 구하기 시작할 즈음에 대비하는 데 이 부분이 유익함을 알 것이다. 그러나 이 주제의 복잡한 성격 때문에 어쩔 수 없이 전문적인—그러나 간명하면서도 신중한—용어로 표현하게 된 점은 양해를 바란다.

먼저 성기관의 이름을 제시하고 적합한 어휘로 그 기능을 설명해 보겠다. 이름을 짓는 일의 신비는 에덴 동산에서 동물들의 이름을 지어 부른 아담에게로 거슬러 올라간다(창 2:20). 아무튼 이름 짓는 일은 땅을 '지배하는' 첫 단계였다. 성관계를 바르게 이해하는 첫 단계도 성기관의 이름과 그 기능을 정확히 아는 것이다. 사실 입에 올리기에는 말할 것도 없고 생각하기에도 당혹스러운 잘못된 어휘는 많은 사람을 실족시킨다. 올바른 이름은 당신과 당신의 자녀들로 하여금 하나님이 주신 결혼의 즐거움이 지닌 고결함과 존엄성을 바르게 인식하게 해줄 것이다.

우리는 성기관의 이름뿐 아니라 그 위치, 독특한 기능 그리고 기관들 사이의 관계도 알아야 한다. 우리의 목표는 하나님이 결혼을 통해 의도하신 바를 더욱 경이롭게 체험하기 위해 필요한 정보를 제공하려는 데 있음을 유념하면서 읽도록 하라.

여성의 생식 기관

생식과 관계된 기관들을 통틀어 생식기라고 부르는데 영어 genitalia는 '출산하다'는 의미의 라틴어에서 나왔다. 여성의 생식기는 두 부분으로 되어 있다. 한 부분은 외음부라고 부르며 몸 밖에 있고 눈으로 쉽게 볼 수 있다. 음문(陰門, vulva: '외피'를 의미하는 라틴어에서 나왔다)은 여성의 외부 생식기 전체를 지칭하는 집합적인 이름이다. 이 부분은 몸 속에 위치한 두 번째 생식기 그룹인 내음부에 이르는 길이다. 내음부는 두 개의 난소, 두 개의 수란관(나팔관), 자궁 그리고 질로 구성되어 있다(그림 1과 2를 보라).

생식기는 사람이 태어나기 수개월 전에 형성되지만, 성적인 성숙의 조짐을 보이는 사춘기가 될 때(대개 만 12-15세)까지는 활동하지 않는다. 사춘기의 성적 성숙은 중요한 신호를 받아 시작되는데 이 신호를 보내는 것이 뇌하수체다. 이것은 뇌의 기부(基部)에 위치한 조그마한 선(腺)이다.

뇌하수체. 뇌하수체는 안장 모양의 두개골 속, 뇌 아래와 머리의 중앙부 아래에 위치하고 있다. 이것은 길이가 약 1센티미터인 조그마한 콩만하지만 혈류를 통해 몸의 다른 기관에 화학 신호를 보내는 중요한 통제선이다. 화학 물질로 구성되어 있는 이런 신호들을 호르몬이라 부른다. 이 뇌하수체 호르몬은 복잡한 연결 조직을 통해 뼈와 몸의 성장을 포함해서 많은 기능을 통제한다.

의학 보고서에 따르면 뇌하수체는 시상하부라는 뇌의 한 부위에서 보내는 신호에 반응한다고 한다. 이로 보건대 어떤 호르몬은 간접적이지만 우리의 사고나 태도에 의해 얼마만큼은 좌우될 수 있다.

사춘기 소녀의 뇌하수체는 생식기를 성숙시키는 두 가지 중요한 여성 호르몬을 분비한다. 보호 기능을 지닌 골반뼈 속에 위치한 내부 생식기는 외부 생식기가 초기 성숙의 징후를 보이기 전에 반응하기 시작한다.

난소(ovaries). 이 말은 달걀을 뜻하는 라틴어 '오바'(*ova*)에서 유래한 것이다. 난소는 뇌하수체 호르몬에 의해 통제되는 중심 기관이다. 사춘기 때 혈류에 의해 운반된 뇌하수체 분비액은 난소에 난자를 발육하기 시작하라는 신호를 보낸다. 이 때부터 난소는 생산을 시작하며 이는 최대한 30여 년 동안 지속된다.

난소는 두 개가 있는데, 각 난소는 하체의 중심부 가까이, 즉 뒤쪽 골반과 사타구니 사이의 중간쯤, 허리에서 10-12.5센티미터 가량 아래 지점에 매달려 있다. 난소의 길이는 3-5센티미터, 두께는 0.6-1.5센티미터, 넓이는 1.5-3센티미터다. 사춘기 때 난소의 표면은 매끄럽다. 희미하게 빛나는 표면에는 난포라고 하는 반짝반짝 빛나는 작은 물방울이 수없이 많다. 이 각각의 난포는 여성 생식 세포인 미성숙한 알 또는 난자를 가지고 있다. 작은 물방울 모양의 난자는 아주 작아서 눈으로 겨우 볼 수 있을 정도. 이것들은 알파벳 i 위에 있는 점보다 더 작아서 적어도 200만 개는 있어야 재봉용 골무를 채울 수 있을 정도다.

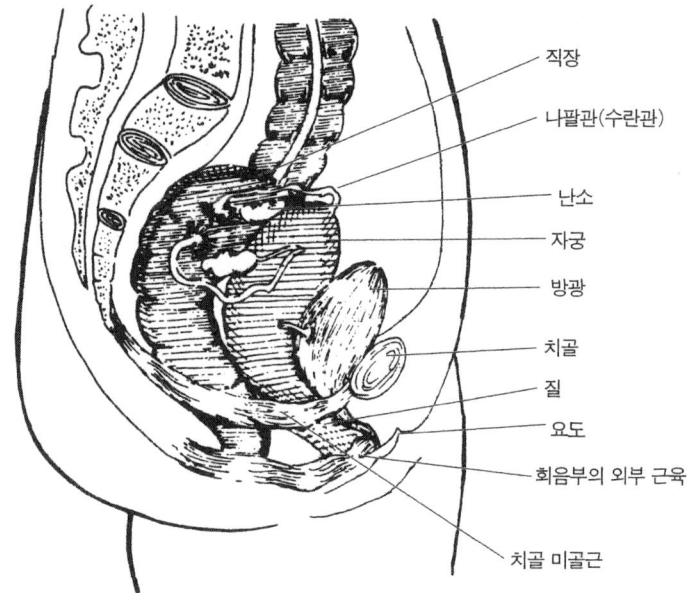

그림 1 측면에서 본 여성의 생식 기관

치골 미골근의 위치를 특히 주목하라. 이 근육은 생식 기관을 유지하는 데 중요한 역할을 한다. 이 근육을 임의로 수축할 수 있으면 자신과 배우자의 성적 즐거움을 모두 증진할 수 있다.

난소는 또 다른 중요한 기능을 한다. 즉 적어도 두 가지 중요한 자체 호르몬을 생산한다. 이 호르몬들은 나머지 생식 기관을 성숙시키고 적절하게 유지시키기 위해 뇌하수체 호르몬과 협력한다.

여자 아이가 태어날 때 난소 안에는 30-40만 개의 난포가 들어 있는데, 실제로는 그 중 3백-4백 개의 난자만 성숙하여 난소로부터 배란된다. 두 개의 난자(알)가 동시에 빠져 나와 두 개가 수정되면 쌍둥이를 임신할 수 있다. 이 아이들은 일란성 쌍생아가 아니라, 이란성 쌍생아―거의 동시에 태어난 형제에 불과한―가 될 것이다. 일란성 쌍생아는 한 개의 수

제4장 기본을 이해하라 55

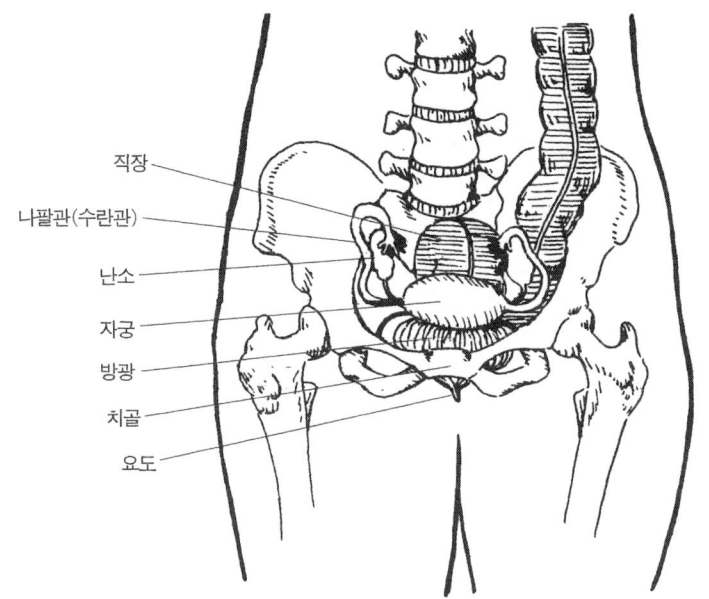

그림 2 정면에서 본 여성의 생식 기관

이 그림은 생식과 관련된 여러 기관 사이의 관계를 보여 준다. 그림 1과 비교하면서 요도가 질과 치골 사이에 놓여 있음을 주목하라. 요도가 왜 성교 중에 쉽게 상처를 입을 수 있는지 이해할 수 있다.

정된 난자가 분할하면서 생기므로 항상 같은 성을 갖게 된다.

수란관(oviducts). 이 단어는 난자가 지나다니는 관 모양의 통로를 의미한다. 수란관을 보통 난관 혹은 나팔관이라고 부른다. 각 난소에는 이처럼 수정을 위한 관이 한 개씩 있다. 주로 근육으로 되어 있는 이 관은 길이가 약 10센티미터이고 직경은 가느다란 전화선 정도다.

근육질로 구성된 이 수란관은 난소에서 생산되는 아주 작고 부동적인 난자를 운반하는 데 필수적이다. 동시에 수란관은 서로 반대 쪽에서 다가가는 난자와 정자가 만나는 공간을 제공한다.

난소에서 나오는 난자는 우선 수란관에 포착되어야 한다. 각 수란관이 난소와 직접 붙어 있지는 않다. 그 대신 각 수란관의 난소 가까운 쪽에 트럼펫 모양의 넓은 입구가 있다. 이 입구는 사람의 손과 유사한 모양의 술(주름진 돌기)로 되어 있는데, 이 술이 쓸어들이는 동작을 해서 입구 앞에 놓인 것을 수란관 안으로 받아들이게 해준다. 쓸어들이는 술 장식이 난자를 수란관 입구로 옮겨온 후에는, 난자는 수란관 근육의 수축 작용에 의해 자궁을 향해 내려간다. 이런 식으로 난자의 수송 과정이 진행된다.

트럼펫 모양의 이 수란관 입구는 좁은 통로로 이어진다. 대략 뾰족한 연필심 끝 부분 크기의 이 내부 통로에는 섬모(纖毛)라고 하는 것이 고운 솔처럼 빽빽히 들어서 있다. 난자를 오렌지에 비교한다면 이 섬모의 크기는 속눈썹의 크기와 같다. 이 섬모는 난자가 자궁 쪽으로 부드럽게 쓸려 내려가도록 도와주는 청소부 역할을 한다.

감염, 특히 성병이 나팔관 내부에 상처를 일으켜서 이 관들이 막히는 수가 있다. 이것은 여성이 임신 못하는 원인이 될 수도 있다. 때때로 이런 장애는, 섬세한 수술을 통해 제거할 수 있다. 특수한 액체를 주입하면 난관 폐색을 관찰할 수 있는데, 액체가 자궁 경부의 입구를 지나 자궁 안으로 그리고 나팔관으로 흐르는 동안 엑스 레이로 그 흐름을 분명하게 볼 수 있다. 이것을 난관 투시라고 하는데, 개인 병원이나 종합 병원의 방사선과에 가서 외래 진료를 신청하면 받을 수 있다. 이 과정은 약간의 통증과 불편함을 야기할지 모르는데 참을 수 없는 정도는 아니다. 여기에는 마취가 필요없다.

산아 제한을 하기 위한 불임 수술의 경우, 외과 의사는 대개 비단실로 각 난관을 두 겹으로 붙들어 매고 수란관을 절제하여 제거한다. 이것은 개복해야 하므로 입원이 필요한 중요한 수술이다. 그러나 입원하지 않아도 되는 방법이 있다. 복강경 수술을 시도할 수도 있는데, 이 수술에서는 배꼽 바로 밑 부분을 약간 절개한 후 복강경―관 모양의 작은 광학 기구―을 그 속으로 주입한다. 의사는 하복부에 또 다른 작은 부위를 절개하고 그 안을 통해 또 다른 기구를 삽입하여 양쪽 수란관을 포착하고 조작한다. 그리고 복강경으로 들여다보면서 수란관의 일부분을 잡아서 고리를 만든 후, 전자 인두를 사용하여 태워 없앤다. 이 수란관을 막는 기술이 몇 가지 더 있다. 가장 간단한 기술 중 하나는 하복부를 조금 절개하고 그 곳을 통해 기구를 삽입하는 방법인데, 이렇게 함으로써 수란관을 손으로 잡고 올가미 모양을 만들듯이 접을 수 있다. 그리고 작고 동그란 고무 고리(문방구용 노란 고무줄과 비슷한)를 올가미처럼 접은 수란관 위에 끼워 넣으면, 이 고리가 수란관을 완전히 차단할 만큼 아주 단단히 조여 준다. 현재까지는 이 고무 고리 방법이 나중에 아이를 더 가질 경우, 수란관 복원 수술의 성공률이 가장 높다고 한다. 그러나 효과적인 불임법이면서 나중에 복원 가능한 방법이 있다는 생각을 처음부터 해서는 안 된다. 불임 수술은 영원한 불임으로 간주해야 한다. 복원 수술은 매우 까다롭고 복잡한 수술이며 큰 어려움이 따른다.

이런 방법을 설명하는 이유는 산아 제한법으로 어떤 기술들이 있으며, 그것이 왜 효과적인지를 설명하기 위해서다. 가족 계획을 할지 말지는 각 부부의 권한이며 또 스스로 결정해야 할 일이다. 그러나 모든 부부는 결정을 내리기에 앞서 산아 제한법에 대한 정확한 정보를 얻을 수 있어야 한다(가족 계획에 대한 정보가 좀더 필요하면 11장을 보라).

자궁(uterus). 라틴어에서 유래한 이 단어는 자궁 또는 배(腹)를 의미한다. 자궁은 근육질로 되어 있으며 단단하다. 길이는 10센티미터 정도다. 여성이 서 있을 때 이것은 몸과 거의 수평 상태로 매달려 있다. 즉 자궁의 볼록한 상부 끝은 앞쪽을 향해 있고 아래쪽 끝은 척추 끝을 향하고 있다.

자궁은 임신 기간 동안 우리가 아는 대로 여섯 명의 아기를 수용할 수 있을 만큼 크게 확장될 수 있다. 이것은 자궁이 강력한 근 섬유질과 함께 짜인 탄력적인 섬유질을 많이 가지고 있기 때문에 가능하다. 이런 근육들은 진통 시, 즉 아이를 분만하기 위해 힘차게 수축할 때 중요한 역할을 한다.

자궁 외부는 엷은 분홍빛을 띠고 있다. 내부에는 자궁내막(endometrium)이라 불리는 붉고 부드러운 내벽이 있는데, 이 말은 '자궁 내부'를 의미하는 헬라어에서 나왔다. 자궁의 안쪽은 세모꼴의 좁은 공동(空洞)을 이루고 있으며 두터운 근육벽으로 둘러싸여 있다.

양쪽 수란관의 유입 부분은 자궁의 공동 정상부(頂上部)로 들어오도록 연결되어 있다. 좁은 기지를 형성하는, 자궁 공동의 아래쪽 부위를 자궁 경관이라 부른다.

경부(cervix). 이 말은 라틴어로 목을 의미하는데 여기서는 자궁의 좁은 통로를 가리킨다. 경부는 자궁 경관을 둘러싸고 있는, 자궁의 아래쪽 끝이 좁은 부분을 말한다. 경부의 반 가량은 질 쪽으로 나와 있기 때문에 의사들이 쉽게 진찰할 수 있다.

자궁의 다른 부위와 마찬가지로 경부는 근육질로 되어 있으며 단단하다. 의과 대학에서는 경부가 첫 임신 전에는 코끝처럼 느껴지고 출산 후에는 턱끝처럼 느껴진다고 가르치기도 한다.

경부 입구는 질로 연결되는 경부의 통로다. 이 통로는 연필심만큼 좁으며, 튼튼한 근육으로 되어 있다. 섬유질로 된 탄력 있는 경부 조직은 출산 때와 같이 강한 압박을 주어야만 넓게 팽창해서 통로의 입구를 확장시킨다. 보통 때의 팽팽하게 조여진 통로는 자궁의 내부를 사실상 무균 상태로 유지시켜 주는데, 특히 약간의 분비물이 바깥쪽을 향해 계속 일정하게 흘러서 정화 역할을 하기 때문이다.

여성이 자궁 경부암 진단을 받을 때 자궁 경부 세포 검사(Pop Smear)를 하게 되는데, 이 때 자궁 경부의 분비물도 검사하게 된다. 여성들은 1년에 한 번 정도는 암 세포 조기 진단을 받는 것이 좋은데, 왜냐하면 여성 생식기 암은 대부분 이 경부에서 발생하기 때문이다. 세포 검사의 최종 결과가 나오는 데는 2-6일이 걸린다. 경부암은 초기에 발견하여 제대로 조처하면 90퍼센트 이상이 치료 가능하다(그림 3을 보라).

질(vagina). 이 말은 (칼을 넣는) 칼집을 의미하는 라틴어다. 질은 매우 탄력 있고, 칼집 같은 관인데 몸 속에 숨겨져 있는 생식 기관들로 통하

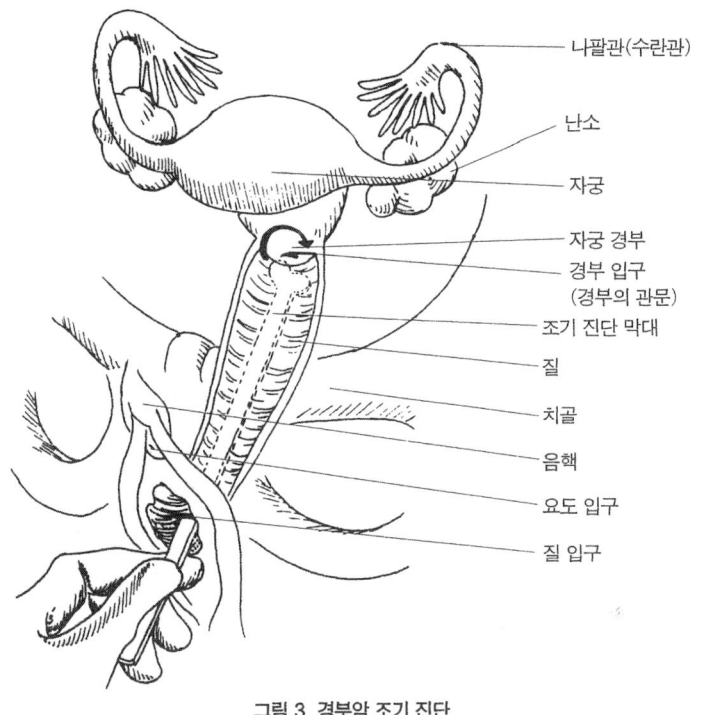

그림 3 경부암 조기 진단

간단하고 고통 없는 이 과정을 통해 매년 수많은 생명을 구한다. 왜냐하면 이 방법을 사용하면 육안으로 관찰 불가능한 경부암을 미리 발견할 수 있기 때문이다.

는 통로 구실을 한다. 질 상단부는 완만한 곡선의 지붕 모양을 이루고 있으며 경부 끝 부분을 에워싸고 있다. 질의 내벽은 매우 촘촘한 주름으로 되어 있다. 보통 7.5-12.5센티미터 길이인 질은 음경을 받아들일 수 있도록 쉽게 확장된다. 물론 질의 가장 큰 확장은 출산 시에 일어난다. 이 여러 겹의 조직은 아주 작은 선(腺)을 많이 포함하고 있는데, 이것은 끊임없는 정화 작용을 하는 얇은 수분막을 생산해 내며, 이로써 질은 자정(自淨) 작용을 한다. 바로 이것 때문에 관주(灌注 : 질 내부를 씻어 내는 것)는 거의 필요가 없다고 할 수 있다.

질의 바깥쪽 입구 부근에는 감각 신경이 집결해 있는데, 이것은 접촉을 통해 자극을 받을 때 성적 흥분을 일으키는 중요한 구실을 한다. 질 입구는 괄약근으로 둘러싸여 있는데, 이것은 감각 신경이 보내는 전갈에 반응한다. 이 근육은 의도적으로 바싹 죌 수도 있고 이완할 수도 있다.

여성의 경우 성적 흥분에 대한 첫 반응은 질이 매끄럽게 되는 것인데, 젊은 여성은 10-30초 내에 일어나고 나이 든 여성은 1-3분 내에 일어난다. 성적 자극을 받으면 질 속 깊은 부분의 내벽은 차가운 컵 표면에 맺히는 이슬 방울처럼 윤활유 방울로 덮인다. 이것은 음경의 삽입을 더 용이하게 해준다.

이 자연적인 윤활 현상이 일어나는 정확한 위치를 알면 흥분 단계에서 성적 즐거움을 강화할 수 있다. 이런 지식이 있는 남편은 좀더 강한 자극을 주기 위해 질 안에 부드럽게 접근하여 안쪽에 있는 윤활유를 음핵 부위까지 끌어 낼 수 있을 것이다. 만일 아내가 누워 있다면 모든 윤활유는 바깥쪽으로 가져오지 않는 한, 질 속 깊숙한 곳에 남아 있게 된다는 점을 기억하라.

질의 적절한 윤활 작용은 성교의 즐거움을 위해 필수적이다. 만일 이것이 안 된다면 남편은 약국이나 가게에서 구입할 수 있는 인공 윤활제를 발라야만 한다. 반드시 삽입 전에 음경의 귀두 부분과 질의 외부에 윤활제를 바르도록 하라.

수유 중인 산모는 에스트로겐 호르몬 수치가 낮기 때문에 윤활 능력이 제한받을 수도 있음을 인식해야 한다. 질의 건조 상태는 대개 수유를 계속하는 동안 지속된다. 이 때 산부인과 의사에게 질 속에 바를 수 있는 에스트로겐 크림을 처방해 달라고 할 수 있다. 질의 윤활 능력은 일생에 걸쳐 지속되는 것이 보통이지만, 폐경기 여성은 낮은 에스트로겐 호르몬 수치로 인해 거의 예외 없이 질이 건조해지기 때문에 성교 시에는 인공 윤활제를 사용할 필요가 있다.

질을 결코 수동적인 기관으로 생각해서는 안 된다. 오히려 매우 능동적인 기관으로 생각하라. 성적 자극을 받을 때 질은 길이가 늘어나고 직경이 두 배로 넓어진다. 흥분이 시작되는 단계에서 질의 상부는 확장되고 자궁은 배 쪽으로 올라붙는다. 제2단계에서 질은 음경에 맞추어서 수축한다. 오르가즘 후에 자궁은 아래쪽으로 내려오는데, 그리하여 자궁 경부는 질의 상부에 침전되어 있는 정액 웅덩이와 맞닿을 수 있게 된다.

처녀막(hymen). 이 단어는 신화에 나오는 결혼의 신 이름에서 나왔다. 이것은 좁다란 선반 모양으로 생긴 얇은 막으로서 질의 아래쪽 입구를 둘러싸고 있으며, 질을 완전히 덮고 있지는 않다. 처녀막은 생리적인 기능은 없으며 한 번 늘어난 후에는 결코 원 상태로 돌아가지 않는다. 어떤 여성들은 처녀막이 아주 질기고 저항력이 있다. 처녀막 없이 태어나는 여아도 있다. 그러므로 처녀막의 부재가 반드시 순결 상실의 증거는 아니다.

질 안에 있는 처녀막의 입구는 대개 직경 약 2.5센티미터로서 탐폰(지혈전)을 넣을 수 있을 만큼 크다. 그러나 성교를 편하게 하기 위해서는 직경이 3.75센티미터 정도는 되어야 한다. 그래서 통계적으로 첫 성교 시에 신부의 50퍼센트가 약간의 고통을 경험하는데, 그러나 심한 정도는 아니다. 20퍼센트는 고통이 전혀 없었다고 하며, 30퍼센트는 다소 심한 고통을 경험한다고 한다.

결혼하기 약 6주 전에 여성은 누구나 골반 검사를 해야 한다. 사려 깊은 의사라면 각 여성에게 특별한 지침을 줄텐데, 이것은 성교에 수반되는 신체적인 통증에 대한 여성의 두려움을 상당 부분 제거해 줄 것이다.

만일 골반 검사를 통해 처녀막이 두껍거나 단단한 것으로 밝혀지면 예비 신부는 이 조직을 넓혀 달라고 요청할 수 있다. 그러면 첫 성교 시에 어려움과 통증이 덜할 것이다. 의사가 직접 이것을 시행할 수도 있고, 의사의 가르침에 따라 신부 자신이 손가락을 사용하여 처녀막을 넓힐 수도 있다. 또는 첫날밤 성교 전에 신랑이 조심스럽게 처녀막을 넓힐 수 있도록 정확한 원리와 구체적인 지침을 가르쳐 줄 수도 있을 것이다(그림 4를 보라).

내 생각에는 가능한 한 즐겁고 고통 없이 최초의 성경험을 하려면, 예

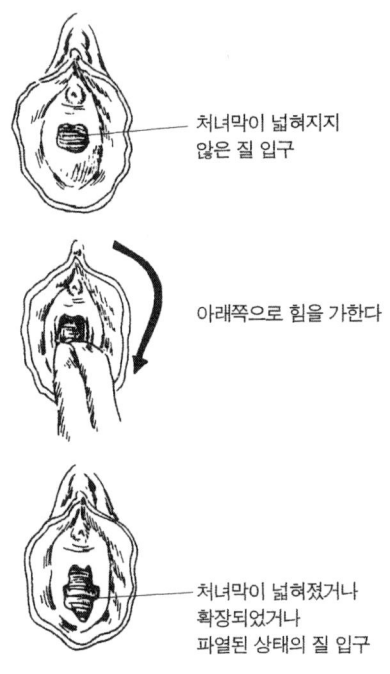

그림 4 처녀막 넓히기

이 과정은 첫날밤 성교의 불편함을 해소하기 위해 의사나 신랑이 해줄 수 있다. 아래쪽과 뒤쪽으로 압력을 가해야 함을 유의하라.

비 신부가 결혼 전 2-4주 동안 매일 잠깐씩 시간을 들여 질 입구를 넓히는 것이 최선책이라고 본다.

질 확장을 위한 지침을 제시하면 다음과 같다. 여성은 인공 윤활제를 손가락 하나에 충분히 바르고 질에 넣어 손가락 끝까지 천천히 삽입한 다음, 처녀막의 가장 저항적인 부분을 향해 아주 천천히 그러나 힘차게 아래쪽 뒤쪽으로 힘을 가한다. 손가락을 끝까지 삽입할 수 있게 되면, 윤활제를 충분히 바른 손가락 둘을 질 속에 넣고 다시 천천히 아래쪽 뒤쪽으로 힘을 가한다.

만일 첫날밤 신랑이 질 입구를 넓힐 경우 반드시 손톱을 매끄럽고 짧게 다듬어야 하며 그 후 이 지침을 따르면 된다. 먼저 세 손가락을 쐐기 모양으로 하고 인공 윤활제를 충분히 바른 뒤 손가락 끝을 질 입구에 삽입하라. 아주 힘차게 그러나 **아주** 천천히 안쪽으로 힘을 가하라. 처녀막을 완전히 넓히는 데는 15-30분이 걸려야 한다. 세 손가락을 끝까지 완전히 삽입할 수 있을 때까지 한 번에 0.3센티미터 정도만 움직이라.

이런 과정을 통해 질 입구를 넓힐 수 있다. 파열이 있을지도 모른다. 작은 출혈 부위가 생긴다 해도 두려워하지 말라. 단지 출혈이 일어나는 정확한 지점을 찾아내어 그 곳에 휴지를 대고 단단히 압박하라. 어떤 출혈이든 이런 식으로 하면 지혈할 수 있을 것이다. 성교 도중에 파열과 출혈이 발생할 경우에도 정확한 지점에 휴지를 대고 단단히 압박하는 방식으로 지혈할 수 있다. 약 12시간 동안 휴지를 대고 있으라. 새로운 출혈을 피하기 위해 그 곳을 따뜻한 물 속에 담구어야 할지도 모른다. 성교는 다음날 다시 시작할 수 있다.

이렇게 넓힌 후에도 남아 있는 처녀막의 주요 부분은 질 입구를 가로질러서 초승달 모양으로 놓여 있다. 여성이 다리를 위로 높이면 이것이 질 입구를 더 가로막게 되며, 다리를 평평하게 내리면 그 반대가 된다.

첫 성교 시 이 사실을 기억하라. 만일 신랑이 삽입을 하는 데 어려움이 있다면 위치를 조정하는 것이 도움이 될 수 있다. 신부는 처녀막이 방해가 되지 않도록 될 수 있는 한 다리를 쭉 뻗어서 내리고 엉덩이 밑에 베개 두 개를 받치고 똑바로 눕는다. 신랑이 신부를 마주 보고 똑바로 위에서 접근하면 음경은 질과 거의 수직으로 접촉하게 된다. 신랑은 질 입구와 음경의 귀두에 과다하다 싶을 정도로 충분한 양의 윤활제를 바르고 음경의 끝을 질 입구에 댄다. 그리고 거의 똑바로 아래쪽으로 미끄러지듯 움직여서 신축성 있는 처녀막을 살짝 통과해 삽입을 시도한다. 이 때 음경이 질 속으로 미끄러져 들어가면 신부는 불편을 참을 수 있는 범위 내에서 가끔 천천히 무릎을 일으켜 본다. 이 시점에서 신랑은 음경을 억지로 더 넣으려 하지 말고, 신부로 하여금 부분적으로 삽입된 음경을 향해, 즉 거의 수직으로 골반을 밀어 올리도록 해야 한다.

만일 상당한 고통이 있을 때는, 이 경우에만 마지막 수단으로 누퍼카이날(Nupercainal) 연고를 질 입구 주변에, 특히 질 안쪽에 바른 다음 5분간 두라. 이것은 국부 마취 연고로 약국에서 처방 없이 구입할 수 있다. 만일 질 입구가 유별나게 단단하다는 의사의 경고를 받았다면 연고를 미리 준비하여 두는 것이 현명할 것이다. 그러나 지금까지 설명한 절차들을 따르면 거의 대부분의 경우 즐거운 첫 경험을 보장한다고 본다.

신랑들은 질 주위의 근육이 긴장을 풀 만한 충분한 여유를 주지 않고 너무 빨리 삽입하는 것에서 대부분의 고통이 발생한다는 사실을 기억해야 한다. 첫 성교 시에 신랑은 음경을 질 속에 삽입한 상태로 신부를 오르가즘에 이르게 하려고 욕심을 부려서는 안 된다. 신부가 아픔을 느낀다면 고통을 가중할 이유가 없다. 음경을 삽입한 후에 신랑은 빨리 오르가즘을 경험하고 음경을 뺀 다음, 손가락으로 신부의 음핵 부위를 부드럽게 자극해서 신부를 오르가즘에 이르게 하면 된다.

이 결정적인 순간에 신랑이 보여 주는 따뜻한 보살핌은 신랑에 대한 신부의 신뢰를 증진시키는 중요한 계기가 될 것이다. 그 결과 그 후 몇 주 동안 신부는 긴장을 완전히 풀고 신랑의 애무를 즐거이 받아들이며 자신을 기꺼이 내맡길 수 있을 것이다.

처음 몇 주 간 두 사람의 성적인 결합은 친밀감 개발을 목표로 해야 한다. 신부는 불편을 최대한 줄이는 방법을 찾고, 신랑은 절제심을 최대한 발휘하는 가운데 육체적인 친밀감을 개발하라. 준비를 갖추지 않은 채 또는 정확한 정보 없이 신혼 여행에 임하는 부부들에게 첫날밤은 실망의 순간이 될 수 있다. 그러나 바른 지식을 갖고 그것을 바르게 적용하기만 한다면, 첫날밤을 멋지게 보낼 수 있고 처음부터 올바른 성생활 습관을 확립할 수 있다.

나는 특히 첫날밤에는, 성교를 목표로 삼지 말기를 신랑들에게 권고한다. 신랑은 성교에서 신부를 성적인 절정에 이르게 하는 것을 자기의 사랑의 능력을 평가하는 척도로 삼기 쉽다. 그러나 이것을 최고의 목표로 삼지 말라. 그렇게 되면 신랑이 그 목표에 도달하려고 애쓰는 것이 도리어 신부에게는 심한 압박이 될 수 있다. 신부는 도저히 자신의 몸을 절정에 이르도록 할 수 없을 때도 신랑이 원하는 반응과 행위를 계속해야 한다는 압박을 받는 것이다. 오르가즘은 정서적, 신체적 흥분이 일어난 상태에서 적절하고 충분한 신체적 자극을 통해 긴장이 완전히 이완된 분위기에서만 경험할 수 있다. 신랑의 기대와 그 기대에 못 미칠 것에 대한 두려움 때문에 생기는 압박감은, 그런 감정이 아니면 충분히 나타낼 수 있는 신부의 신체적인 반응을 도리어 방해할 수 있다.

신랑은 신체적인 접촉을 통해 정서적인 친밀감을 기르는 것을 첫날밤의 목표로 삼아야 한다. 그저 신부의 기분을 부드럽게 풀어 주는 데 집중하라. 낭만적인 말, 온화함과 깊은 포옹, 몸 전체를 어루만져 주는 것 등으로, 신부를 사랑스럽고 매력적인 여인으로 맞아들이는 자신의 마음을 의미 있게 전하라. 그러면 신부는 틀림없이 정서적으로 자극받게 될 것이다. 그러나 이런 일이 단번에 일어나는 경우는 거의 없다. 그러므로 충분한 시간을 들이고 매순간을 즐기라.

첫날밤 자신이 원하기도 전에 사정했다고 해서 놀라지 말라. 신랑은 격한 감정 때문에 충분히 그럴 수 있다. 그러나 이것이 성경험의 전부가 아니다. 언제 사정하느냐에 관계없이, 신랑은 신부가 원한다면 신부가 오르가즘에 이를 수 있도록 계속 도울 수 있으며, 이렇게 하는 가운데 신부가 보이는 반응에서 추가로 즐거움을 얻을 수 있다.

신혼 여행에서 일찍 사정하게 되었다 해도 몇 분 후에는 한 번 더 발기를 할 수 있을 것이다. 그러나 그 때까지 기다리지 말라. 손으로 자극을 지속함으로써 신부를 만족시키라. 사실 이 시기에는 손으로 자극하는 것이 신부에게 더 큰 만족감을 줄 것이며 성교의 자극보다 효과가 훨씬 클 것이다. 왜냐하면 처음에는 질 근육이 아주 긴장되어 있고, 대부분의 신부는 다소 불편함을 느끼기 때문이다.

그리고 이 충고는 이전의 결혼 생활에서 성관계를 경험한 적이 있더라도 여전히 적용될 수 있다. 결혼은 신선한 출발이어야 하며, 신랑은 이 결혼이 두 사람에게 첫 경험인 것처럼 신부를 부드럽게 돌보며 세심하게 대해야 한다.

요도. 요도는 오줌을 방출하는 방광의 출구다. 요도 입구는 질 입구에서 약 1.25센티미터 위쪽에 있고 질 입구와는 완전히 분리되어 있다. 요도는 아주 작은 홈이 있어서 둥근 보조개와 유사하다. 요도는 치골 바로 밑을 통과하는 관이며, 윤활제를 충분히 바르지 않고 질 속에 음경을 삽입할 경우 신혼 초 수일 간 상처를 입기 쉽다.

이 상처로 '신혼 방광염' 또는 '신혼 여행 방광염'이라고 하는 것이 생기기도 하는데 방광 부위에 통증이 있고 소변 볼 때 뜨끔뜨끔하게 아프고 피가 섞여 있는 것이 그 특징이다. 이것은 요도의 상처 때문에 박테리아가 생겼다는 증거다. 이 박테리아가 강해지면 방광염이라고 하는 심한 염증을 일으키게 된다. 의사의 처방에 따라 세정액을 쓰고 약을 복용한다면 감염과 그에 따른 통증은 금방 가라앉을 것이다. 신혼 초 몇 주 동안은 상처로 인한 이런 고통스런 상태를 완화하기 위해 아스트로글라이드(Astroglide)와 같은 윤활제를 사용하는 것이 매우 중요하다.

어떤 사람들은 유달리 목이 잘 붓고 감기에 잘 걸리는 것처럼 어떤 여성들은 특히 방광염에 걸리기가 쉽다. 여성은 비뇨 기관이 잘 감염되는 신체 구조를 갖고 있다. 요도는 질과 직장 양쪽에 의해 오염될 수 있다. 항문은 박테리아를 끌어들이는 장소가 되며, 거기서 조금만 올라가면 방광이 닿아 있다. 여성은 대변을 본 후 가능한 한 바로 씻어야 하고 항상 앞에서 뒤쪽으로 닦아야 한다.

여성의 비뇨기 염증은 대부분 성관계 후 48시간 내에 발생한다. 성교 후 몇 분 내로 분비물을 배출할 필요가 있는데, 이것이 요도의 박테리아를 제거하는 데 도움이 되기 때문이다. 방광의 소변은 대개 균이 없으며 소변의 배설은 요도 조직을 정화시킨다. 방광이 정상적으로 완전히 비워지면 박테리아의 증가를 막을 수 있다. 물론 세척제를 사용하면 이 요도를 씻어 내는 데 도움이 된다. 만일 방광염이 자주 생기면 의사를 찾아가 성교 후에 복용할 항생제를 처방받아야 할 것이다. 이것은 박테리아가

염증을 일으킬 만큼 번식하기 전에 그것을 제거해 준다.

음핵(clitoris). 이것은 라틴어로 '에워싸여 있는 것'이란 뜻이다. 음순의 맨 꼭대기에 감추어져 있는 약 2.5센티미터 길이의 음핵 줄기는 질 입구에서 약 2.5센티미터 위쪽에 위치한다. 이것의 바깥쪽 끝은 완두콩만한 크기의 작은 원형체인데, 이를 **귀두**(glands)라고 부른다. 이는 도토리를 뜻하는 라틴어에서 유래했다. **포피**(包皮) 또는 음핵의 덮개라고 불리는 주름진 피부가 귀두를 일부 덮고 있다(그림 5를 참고하라).

음핵은 여성의 성적 욕구를 불러일으키는 방아쇠로 불려 왔다. 음핵은 여성이 성적 자극을 가장 강하게 받는 민감한 곳이며, 지금까지 알려진 바로는 다른 기능은 전혀 없다. 음핵을 충분히 자극하는 것만으로 거의 모든 여성은 오르가즘을 경험할 수 있다. 이런 이유 때문에 많은 사람은 음경과 음핵의 접촉이 오르가즘을 일으키는 유일하게 중요한 요소라고 생각한다. 그리고 음핵을 더욱 노출시키기 위해 수술을 해 왔다. 그러나 이런 수술은 오르가즘에 도달하는 데 도움이 되지 않으며, 도리어 다른 문제들—예를 들어, 수술 과정에서 상처 조직을 더욱 확대시킴—을 일으키기 쉽다. 음핵의 덮개를 제거하면 음핵을 외상 가능성에 노출시키게 되고, 또 음핵과 직접 접촉하는 것은 즐거움보다는 불쾌감을 초래하기 쉽다.

만일 성적인 자극으로 음핵에 통증이 느껴진다면, 분비물이 말라붙어서 돌같이 딱딱해진 입자 때문에 포피가 음핵에 유착되어서 그럴지 모른다. 이 소립자들은 작은 핀셋을 사용하여 쉽게 제거할 수 있으며, 그러면 유착은 풀릴 것이다. 이것은 개인 병원에서 행할 수 있는 단순한 조치로 대개는 국부 마취도 필요없다. 음핵의 가벼운 유착은 집에서 면봉을 사용해도 풀리는데 가급적 곧바로 온욕을 하는 것이 좋다.

때때로 음핵은 애무를 받으면 커진다. 그러나 그렇지 않다고 해서 걱정할 필요는 없다. 오르가즘에 도달한 여성들을 조사한 결과, 절반 이상은 음핵이 커지지 않았다. 음핵의 증대는 육안으로나 만져 보아서 겨우 식별할 수 있는 정도였다. 대다수는 길이가 아니라 직경이 증대했다. 음

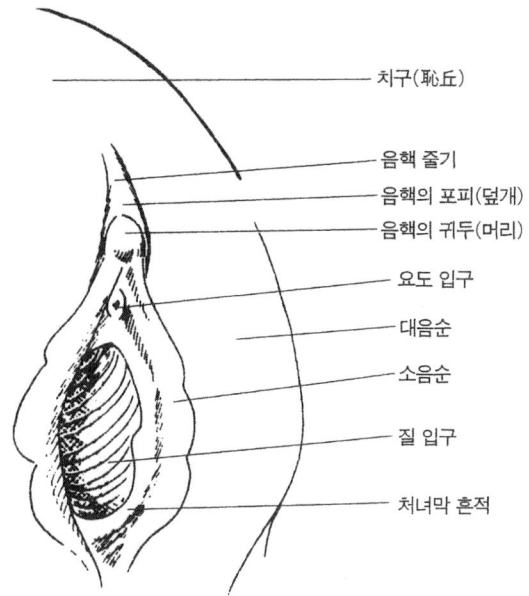

그림 5 음문 또는 외음부(여성의 외부 생식기)

요도 입구와 음핵 줄기의 상단부 사이는 여성의 신체 중 성적으로 가장 민감한 부위다. 자극을 받으면 소음순이 확장되고 질 입구의 크기는 줄어들게 된다.

핵의 크기와 확대의 정도는 성적 만족 또는 성적 능력과 무관하다. 성적 흥분의 마지막 단계에서 음핵은 주변의 충혈된 조직 속에 파묻히게 된다. 그러므로 그 크기는 오르가즘에 도달하는 데 결코 중요한 요소가 아니다.

기억해야 할 사항은 다음과 같다.

1. 아내가 오르가즘에 도달하도록 직접 또는 간접적으로 음핵을 자극해야 한다.
2. 오르가즘이라는 생리적인 반응이 일어나는 기본 과정은 누구나 동일하지만, 자극의 방법과는 무관하다.

3. 여성들은 종종 음핵의 자극을 통한 오르가즘의 느낌과 질 자극을 통한 오르가즘의 느낌의 차이를 인식한다.

부부가 반드시 배워야 할 중요한 해부학적 지식은 음핵의 정확한 위치다. 이것은 성적인 흥분에 도달해 있을 때 윤활제를 충분히 바른 손가락 끝을, 치골 위쪽으로 뻗어 있는 음핵의 줄기에 조심스럽게 갖다 대 보면 가장 정확하게 파악할 수 있다. 음핵 줄기의 아래 위로 손가락을 움직여 보면 그것을 느낄 수 있을 것이다. 또한 음핵 줄기를 가로질러 좌우로 손가락을 움직여 보라. 이것은 손가락으로 아주 가는 전화선을 만지는 것과 유사하다. 윤활제를 충분히 바르고, 애정을 가지고 지속적으로 부드럽고 민감하게 이 음핵 줄기를 자극하면 거의 누구든 3-20분 내로 오르가즘에 도달할 것이다. 오르가즘에 도달할 즈음에는 자극의 속도를 증가시켜야 한다.

전희로 처음 음핵을 자극할 때, 매우 가볍고 부드럽고 느리게 애무하면 대개 최상의 만족감을 준다. 귀두는 몇 초 내로 아주 예민해지거나 강한 자극을 받을 수 있으며, 줄기 위쪽이나 줄기 옆을 어루만지면 쾌감을 더해 줄 것이다. 음핵의 귀두가 과도하게 민감해지면, 아내는 가슴이나 허벅지 안쪽과 같은 완전히 다른 부위를 자극하고 나서 다시 음핵 부위를 자극해 줄 것을 원할 수도 있다.

소음순(labia minora). 이 단어는 '작은 입술'이라는 뜻의 라틴어다. 이것은 매끄럽고 털이 없고 부드러운 조직으로 된 평행을 이루는 두 겹의 층으로서, 위로는 음핵 덮개와 연결되어 있고, 질 입구의 바로 위와 옆을 둘러싸고 있다. 이 소음순을 이따금씩 부드럽게 어루만지면 기분이 매우 좋아진다. 소음순은 음핵 위쪽과 직접 연결되어 있기 때문에 음경이 질 안에서 움직이면 이 민감한 부위를 자극하게 되고, 마찰하고 밀었다 당겼다 하는 사이에 음핵에 오르가즘을 일으킨다. 그러므로 음핵의 **직접적인** 자극이 성적인 즐거움을 위해 반드시 필요한 것은 아니다. 아내가 성적으로 자극받았고 성교 준비가 되었음을 손쉽게 발견할 수 있는 일관성 있는 징후는, 바로 이 소음순이 정상적인 두께의 두세 배로 두꺼워지는 것이다. 이것은 손가락을 부드럽게 대어 보아도 감지할 수 있다.

대음순(labia majora). 이것은 작은 언덕처럼 보이며 소음순 바깥쪽에서 소음순에 평행으로 놓여 있다. 대음순은 보통 질 입구를 위쪽에서 덮고 있는데, 자극받지 않은 질 속에 음경 또는 다른 물체가 들어가는 것을 방지하는 역할을 한다. 성적인 자극을 주면 대음순은 뒤로 젖혀지고 평평해진다. 그러나 이런 작은 변화를 발견하는 것은 불가능할 것이다. 이것은 소음순과 음핵 부위만큼 자극에 예민하지 않다.

치구(mons veneris). 이 단어는 '비너스의 언덕'이라는 뜻의 라틴어다. 치구는 지방질로 된 일종의 작은 쿠션으로, 치골 결합(대음순 맨 윗부분에 뼈가 돌출한 부분)의 충격을 흡수하는 역할을 한다. 이 부분을 애무하면 아주 만족스럽다.

월경 주기

월경 주기는 여성의 일생 중 30-40년 간 생식 체계를 준비하고 회복시키고 새롭게 한다. 대개는 보이지 않고 느껴지지 않는 일상적인 활동이 여성 호르몬의 자극으로 이런 생식 기관들 속에서 끊임없이 일어나고 있다. 최근까지 이런 활동은 잘 알려지지 않았다. 오늘날에는 연구 자료가 많아져서 피임 방법, 월경 불순과 불임 치료에서 많은 효과를 거두게 되었다.

전체 주기의 한 단계인 월경은 예전부터 잘 알려져 있었다. 달을 뜻하는 '메니스'(mensis)라는 라틴어에서 유래한 월경은, 자궁 내벽을 새로 갈이 하는 것을 말하며 대부분의 여성의 경우 거의 한 달 간격으로 일어난다. 말하자면 월경은 내벽의 상태를 새롭게 준비하는 것으로서, 혈액의 유출이 상해가 아니라 도리어 건강의 지표가 되는 유일무이한 경우다 [따라서 폐경기(menopause)란, 말 그대로 월경의 중지를 의미한다].

주기의 시작

월경 첫날을 월경 주기의 제1일로 계산한다. 월경이 시작되는 날에는 자궁 공동(空洞)의 내벽이 월경 주기의 마지막 날보다 두 배로 넓어진다. 월경의 유출은 이 두터운 내벽이 허물을 벗기 때문에 일어난다. 허물을 벗는 것은 몸이 특수한 호르몬의 공급을 중지하기 때문이다. 이 호르몬의 이름은 에스트로겐과 프로게스테론이다.

충분히 발달한 내벽은 수천 개의 미세한 모세혈관으로 구성되어 있으며, 수백만 개의 세포로 형성된 연하고 푹신푹신한 조직에 둘러싸여 있다. 혈관은 조직을 지지해 주는 동시에 조직에 자양분을 공급해 준다. 혈액 공급이 왕성한 이 부드러운 조직은 수정란이 도착하기를 기다린다. 수정란이 생기면 한 가지 호르몬, 즉 프로게스테론('임신을 위한'이라는 의미)만 나와서 내벽을 그대로 유지하고 월경을 멈춘다.

그렇지 않고 이 호르몬의 공급이 중단되면 내벽이 성장을 멈추고 2-3일 내에 작은 혈관들의 지지 체계도 오그라들기 시작한다. 그 결과 주변 조직을 지지하는 힘이 줄어드는 동시에 영양 공급이 중단된다. 구조 전체가 차츰 분리되고 내벽의 작은 조각들이 벗겨지기 시작한다. 몇 시간 안에 약해진 모세혈관들이 하나 둘씩 터지게 된다. 처음부터 한꺼번에 다 터지지는 않지만 나중에는 그 수가 점점 증가한다. 각각의 작은 혈관에서 한두 방울의 피를 떨어뜨린다. 이렇게 하여 유출이 시작되고 이내 그 양이 증가하게 된다.

평균적으로 전체 유출량은 약 60-85cc인데 이것은 대략 차숟가락으로 4-6숟갈 정도에 불과하다. 이 양은 사람마다 다르며, 어떤 사람은 30cc 미만일 수 있고 다른 사람들은 그보다 훨씬 많을 수 있다.

의학적으로는 월경 기간 중 어떤 시점이든지 성교를 피할 이유는 없다. 음경의 삽입으로 해로운 일이 생기지도 않고 월경 시의 하혈이 해롭지도 않다. 그러나 만일 두 사람 중 한 사람이라도 이 기간 중에 성교를 내켜 하지 않으면 피해야 한다.

일부 여성이 겪는 심한 생리통을 완화하는 데 매우 효과적이고 부작용이 없는 약품이 나와 있다. 복통은 프로스타글란딘 때문에 일어나는데, 이것은 자궁을 자극하여 수축하게 만드는 강력한 호르몬 물질이다. 의사에게 항프로스타글란딘 제제를 처방해 달라고 요청해 보라. 이것을 사용하면 단순히 고통을 경감시키기보다는 이런 호르몬 물질의 발달 자체를 막아 주기 때문에 실질적인 예방이 가능하다. 따라서 생리통으로 인해 고통을 겪을 이유가 거의 없다.

어머니들은 탐폰(지혈전)을 사용하면 소녀들의 처녀막을 파괴하지 않을까 염려하기도 한다. 하지만 음경의 삽입만 아니면 염려 없다. 탐폰은 아주 가늘어서 대부분의 처녀는 처녀막을 파열하거나 넓히지 않고도 이것을 삽입할 수 있다. 또한 어머니들의 질문 한 가지에 더 답하자면, 탐폰으로 인한 성적인 자극은 전혀 없다. 왜냐하면 성적으로 민감한 부위는 대부분 질 바깥쪽과 위쪽에 위치하기 때문이다.

좀더 심각하게 고려해야 할 문제는 십대 소녀들과 젊은 기혼 여성들에게 발생할 수 있는 중독성 쇼크 증후군이다. 미국 질병 통제국에 따르면 탐폰, 특히 면이 아니라 합성 물질로 만든 탐폰은 드물긴 하지만 치명적인 감염을 일으킬 수 있다고 한다. 이 감염은 탐폰 안에 축적되는 혈액 속에 포도상구균이 급속하게 번식함으로써 생긴다. 문제가 되었던 거의 모든 경우를 보면 월경 기간 내내 탐폰을 자주 바꾸어 주지 않았다고 한다.

연구 보고서의 지적에 따르면, 릴라이 탐폰에 사용된 섬유질은 포도상구균의 성장을 조장한다고 한다. 그 후 릴라이 탐폰은 시장에서 사라졌고 이제 섬유질로 만든 탐폰은 찾아볼 수 없다. 그러나 모든 종류의 탐폰은 중독성 쇼크 증후군과 어느 정도 관련이 있다. 적어도 6-8시간마다 탐폰을 바꾸거나, 생리대와 탐폰을 교대로 사용하라. 그리고 밤에는 생리대 사용을 권장한다.

월경 중인 여성은 승마, 수영, 강도 높은 게임, 머리 감기, 목욕 등, 평소에 하는 활동을 모두 다 자유롭게 할 수 있다. 일리노이 주립대학교의 한 연구는, 여성이 욕조에 들어가거나 수영을 할 때 문제가 될 정도의 많은 물이 질에 들어가는 것은 결코 아님을 입증했다.

어떻게 월경이 멈추는가

묵은 내벽 전체가 벗겨져 씻겨 나가면 그 밑의 혈관들은 곧 본래 크기로 돌아오고 다시 닫히게 된다. 마지막에는 소수의 반점들만 남게 된다. 그 후 유출은 점점 줄어들다가 끝난다. 짙은 적색의 푹신푹신하던 내벽은 매끄러운 분홍빛으로 돌아와서 새로운 성장을 준비한다. 이렇게 하여 사춘기에 시작하여 폐경기가 될 때까지 월경이 반복된다.

월경 일수

내벽이 성장하는 속도와 내벽의 허물의 양은 일정한 경향이 있어서 대부분의 여성은 자신이 같은 날수의 월경을 하는 것을 알고 있다. 평균은 4-5일이다. 월경일이 2-3일인 여성도 있는데 이것도 정상적이다. 또 어떤 사람들의 경우―똑같이 정상적인데―일주일 내내 또는 그 이상 하기도 한다.

월경 주기는 일반적으로 유출 기간보다는 일관성이 없다. 월경 시작일로부터 다음 주기의 시작일까지는 평균 26-32일이다. 이것은 평균이며 거의 모든 여성의 경우 2-3일의 오차는 있다. 많은 사람이 수일씩 오차를 겪기도 한다. 그러나 어떤 사람들은 항상 불규칙적이다. 중요한 것은 1년간 지켜보면서 각자가 자신의 고유한 월경 주기를 인식하는 것이며, 이제 그 여성에게 이것이 정상적인 주기가 된다. 그렇더라도 이따금씩 예측할 수 없는 변화가 있다는 것을 감안해야 한다.

경부암의 초기 징후 중 하나는 성교 후의 출혈이다. 자궁암의 징후 가운데 하나는 월경 기간이 아닌데 소량의 피가 비치는 것이다. 만일 평범치 않은 출혈이 있으면 의사를 찾아야 하는데, 출혈이 멈추고 48시간이 경과한 후 곧바로 검사해야 한다.

혈액의 방해를 받지 않고 경부와 질을 관찰하기 위해 그리고 암 세포 조기 진단이나 자궁 흡인 검사를 실행하기 위해 48시간을 기다리는 것은 중요하다. 선명한 혈세포가 존재한다면 암 조기 진단을 실시할 수 없다. 검사 전에는 질 세척을 하지 말라.

월경전 증후군(Premenstrual Syndrome, PMS)
　월경전 증후군은 월경 기간 전에 일어날 수 있는 갖가지 신체적, 정서적 문제를 일컫는 용어다. 월경 주기의 일정한 단계에서 이 증상이 있는 여성들은 긴장, 우울증, 공포감, 불안감, 짜증, 이유 없는 울음, 노곤함, 건망증, 정신적인 혼란, 동작 둔화 그리고 달콤하거나 짠 음식, 탄수화물, 술 등에 대한 욕구를 경험할 수 있다. 또 다른 증상을 들자면 부종, 두통, 요통, 여드름, 종기, 기습적인 천식, 발작이다. 이런 증상은 한두 가지만 나타날 때도 있고 여러 증상이 동시에 나타날 수도 있다.
　여성의 90퍼센트 정도가 월경전 증후군을 약간씩 겪는다고 할 수 있다. 이런 증후군이 나타나는 여성들의 10-12퍼센트는 의학적인 조처가 필요하다. 그리고 이런 증후군이 나타나는 여성들의 3퍼센트는 쇠약해질 수 있다. 대부분의 경우 월경전 증후군은 그렇게 심각하지 않지만, 20-30퍼센트는 일상 생활을 못 할 만큼 심하다.
　월경전 증후군이 있는 여성들은 감정 통제가 어려워진다. 이 증상에서 오는 긴장으로 주변 사람들에게 분노나 원한의 감정을 퍼부을 수 있다.
　수많은 증상을 월경전 증후군과 관련시킬 수 있는 반면, 이 증후군에만 해당되는 고유한 증상은 없다. 어떤 증상이 월경전 증후군 때문인지 아닌지를 알려면 그 증상이 월경 전 두 주간 동안에 주로 일어나는지를 살펴보아야 한다. 월경 기간뿐만 아니라 주기 전체에 걸쳐 증상을 날마다 표기하는 것이 월경전 증후군을 진단하는 가장 간단한 방법이다.
　이 증상의 원인과, 어떤 여성들은 경미하거나 증상이 없는 반면 어떤 여성들은 증상이 심한 이유는 아무도 정확하게 알지 못한다. 어떤 연구 결과에 의하면, 월경전 증후군은 월경 주기의 후반부 동안 에스트로겐과 프로게스테론 호르몬의 균형이 깨지는 데서 기인할지 모른다. 어떤 사람들은 영양 섭취가 관건일지 모른다고 생각한다. 월경전 증후군은 갖가지 원인에서 기인하는 것처럼 보이는데, 이것이 다양한 증상이 있고 사람마다 정도와 증상이 다른 이유가 되는 것 같다. 이 증후군은 20대 후반과 30대에 가장 빈번히 발생한다. 어떤 여성들은 임신 후 또는 피임약 복용을 중지한 후에 비로소 월경전 증후군을 겪는다.

월경전 증후군은 성격 이상과는 다르다. 이 증상이 있다고 해서 몸이 허약하거나 정서가 불안정하거나 하나님과의 관계에 문제가 있음을 의미하지는 않는다. 이런 증상들은 신체적 변화의 결과이지 정서적, 영적 유약함의 결과가 아니다. 월경전 증후군은 자신의 몸이 비정상적이라는 표지가 아니라, 자신의 몸 속에서 호르몬이 작용하고 있다는 증거라는 사실을 스스로 인식하는 것이 중요하다.

자신의 몸과 자신의 월경 주기에 따른 몸의 독특한 반응을 인식하는 것이 월경전 증후군을 다루는 첫걸음이다. 그리고 월경 중에 자신의 감정을 효과적으로 통제하기 위해 이 지식을 사용하라. 자신의 몸을 이해하고 어떻게 호르몬과 식생활, 운동, 감정, 영적 생활이 상호 연결되는지를 이해하는 것은 월경전 증후군과 연관된 긴장을 줄이는 데 도움이 된다. 평소에 소금, 설탕, 카페인을 제한하고, 운동량을 늘리고, 일정한 비타민을 규칙적으로 복용하는 것 같은 요법도 중요하다. 최근의 연구에 따르면 하루에 네 컵 이상의 카페인 음료를 마시는 여성들은 그렇지 않은 여성에 비해 월경전 증후군 증상을 5배나 많이 겪을 수 있다고 한다. 생활 양식을 바꾸는 것이 이 증상을 줄이는 데 중요하다. 식생활과 운동량의 변화로 증세가 경감하지 않을 경우, 도움이 될 수 있는 몇 가지 약물이 있다. 월경이 있기 하루나 이틀 전에 이부프로펜(ibuprofen)과 같은 항프로스타글란딘 제제를 복용하면 일부 증상을 완화시킬 수 있다. 자연 그대로의 프로게스테론도 월경전 증후군이 있는 많은 여성에게 권장되어 왔다. 농축시킨 프로게스테론도 사용 가능하다. 농축한 프로게스테론의 사용량은 통상 하루에 100밀리그램이지만 필요하다면 하루에 300밀리그램 또는 그 이상까지 늘릴 수 있다. 프로게스테론은 안정시키는 효과가 있어서 월경전 증후군 증상을 완화하는 데 주된 기여를 할 수 있다. 증상을 완화하기 위해 사용하는 다른 약물도 수없이 많다. 산부인과 의사와 상의하고 처방을 받으라.

위에서 언급한 개략적인 충고들을 참고하여 자신의 생활 양식에 구체적으로 반영하는 것이 월경전 증후군에 효과적으로 대처하고, 양호한 건강 상태를 유지하는 출발점이 될 것이다.

월경전 증후군에 대한 남편들의 고려 사항

월경전 증후군은 쉽게 예측할 수 없으며 증상도 매달 같은 경우가 거의 없다. 그러나 매달 일정한 시기에 일어나기 때문에 남편들은 아내의 감정과 기분에 뭔가 변화가 일어났음을 포착할 수 있다. 이 때 조금이라도 언짢게 하거나 반대로 짐짓 친절을 베푸는 것처럼 하지 않는 것이 중요하다. 상당수의 남자들은 아내의 기분 변화를 오로지 월경전 증후군에 돌리는 오류를 범한다. 그들은 "때가 된 거지?" 하는 식의 언급을 한다. 경멸적인 표현은 정서적인 긴장을 완화시키지 못한다. 사실 그런 말들은 안 그래도 힘든 기간을 더욱 불쾌하게 만든다.

도움이 되는 방법은 일반적인 친절함과 민감함이다. 아내의 외모를 호의적으로 평가하고 비성적(非性的)인 방식으로 신체적인 접촉을 증가시키는 것이 가장 유쾌한 일이 될 것이다. 아내를 도와서 긴장을 유발하는 상황적 요인을 줄이고 집안일을 거들어 주라. 이 시기에 비판을 하는 것은 전혀 맞지 않으며, 도리어 전면 공격으로 간주될 수 있다. 아내의 불안정이 최고 수위에 도달했다는 점을 인식하고, 적절한 기회가 있을 때마다 당신의 사랑과 헌신을 확인시키라. 당신의 능력이 미치는 범위 내에서 배우자가 정서적, 신체적으로 편안해지도록 해주라.

그렇다고 월경전 증후군이 천박한 행동을 합리화하는 권한을 부여하는 것은 아니다. 아내는 자신의 행동과 태도에 책임이 있다. 그러나 남편이 평소보다 더 친절하고 아내를 이해해 주는 것은 아내의 날카로운 감정을 제거하는 데 가장 큰 도움이 될 뿐만 아니라, 남편이 당연히 해야 하는 일이다. 아내의 말을 경청하고, 특별한 필요를 채워 주고, 어려운 상황을 극복할 수 있도록 도우라. 필요는 다달이 달라지거나 변할 수 있다. 부부 관계란 평생을 두고 세워 나가야 하는 것임을 기억하라. 따라서 친절한 행동과 지혜와 인내로써 현명하게 투자하라.

수태와 임신

수정은 난소에서 자궁에 이르는 관인 난관 깊숙한 곳에서 일어난다. 그 곳이 여성의 난세포와 남성의 정자 세포가 성공적으로 결합하는 만남의 장소다.

난자와 정자

여성의 둥근 난자는 인간의 세포 중 가장 큰 단세포이지만 점 하나보다 작다. 남성의 정자는 쉼표와 비슷한 모양이다. 이것은 난자보다 훨씬 작은데, 쉼표 하나를 덮어 가리려면 정자 2,500개가 필요할 정도며, 세계 인구에 해당하는 정자를 다 모은다 해도 아스피린 한 알밖에 되지 않는다. 난자는 훨씬 더 큰데, 이는 성장하는 태아를 처음 며칠 간 지탱하기 위한 양분을 많이 가지고 있기 때문이다. 상대적으로 굼뜬 난자는 움직이지 않지만, 정자는 동작이 민첩하다. 정자 세포는 꼬리에 달린 아주 가는 털과 같은 끈을 가지고 1분에 0.3센티미터 정도 나아갈 수 있는데, 이것은 그 크기에 비한다면 육상 선수보다 훨씬 더 빠른 속도다. 정자는 그 속도로 한 시간 내지 한 시간 반 만에 난자에 도달할 수 있다. 비교해 보자면, 정자가 여행하는 속도와 거리에 접근하려면 육상 선수는 시속 약 110킬로미터로 400킬로미터 정도를 달려야만 할 것이다.

난자와 정자는 반대 방향에서 서로 다가간다. 난자는 움직일 수 없지만 배란 때 부드럽게 샘솟는 유동액 속에 실려 난소로부터 떠밀리며, 사람의 손과 유사한 모양의 술장식에 의해 수란관 입구 속으로 쓸려 들어간다. 이것은 24시간 내로 수정되거나 아니면 분해될 것이다.

이 시간 동안, 난자는 수란관의 중간 지점에 있을 것이다. 정자는 거기서 기다리고 있거나 난자가 온 다음에 도착할 수 있다. 정자 세포는 난자보다 수명이 더 길다. 그것들은 2-3일 간 생생한데, 일부 증거에 따르면 훨씬 더 오랫동안 생존할 수도 있다. 정자는 배란 시간에 정확하게 맞추어 도착할 필요가 없다. 수태가 일어날 수 있는 기간이 월경 주기당 대략

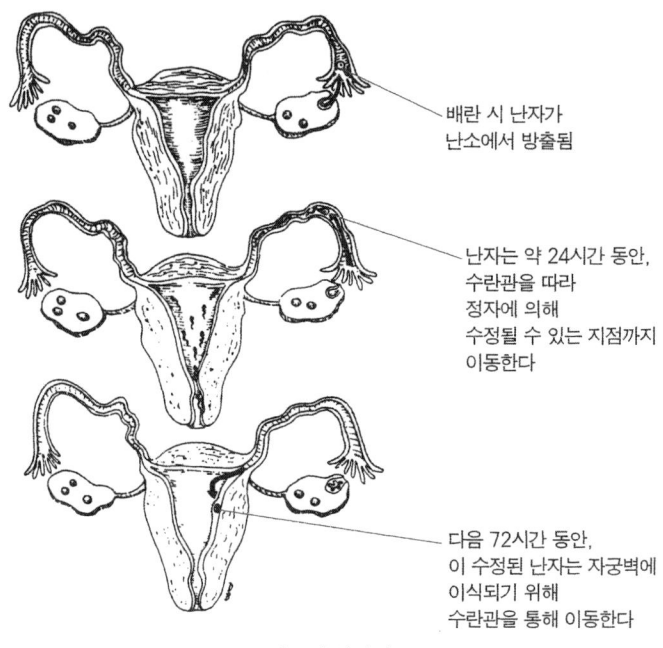

그림 6 수정 과정

난자는 부드럽게 샘솟는 유동액을 타고 난소에서 밀려나온 후, 난관 끝의 손 모양의 술장식에 쏠려 올라가서 관을 따라 이동한다. 난관이 난소와 붙어 있는 것은 아님을 주목하라. 그러나 이 작은 난자는 기적적인 방식으로 정자를 만나는 장소로 이동하게 된다.

사흘에서 닷새라고 칠 때, 정자는 배란 전후로 몇 시간 내에 도착하면 된다(그림 6을 보라).

성교를 통해 정자는 약간은 정교하면서도 힘차게 사출된다. 정상적으로는 자궁 경부의 좁은 입구를 겨냥하여 사출되는데, 보통 때는 농도가 짙던 자궁 경부 입구의 점액질이 배란 시에는 묽어지고 훨씬 더 유동적으로 변해서 정자가 입구를 아주 쉽게 찾을 수 있게 해준다.

수정

수백만 개의 정자가 여행을 시작하지만 비교적 소수의 정자가 난관에 있는 작은 난자에 도달하게 된다. 일부 정자는 난자를 덮고 있는 막에 달라붙어서 행동을 개시하는데, 마침내 정자 하나가 안으로 들어가면 수정된다.

난자 안으로 빨려 들어간 정자는 꼬리가 떨어지고, 머리는 영양이 풍부한 난자 안으로 들어가게 된다. 이 작은 정자가 어머니의 유전사(絲)를 담고 있는 난자 속으로 아버지의 유전사를 실어 나르는 것이다. 이 염색체는 유전인자라고 불리는 수천 개의 미세한 입자를 포함하고 있는데, 이를 통해서 아이의 유전적인 특성이 결정된다. 또 정자에는 성을 결정하는 염색체도 들어 있다. 몇 시간이 지나지 않아서 부모의 유전사는 서로 결합하게 되고, 다음 몇 시간이 지나면 수정란은 분열을 시작하여 거품과 같은 세포군을 형성하게 된다.

9개월 간의 임신

첫 주가 지나면서 이 세포군은 자궁의 위쪽 벽에 착상하게 되고, 거기서 뿌리를 내리게 된다. 자리를 잡은 세포군은 월경 주기 동안 자궁의 내벽에 축적해 놓은 영양을 공급받는다. 두 번째 주가 끝날 무렵에는 이 세포군이 태아를 형성하게 된다. 그리고 여성의 뇌하수체 호르몬 생성이 중지되면서 배란이 억제되고, 자궁의 내벽은 두터워지고, 월경 주기는 임신 기간 동안 중단된다.

임신 첫 두 달 동안은 호르몬의 구성비가 달라지면서 유방이 커지고 부드러워진다. 이 때 일시적인 입덧이 일어날 수 있다. 27일 정도가 지나면, 자궁 내벽에서부터 태아와 탯줄로 연결된 태반이 임신을 유지하기 위한 여러 가지 기능을 시작하게 된다. 이 기능 중 한 가지는 융모막에서 분비하는 흉모성 성선 자극 호르몬을 생성하는 것이다. 이 호르몬은 단시간 내에 고도로 분비되기 때문에 소변 검사를 통한 임신 판정에 활용된다. 이 검사는 정확도가 높으며 짧은 시간에 할 수 있다(지금은 약국에 손쉬운 자가 진단 시약이 나와 있다). 태반의 또 다른 기능은 프로게스테론의 생성이다. 난소가 프로게스테론 분비를 중단하면 태반이 그 중요한 임무를 넘겨받는다. 이 호르몬은 임신한 자궁을 유지하고, 난소가 또 다른 난자를 생산하지 못하도록 억제하는 아주 중요한 역할을 하게 된다.

엄청난 변화가 은밀하게 일어나고 있는 것이다. 태아의 몸은 머리부터 시작하여 발 끝의 순서로 형성된다. 대부분의 형태와 중요한 기관이 첫 두 달 동안에 형성된다. 22일경부터 심장이 뛰기 시작하지만 너무나 미약하기 때문에 4-5개월이 지나기까지는 거의 들리지 않는다. 첫 달 끝 무렵에는 태아의 크기가 작은 완두콩만하다. 둘째 달 끝 무렵에는 2.5센티미터 정도로 커지지만 무게는 거의 안 나간다. 이 때의 태아는 팔 다리와 머리를 움직일 수 있으며, 입을 벌렸다 오므렸다 하거나 삼키는 동작을 할 수도 있다.

임신 말기 3개월 동안에는 엄마의 생식 기관이 크기와 용량 면에서 최대치로 확장되어서 영양을 공급하게 된다. 아기는 2-3킬로그램 더 불어나고 그 중 일부는 지방질로 채워진다. 또 아기는 엄마의 혈액을 통해 질병에 대한 기본적인 저항력을 배양하게 된다. 허파가 발달하고 그 활력과 조절력이 증가한다.

자궁의 용량은 500배 가량 늘어나게 된다. 아홉 달이 다 차면 아직도 거의 밝혀지지 않은 화학적인 작용이 시작되는데, 이를 통해 자궁의 주요 근육에 커다란 변화가 일어난다. 이것을 진통이라 부른다. 진통 초기에는 아기를 자궁 경부 밖으로 내보내기 위해 자궁 근육은 1제곱센티미터당 2.8킬로그램 정도의 압력을 가하게 된다. 그리고 아기의 머리와 몸을 통과시키기 위해 자궁 경부의 좁은 입구가 확장된다. 이어서 아기의 몸은 질벽을 통과하여 세상의 빛을 보게 된다.

출산

출산이란 참으로 신비한 일이다. 또한 생식 기관들이 엄청난 사명을 수행한 다음에는 곧 이전의 크기와 기능으로 되돌아간다는 점에서 놀라운 일이 아닐 수 없다. 한 달 가량이 되면 생식 체계는 새로 시작할 준비를 갖춘다. 이 때가 되면 분만 후 첫 배란이 재개된다. 물론 수유는 생식 기관들이 원래의 크기로 되돌아가는 것을 촉진시키고 월경을 지연시키기는 하지만, 흔히 생각하는 것처럼 항상 배란을 막아 주는 것은 아니다. 그러므로 분만 후 첫 월경이 시작되기 전에 임신이 될 수 있다. 대부분의 경우 분만 6주 후에 첫 월경을 시작한다. 이 시기는 산모가 진단을 받기 위해 의사를 찾아야 하는 시점과 대략 일치한다.

출산 직후에는 산모의 에스트로겐 치수가 현격하게 떨어지는데, 이는 아직 난소에서 에스토로겐을 생산하지 못하기 때문이다. 임신 중에는 대부분의 에스트로겐을 태반에서 생성했지만 이제는 태반이 존재하지 않기 때문이다. 어떤 산모들은 바로 이 낮은 에스트로겐 치수로 인해 산후 우울증을 겪게 된다. 수유 역시 에스트로겐의 생산을 억제하기 때문에, 출산 후 수개월 간 계속 수유하면 질의 내벽이 얇아진다. 질 내벽이 얇아지는 증상은 갱년기 여성들에게서 볼 수 있는 질염과 유사하다. 얇은 질 내벽은 성교 시 고통을 초래하기 때문에 에스트로겐 크림을 사용할 필요가 있는데, 수유를 중단할 때까지 매일 1-2회 정도 질에 발라 주면 된다. 이 시기에 약간이라도 거북할 경우, 성적인 결합에 들어가기 전에 충분한 양의 윤활제를 사용하는 것이 좋다.

남성의 생식 기관

남성의 성기관에 대한 해부학적인 이해를 위해 그림 7과 8을 참고하기 바란다. 남성의 성기관은 세 가지 기본 기관으로 나누어 볼 수 있다.

1. **음경**과 그것의 내분비 기관과 조직
2. 생식선(腺) 또는 성선으로 불리는 **고환**
3. **전립선**과 **정낭**(精囊)

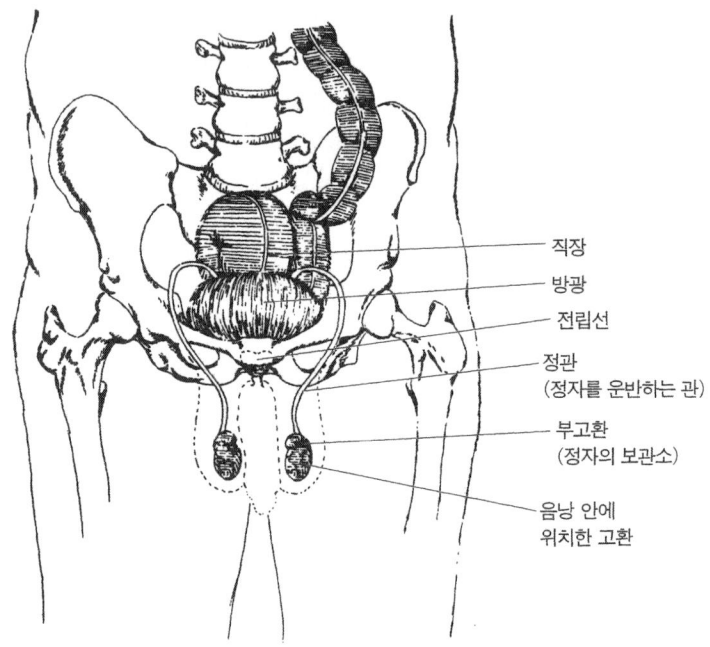

그림 7 정면에서 본 남성의 생식 기관

이 정면 그림을 통해 기관 사이의 관계, 특히 정관과 음낭의 연결에 주목하라. 이 정관은 엄지손가락과 다른 손가락 사이에 끼워 누르면 가는 끈처럼 만져진다. 정관 절제술을 이용하여 이 관을 쉽게 절개할 수 있다.

음경. 음경에 관한 가장 두드러진 사실은 정신적, 신체적인 자극을 받게 되면 혈액에 의해 팽창함으로써 빳빳해지거나 곤추선다는 점이다. 음경은 세 겹으로 된 원주 모양의 발기성 해면체 조직으로 되어 있는데, 이 중 맨 가운데 원주 조직에 요도가 들어 있다. 음경의 머리를 귀두라고 부르는데 접촉에 아주 예민하다. 이 귀두는 말초 신경을 많이 포함하고 있는데, 이 말초 신경이 성적인 접촉 시에 긴장을 고조시킴으로써 오르가즘이 일어나게 한다.

출산 시에 이 귀두는 포피라고 불리는 피부의 겹으로 둘러싸여 있다.

제4장 기본을 이해하라 83

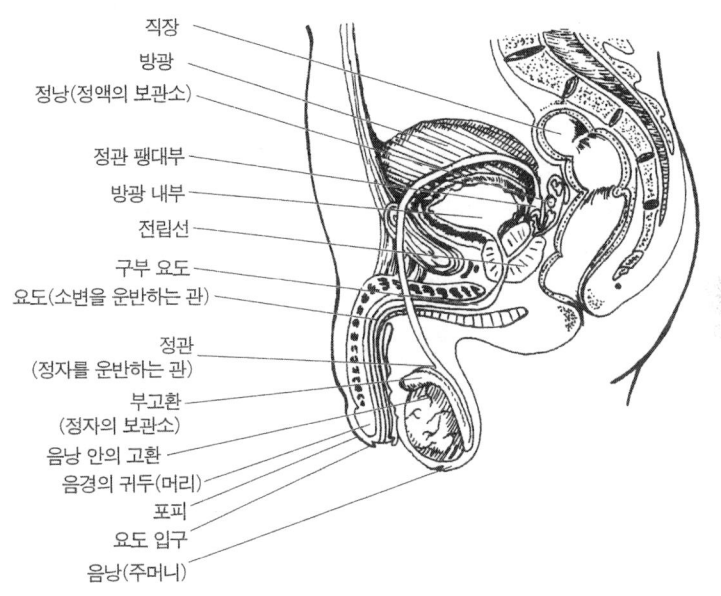

그림 8 측면에서 본 남성의 생식 기관

정자(정액)는 생산된 후 전립선과 정낭에 보관되어 있다가, 사정 시에 수축하는 힘에 의해 요도로 밀려 나가게 된다. 그림에서 볼 수 있듯이 전립선의 확대(비대증)는 소변이 방광에서 유출되는 것을 방해하게 된다.

이 포피의 청결에 특별한 주의를 기울여야 하는데, 특히 피지라고 불리는 지방질의 분비물이 축적되지 않도록 해야 한다. 포피가 너무 꼭 낄 경우 발기나 성교를 방해할 수 있다. 이 때문에 출산 직후에 남아에게 포경 수술을 하는 것이 관행이 되었으며 위생의 척도로 여겨지게 되었다. 포경 수술은 귀두가 드러날 정도로 포피를 잘라내는 것을 말한다.

포경 수술은 오랜 동안 관습이나 종교상의 이유로 행해져 왔다. 재미 있는 것은 이것이 성경이 언급하는 유일한 외과 수술이라는 점이다. 대략 4천 년 전에 하나님은 출산 후 8일째에 이 수술을 하도록 명령하셨다.

그러나 생후 8일째가 아기에게 응혈이나 감염의 위험이 가장 적은 시점이라는 사실이 밝혀진 것은 불과 몇 십 년 전의 일이다. 물론 오늘날에는 수술의 시점은 그다지 중요하지 않다. 감염을 예방하거나 치료할 수 있는 현대적인 수술 도구와 의약품이 충분히 개발되었기 때문이다.

요도는 가는 관으로서, 방광에서 소변을 운반하여 전립선과 음경을 거쳐 내보낸다. 요도의 맨 바깥쪽 입구 부분은 특별히 요도구라고 불린다. 요도는 음경의 기저 부분 근처에 있는 성선에서 분비하는 윤활유로 채워지는데 이 분비물은 정자의 방출을 용이하게 해준다.

자극을 받지 않은 상태의 이완한 음경의 길이는 다양하지만 발기한 음경의 길이는 대개 12-17센티미터(서양인 기준-역주)다. 그러나 이보다 더 작거나 크다고 해서 비정상은 아니다. 실제로 남성의 경우 음경의 귀두에서, 여성의 경우 음핵에서 성적인 접촉에 의한 감각적인 자극을 받기 때문이다. 따라서 음경의 길이는 아내를 자극하는 데나 남편의 만족감에 아무런 상관이 없다. 세간의 인식과는 반대로 너무 작은 음경보다 너무 큰 음경 때문에 아내가 불편을 겪을 확률이 더 높다. 그러나 어떤 크기의 음경이든 충분한 만족을 얻을 수 있다. 발기한 음경 귀두의 가장자리는 끝 부분보다 좀더 딱딱해지기 때문에 여성의 자극을 증가시키게 된다. 최근의 연구는 포경 수술을 했든 하지 않았든 남성의 성적인 만족에는 차이가 없음을 밝히고 있다.

고환. 음낭 안에는 대개 두 개의 고환이 있는데, 두 개의 낭(주머니)이 별도의 조직으로 구분되어 있다. 각 고환은 여성의 난소와 비슷한 크기와 모양으로 되어 있다. 기본 구조는 작고 돌돌 말린 관의 집합으로 되어 있는데, 이 관에서 남성의 생식 세포, 즉 정자를 생산하게 된다. 새로운 정자는 고환의 한쪽 측면을 휘감고 있는 가는 관들을 타고 이동하게 된다. 이 관의 다발을 부고환이라고 한다. 그런 다음 이 정자는 좀더 크고 긴 관을 지나서 전립선으로 이동하게 되는데, 이 관을 정관이라고 한다. 정관은 골반 안쪽을 돌아 나오는 길이 45센티미터 가량인 관이다. 남편 쪽의 불임술로 행하는 정관 절제술은 각각의 정관을 1.5-5센티미터 정도

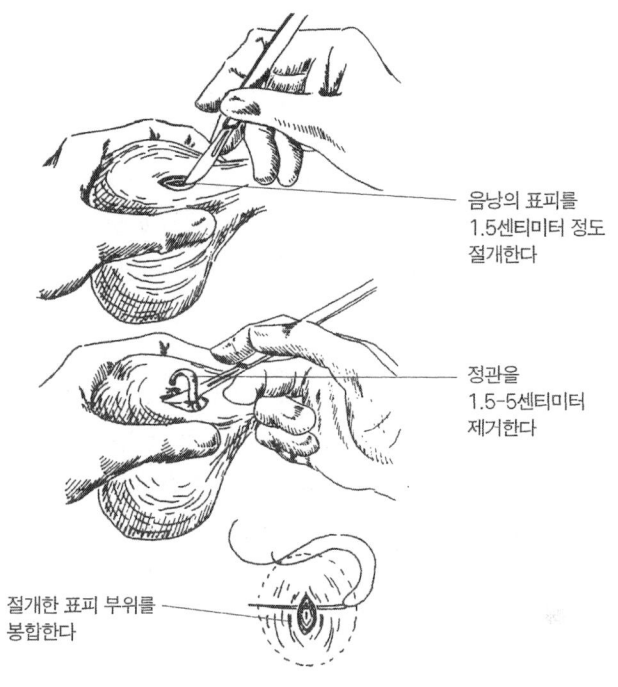

그림 9 정관 절제술의 시술 단계

절제에 앞서 소량의 국부 마취제를 음낭의 표피에 주사한다. 이 시술은 대개 개인 병원에서도 실시한다.

절개하는 것을 말한다(그림 9를 보라). 이 시술은 11장에서 다시 설명하겠다.

각 고환에서 나오는 정관은 전립선으로 들어가기 직전에 위치한 정자 보관소 또는 팽대부에 이르면 넓어지게 된다. 이 팽대부에서 전립선 뒤쪽으로 나가는 양쪽의 주머니를 정낭이라고 한다. 여기에는 정자가 가득 들어 있으며, 보관소의 기능과 더불어서 성적인 긴장 완화의 필요를 신체적으로 일깨워 주는 역할을 한다.

이 보관소 안에서 정자 세포는 다음 행동인 수영을 하기 위한 준비 과정으로서 전립선이 분비하는 윤활유에 적셔져 미끄러워진다. 이 씨가 여행을 떠나기 위해, 즉 정자의 유동성을 위한 마지막 준비로서 다른 내분비선의 윤활유가 첨가된다. 성적인 절정, 즉 사정 시에 이 유동액은 보관소를 빠져나와 음경의 기저부에 이르기 직전에 있는 사정관이라는 가는 관을 타고 방출된다. 전립선에서 일어나는 근육의 수축은 정액을 음경의 기저부까지 밀어내며, 그 다음 요도의 수로를 따라 요도구 밖으로 밀어낸다. 정액으로 불리는 이 유동액은 대개 음경을 떠나서 30-60센티미터를 충분히 여행할 수 있는 힘으로 사출된다. 또 이 전립선의 수축은 성적인 절정이라고 하는 유쾌한 감각을 다량으로 제공한다.

전립선. 전립선은 대개 호두만한 크기인데 방광의 기저 부분에 위치한다. 이 선은 문자 그대로 방광을 비우는 관인 요도를 휘감고 있으며, 방광을 빠져나오는 유일한 출구다. 해부학적으로 전립선과 방광의 입구와 요도는 서로 긴밀히 연결되어 있으므로, 전립선이 팽창하면 소변의 유출을 방해하는 역할을 하게 된다. 나이가 들면서 전립선은 점점 더 팽창해서 60대나 70대가 되면 20대나 30대의 전립선 크기의 대개 두 배가 된다고 한다. 이렇게 전립선이 팽창하면 정자의 양은 감소하거나 농도가 묽어진다. 또한 사정하는 힘도 젊을 때보다 훨씬 줄어든다.

대부분의 경우 전립선의 팽창은 문제를 야기하지 않는다. 하지만 전립선의 크기가 요도의 유출 경로를 압박할 정도가 되면, 소변 줄기가 약해지거나 소변 보기가 힘들어지는 등 다양한 징후가 나타난다. 요즘 들어서는 대개 전립선 절제술(전립선을 제거하는)이라는 수술로 이런 증세를 치료하고 있다. 지난 수년 간 여러 가지 약품이 개발되어서 배뇨와 관련된 증세들을 최소화하는 데 상당한 성공을 거두고 있다. 이런 약품의 도움을 받으면 수술을 면할 수도 있다. 그러나 어떤 경우에는 수술을 받아야 하는데, 때로 음경을 통해 시술하는 방식인 경요도적 전립선 절제술(TURP)을 사용한다. 이런 수술 후에는 가끔씩 헛 사정을 경험하는 남성들이 있다. 이는 유동액의 대부분을 전립선이 분비하는데, 수술을 통해 문자 그대로 선(腺)의 속을 빼내었기 때문에 정액의 유동액을 생산하는 조직이 모자라기 때문이다. 또한 방광의 목 부분이 절제되면서 요도로 흘러들어야 할 정액이 방광으로 역류하기 때문에 음경을 통해 정액을 방출하기가 어렵게 된다. 그렇다고 해서 발기나 오르가즘을 경험할 수 있는 능력이 방해받는 것은 아니다. 다만 대개는 불임이 된다.

그러나 성교 시에 방광으로 역류하는 정자를 다시 복원할 수 있으면 임신이 가능하다. 요도 관통 전립선 수술을 통해 발기 부전이 일어나는 경우는 아주 드물다. 이런 증상은 전립선 암과 같이 전립선 전체를 제거하는 경우에 더욱 흔히 일어난다. 그러나 최근의 수술 기술은 전립선을 완전히 제거하는 경우에도 성적인 능력을 60-70퍼센트까지 보전해 준다.

전립선염이란 세균이나 비세균성 매개체에 의해 발생하는 염증 상태를 말한다. 전립선염에 걸리면 성적 충동이나 발기 능력의 일시적 감소 현상이 일어난다. 세균성 전립선염은 항생제로 몇 개월 간 치료하면 근절할 수가 있다. 증상으로는 아래 척추 부위의 통증, 골반의 압박감, 요도의 농, 성욕 감퇴를 들 수 있다. 감염된 전립선은 팽팽해지고 예민해지기 때문에 전립선염에 감염된 남성은 마치 '뜨거운 감자 위에 앉아 있는' 것처럼 느낀다. 항생제 투여와 국부 온욕, 잦은 성교를 통해서 전립선의 분비물을 내보내는 방식 등의 전통적인 치료법은 여전히 적절하다고 할 수 있다. 사정을 자주 하지 않아서 정액이 축적되면 전립선의 소극적인 충혈을 일으키고, 결국 전립선염과 그에 수반하는 증상을 야기하는 수가 있다.

전립선 암은 일반적으로 증상이 없으며 손으로 하는 직장 검사나 주변의 혈액 표본 검사를 통한 전립선 항원(PSA) 증가 여부로 발견한다.

혈정자(血精子)증으로 부르는 증상은 정액 안에 혈액이 비치는 경우인데, 전립선에 미세한 석회 침전 현상이 있을 때 생기는 양성적인 현상으로서 대개는 심각한 조짐이 아니다.

정액. 전립선 바로 뒤에는 두 개의 선(腺)이 있는데, 이것은 점액질을 분비하여 사정할 때 요도를 미끄럽게 만들어서 정액의 움직임을 원활하게 해준다. 이 윤활유의 일부는 오르가즘이 있기 전 발기 단계에서 음경

밖으로 흘러나간다. 이 윤활유는 여성의 질에서 나오는 분비물과 함께 음경을 질 속으로 삽입하는 것을 용이하게 만든다. 흥분했을 때 이런 분비물이 누출되는 현상은 자연스럽고 동시에 유익한 것으로, 정액의 '손실'이나 성적 약화 또는 성병 등을 의미하는 것이 아니다. 그러나 이 소량의 윤활유 속에도 임신시키기에 충분한 정자가 들어 있을 수 있음을 유의해야만 한다. 바로 이런 까닭에 사정 전에 질에서 음경을 빼내는 방법은 산아 제한의 효과적인 방법이라고 할 수 없다.

정액은 계란 흰자와 같이 주로 단백질이며, 독특한 냄새가 있긴 하지만 더럽거나 비위생적인 것과는 거리가 멀다. 필자는 성교 후 질 세정을 추천하지 않는다. 그러나 어떤 여성의 경우에는 다량의 윤활유를 방출하기 때문에 그것이 정액과 섞여서 성교 후에 분비물이 너무 많아지는 수가 있다. 그럴 때는 성교 후 몇 분이 지나서 탐폰(지혈전)을 사용하거나, 침대 머리에 손수건을 두는 것이 문제 해결의 손쉬운 방법일 수 있다.

남성과 여성의 유사점

생리학에 관한 부분을 마무리하면서 남성과 여성의 성기관이 동일한 구조에서 발달했음을 인식하는 것은 재미있는 일이 되리라고 본다. 이런 유사 구조를 가장 확실히 보여 주는 부분은 음핵과 음경이다. 음핵은 음경의 주요 요소를 축소하거나 변형한 것이라고 할 수 있다. 혈액으로 충일한 부드러운 음핵 조직에는 말초 신경이 몰려 있어서 아주 예민한 음경의 귀두와 유사하다. 음경의 기저부 근육은 질을 둘러싸고 있는 치골미골근(그림 1을 참고하라)을 닮았다. 여성의 대음순은 남성의 음낭에 해당한다. 그리고 음핵을 덮고 있는 소음순의 외겹은 어느 정도는 음경의 귀두를 덮고 있는 포피에 상응한다.

남성이든 여성이든 성기관은 종족 보존 외에 다른 기능을 가지고 있음이 분명하다. 심지어 인간이 충분히 성숙하여 생식력을 갖추기 이전부터 성선(여성의 난소와 남성의 고환)은 신체 발달과 지적 성장 그리고 심리적인 성숙을 조절함으로써 남성과 여성을 만드는 역할을 감당하기 시작한다.

이제 성적인 기술과 반응 방식을 다루게 될텐데, 성기관의 해부학적인 세부 사항을 먼저 다룬 이유를 다음 장에서 이해하게 될 것이다.

생리적인 반응의 세 국면

헬렌 싱어 카플란(Helen Singer Kaplan) 등의 노력 덕분에 성 반응은 전체적으로 세 국면을 포함한다는 사실이 널리 알려지게 되었다. 이 국면들은 분리되어 있어서 구분이 가능하나 동시에 서로 연결되어 있기도 하다. 이런 발견은 성적인 부적응증이나 성적인 문제를 해결하는 데 대단히 유용하다. 이 세 국면은 **욕구, 흥분, 오르가즘**이다. 헬렌 카플란 박사의 유추를 그대로 사용하면, 이 세 국면은 한 발전기를 사용하지만 독자적인 회로를 지니고 있다. 달리 말하면 이 세 국면은 서로 연결되어 있으나 독자적인 신경-생리적인 체계에 의해 움직인다.

카플란 박사는 「성적 욕구의 부조화」(Disorders of Sexual Desire)에서 다음과 같이 설명한다.

흥분과 오르가즘은 성기와 관련하여 일어나지만, 욕구는 뇌의 특정한 중추 신경계의 작용으로 일어난다. 남성과 여성의 흥분은 생식기 혈관들의 반사적인 확장에 의해 일어난다. 반대로 오르가즘은 특정한 생식기 근육의 반사적인 수축 작용으로 생긴다. 즉 생식기의 이런 두 가지 반사 작용은, 하부 척수 내의 두 가지 서로 다른 반사 중추에 기인한다.

어떤 스위치에 결함이 생기면 반응 기제 내의 어떤 신체적인 반응이 차단된다. 요즈음 임상 치료가들은 각각의 국면에 작용하는 특정한 방해 요인을 파악하는 데 노력을 기울인다. 어떤 요인은 오르가즘을 차단하고, 어떤 형태의 갈등은 발기를 방해한다. 서로 다른 변수들이 뒤섞여서 결합하면 성적 욕구 자체가 방해를 받게 된다. 낮은 성욕은 가장 처치하기 어려운 문제다. 그러나 임상 치료가들은 이 영역에서도 진전을 보이고 있다.

　임상 치료가요 가정의인 나 자신의 경험에 비추어 볼 때, 성욕의 억압은 대부분 동일한 근원에서 기인한다. 즉 억압된 분노와 적개심은 우울증을 유발하고, 이는 배우자에 대한 냉담한 무관심으로 연결된다. 이런 무관심은 배우자에 대한 성적 무관심에서 가장 흔하게 노출된다. 이런 경우에는 쌍방이 잘못을 고백하고 바로잡아야 하며, 사랑으로 결혼 관계를 회복해야 한다.

　사랑은 언제나 신비의 요소를 지니고 있어서 성생활에 의미와 즐거움을 불어넣는다.

5

한 몸을 이루라: 성교의 기술

친밀한 결혼 생활과 은밀한 성생활 속에서, 남편과 아내는 "둘이 한 몸을 이룰지로다"라는 창세기의 선언이 의미하는 바를 점차 깨닫게 된다.

이것은 **학습** 과정, 곧 부부가 서로에게 즐거움을 제공하는 법을 점진적으로 발견해 나가는 과정임을 주목하라. 부부는 확실한 지식(확실할수록 더 좋다)으로 시작하며, 그 이후 실제로 그것을 경험하고 적용하면서 즐거움이 점차 늘어날 뿐 아니라, 성교의 방법과 배우자에게 최고의 기쁨을 선사하는 법을 발견해 나간다.

과거에는 몇 가지 장애물이 이런 학습을 가로막았다. 무엇보다도 젊은 부부들은 이것이 모두 저절로 되는 것처럼 그리고 있는 낭만적인 소설과 영화에 세뇌당했다. 그 결과 육체적 사랑에 대한 지식과 기술을 이야기하는 것에 대해 거부감이 생겨났으며, 모든 것을 다 아는 척하지 않으면 뭔가 문제가 있는 것으로 간주되었다.

오늘날 점점 더 많은 부부가 성적인 영역에서 기독교적 상담을 요청하고 있는데, 그 이유는 더 이상 시행착오 과정에 의존하고 싶지 않기 때문이다. 그것은 100퍼센트 만족을 보장해 주지 않는다. 그들은 주님이 그들에게 복을 주시고 즐거움을 부여하기 위해 성을 고안하셨다는 사실을 이해하게 되었으며, 그것을 놓치고 싶어하지 않는다.

성경에 따르면 결혼의 첫째 이유는 친밀한 교제에 있다. "사람의 독처하는 것이 좋지 못하다"(창 2:18). 하나님은 사람이 홀로 있지 않도록 하시기 위해 결혼을 만드셨다. 어떤 영역—영적, 심리적 또는 육체적—에서든지 부부가 서로 하나가 아니라면, 그들은 적어도 그 영역에서는 홀로 있는 것이다. 어떤 그리스도인 부부는 한 마음 한 뜻으로 훌륭하게 관계를 맺고 있을지 모른다. 그러나 그들이 여러 면에서 만족스러운 결혼 생활을 하더라도 친밀한 육체적 관계에서 서로를 기쁘게 하는 법을 모른다면 그들의 결혼은 여전히 불완전하고 완성되지 않은 것이다.

요즈음에는 성에 관한 상세한 입문서들을 손쉽게 이용할 수 있기에 수많은 정보가 우리 가까이에 있다. 그러나 유감스럽게도 어떤 출판물들은 의학적으로 사실이 아닌 것을 유포할 뿐만 아니라, 내용상 조잡하고 불쾌하다. 가장 심각한 문제는, 그런 책들은 성생활에 육체적, 감각적인 쾌락을 이기적으로 추구하는 것을 훨씬 뛰어넘는 중대한 의미가 내포되어 있다는 사실을 깨달은 그리스도인 독자들을 겨냥하고 있지 않다는 점이다. 분별력 있는 연인들은, 가장 강렬한 즐거움은 사랑하는 사람을 즐겁게 해줄 때 생겨나는 환희라는 점을 알고 실천에 옮기려고 애쓴다.

성행위는 두 사람이 펼치는 하나의 황홀한 사건이라고 할 수 있다. 그러나 의학적으로는 이것을 신체적인 변화에 따라 네 단계로 나누어서 분류해 볼 수 있다. 이것들을 논의하기 전에 의미 있는 성생활에 가장 적합한 물리적 환경을 생각해 보자. 가장 중요한 것은 은밀함을 확보하는 것이다. 집을 사거나 건축하고자 할 때 침실과 욕실을 가급적 다른 방과 격리시켜야 한다는 것을 유념하라. 침실은 안에서 잠글 수 있는 좋은 잠금장치가 필요하다. 아이들은 엄마, 아빠의 침실이 잠겼을 때 방해하지 않는 훈련을 받아야 한다. 부부가 온전히 서로에게만 집중하고자 한다면,

무엇보다도 (최대의 즐거움의 필요 조건인) 외부의 방해에서 보호받는 것이 보장되어야 한다. 생후 6개월 미만의 신생아를 제외하고는 아이는 어떤 환경에서도 부모의 침실에서 자지 않도록 해야 한다.

침실의 조명 또한 고려해야 한다. 어떤 아내들은 조명이 거의 없거나 완전히 차단된 방에서 성교를 할 때 자신을 상대방에게 더 내어맡기고 즐거움을 최대한 표현할 수 있다. 그러나 남편들은 아내의 몸을 봄으로써, 또 아내의 반응과 즐거워하는 것을 바라봄으로써 더 자극을 받는다. 이런 이유 때문에 어두움과 아주 부드러운 조명 사이의 조도를 이용하라. 촛불을 사용하면 침실의 분위기를 다양하게 할 수 있다. 신체 구조의 신비스러움이 더 멋진 경험을 하도록 도와준다는 사실을 기억하라.

제1단계: 자극

종종 전희라고 부르는 이 시점에서 남편이 아내를 준비시키기 위해 부드러운 기교로 아내를 성적으로 자극하는 것은 두 사람 모두에게 즐거울 수 있다. 대다수 여성들은 남편의 구애를 받고 남편의 사랑에 사로잡히기를 좋아한다. 남편은 아내에게 접근하는 방식을 통해 성을 권리로 주장하는 것이 아니라 아내에 대한 사랑의 표현으로 인식하고 있음을 나타내도록 하라. 결코 서두르지 말고, 조잡하거나 거칠거나 기계적이거나 참을성 없이 행동하지 말라.

성교는 두 사람이 공유하는 삶을 더욱 확신하는 유쾌한 시간이 될 수 있고 또 반대로 그들 관계 속에 있는 문제를 드러내는 시간이 될 수도 있다. 이것은 부부를 더욱 결합시켜 주든지 아니면 분리시킬 것이다. 성관계는 두 사람의 정서적인 관계를 반영하는 경향이 있기 때문에, 의미 있고 완전히 향유할 수 있는 성행위는 몇 시간 전이나 심지어 며칠 전부터 다정하고 세심한 태도를 보여 주는 데서 비롯된다는 사실을 깨닫는 것이 중요하다. 남편들이여, 비록 그대는 다른 남자들처럼 성행위를 분리해서 생각할 수 있을지 모르지만, 아내는 성행위를 두 사람의 관계의 일부로 간주한다는 사실을 인식하라! 부부가 서로에게 자신의 자아 전체를—육체적, 정서적, 영적으로—주려고 할 때, 성교는 서로에 대한 사랑을 온전히 표현하는 역동적인 수단이 된다. 성교를 통한 만족의 정도와 깊이는 바로 **서로에 대한 일상적인 행동**에 달려 있다.

성 유희를 시작하기 전에 목욕이나 샤워를 하는 것은 육체적으로 결합하는 일이 얼마나 중요한지를 상대방에게 보여 주는 행동이다. 결혼 생활에서 잠자리에 들기 전에 목욕을 하는 것은 귀한 일이다. 아무리 친밀한 사이라도 함께 잠자리에 드는 배우자보다 친밀한 접촉을 하는 관계가 있겠는가? 따라서 밤에 하는 목욕과 면도는 사랑과 존경과 친밀함에 대한 기대를 나타내 줄 것이다.

여유 있는 성 유희는 입맞춤과 포옹과 애무로 시작한다. 성 유희의 초반부에 남편과 아내 두 사람에게 가장 효과적인 신체 접촉은 몸 **전체**를 부드럽게 어루만지는 것이다. 전체에는 모든 것이 포함되며 제외되는 것은 아무것도 없다. 자극과 직접 관련된 듯한 부분만 만지지 말라. 당신의 배우자는 허벅지 안쪽과 등 아래쪽과 엉덩이, 귓불 또는 뒷목을 애무하는 것을 좋아할지 모른다. 다양한 부분의 애무는 전 인격에 대한 관심을 보여 준다. 이것은 솔로몬이 "나의 사랑 너는 순전히 어여뻐서 아무 흠이 없구나"(아 4:7)라고 말했던 것과 같다. 그 아내 술람미 여인은 솔로몬에게 "그는 전체가 사랑스럽구나. 이는 나의 사랑하는 자요 나의 친구로다"(5:16)라고 말했다.

서로를 애무할 때는 **결코** 서두르지 않아야 한다. 조급히 행하는 것은 정욕과 자기 만족으로 하는 것이다. 시간을 들여 충분히 즐기라! 시간에 따른 성 유희의 진행 과정을 아는 것이 중요하다. 감정과 자극을 점차 증대시키고 강화시켜야 한다. 한 번 시작된 자극을 중지하거나 가라앉히지 말고, 항상 자극을 증대시키라. 이 단계에서 긴 포옹이나 얼마간의 침묵은 특히 아내의 경우 성적인 긴장을 해소하거나 반전시키는 데 기여할 것이다. 허벅지와 허벅지의 접촉, 가슴과 가슴의 접촉 그리고 서로의 등과 어깨를 쓰다듬는 동작은 진한 포옹에만 의지하는 것보다 훨씬 더 자극적이다. 신체의 각 부분을 배우자의 몸과 접촉해 움직이면 성적 긴장이 한층 강화될 것이다.

결혼의 연합은 부부로 하여금, 두 사람이 좋아한다면 무엇이든 가장 큰 만족을 주는 방식으로 그들의 몸을 마음껏 향유할 수 있게 해준다. 부부는 제약 없이(상대방에게 상처를 주거나 혐오감을 불러일으키는 이기적인 행동 외에는) 가능한 한 가장 친밀하게 서로를 자유롭게 시험해 보고 '알아야' 한다. 사랑은 신체적으로 밀접한 접촉과 모든 감각을 동원하여 보고, 만지고, 향유하는 즐거움을 포함한다. 이런 관점을 성 유희의 지침으로 삼으면 좋겠다.

남편의 경우 성적인 자극을 받았다는 맨 처음 징후는 음경의 발기다. 이것은 애무와 시각적인 자극 또는 성욕을 자극하는 생각을 통해 성욕이 촉발된 지 몇 초 내에 일어난다. 자극을 지속하면 남편은 불과 1, 2분 만에 제2단계로 나아간다. 그러나 남편이 오르가즘에 이르기까지 최대의 즐거움을 얻고자 한다면 제2단계는 10-20분 또는 그 이상 연장될 필요가 있다. 느긋하게 성 유희를 하는 동안 발기는 증감할 것이다. 그래서 아내는 발기를 최대한 유지하기 위해 음경의 줄기와 귀두 아래쪽을 애무해야 할지도 모른다.

몇 초 후에 아내의 질이 매끄러워질 수 있다. 그러나 이것은 아내가 자극을 받았음을 나타내는 첫 징후일 뿐이지 성교할 준비가 되었음을 뜻하는 것은 아니다. 이 첫 단계에서 질은 안쪽 3분의 2가 확장하기 시작하는데 이 때 음경을 삽입하면 아내는 거의 자극을 받지 않으며 남편도 약간 저지당한다는 느낌을 받을 수 있다. 제2단계가 되어서야 질의 바깥쪽 부위가 음경을 꽉 죄일 준비를 하게 된다.

제2단계: 흥분이 증가하는 때

자극의 단계가 지나면 명확한 구분이 어려운 제2단계로 서서히 넘어가게 된다. 이것을 종종 고원 단계(plateau stage)라고 한다. 전신을 애무하는 예비 단계 이후 남편은 아내의 유방을 애무하는 것을 즐길 수 있고 아내도 남편이 유두 부위를 애무하고 키스해 주는 것을 좋아할 수 있다. 처음에 유두는 좀더 단단해지고 튀어나온다. 그런 다음 자극이 증가함에 따라 유두가 주변 조직의 팽창에 의해 다소 숨어 있는 것처럼 보일 수 있다. 이 주변의 충혈은 예민한 유두를 과다한 자극에서 보호하는 역할을 한다.

이 시점에서 외음부를 부드럽게 애무하면 성적 자극이 한층 증가할 것이다. 거칠면서 머뭇거리고 판에 박힌 접근을 하기보다는 독창성과 상상력을 동원하여 접근하라. 상상력을 자극하는 것이 남편과 아내 두 사람의 즐거움을 높이는 데 도움이 됨을 항상 기억하라. 두 사람 다 원하고, 상호 만족을 줄 수 있으며, 어느 한쪽의 마음을 상하게 하지 않는다면 어떤 것이든 무방하다. 성경은 부부간의 사랑을 기쁘게 성적으로 표현하는 것이 하나님의 계획임을 말해 준다. 히브리서 13:4은 결혼의 연합은 존귀하고, 부부는 침소를 더럽히지 않아야 한다고 선언하고 있다. 신약 원어 성경에서 침소로 번역된 단어는 '코이투스'(*coitus*)인데, 이 말은 성교를 의미한다.

아가서(2:6; 8:3)는 농밀한 성 유희를 위한 이상적인 자세를 묘사한다. 신부는 "그가 왼손으로 내 머리에 베개하고 오른손으로 나를 안는구나"라고 말한다('안는다'라고 번역된 히브리어는 보통 사랑스럽게 껴안는 것, 부드럽게 어루만지거나 자극하는 것을 뜻한다). 여기서 아내는 다리를 뻗고 편안하게 벌린 상태로 드러눕고 남편은 아내의 오른편에 누워 왼손을 아내의 목 밑에 놓는다. 이 때 남편은 아내의 입술, 목과 유방에 키스할 수 있고 동시에 오른손으로 아내의 외음부를 자유롭게 애무할 수 있다.

자극이 계속 상승하면 음핵이 팽창하고 질 입구에 있는 소음순이 두세 배로 커진다. 질의 팽창과 충혈은 질의 바깥쪽 3분의 1 부위의 직경을 50퍼센트 정도로 축소시키는데, 이리하여 질은 음경을 꽉 조일 수 있는 준비를 갖추게 된다. 소음순이 밝은 적색에서 짙은 포도주색 또는 분홍에서 밝은 적색으로 변하는 것은 효과적인 자극을 지속할 경우 60-90초 내에 오르가즘에 도달할 수 있음을 나타낸다. 기타 다른 반응으로는 근육이 팽팽해지고, 맥박이 증가하고, 살갗, 특히 상복부와 가슴이 전반적으로 붉어질 수 있다. 얼굴, 가슴, 복부와 엉덩이에 있는 일단의 근육은 거의 돌발적으로 수축할 수 있다. 항문을 닫힌 상태로 유지해 주는 괄약근을 임의로 죄어 주고 엉덩이 근육을 임의로 수축할 수 있으면 성적 긴장을 높이는 데 큰 도움이 된다.

남편이 자신의 반응을 조절하는 동안 아내는 모든 긴장을 풀고, 남편을 신뢰하고, 최대한 자유할 수 있는 법을 배워야 한다. 아내는 자신의 육체적인 느낌에 집중하면서 남편에게 얼굴 표정과 접촉, 가끔은 사랑스러운 말로 자신의 성적 흥분의 단계를 전달하는 법을 배워야 한다. 이것이 남편으로 하여금 성교의 진행을 적절히 조절할 수 있게 한다. 성적 불만족의 가장 흔한 원인은 아내가 무엇이 자신을 자극하며, 언제 특정한 자극을 받을 준비가 되었는지를 솔직하고도 분명하게 이야기하지 않는 데 있다.

남편이 아내의 성기를 애무하는 것은 아내의 오르가즘을 촉진하는 데 필수적인 반면, 아내가 남편의 성기를 애무하는 것은 대개 남편의 오르가즘을 가속하지 않는다. 서로의 자극이 증대되는 동안 아내가 남편의 성기를 만지는 것은 남편을 위안하고 격려하는 행동이 된다.

아내는 남편의 사타구니, 음낭, 음경의 줄기 아래쪽(고환 쪽) 표면을 집중적으로 아주 가볍고 부드럽게 만져야 한다. 이 곳의 자극은 남편의 발기 유지에 도움이 될 것이다. 음낭은 아주 가볍게 만져야 하는데 이는 음낭이 압박에 아주 민감하기 때문이다. 음경의 귀두, 특히 귀두와 음경의 줄기 안쪽(요도 입구 쪽)의 경계선을 어루만지면 남편의 흥분은 크게 증가하겠지만, 그가 원하는 것보다 더 빨리 사정하도록 자극할 수도 있다. 아내는 자신의 자극이 증대하는 동안 남편의 성기를 어루만짐으로써 남편을 달래고 그의 반응을 가라앉힐 수 있다.

질보다는 오히려 음핵이 여성의 반응의 핵심인데, 이것을 자극하면 거의 모든 여성은 오르가즘에 이른다. 손가락을 질 속에 넣는 것보다는 손으로 음핵과 음핵의 옆을 만지는 것이 종종 자극을 더 증가시킬 것이다. 아내의 경우 자극이 진전되면 음핵의 줄기는 커지고 단단해진다. 질을 위에서 둘러싸고 있는 음순의 정상부에서 대개 단단한 음핵을 감지할 수 있다. 성적인 자극이 있기 전에 음핵의 줄기를 찾는 것은 아주 힘들며, 여성의 50퍼센트는 성적 자극이 있는 동안 음핵이 식별할 만큼 확대되지 않는다는 점을 주목하는 것이 중요하다.

만일 남편이 아내를 흥분시킬 만큼 충분히 자극했다면 질 내부에서 자연 윤활유가 분비될 것이다. 아주 매끄러워진 음핵은 남편의 접촉에 훨씬 더 성적으로 반응할 것이다. 만일 아내가 충분한 자연 윤활유를 생산하지 않으면 음핵과 질 입구를 매끄럽게 하기 위해 인공 윤활제를 사용할 수도 있다(잠자리에 들기 전에 튜브나 병을 따뜻한 손으로 쥐고 있거나 약 바르는 기구를 따뜻한 물에 데워서 인공 윤활제가 따뜻해지도록 신경 쓰라). 윤활제를 바르는 것은 아내에 대한 남편의 자상함을 보여 주기 때문에 그 자체가 아내에게 자극이 될 수 있다. 건조한 음핵을 무리하게 자극하려고 하거나 건조하고 긴장된 질 속에 음경을 삽입하는 것은 이해심의 결핍이나 자기 중심적인 태도를 나타내므로 피해야 한다. 어떤 여성의 경우 음핵을 직접 자극하면 (아주 심하게) 불쾌하거나 짜증이 나는 정도까지 음핵이 예민해진다. 그러므로 남편은 손가락을 음핵의 주변 부위를 향해 움직여야 한다. 남편의 손가락을 음핵의 줄기에 대고 일관성 있게 끊임없이 움직이는 것이 일반적으로 아내의 자극을 높이는 데 가장 효과적이다.

질 입구의 양쪽에 있는 소음순이 충혈되거나 부풀 때 남편은 아내가 얼마나 많은 자극을 받고 있는지에 대해 중요한 단서를 얻게 된다. 이 소음순은 대음순 너머로 튀어나올 정도로 충혈될 수 있다. 남편은 아내를 자극하는 동안 손가락 끝으로 그것을 감지하는 법을 익힘으로써 그 때를 판단할 수 있을 것이다. 소음순의 팽창은 가장 쉽게 관찰할 수 있는 신체적인 조짐으로서, 아내가 음경의 삽입에 필요한 준비를 갖추었음을 말해

준다. 그러나 이것이 준비를 나타내는 한 가지 조짐이긴 하지만 남편은 아내가 그렇게 하라고 신호를 보낼 때까지 결코 음경을 삽입해서는 안 된다. 음경은 언제나 최대한 부드럽게 삽입해야 하고 너무 세차게 밀어 넣어서는 결코 안 되는데, 그렇게 하면 흔히 여성의 자극을 감소시키기 때문이다. 대다수의 부부는 아내가 음경을 삽입하는 것이 아주 유익함을 발견했다. 아내는 음경이 어디로 들어가야 하는지를 정확히 알고 있다. 이렇게 하면 아주 중요한 시점에서 방해를 받지 않을 수 있다. 음경을 삽입한 후라도 아내는 오르가즘에 이르기 위해 음핵을 가볍게 애무하는 것이 필요할지 모른다. 여성의 30퍼센트가 오르가즘에 도달하기 위해 음핵을 손으로 자극하는 것을 언제나 필요한 것으로 여기고 있다고 한다.

부부의 성교 자세는 각 부부의 특성에 맞추어야 한다. 출산으로 인해 조직이 늘어나지 않은 신혼 부부 가운데 간혹 음경의 삽입 각도로 인해 불편을 느끼는 경우를 제외하고는, 따로 정해진 패턴이 없다. 출산을 하고 나면 질 주변의 조직이 늘어나는데 그 때는 다양한 자세가 좀더 편안해질 것이다. 자세의 변화가 흥미를 회복하고 자극을 조장할 수도 있지만, 새로운 자세가 두 사람에게 다 편안하고 즐거운 것이 되어야 함을 기억하라. 또한 두 사람 다 만족스러운 반응을 얻으려면 적절한 리듬으로 움직이는 것이 적절한 자세만큼이나 중요하다는 사실을 유념해야 한다.

남편의 상위 체위는 지금까지 가장 흔히 사용되는 것으로, 이 체위에서 남편은 마음대로 움직일 수 있고 전후 운동 시 힘과 속도를 아주 잘 조절할 수 있다. 많은 부부가 이 자세를 모든 자세 중에서 가장 만족스러운 것으로 여긴다. 남편은 팔이나 팔꿈치로 자신의 무게를 지탱하고 자신의 두 다리를 아내의 양다리 안쪽에 넣고 아내 위에 위치한다. 음경을 삽입한 후 아내는 다리를 더 벌릴 수도 있고, 더 모을 수도 있으며, 남편의 다리 안으로 모을 수도 있고, 남편의 다리를 감거나 다리를 들어올려서 그의 몸을 감쌀 수도 있다.

아내의 상위 체위를 취하려면 남편이 바닥에 눕고, 대신 아내가 두 다리를 벌린 상태로 남편의 몸에 걸터앉고 상체를 앞으로 굽힌다. 그런 다음 **아내** 편에서 음경을 약 45도로 삽입한 다음 가만히 있기보다는 뒤쪽으로 움직여야 한다. 그런 다음 아내 자신에게 가장 자극적이고 편안한 자세를 취한다. 이런 자세는 아내가 자신의 동작으로 삽입의 정확한 시간과 정도를 조절하도록 해주는데, 이리하여 아내는 최대한의 성적인 반응을 나타낼 수 있다. 음경을 얼마나 깊이 삽입할지는 각 배우자가 편안하게 느끼는 다리의 위치에 따라 달라진다. 아내의 상위 체위는 남편에게 아내의 유방에 접근하도록 해준다. 또한 남편은 성교를 하는 중에도, 필요하다면 손을 마음대로 사용하여 음핵을 자극할 수 있다. 이 자세는 체격이 큰 남편과 체격이 작은 아내에게 유리하고, 임신 중에 복부가 늘어날 때 가끔은 더 편안하다.

측위 또는 옆으로 **마주 보는** 자세는 아내의 상위 체위에서 성교를 시작한 다음 취할 수 있는 자세다. 즉 아내의 상위 자세를 취한 상태에서 아내는 상체를 구부리고 자신의 오른쪽 다리를 남편의 다리 사이에 놓으면서 자기 몸을 오른쪽으로 가볍게 이동한다. 이 때 아내의 왼쪽 다리는 남편의 오른쪽 다리 위로 구부려서 감는다. 측위의 이점은 각 배우자가 애무하고 어루만질 때 적어도 한 손이 자유롭다는 점이다. 각 사람은 자유롭게 전후 운동을 하거나 엉덩이를 회전시킬 수 있다. 둘 다 손이나 다리로 무게를 지탱할 필요가 없고 상대방의 체중 때문에 '움직이지' 못하는 일이 없다.

남편의 후위는 거의 시도되지 않지만 때때로 시도할 수 있고 또한 임신 말기에 이용할 수 있다. 남편이 아내의 뒤쪽에 있는 상태에서 둘 다 옆으로 누워 같은 방향을 바라본다. 음경은 뒤에서 질 속에 삽입된다. 불리한 점은 음경이 음핵과 닿을 수 없고 부부가 성교 동안에 키스할 수 없다는 점이다. 이 자세를 취하면 남편은 손으로 자유롭게 아내의 몸과 가슴을 애무하고 음핵을 자극할 수 있다.

우리는 여기서 기본 자세를 설명했다. 기타 다른 것들은 12장에서 임신 기간의 성에 대해 논의할 때 설명할 것이다. 자신에게 가장 자극적일 뿐 아니라 배우자도 기꺼이 받아들일 만한 자세가 있다면, 그 자세가 주는 즐거움을 마음껏 탐구하라.

음경의 크기는 각 배우자가 성교의 즐거움을 누리는 정도와는 무관함을 이해해야 한다. 왜냐하면 내부의 압박을 통해 자극을 받는 조직은 불과 5센티미터 정도 되는 질의 바깥쪽에 다 들어 있기 때문이다. 실제로는 음핵을 제대로 자극하는 것이 오르가즘에 이를 만큼 아내의 자극을 증가시키는데도 대다수의 남성은 음경을 깊이 삽입해야 더 큰 자극을 주는 것으로 생각한다.

제3단계: 오르가즘

오르가즘(orgasm)이란 말은 흥분을 뜻하는 '오르게'(orge)란 헬라어에서 유래한 것이다. 여성의 경우에 이것은 회음부에서 시작하여 전신에 퍼지는 격렬한 흥분감에 뒤이어 순간적인 정지 상태를 경험하는 것으로 묘사되어 왔다. 그리고 뒤이어서 질의 바깥쪽 3분의 1에 해당하는 부위가 율동적으로 수축 작용을 일으킨다. 단 몇 초 사이에 3-10회에 이르는 수축 작용이 일어난다. 아내는 치골 미골근 수축을 의도적으로 강화하고, 남편의 골반 운동에 자신의 골반 운동을 가미함으로써 마지막 절정의 순간에 신체적인 흥분의 강도를 극대화할 수 있다. 아내의 신체적인 움직임과 남편의 자극에 대한 반응 그리고 아내 자신의 정신적인 집중이 한데 어울려 완전한 만족에 도달할 때 아내는 절정—세상의 모든 것이 사라지고 정지한 것처럼 보이는 정서적인 절정의 경험—곧 **무아지경**이라고 묘사되는 감정의 정점에 다다른다.

가끔 여성은 자신의 오르가즘을 인식하지 못한다. 자신의 질이 무의식적으로 수축하고 있는 것을 느낀다면, 처음에 흥분감을 느끼다가 후에 평온함과 육체적 만족감을 느낀다면, 비록 약할지라도 이것을 오르가즘의 증거로 간주할 수 있다.

남편의 오르가즘은 특별히 음경, 전립선 및 정낭을 중심으로 한 자극과 무의식적인 근육의 긴장과 수축으로 이루어진다. 남편의 오르가즘은 정액을 배출할 때 완결된다.

남편이 오르가즘의 즐거움과 그 강도를 증가시키기 위해 스스로 할 수 있는 다섯 가지 방법이 있다.

1. 이전에 오르가즘에 도달한 시점에서 적어도 24시간을 기다림으로써 몸이 많은 양의 정액을 저장할 수 있게끔 하라.
2. 전희와 자극하는 시간을 늘려서 음경이 약 20분 간 발기한 채로 있도록 하라.
3. 지식과 기술을 동원하여 아내로 하여금 최대한의 신체적인 만족의 지점에 이르게 하는 동안, 그 자극에 반응하는 아내의 황홀한 반응을 보고 느끼면서 자신의 상상력을 증대시키라.
4. 오르가즘을 체험하는 동안에 항문의 괄약근을 자발적으로 수축시키라.
5. 오르가즘을 향해 가는 동안 전후 운동의 활력을 강화하라.

오르가즘이라고 알려진 이런 몇 초 간의 격렬한 느낌이 있는 동안에 남편과 아내는 둘 다 다양한 근육의 반응, 심지어 안면 근육의 움직임을 경험한다. 두 사람은 주기적으로 움직이는 동안 보통 서로 꽉 껴안으며, 보통 그들의 근육이 과격하게 운동하는 것을 인식하지 못하는 경우가 많다. 그러다가 흔히 이튿날 특히 등과 허벅지에 근육통을 느낀다.

남편은 사정을 끝내자마자 아내의 음핵을 손으로 더 자극할 수 있는데 그렇게 하면 아내는 또다시 오르가즘을 경험할 수 있다. 이것이 바로 여성이 설계된 방식이다! 온전한 성관계는 서로를 기쁘게 하는 것을 기본 패턴으로 하기 때문에 아내가 이것을 요구해서는 안 된다. 즉 자기 중심적으로 쾌락을 추구하는 쪽으로 방향을 선회하는 것은 바람직하지 않다는 뜻이다. 자신이 알고 있는 범위 내에서 온갖 즐거움을 제공하는 것이 남편의 자연스러운 바람이 되어야 하며, 아내는 남편의 이런 지속적인 자극을 통해 충분히 만족을 얻을 수 있어야 한다.

사랑하는 배우자 두 사람이 동시에 오르가즘에 도달하는 것은 목표로 삼아 볼 만한 일이지만, 이것이 서로간의 즐거움을 극대화하는 것에 앞서서는 안 된다. 어떤 사람들은 성적으로 좀더 친밀해지면서 동시에 오르가즘을 경험하기 시작한다. 그러나 중요한 것은 두 사람이 성교할 때마다 온전히 만족하느냐는 것이다.

무엇보다 충분한 시간을 내는 것은 매우 중요하다. 시간을 들여 상대방을 신체적으로 온전히 흥분시키라. 아내의 오르가즘을 확보하기 위해 그리고 남편의 반응을 통제하고 조절하여 극대화하기 위해 충분한 시간을 투자하라. 마지막으로 성교 후에 서로 사랑과 감사를 표현하는 시간을 가지라.

제4단계: 휴식

이 마지막 단계를, 어떤 의사의 시적인 표현인 **잔광**(殘光)으로 마음속에 그려 보라. 성교가 끝난 후 열정과 쾌락의 불꽃은 감미롭고 평온한 후광으로 자리잡는다. 이 때는 포옹과 키스와 사랑의 애무를 통해 남편이 아내에게 다정함을 표현하는 시간이다. 부부는 상대방의 팔에 안긴 채 나란히 누워서 상대방의 존재 자체를 향유하면서 서로 감사를 표현해야 한다. 이렇게 하고 나면 둘이 함께 완전한 쉼으로 들어갈 수 있을 것이다. 자극의 온갖 신체적인 조짐이 사라지는 데는 15분쯤 걸리고 젊은이의 경우에도 발기가 완전히 사라지는 데는 30분이면 충분하다.

당신은 배우자에게 만족을 주기 위해 자신이 소유한 모든 기술을 나름대로 사용하는 동안 혼자만의 독특한 기쁨을 발견할 수 있을 것이다. 사실 모든 육체적인 연합은 배우자 중 누가 상대방을 더 기쁘게 할 수 있는지를 알아보는 신나는 경합이 되어야 한다. 남편은 아내를 기쁘게 해 주는 법에 관해서 최고의 대가가 되어야 한다. 그리고 아내는 아가서에 나오는 신부가 "나는 나의 사랑하는 자에게 속하였구나. 그가 나를 사모하는구나"(7:10)라고 고백한 것처럼 즐겁게 고백할 수 있어야 한다.

6
일반적인 문제의 해결책

결혼 관계에서 성적인 조화를 바라는 부부들은 성생활에서 만족 대신 문제를 발견하게 되면 신혼 초라도 당황하게 된다. 두 가지 근본적인 문제가 있는데 사실상 각 부부는 결혼 초에 이들 중 적어도 하나에 직면하게 된다. 그러나 이것들은 흔히 생각하는 것만큼 복잡하거나 해결하기 어려운 것이 아니다. 정말 문제는, 이런 어려움을 무시하거나 합리화한 나머지, 적응을 위한 어떤 노력도 기울이지 않고 현 상태를 정상적인 성관계로 믿어 버린다는 사실에 있다.

다음과 같은 불평은 내가 진료실에서 듣는 대표적인 불평이다.

젊은 여인: "남편과의 성교는 제게 충분히 만족스러울 만큼 지속되질 않아요!"

지친 남편: "아내가 절정에 이르는 데는 최소한 45분이 걸립니다. 전 직장에서 힘들게 하루를 보낸 뒤라 무척 피곤합니다. 가능한 일이 아닙니다."

여섯 자녀를 둔 엄마: "성생활의 의미가 자녀 출산과 욕구 해소뿐이라고는 생각할 수 없습니다. 저는 우리의 육체 관계에서 거의 한 번도 만족한 적이 없어요."

나이 든 남성: "저는 좀더 좋은 남편이 되고 싶습니다. 그러나 오랜 세월 동안 제 아내는 우리의 성생활이 불만족스러웠기 때문에, 이제 완전히 무관심합니다. 만일 아내가 저와 함께 개선하려는 마음만 먹는다면, 배우기에…너무 늦은 것은 아니라고 생각합니다."

나는 어떤 부부에게든지 의미 있는 성관계의 개발은 결코 너무 늦지 않은 일임을 보장할 수 있다. 나는 이런 근본적인 문제들을 극복하기 위해 검증을 거친 일련의 기술―그 단순성과 효율성이 거의 마술적이라고 할 수 있는―을 제시할 것이다. 그러나 일차적으로 피차 성적으로 적응하고자 하는 의지와 함께 상당한 노력이 있어야 한다.

이솝 우화에 나오는 느린 거북이와 아주 빠른 토끼를 기억한다면 두 가지 문제를 상상할 수 있을 것이다. 느린 거북이는, 항상 그런 것은 아니지만 대부분 아내를 나타낸다. 이 말은 여성이 남편보다 오르가즘에 도달하는 데 시간이 더 걸린다는 뜻이다. 이에 상응해서 대부분의 남성은 토끼와 같다. 그들은 아내가 성적으로 만족하기 전에 너무 빨리 오르가즘에 도달한다.

하나님은 위대하신 지혜로 여성이 남성보다 더 늦게 자극을 받도록 창조하셨다. 이것은 성행위가 기계적인 과정이 되지 않게 해준다. 대신 이것은 상호 작용―두 배우자가 만족할 수 있는 방식으로 서로 관심을 주고받는 것―을 배우는 기회가 된다.

부부가 서로의 필요에 의식적으로 적응하는 법을 익히기 전에 두 가지 상황에 대한 인식을 명백히 할 필요가 있겠다. 곧 여자의 오르가즘 장애와 남자의 조루증이다. 이 말은 어떤 여성들은 아주 천천히 오르가즘에 도달하거나 거의 도달하지 않거나, 아니면 오르가즘을 경험해 본 적이 없을 수도 있다는 뜻이다. 남성의 조루증은 아내를 만족시킬 만큼 충분한 시간 동안 사정을 억제하는 데 어려움을 겪는 것을 말한다. 후자의 상태가 해결되면 아내가 오르가즘에 도달하는 것도 별로 어려워지지 않는 경우가 많다.

대개는 부부가 함께 할 수 있는 몇 가지 간단한 신체 운동을 이용하여 이런 문제 상황을 해결할 수 있다. 의식적으로 속도를 늦추거나 앞당기는 법을 배우는 과정에서 부부는 비언어적인 의사 소통 기술도 개발할 수 있으며, 그들의 상호 의존 관계를 더욱 실감하게 된다. 그 결과 모든 면에서 좀더 조화로운 결혼 생활을 영위하게 된다.

조루증이나 오르가즘 장애로 어려움을 겪지 않는 독자들은 이 장에서 설명하는 조언을 뛰어넘을 수도 있을 것이다. 그러나 가능하면 계속 읽기를 독려한다. 내가 제안할 운동들은 결혼 생활이 **어떤 상태에 있든** 그것을 향상시킬 것이다. 내가 상담했던 부부들은 다 무엇인가를 배웠다. 즉 하나님이 공급해 주신 것을 더 잘 통제하든지 더 잘 사용하게 되었다. 대다수는 시간의 조절, 적응, 반응 정도 등에 대해 무엇인가를 배웠다. 남편은 조급한 반응을 조절하는 법을 배우는 반면, 아내는 좀더 빨리, 좀더 충분히 남편에게 반응할 수 있도록 자신의 자극을 강화하는 법을 배우게 된다.

조루증

조루증이 여성의 오르가즘 장애의 주된 원인이 될 수 있기 때문에 우리는 사정 조절력에 대해 먼저 논의하겠다. 이 말은 특히 아내의 질에 삽입하기 전에 사정하거나, 삽입 후에 즉시 사정하는 남편을 두고 하는 말이다. 또한 이 말은 성교 시간 전체의 50퍼센트가 채 지나기 전인 시점인데도, 질 안에 삽입한 상태에서 아내를 만족시킬 만큼 충분하게 사정을 조절하지 못하는 무기력 상태를 언급한다. 다시 말해서 남편 **자신이 원하기 전에** 사정에 도달하는 경우다.

조루증의 한 가지 주된 원인은 결혼 전에 가지고 있던 빈약한 지식이다. 구애와 약혼 기간을 거치면서 정신적 긴장이 많이 쌓인 신랑은 결혼 첫날밤 그리고 그 이후의 신혼 기간 동안 아내를 품에 안으면 일찍 사정할 가능성이 있다. 어떤 남자들은 빨리 사정하는 것이 남자다움의 표식인 줄로 잘못 알고 있다. 그들은 성교 도중 아내를 오르가즘에 도달시켜서 기쁨과 하나됨을 누리기 위해서는, 사정 시간을 늦추는 법을 배워야 한다는 사실을 깨닫지 못한다.

조루증의 버릇은 때때로 혼전 성경험에서 생긴다. 격렬한 애무는 사정을 자극하도록 서두르는 형태의 성교를 야기할 수 있다. 혼전 성교는 성행위 자체에 대한 죄책감을 주입시키며, 그런 은밀한 행위에는 발각되기 전에 '해치워야 한다'는 지속적인 압박감이 들어간다. 이런 유형의 서두르는 사정은 결혼 후에도 대개 남편이 변화의 필요성을 자각하기 전까지 지속된다. 성적인 조화는 항상 배워야 하는 경험이다. 이것은 저절로 되지 않는다.

조루증의 주된 문제는 아내에게 완전한 만족을 주지 못한다는 데 있다. 이 문제가 지속될 경우 결혼 관계가 어떻게 될지는 어느 정도 예측할 수 있다. 아내는 무심하게 이용당하고 있다는 느낌과, 남편이 자신의 만족에만 관심이 있고 자기의 성적인 필요를 제대로 헤아리지 못한다는 느낌을 받는다. 아내는 오직 육체적인 긴장 해소의 수단이 되고, 성적으로 **사랑받기**보다는 오히려 성적으로 **이용당하는 것** 때문에 분노의 수위가 높아 간다. 그렇게 몇 년이 흐른 후 두 사람 다 결혼 서약에서 얼마간 뒤로 후퇴한다. 즉 남편은 자신의 남자다움을 의심하고 아내는 여자로서의 자신감을 잃어버린다. 남편은 아내를 만족시키지 못할 것을 걱정할수록 발기를 유지할 수 있는 능력을 점점 더 잃어버리게 된다. 이것을 **발기 부전**(impotence)이라고 한다. 그 결과 겉으로는 평온하지만 성생활이 없는 적대적인 부부 관계로 귀착한다.

조루증의 또 다른 문제는 '만족한' 남편이 오르가즘 후에 아내에 대한 신체적인 배려를 중단하는 경향이 있다는 점이다. 그러면 아내는 오르가즘으로 인한 성적 해방감을 얻지 못할 뿐만 아니라, 오르가즘을 통해 이

완되어야 할 피와 골반 기관이 충혈되면서 급성 및 만성적인 통증을 느끼게 된다. 그러므로 아내는 남편이 자기 옆에서 잠에 빠질 때 좌절감을 느낀다. 남편은 코를 골고 아내는 화가 난다!

조루증은 어떤 남자에게든지, 특히 부부가 얼마간 떨어져 있다가 성교를 할 때 생길 수 있다. 그런 경우라면 남편은 즉시 손가락을 사용하여 아내의 음핵을 부드럽게 자극해야 하는데 왜냐하면 음경이 아내를 오르가즘에 이르도록 자극할 만큼의 힘이 없기 때문이다. 이리하여 아내는 자신의 완전한 성적 만족에 대한 남편의 배려를 확인할 수 있다.

발기를 연장하고 사정을 지연해야 할 필요성은 오랫동안 인식되었다. 최근까지 유일한 해결책은 성과 연관되지 않은 다른 것들에 집중하고(성행위를 하는 동안 이렇게 하기가 쉽지는 않으나) 평정을 취하거나 음경에 마취 크림을 바르거나 덮개를 사용하는 것 등이다. 그런데 이런 해결책 중 어느 것도 완전히 효율적이거나 만족스럽지는 않다. 최근에 의사들은 사정을 지연시키는 효과가 있는 것으로 알려진 팍실(Paxil)을 처방해 주기 시작했다.

때로 남편은 음경을 삽입하기 전에 아내가 고도의 성적 긴장 상태가 되도록 손으로 자극한 다음에 음경을 삽입함으로써 이 문제를 해결하려고 한다. 그러나 이 기술의 불리한 점은 아내가 오르가즘을 필사적으로 갈망하게 된 나머지, 시간이 좀더 필요함에도 불구하고 극도로 흥분한 아내의 전후 운동이 오히려 남편의 즉각적인 사정을 초래한다는 것이다.

불만족스러운 성관계를 초래하는 이유로 또 다른 요인들을 추가할 수 있다. 남편은 사정을 통해 얼마든지 긴장을 해소할 수 있기 때문에 아내를 위하여 자신이 변할 필요를 느끼지 못할 수 있다. 연구자들은 그런 남자들 대부분은 스스로를 이기적이고 부적절한 남편이라고 생각하는 것이 아니라, 도리어 아내의 성적 매력이 불충분하다고 비난하는 사실을 발견했다. 남편은 아내 역시 성관계를 그런 대로 즐긴다고 추측할 수 있고, 아내의 느린 반응은 당연히 아내의 문제라고 생각할 수 있다. 게다가 아내가 남편을 기쁘게 하려고 오르가즘을 위장하고 성생활의 즐거움을 가장함으로써 상황을 더 복잡하게 할 수 있다. 성은 순전히 의무라는 어떤 아내들의 신조와 마찬가지로, 성의 즐거움은 아내에게 불필요한 것이라는 잘못된 생각이 거북이와 토끼 관계의 고통을 한층 더 가중시켰다.

문제가 있음을 인식하고 인정하면 싸움에서 반은 이긴 것이다. 너무나 많은 부부가 조루증을 당연한 것으로 받아들이고 그들의 문제를 인식하지 못한 채 오랜 세월을 낭비한다. 어떤 부부들은 과거에 그들이 자주 실패했던 부분에서 변화를 꾀하려는 엄두조차 내지 않는다. 이렇게 하여 늘 오던 길로 가는 것이 해결에 이르는 길을 찾는 것보다 더 쉬워 보이게 된다.

남편의 문제는 아내의 문제보다 개선하기가 더 쉽다. 그러므로 남편은 더 이상 토끼가 될 필요가 없다. 우리가 논의할 방법들을 가지고 속도를 늦추어 아내를 잘 도울 수 있고 동시에 더욱 만족과 확신을 얻을 수 있다!

조루증의 문제를 가지고 있다는 것을 남편이 먼저 인식하는 것이 필수적이기는 하지만, 두 사람은 해답을 찾기 위해 이 문제를 '부부'가 협력해서 해결해야 할 '부부'의 어려움으로 간주해야 한다. 두 사람은 대략 몇 주 이내에 확실히 효과를 기대할 수 있는 비교적 짧은 운동 프로그램에 끝까지 최선을 다할 것을 함께 서약해야 한다. 두 사람은 이런 운동 프로그램에 참여하는 동안 **압착 조절** 기술을 배우게 될텐데, 이는 발기된 음경을 꽉 죄어서 압력을 가하는 방법이다. 남성의 생식기 중에서 통증에 민감한 부위는 음경보다는 고환 쪽에 있기 때문에 이 기술은 고통을 수반하지 않는다. 그러나 이것은 사정하고 싶은 충동을 약화시키며, 일시적으로 발기력을 상실할 수도 있다.

압착 조절 기술은 세인트루이스에 있는 생식 생물학 연구 재단(Reproductive Biology Research Foundation)의 매스터스와 존슨이 소개했다. 우리 부부는 그 기관이 상담자와 교육자를 위해 마련한, 인간의 성의 순기능과 역기능에 대한 대학원 과정 워크숍에 참여했다. 나는 거기에서 배운 것을 사람들에게 알려 주기 위해 자료를 각색했다.

아내는 남편이 압착 조절 기술을 혼자 사용할 경우 효율성이 떨어진다는 점을 감안해야 한다. 아내가 반드시 참여하는 것이 좋다! 아내의 전적인 협조가 있을 때, 즉 기본 원리들을 기꺼이 배우고 적용하려는 마음과 솔직하게 의사 소통하려는 마음이 있을 때 이 힘든 문제는 해결될 수 있다. 두 사람은 훨씬 더 큰 성적 만족으로 보상을 받을 것이다.

조루증 문제는 보통 오랫동안 지속되었을 것이기 때문에 부부는 즉각적인 해결을 기대해서는 안 된다. 새로운 반응 유형을 형성하는 데는 시간이 걸릴 것이다. 적어도 20분 간 지속되는 실습을 시계를 의식하지 말고 상대를 사랑하는 마음으로 느긋하게 실행해야 한다. 실습 시간을 빼먹지 않는 것이 중요하며, 그 활동을 20분 미만으로 단축하려 해서도 안 된다.

이 프로그램이 진행되는 동안에 남편이 오르가즘을 억제하는 데 너무 열중한 나머지 오히려 긴장이 쌓일 수 있다. 잘못하여 오르가즘에 도달하더라도 해로울 것은 전혀 없다. 그럼에도 불구하고 오르가즘을 완전히 피하는 것을 목표로 하라. 프로그램의 단계별로 특정한 목표가 있다. 그러나 항상 신체적인 의사 소통법을 익히고 민감한 이해심을 확립하는 것이 모든 단계에서 가장 중요하다. 모든 실습 시간은 결코 지루하지 않은, 두 사람에게 즐겁고 만족스러운 시간이 되어야 한다.

단계별 목표를 달성할 때까지 같은 단계를 반복하라. 즉 **다음 단계로 나아갈 준비가 되기 전에 같은 단계를 여러 차례 반복하여 실습할 수 있다는 말이다.** 이런 실습은 매일 할 수도 있고 아니면 2-3일 간격으로 할 수도 있다. 그러나 처음 네 단계까지 실습하는 데 4주를 넘기지 말라. 시간이 너무 길어지면 지루해지기 쉽기 때문이다.

조루증을 조절하는 운동

1단계. 두 사람은 남편의 조급한 사정 때문에 가급적 접촉을 피했을 정도로 '사정 공포증'에 시달려 왔는지 모르겠다. 여기서는 절대로 오르가즘과 그 속도 조절에 집중하지 말아야 하며, 오르가즘에 도달하려 하기보다는 비언어적, 신체적인 의사 소통을 증진하는 데 집중해야 한다. 이 단계의 목표: **신체적인 의사 소통을 증진하고 배우자와의 신체적인 친밀함을 향유하는 법을 배우는 것**.

1. 서로를 만지고 애무하는 데 시간을 보내라.
2. 배우자를 신체적으로 즐겁게 하는 것들—예컨대 머리 마사지나 등이나 목의 애무 등—을 행하라.
3. 성기 부위를 직접 자극하는 것을 피하라.
4. 성교를 하지 말라. 그러면서도 배우자와 신체적인 의사 소통을 증진하는 데 집중하라.
5. 신체적인 친밀함에 감사하며 그것을 향유하는 법을 배우라.
6. 적어도 두 번에 걸쳐 이 절차를 따르라.

2단계. 이 단계의 목표: **남편이 사정 직전에 오는 신체적인 흥분을 인식하는 법을 배움으로써 압착 기술을 적용하기에 가장 적절한 시간을 아내에게 표현하는 것**.

이 실습에서는 남편이 자신의 자극에 전적으로 집중하는 것이 대단히 중요하다. 남편은 사정 직전에 오는 감정을 예민하게 인식하기 위해서 다른 모든 생각을 중단해야 한다. 눈을 감는 것이 도움이 될 수 있다. 남편은 사정의 시점에 가까워지고 있음을 느끼자마자 이것을 미리 결정한 말이나 신호로 아내에게 나타내야 한다. 그 때 아내는 재빨리 압착 기술을 사용해야 한다. 남편이 사정 직전에 일어나는 흥분을 일관성 있게 인식할 때까지 이 단계를 매번 반복해야 한다(그림 10을 보라).

1. 아내는 다리를 편안히 벌린 상태로 침대 머리에 기대어 앉는다.
2. 남편은 머리를 침대 발치에 두고 드러눕는다.
3. 남편은 성기를 아내의 외음부에 가까이 하고 골반을 아내의 다리 사이에 둔다. 남편은 무릎을 구부리고 발을 아내의 허벅지 바깥쪽

제6장 일반적인 문제의 해결책 113

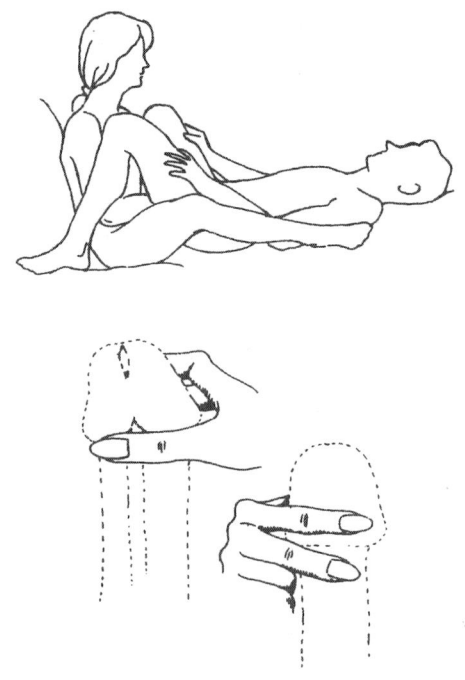

그림 10 압착 기술을 사용한 조루증 조절 훈련의 바른 자세

  (아내의 엉덩이 가까이)에 놓는다.
4. 아내는 남편을 발기에 이르도록 하기 위해 음경의 줄기나 귀두의 아래 부분에 특별한 주의를 기울이면서 남편의 성기나 남편이 원하는 곳은 어디든지 애정을 가지고 부드럽게 애무한다.
5. 남편이 완전히 발기하게 되면, 아내는 곧 압착 기술을 실시한다. 아내는 엄지손가락을 음경 끝에서 1.5센티미터 지점, 즉 음경의 줄기가 끝나고 머리가 시작되는 지점인 요도 입구가 있는 부분(뒤쪽)에 놓는다. 그런 후에 그 손의 검지와 중지를 음경의 반대쪽(앞쪽)에 놓되, 머리와 줄기의 구분선을 기준으로 하여 한 손가락은 봉우리 위에 그리고 다른 손가락은 봉우리 아래에 놓는다.

6. 그 후 아내는 약 4초 동안 아주 심한 압박을 가하여 엄지손가락과 두 손가락을 함께 꽉 조인다.
7. 그리고 아내는 재빨리 압박을 푼다.
8. 15-30초 후에 아내는 다시 남편을 발기에 이르게 하고 압착을 반복한다. 남편은 자신의 오르가즘을 늦추기 위해 압착이 필요하다고 느낄 때 아내에게 말로나 신호로 알려야 한다.
9. 20분의 전체 활동 동안 4-5분마다 이 절차를 반복하라.
10. 남편은 성교 중에 느끼는 흥분과 비슷한 느낌을 받기 위해 음경에 윤활제를 바르고 싶어할지도 모른다.
11. 성교를 하거나 질 속에 음경을 삽입하지 말라.
12. 활동 시간의 마지막에 자극을 지속하여 사정하게 한다.
13. 실습이 끝난 후에는 아내를 오르가즘에 이르게 하기 위해 남편이 음핵을 손으로 자극하는 것이 바람직할 것이다.

3단계. 이 단계의 목표: 발기한 음경이 사정하기 전에 15-20분 동안 질 속에서 거의 움직이지 않고 있는 것.

1. 남편은 바닥에 눕고 아내는 남편을 자극하여 발기에 이르게 한다.
2. 남편은 사정의 시점에 근접한다고 느낄 때 아내에게 신호를 보내고 아내는 재빨리 압착 기술을 사용한다.
3. 아내는 거의 사정하도록 자극을 반복하고 그런 후에 음경을 압착해야 한다. 이것을 몇 차례 해야 한다.
4. 그런 뒤 아내는 앉은 자세로 남편 위에 걸터앉는다. 약 45도 각도로 상체를 기울이면서 아내는 윤활제를 충분히 바른 질 속에 발기한 음경을 아주 부드럽게 천천히 삽입한다. 그런 뒤 음경 줄기 위에 그대로 앉지 말고, 뒤쪽을 향해 약간 움직여서 편안하게 앉는다.
5. 아내는 남편에게 조절할 수 있는 기회를 주면서 움직이지 않는다. 음경이 질 속에 있는 동안 발기를 상실한다면 아내는 몸을 일으켜

남편이 발기하도록 손으로 자극해야 한다.
6. 만일 남편이 사정하려는 순간에 근접했음을 감지하면 아내에게 이 사실을 전달하고, 아내는 몸을 일으켜 압착 절차를 반복해야 한다. 그런 후 아내는 음경을 다시 부드럽게 삽입한다.
7. 남편과 아내는 사정하기 전 15-20분 간 발기한 음경이 질 속에서 거의 움직이지 않게 하여 이 자세를 유지할 수 있어야 한다.

4단계. 이 단계를 새로 시작하기 전에 적어도 하루를 기다리는 것이 중요함을 기억하라. 이 단계의 목표: **사정하기 전 약 20분 동안 아주 부드럽게 움직이면서 발기한 음경이 질 속에 있을 수 있도록 하는 것**.

1. 얼마 동안 시간을 들여 전희에 충실하라.
2. 다시 아내가 남편 위에 걸터앉아 상체를 기울이는 자세를 취하고 음경을 삽입하라.
3. 남편은 가볍게 전후 운동을 시작해야 하며, 이리하여 질 속에서 음경의 움직임을 점차 증가시키면서도 견디는 법을 배워야 한다.
4. 이런 부드러운 전후 운동은 사정하기 전 15-20분 간 지속되어야 한다. 필요하다면 압착 기술을 사용하라.
5. 이 단계에 숙달되면 남편은 이제 음경이 질 속에 있는 상태에서 사정할 수 있다. 그러나 실습이 끝나고 사정할 때까지 남편은 자신의 자극에만 계속 집중해야 한다. 그 후 남편은 시간을 들여 손으로 아내를 오르가즘에 이르도록 해야 한다(이것 역시 훈련 과정임을 기억하라).

5단계. 이 단계의 목표: **측위에서 편안하게 성교하는 법을 배우는 것**. 이 자세는 남편과 아내 두 사람의 동작을 더 잘 조절하게 해주며 남편으로 하여금 사정을 가장 잘 조절하게 해준다.

1. 얼마 동안 전희를 충실히 하라.

2. 아내는 남편 위에 걸터앉고 상체를 기울여 음경을 삽입하는 자세를 다시 취하라.
3. 베개 하나는 남편의 머리 밑에 대고 다른 하나는 남편의 왼쪽에 갖다 대라.
4. 아내는 오른쪽 다리를 쭉 편 상태로 남편의 다리 사이에 놓는다. 그리고 왼쪽 다리를 남편 몸의 바깥쪽에 놓는다.
5. 동시에 남편은 왼쪽 다리를 자신의 몸 바깥쪽으로 움직이면서 침대 위에 평평하게 놓되 무릎을 굽혀서 놓는다.
6. 아내는 왼쪽 가슴을 남편의 왼쪽 가슴 위에 맞추고 상체를 기울이면서 전신을 오른쪽으로 조금 이동해야 한다. 그렇게 되면 아내는 남편의 왼쪽에 놓아 둔 베개로 몸을 지탱할 수 있을 것이다. 아내의 머리와 어깨에 다른 베개를 받치면 더 편안해질 것이다.
7. 몇 번의 실습을 반복하면 측위 자세로 쉽게 바꾸는 법과 가장 편안한 자세로 팔과 다리를 배치하는 법을 배울 것이다(일단 터득하고 나면 이 자세는 대부분의 부부가 가장 많이 이용한다).
8. 측위 자세로 음경이 질 속에서 사정하지 않고 20분 간 견딜 수 있도록 하기 위해 전후 운동은 아주 부드럽게 해야 한다.

영구적인 사정 조절력 확립하기

사정 조절력을 유지하기 위해 실습 과정을 정기적으로 지속해야 한다.

1. 그 다음 6개월 동안 적어도 일주일에 한 번씩 압착 기술을 사용하라.
2. 한 달에 한 번 20분의 실습 시간을 들여서 압착 기술을 실습하라.
3. 훌륭한 사정 조절력은 보통 3-6주 내에 획득된다.
4. 6-12개월 내에 남편은 사정하지 않은 채 10-20분 동안 일관되게 아주 적극적으로 성교를 할 수 있어야 한다.
5. 완전한 조절력은 남편이 오르가즘에 오르지 않기로 결정할 때 오르가즘을 지연시킬 수 있으면 비로소 완성된 것이다.

이렇게 오르가즘의 조절 능력을 지속적으로 강조하면 남편은 이런 실습 과정을 통해 일시적으로 발기 유지 능력이 떨어질 수 있다. 그러나 실망하지 말라. 이것은 남편의 몸이 조금 더 여유를 가질 필요가 있음을 말해 주는 신호일 뿐이다.

실습을 위한 자세한 지침 목록을 읽어 나가면, 이 과정이 다소 지루해 보일지도 모르겠다. 그러나 조루증이 최고의 성적 만족의 결여와 관계있다고 인식하는 부부라면, 몇 주 간의 상호 노력과 훈련을 통해 여생 동안 훨씬 더 큰 성적 만족에 이르게 됨을 발견할 것이다. 원하는 만큼 사정을 무한정 지연할 수 있는 능력을 가진 남자는 거의 없다. 압착 기술을 이용한 이런 훈련 과정은 결과적으로 좀더 나은 성관계를 원하는 부부들에게 만족감을 증진시켜 줄 수 있다.

압착 기술 훈련 기간 동안 아내는 자신이 새롭고도 만족스러운 감정을 경험하기 시작하고 있음을 발견할 것이다. 아내는 성적인 흥분을 좀 더 느끼기 시작한다. 심지어 아내는 최초의 오르가즘을 경험할 수도 있다. 아내가 이전에 오르가즘에 도달할 수 있었을지라도 이제는 연쇄 오르가즘을 경험할지 모른다.

치골 미골근

남편이 완전한 사정 조절력을 얻기 위해 희생과 사랑의 노력을 보였던 것처럼 아내도 치골 미골근의 완전한 조절력을 얻고 근육을 강화함으로써 관계 증진에 기여할 수 있다. 이 근육은 질의 바깥쪽 3분의 1을 에워싸고 있는데 훨씬 더 강렬한 성적 자극을 경험하게 해준다.

이 중요한 근육군에 대해 논의하기 전에, 나는 연구자들이 여성의 '오르가즘 장애'라고 명명하는 것의 대부분이 신체적인 기능 장애에 기인하지 않음을 지적하지 않을 수 없다. 오르가즘의 실패는 대부분 아내의 태도나 생각과 관련이 있다. 다음 장에서 이것을 자세히 논의하겠다. 그러나 아내는 특정한 주요 근육을 강화하는 이런 구체적인 운동을 시도함으로써 대부분의 경우 성교에 참여하기 시작하고 성교를 즐길 수 있게 된다. 성에 대한 태도의 수정과 아울러 이런 신체 운동들은 여성의 '오르가즘 장애'를 다루는 데 대단히 성공적이었다.

비록 다른 요소들이 여전히 아내의 오르가즘을 억제하기는 하지만, 치골 미골근을 강화하는 운동은 효과적이라고 단언할 수 있다. 전 인격—몸과 혼과 영—을 다루는 것이 바람직하긴 하지만, 그럼에도 불구하고 한 영역의 진보가 어느 정도 전 인격을 개선할 수 있다. 만족스러운 성적 반응을 불러일으키는 것은 '빠진 연결 고리'일지도 모른다. 비록 남편이 성생활을 전적으로 개선하는 일에 대해 솔직하지 않고 기꺼이 동참하지 않을지라도 치골 미골근의 강화는 아내 혼자서 할 수 있는 운동이다. 이 운동을 함으로써 남편을 자극할 수 있으며 아내가 정말 성관계의 개선을 원한다는 사실을 보여 줄 수 있다.

치골 미골근의 조절력을 향상시키면 다른 이점도 있는데 중요한 점은 다음과 같다.

1. 골반 기관의 지지력이 향상됨.
2. 비뇨 기관의 조절력이 향상됨.
3. 분만의 후유증 정도가 감소함.
4. 진통 시간과 분만 시간을 단축시킴.
5. 분만이 진행되는 동안 아기의 안전이 증대함.
6. 자연 분만이 수월해짐(라마즈 분만법뿐 아니라, YMCA의 자연 분만 교육 과정과 국제 분만 교육 협회의 훈련 프로그램도 이 운동을 포함하고 있다).

1940년대 초, 서던 캘리포니아 대학교 의대의 외과의 겸 부인과 교수인 아놀드 케겔(Arnold H. Kegel) 박사는 기침을 하거나 웃거나 재채기를 할 때 소변이 유출되는 것을 통제하기 힘든 여성들에 관해 한 가지 사실을 발견했다. 즉 **긴장성 요실금**으로 불리는 이 문제를 퓨보콕시저스 근

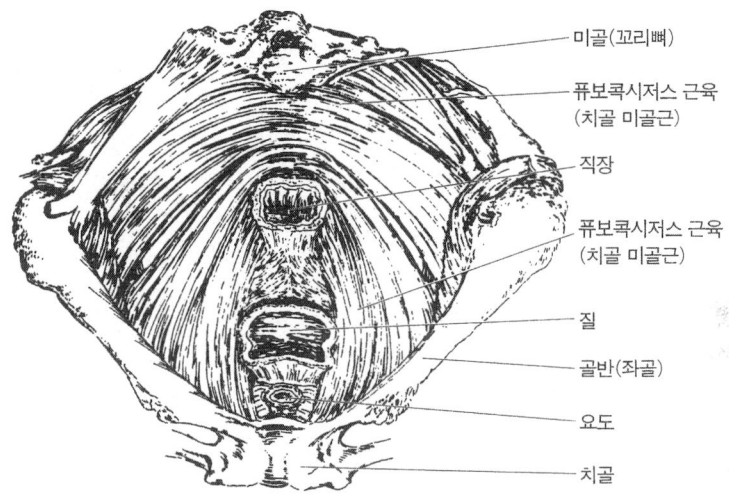

그림 11 앞쪽에서 뒤쪽으로 본 치골 미골근의 분포

이 근육의 범위를 주목하라. 이 근육은 생식 기관과 방광과 직장을 지탱해 주는 일차적인 근육이다. 이 근육이 약화되면 골반의 만성적인 불쾌감과 요실금을 야기한다. 4장의 그림 1과 비교해 보면 치골 미골근의 위치를 더 확실히 알 수 있다.

육(또는 P. C. 근육)이라고 하는 골반 근육군을 훈련함으로써 치료할 수 있음을 발견했다. 의대의 해부학 서적들은 이것을 치골 미골근이라고 부른다.

치골 미골근은 다리 위쪽에 있는데 치골에서부터 뒤쪽에 있는 미골(꼬리뼈)까지 뻗어 있다. 이것들은 새총 같으며, 골반의 밑바닥을 형성하고, 또한 질의 바깥쪽 3분의 1 부위와 방광의 좁은 통로 그리고 직장의 일부를 에워싸고 지탱해 준다(그림 11을 보라).

케겔 박사는 특정 운동을 반복하면 그 근육이 강화되고, 그 결과 긴장성 요실금이 멈추고 통제되는 것을 발견했다. 치골 미골근을 강화하기 위해 그가 처방했던 운동을 케겔 운동이라고 부른다.

케겔 박사의 다른 연구는 세 명의 여성 중 한 명이 정상적인 치골 미골근을 가지고 있음을 보여 주었다. 그러나 근육 상태가 약한 여성들이 다 요실금 증상이 있는 것은 아니다. 치골 미골근의 강도는 여성의 일반적인 근육 발달과는 상대적으로 무관한 것처럼 보인다. 왜냐하면 이 근육은 움직이지 않는 두 개의 단단한 뼈 조직 사이에 매달려 있기 때문에 이 근육의 강도는 다른 근육을 사용하는 것에 영향을 받지 않는다. 그러므로 여성 운동 선수가 빈약한 치골 미골근 조직을 가질 수 있고, 약하고 비활동적인 여성이 강한 치골 미골근 조직을 가질 수도 있다.

분만 때 생기는 근육의 과도한 이완은 이 근육을 약화시킨다. 방광을 지탱하는 힘의 대부분은 이 근육에 의한 것이기 때문에 여성은 아이를 낳은 후 요실금 증세가 아주 흔히 나타난다. 소변의 통로인 요도는 치골 미골근을 관통하고 또 그것의 지지를 받고 있다. 이 근육들이 약화되면 결과적으로 소변의 통제력이 약해진다. 평상시에는 아무리 약한 근육이라도 소변을 억제할 수 있지만 재채기, 웃음, 기침과 같은 긴장된 상황에서는 소변이 새어 나갈 여지가 있다. 케젤 박사의 운동을 따라 훈련했던 환자들 대부분이 두 달이 채 못 되어 소변이 누출되는 것을 통제할 수 있었다. 오늘날 이 운동은 소변 통제력을 기르기 위한 표준 기술이며, 이 근육들을 강화하게 되면 종종 외과적인 교정이 필요 없어진다. 많은 환자에게 케젤 운동은 외과 수술보다 골반의 지탱력을 훨씬 더 강화하고 증강시켜 주었다.

한 환자는 케젤 박사에게 자신은 결혼 생활 15년 만에 처음으로 성교할 때 오르가즘을 경험했다고 보고했으며, 이 기쁜 사건이 자신이 해 온 운동과 관련이 있을지 모른다고 말했다. 다른 여성들도 운동 프로그램을 따라 훈련한 이후 성교 때 더 일관된 오르가즘을 경험하거나 처음으로 오르가즘을 경험했다고 알려 주었다. 케젤 박사는 마침내 치골 미골근의 강화가 결과적으로 성적 만족의 증대를 가져온다는 결론을 내렸다. 이런 사실은 우리에게는 아주 새롭지만, 원시인들과 동양인들은 관찰에 의해 이것을 깨달아 왔다. 그들은 분만 후에는 성적 만족이 감소한다는 사실을 깨닫고, 어떤 원시 문화권에서는 성의 '비법'이 질 주위에 있는 이 근육의 조절과 강화에 달려 있는 것으로 보았다.

케젤의 초기 노력이 성과를 거둔 이후, 많은 연구가 여성의 질이 느끼는 성적 자극은 **마찰감**보다 **압박감**과 훨씬 더 큰 관련이 있음을 밝혀 내었다. 이것이 당연한 이유는, 치골 미골근에는 가벼운 접촉이나 마찰에는 반응을 보이지 **않고** 압박에 민감한 말초 신경(자기 감응 신경)이 많기 때문이다. 그러므로 질의 바깥쪽 3분의 1 주변에 있는 치골 미골근의 증강과 강화는 성교 중에 훨씬 더 큰 압박을 가해서 성적 자극을 증가할 수 있음은 일리가 있다.

압박에 민감한 치골 미골근의 말초 신경은 실제로는 질 주변에 퍼져 있지만, 질의 통로 안이 아니라 **바깥**에 퍼져 있다. 따라서 더 큰 성적 자극을 얻기 위해서는 질 속에서 음경을 **단단히** 조이는 것이 필요하며, 질 안에서 음경을 자주 접촉하는 것은 아내에게 성적 자극을 거의 줄 수 없다. 그러나 질 속에 좀더 큰 물체를 삽입한다고 해서 성적인 감각이 증대하는 것도 아니다. 왜냐하면 감각은 근육의 확장이 아니라 근육의 **수축**에 달려 있기 때문이다. 그러므로 음경의 크기는 아내의 감각과 아무 관계가 없다. 그렇긴 하지만 튼튼한 치골 미골근이 질을 죄여서 단단한 홈을 만들었을 때 남성의 음경을 삽입하게 되면 이 근육이 압박을 받아서 아내에게 좀더 만족스러운 자극을 주게 된다. 결과적으로 더 많은 자극은 질의 반사적인 수축 작용을 일으키는데, 이것은 여성이 오르가즘에 도달하는 또 다른 방식이라고 할 수 있다.

성교 중에 오르가즘을 경험하지 못한 여성의 경우 치골 미골근 운동을 하면 골반의 충혈과 근육 긴장을 해소하는 데 기여할 수 있다. 이러한 충혈과 긴장은 종종 척추 아래 부분의 통증의 원인이 되어 왔다. 운동은 간단하고 그리 힘들지 않다. 오히려 이 운동을 하는 동안 피곤하다면 근육을 바로 사용하고 있는 것이 아니다.

어떤 여성들은 치골 미골근의 존재에 관해 들은 직후에 이 근육을 쉽게 수축할 수 있으며, 성교 시 이 근육들을 사용하는 법에 대해 배운 다음 바로 첫 오르가즘을 경험할 수 있다. 그러나 만일 근육이 약하다면(대부분의 여성이 그런 것처럼) 지식에다 실습을 추가하여야 한다. 이런 여성은 치골 미골근을 강화하고 조절하기 위해 아주 적절한 운동을 배워야 한다.

치골 미골근 운동법
  다음은 이 운동이 주는 이로움을 경험하고자 하는 아내들을 위한 지침이다. 만일 당신이 내 진료실의 환자라면 나는 이와 동일한 지침을 제공할 것이다.
  처음에는 치골 미골근의 위치를 알아 내는 데 어려움을 느낄 수 있다. 지침이 없이는 아마 질 입구 주변의 더 약한 외부 근육만 수축할지 모른다. 이것은 질 입구만 단단하게 만들 것이다. 치골 미골근은 좀더 내부에 있다는 말을 듣고 여성들은 종종 아래 척추, 복부 그리고 허벅지 근육을 수축시킨다. 그러나 이 근육들은 치골 미골근과 연결되어 있지 않으며 이 근육들을 수축하면 피곤을 야기할 수 있다. 처음 얼마 동안은 인내와 집중이 필요할지 모르지만 이 근육 운동은 절대 힘이 들지 않아야 한다. 운동을 다 익히고 나면 눈을 감는 것만큼이나 쉽다.
  치골 미골근의 한 가지 기능은 소변의 누출을 멈추는 것이므로 배뇨를 중지시킬 수 있으면 이 근육이 수축되었다고 말할 수 있다. 그러나 그다지 중요하지 않은 외부 근육이 소변의 누출을 차단할 수도 있다. 그러므로 근육이 수축하는지 아닌지를 단정하는 가장 간단한 방법은 무릎을 벌린 채 소변의 흐름을 멈추는 것이다. 변기 위에 앉은 자세로 양무릎을 넓게 벌리고(약 60센티미터 간격으로) 소변을 내보내라. 그 다음에 무릎을 움직이지 말고 소변을 멈추라. 거의 모든 여성은 이 절차에 치골 미골근을 사용한다. 일단 치골 미골근을 정확하게 수축시키는 것이 어떤 것인지를 느끼기만 하면 어느 때든지 운동을 할 수 있다. 배뇨 중 소변의 흐름을 차단하는 것은 올바른 근육을 수축하고 있는지를 중간 점검하기 위해 시도할 수 있다.
  치골 미골근을 수축시키는 또 다른 방법은 회음부가 증대하는지를 알아보는 것이다. 회음부는 항문과 질 입구 사이에 있는 부분이다. 회음부의 증대를 관찰하기 위해 거울을 사용하거나 한 손가락을 질 안으로 4센티미터 정도 넣고 근육의 수축을 느껴 보라. 치골 미골근을 잘 조절하고 있다면 이 손가락을 아주 세게 압착할 수 있을 것이다.

치골 미골근을 수축시키는 방법을 자세히 배웠다면 이제 운동 프로그램을 시작할 수 있다. 걸을 때와 매번 소변을 볼 때 5-10회 수축하는 것으로 시작하라. 각 수축을 2초 간 억제하라. 이 근육의 조절력을 증가시켜 한 번에 차숟가락으로 하나 정도 분량의 소변만 배출할 수 있어야 하며, 처음 시도할 때보다 수축이 쉬워져야 한다.

나흘쯤 지난 후 확실히 치골 미골근을 수축할 수 있게 되면 하루에 약 6회 정도 그리고 매번 10회씩 수축하는 데까지 운동량을 늘리라. 만일 1회 수축하는 데 2초가 걸린다면 전체 소요 시간은 하루 10분에 불과할 것이다. 4-6주가 지나면 하루 300회의 수축으로 점차 늘려 나가라. 다 합해도 하루에 10분 이상 걸리지 않을 것이다. 이 때쯤이면 벌써 소변 조절이 좀 더 원활해지고 성적인 진보가 어느 정도 나타날 수 있다. 약 4주(또는 전체 10주)가 더 지나면 프로그램을 끝내야 한다. 아마 계획적인 운동이 더 필요 없을 것인데, 왜냐하면 튼튼하고 잘 개발된 치골 미골근이 무의식적인 소변의 누출을 조절하기 위해 계속 기능할 것이기 때문이다. 그리고 이따금씩 질 속에 손가락을 넣어 여전히 세게 압착할 수 있는지 확인하라.

성행위도 이 근육을 강화하는 데 도움이 된다. 음경이 삽입되기 전 전희 동안에 성적 긴장을 높이기 위해 자발적으로 근육 수축 운동을 시작하라고 여성들에게 권하고 싶다. 이것은 이후 오르가즘 때 치골 미골근의 무의식적인 수축을 조절하는 데 도움이 되고, 질 벽을 단단하게 하는 데도 도움이 된다. 의식적으로 이 근육을 수축함으로써 아내는 좀더 빠르게 반응할 수 있고 더 격렬한 즐거움을 얻을 수 있다. 오르가즘의 마지막 경련이 있을 때 치골 미골근은 의식하지 못하는 사이에 저절로 0.8초 간격으로 4-10회 수축한다. 이런 자율적인 수축이 있고 난 후 긴장이 풀리고 이완하는 놀라운 느낌이 오는데, 이것은 아내의 오르가즘이 끝났음을 알려 준다.

신체의 말초 신경은 대부분 가벼운 접촉에 민감하다. 그러나 치골 미골근의 말초 신경은 압박에 민감하다. 성교 중 이 근육을 노련하게 사용함으로써 여성의 성적 자극을 증가시키는 것은 분명히 하나님이 고안하신 것이라고 할 수 있다.

또한 치골 미골근의 수축은 남편에게 성교 중 좀더 큰 만족을 줄 수 있다. 아내가 자발적인 조절력을 개발할 때 그리고 두 사람 사이에 애정과 언어적인 의사 소통이 있을 때, 아내는 남편의 오르가즘 직전과 오르가즘 동안에 그에게 최대한의 자극을 주기 위해 언제 이 근육을 수축해야 하는지를 정확하게 배울 수 있다.

아내들이여, 당신들은 성행위를 할 때 남편과 자신의 유익을 위해 그대의 참여가 얼마나 중요한지 그리고 그대의 보완적인 참여가 얼마나 필수적인지를 깨닫게 될 것이다. 이미 말했듯이 질은 음경을 수동적으로 받아들이는 곳이 **아니다**. 성교하는 동안 질을 능동적으로 참여하는 기관으로 상상하라. 수년 전에 테오도르 벨트(Theodore H. Van de Velde) 박사는 「이상적인 결혼」(*Ideal Marriage*)에서 질의 역할을 다음과 같이 묘사했다. "이 근육의 운동은…압박과 마찰을 통해 남성의 성기를 누르고 문지르기 위한 장치로서…오르가즘에 오를 수 있게 해준다."

현재 자신의 치골 미골근 조절력이 얼마나 되는지 자문해 보라. 이 근육은 단단히 움켜쥔 주먹처럼 음경을 아주 꽉 죄일 수 있어야 한다.

거의 모든 여성은 치골 미골근의 자발적인 통제력을 조절하고 강화함으로써 자신의 성적인 만족감을 상당히 증대시킬 수 있다. 그리고 어떤 남성들은 이에 상응하는 골반 근육을 강화한 후 오르가즘 때 좀더 강한 흥분을 느꼈다.

몇 주 동안 하루에 10-15분씩 운동하는 것은, 시간이나 수고가 거의 들지 않는다고 볼 수 있다. 그러나 두 사람에게 돌아오는 보상은 아주 크다. 그들은 좀더 만족스러운 성생활을 향유하며 일생 동안 유익을 누리게 될 것이다. 요컨대 이 경험이야말로 정말 해 볼 만한 가치가 있다.

당신을 격려하기 위해 팀과 베벌리 라헤이 부부(Tim and Beverly LaHaye)의 「아름다운 애정 생활」(The Act of Marriage)에서 사례 하나를 소개하겠다.

한 가지 사례를 들자면, 다섯 아이의 어머니요 결혼한 지 거의 25년 된 부인이 이렇게 말했습니다. "라헤이 박사님, 그것은 아주 이상하게 보이는군요. 만일 하나님이 질의 근육들이 충분히 튼튼해서 제가 성교 중에 더 큰 흥분을 얻도록 의도하셨다면 그런 식으로 근육을 만드셨을 것입니다." 나는 부인에게 이렇게 설명했습니다. "하나님은 원래 그렇게 만드셨지만, 다섯 번의 출산과 자연적인 노화 과정이 질 근육을 이완시켰기 때문에 부인에게 거의 도움이 되지 않습니다. 부인께서는 나이가 들면 들수록 운동을 통해 근육을 더욱 강화시켜야 할 필요가 있습니다."

부인은 마지못해서 집에서 실행해 보겠다고 했지만 이것이 효과가 있을지는 모르겠다고 고백했습니다. 다행히, 부인은 부지런히 운동을 했고 나중에 편지에 이렇게 썼습니다. "저는 한 달 만에 이전에 결코 느껴 보지 못했던 흥분을 경험했습니다. 5주가 지나서 발기 유지에 약간 어려움이 있던 남편이 지금까지 우리의 성생활 중 느껴 보지 못한 다른 차원의 흥분을 경험했습니다. 이제 우리 두 사람은 이후의 25년의 성생활이 지난 25년 동안 누렸던 것보다 더 만족스러우리라 확신합니다."

운동과 함께, 오르가즘을 경험하기 위해 여성이 알아야 할 점을 몇 가지 더 제안하겠다. 음경을 삽입한 후 성적인 긴장이나 흥분을 강화하는 능력을 능동적으로 추구하고 익혀야 한다. 긴장감이 절정에 달했다가 해소될 때까지, 기대를 유지하고, 마음속으로 간절히 바라고, 자연적인 욕구에 자신을 맡기고, 신체적인 자극뿐 아니라 정서적인 흥분을 강화해 나가라. 많은 여성이 자신의 감각에 집중하면서, 오르가즘을 경험할 때까지 다리와 허벅지와 하복부의 근육을 긴장시키면 좀더 빨리 절정에 이를 수 있다는 사실을 알게 되었다.

남성의 성기를 질 속에 삽입하자마자 세차게 전후 운동을 하는 것은 십중팔구 아내의 자극을 둔화시키고 흥분을 감소시킨다.

음경을 부드럽게 삽입하는 것은 거의 틀림없이 아내의 필요에 더 잘 부응하는 것이다. 또 두 사람은 음경을 완전히 삽입한 상태에서 상호 만족을 주는 움직임을 개발하고 싶어할 수 있을 것이다. 예컨대 양측면 운동, 흔드는 동작 또는 엉덩이의 움직임 등은 질 깊숙한 쪽을 비효과적으로 자극하는 것을 줄이고, 치골 미골근으로 에워싸여 있는 좀더 자극적인 질 바깥쪽에 자극을 가하는 데 효과적이다. 남편은 아내의 움직임에 매우 민감하게 대처해야 한다.

성교의 기술은 각 단계마다 즐길 수 있는 모든 감각을 추구하고 절정을 기대하면서 전진하되 결코 서두르지 않으면서 모든 단계의 경험을 온전히 향유하는 것을 포함한다. 당신 부부가 이 기술을 함께 배워 나가는 동안 '거북이와 토끼' 문제는 감소되고 사라질 것이다!

오르가즘을 모르는 아내들에게

01장은 성교 중 오르가즘에 거의 도달하지 못하거나 한 번도 도달해 본 적이 없는 여성을 위해 특별히 마련한 것이다.

하나님이 모든 아내를 위해 계획하신 보편적인 성적 즐거움을 지금까지도 이해할 수 없는 당신에게, 나는 아주 단도직입적으로 말하고 싶다. 과거에 당신은 냉담하다—쌀쌀하고, 무정하고, 속을 터놓지 않는 성격을 나타내는 것으로 보이는 말—는 말을 들었을 수 있다. 그러면서도 당신은 자신을 따뜻하고 애정이 있는 여성으로 알고 있다. 당신은 그 동안 책을 통해 스릴과 흥분이 어떠한지 다 알고 있으면서도, 단지 경험할 수 없었을 뿐이다. 당신은 남편을 사랑하며 결혼이 주는 모든 풍성한 것을 원할 것이다. 두 사람 모두 계속되는 실패로 인해 낙심과 실망을 느끼고 있을지 모른다. 그러니 더 노력해야 할 이유가 무엇이겠는가? 그냥 서로를 사랑하고 차선책으로 만족하기로 동의하면 되지 않겠는가? 그러나 나는 당신이 남편과 함께 누려야 할 성의 즐거움을 실패할 수밖에 없는 것으로 간주해서는 안 된다고 본다.

당신은 스스로를 불감증 환자라고 생각하지 않아야 한다. 오늘날 우리는 성행위를 혐오스럽고 심지어 불쾌한 것으로 알고 있는 여성에 한하여 **불감증**이라는 단어를 조심스럽게 사용한다. 한 번도 성적 절정에 도달하지 못한 여성에게 사용하는 좀더 정확한 단어는 preorgasmic인데, 이것은 앞으로 실현되겠지만 **잠시 동안** 실현이 미루어졌다는 의미다.

그런데 성적으로 반응하지 못하면 이는 당신과 남편에게 좌절감과 자기 회의 그리고 무력감을 줄 수 있다. 이것은 충분히 이해할 만하다. 더구나 이런 감정들은 배우자에게 사랑을 표현하려는 성실한 시도 끝에 생긴 것이고, 가장 성공하고 싶은 바로 그 영역에서 실패를 맛보게 됨으로써 그 상처는 더욱 깊을 수밖에 없다. 그러나 사랑의 온기가 여전히 당신 안에 존재한다는 사실을 결코 잊지 말라. 온기를 신체적으로 표현하고 받아들이는 능력은, 성적인 지식의 결여와 함께 이전의 실패에 대한 기억에 의해 차단되었을 뿐이다.

심리학적인 원인들을 정확하게 밝혀내는 것은 쉬운 일이 아니지만, 문제는 과거에, 심지어 결혼 이전에 뿌리박고 있을지도 모른다. 그러나 자신의 과거에서 그 원인을 찾는 한 가지 목적은 비난을 돌릴 사람이나 대상을 발견하려는 것이다.

그리스도인 부부에게 이보다 더 성숙한 접근법은, 원인이 무엇일지라도 **하나님은 어떤 상황에서든지 자신들의 필요를 채우실 수 있다**는 사실을 인식하는 것이다. 당신 부부는 서로에 대한 사랑과 성적인 관심의 수준을 높여 달라고 하나님께 구함으로써 당신들이 처한 그 자리에서 시작할 수 있으며, 그 다음으로 일련의 단순한 가르침에 순종함으로써 애정 어린 협력을 시작할 수 있다.

이 문제를 해결하는 효과적인 (그리고 즐거운) 절차—일련의 훈련 과정—를 제시하기 전에 먼저 강조해야 할 원리들이 있다.

첫째, 부부 중 한쪽이 문제인 것처럼 보일지라도 마치 이제 막 결혼한 것처럼 새로운 출발을 해야 한다. 누가 잘못되었는지에 신경 쓰지 말라. 그것은 중요한 것이 아니다. 어떻게 하면 두 사람이 성관계에서 좀더 만족스러운 경험을 할 수 있을지 궁리하는 것이 중요할 뿐이다.

그러므로 요구에 대한 부담이나 비난에 대한 두려움 없이 자연스럽게 서로에게 사랑을 표현할 기회를 제공하라. 이 기간은 점수를 매기는 시간이 아니라 부담 없이 함께 배우고 실습하는 시간이 되어야 한다. 이 기간은 두 사람이 배워야 할 것이 많음을 깨닫는 기간이 될 것이다. 즉 아내는 받는 법을 배울 것이며 남편은 헌신적으로 주는 법을 배울 것이다.

즐거운 성적 감정을 축적하는 것이 목표가 되어야 한다. 이런 추억이 축적되고, 거기에 새로운 경험과 자신을 성적으로 만족시키려는 남편의 사랑스러운 마음에 대한 인식이 합쳐지면, 뇌에 보내는 신호가 증가해서, 마침내 억압받지 않는 성 반응이 쌓여 갈 것이다.

둘째, 당신 자신을 이해하게 되기를 바란다. **욕구**는 당신의 협력자다. 만일 당신이 오르가즘이 자신의 권리요, 하나님이 마련해 주신 것임을 인식하고, 또 남편과 가장 친밀한 시간을 향유함으로써 이 오르가즘을 경험하려고 한다면, 경험하지 못할 이유가 없다. 오르가즘은 일어날 것이다.

그러나 오르가즘은 자신의 의지력을 발휘하는 것만으로 일어나지는 않을 것이다. 당신이 충분히 자극받을 때 몸 안에서 어떤 일이 일어나야만 하며, 그 결과 오르가즘이 일어날 것이다. 당신이 노력한다고 해서 생기는 것이 아니다. 그러나 집중력은 중요한 요소다. 이 말이 모순처럼 들리지 않기를 바란다. 스스로의 감정과 감각과 욕구에 집중하고, 그것들과 같이 움직이고, 그것들이 원하는 곳으로 자신을 데려가라.

셋째, 자신의 집중력을 흐트러뜨리고 오르가즘에 도달하는 것을 방해할 만한 요소들을 경계하라. 당신의 집중력을 차단하는 것은 무엇인가? 당신은 자신이 성교 중에 감시자가 되는 것을 인식할 수 있고, '만족스럽게 수행하고' 있는지를 알아보려고 비판적으로 지켜보고 있는 자신의 모습을 발견할 수 있다. 자의식은 만족을 느끼는 것을 방해하고 욕구를 상실하게 만들 것이다.

당신은 자신이 남편의 반응에 집중하고 있는 것을 발견할지 모른다.

당신은 걱정하기 시작한다. '틀림없이 남편은 피곤해.…이것은 남편에게 별 재미가 없을 거야.…틀림없이 남편은 나보다 더 성적 매력이 있는 누군가와 결혼했더라면 좋았을 것이라고 생각할 거야.' 그렇게 하는 동안 자의식의 또 다른 측면이, 막 피어나려고 하는 모든 감각적인 기쁨을 망쳐 놓을 것이다.

집중을 방해하는 세 번째 요소는 다소 다양한 죄책감일 수 있다. 지금까지 당신은 성을 하나님이 창조하시고 정하신 것으로 인식했기 때문에 성을 '나쁜 것'이라고 생각하는 심리적인 장애물을 극복할 수 있었다. 그러나 자신이 느끼는 놀랍고도 새로운 감각에 집중하고 절정을 기대할 때 갑자기 이런 생각들이 떠오른다. '난 남편을 기쁘게 하려고 노력해야 해. 나 자신을 기쁘게 하려고 애쓰는 것은 절대 잘못된 거야.' 그러면 다시 욕구가 억제된다.

성교를 하기 전에 바른 마음가짐을 갖기 위해 진실하고 분별력 있는 몇 가지 생각을 제시하고자 한다.

1. 이 '훈련'은 당신에게 아무것도 요구하지 않을 것이기 때문에 스스로를 판단할 필요가 없다. 분위기는 편안하면서도 감각적이어서 당신 안에 있는 성적인 반응을 **자연스럽게 드러낼** 수 있도록 해줄 것이다. **자연스럽다**는 것은 당신이 아무것도 강요하지 않으며, 아무런 가장도 하지 않음을 뜻한다. 사실 이것은 생애에서 가장 놀라운 시간이 될 수 있을 것이다. 이 시간은 즐거움이 다가올 때 **스스로** 즐거움을 **발견하는** 것말고는 당신에게 아무것도 요구하지 않는다.

2. 당신은 남편이 이런 훈련 과정을 얼마나 좋아하는지 모를 것이다! 이 과정들은 온전히 **쾌락 지향적인** 시간이다. 부부들이 보고한 것을 보면 압박감 없이 순전한 만족을 위해 서로에게 집중하기 시작했을 때 관계가 각별히 가까워지고 낭만적이 되었다고 한다. 모든 자의식을 던져 버릴 때 당신은 남편에게 더 관능적이고 더 매력적이 될 것이다.

3. 당신이 자신의 감각에 집중함으로써 반응하는 법을 배울 때, 당신은 남편을 기쁘게 하는 법을 배우고 있는 것이다! 성교 중에 아내를 자극하기 위해 재삼재사 노력하는 남편에게 무심한 반응을 보이는 것이 얼마나 파괴적인지 상상할 수 없을 것이다. 또한 당신은 부부가 함께하는 매순간을 마음껏 즐기면서 전적으로 반응하고 있는 아내를 바라보는 것이 남편에게 얼마나 황홀한 감동을 주는지 상상할 수 없을 것이다.

아내가 이 훈련 과정에 참가하면, 남편은 일시적으로 성적 만족감을 연기해야 하기 때문에 남편에게는 사랑을 표현할 기회가 될 것이다. 반대로 아내는 남편의 손에 자신을 내맡기며, 이 관계에서 상처입을 각오와 정직해지는 모험을 해야 하기 때문에 남편에게 자신의 신뢰를 보여줄 수 있는 계기가 될 것이다.

이 훈련은 방해받을 여지가 없는 아주 은밀한 장소에서 이루어져야 한다. 물론 두 사람은 아주 청결해야 하고 가능한 한 충분히 휴식을 취해야 한다. 남편은 면도를 깨끗이 하고 손톱을 매끄럽게 깎고 있어야 한다. 만일 손이 약간 거칠다면 좀더 만족스러운 애무를 할 수 있도록 충분한 양의 크림이나 로션을 바르라.

모든 애무는 부드러워야 하며, 결코 거칠거나 무뚝뚝하거나 강요하는 것이 되어서는 안 된다. 만일 애무가 가볍고, 빠르고, 자연스럽게 재촉하는 것이라면 상상력을 자극하는 데 상당히 도움이 된다.

두 사람은 옷을 다 벗어야 하며, 아내가 그냥 쉬면서 남편의 사랑과 애무에서 얻는 만족감을 의식하는 동안 남편은 손가락과 손을 사용하여 아내가 은근하게 일러주는 곳은 어디든 만지고, 마사지하고, 애무해야 한다. 처음에는 부드럽게 연습 삼아 한다고 생각하고, 침대에서 매우 편안한 자세를 유지하라. 그리고 서두르거나 남편을 만족시켜야 한다는 부담감을 갖지 말고 자신의 오르가즘을 추구하려는 생각도 피하라.

아내는 적어도 나흘 이상 자신에게 만족을 주는 기간을 가지면서 남편의 애무를 매일 연속적으로 받고 서두르지 않는 느긋한 시간을 반복적으로 경험해야 한다. 이런 시기에는 생식기나 유방 부위의 접촉을 피하고 싶을지 모른다. 이제 두 사람은 아내 몸에서 가장 민감한 부위를 발견해 나가야 한다. 또한 이 기간 동안 아내는 남편의 성적인 필요에 상관없이 자신의 성적인 감정을 자유롭게 표현하도록 허락받았다는 사실을 인식하고 있어야 한다.

몇 번의 훈련 과정을 통해 아내와 남편이 벌거벗은 상태에서 서로를 만지고 애무하는 것은 신체적으로 서로 나누고 만족을 제공하는 분위기를 확립하거나 재확립하는 데 도움이 될 것이다. 이 과정 중에 실제 성교를 하지 않는 것은 이전 성교의 경험에서 쌓였던 긴장을 줄이는 데 도움이 될 것이다.

또한 이 기간 중에 무엇이든 함께 이야기하고 논의하는 법을 배워야 한다. 부부는 각자 상대방의 신체적인 필요를 예견하는 것을 배우기 시작해야 한다. 남편이 아내에게 특별한 형태의 애무를 시도할 경우 아내가 똑같은 식으로 보답하는 것은 아주 훌륭한 생각일 수 있다. 그런 애무가 만족스러울지도 모른다는 생각이 남편에게 떠올랐을 것인데, 이는 남편도 똑같은 애무를 받고 싶기 때문이다!

아내는 남편을 만지는 것으로 시작할 수 있을텐데, 그러면 의무가 아니라 자발적으로 남편을 기쁘게 할 때 자신의 기쁨이 증가하는 것을 깨달을 수 있다.

이 때까지는 남편의 손이 아내의 유방과 외음부를 향하게 해서는 안 된다. 그러나 이제 아내는 최고로 만족스러운 성적인 자극을 위해 몇 가지 세부적인 지시를 따라야만 한다. 남편은 침대 머리 부분에 베개를 놓고 등을 편안히 기댄 상태에서 앉은 자세를 취해야 한다. 아내는 넓게 벌린 남편의 다리 사이에 앉아서, 등을 남편 가슴에 대고, 머리는 남편의 어깨 위에 편안히 기대고, 다리는 벌려서 남편의 다리 위에 걸쳐야 한다. 이 자세는 남편으로 하여금 자유롭게 접근하여 아내의 전신을 창의적으로 탐구하게 해준다. 아내는 자신의 손을 남편 손에 가볍게 얹고서 특정한 방향을 제시할 수 있다. 즉 손의 압력을 가볍게 증가시키거나 또는 방향을 지시하는 부드러운 동작으로 자신이 원하는 '장소와 방법'을 그때 그때마다 나타낼 수 있다. 이로 인해 두 사람은 언어적인 요청이나 세부적인 설명 없이도 신체적인 의사 소통법을 정확히 배우게 된다. 이 때 아내는 남편의 동작을 구체적으로 지시해야 하고, 남편은 아내에게 자극을 줄 수 있는 생각이 떠올라도 절대 자제해야 한다.

그리하여 남편은 이제 음핵의 끝을 어루만져야 한다고 느낄지도 모른다. 그러나 이것은 아주 예민하고 부드러운 부위로 알려져 있다. 남편이 음핵의 줄기나 측면을 따라서 그리고 질 입구 윗부분에 윤활제를 충분히 바르고 자극하면 아내는 아마 훨씬 더 큰 만족에 이를 것이다. 질 속에 손가락을 깊이 삽입하는 것은 별 만족을 주지 않는다.

아내는 남편이 목, 귓불, 유방, 사타구니 안쪽, 엉덩이를 그냥 가볍게 어루만져 주고, 그런 후에 음핵 줄기 위나 질 입구의 윗부분과 같은 가장 자극적인 부위로 되돌아오기를 원할지 모르겠다.

아내는 서두를 필요가 없고 이 시점에서 오르가즘에 도달해야 한다고 자신을 강요해서는 안 된다. 이것은 몇 주 기간으로 연장될 수도 있는 즐거운 시간이다. 이 시간을 통해 부부는 아내를 성적으로 흥분시키는 것이 정확하게 무엇인지 발견하고 있는 것이며, 신체적, 언어적으로 의사 소통하는 법을 배우고 있는 것이다.

만일 아내가 어느 때든지 고도의 자극을 받는다고 느끼면 격렬한 오르가즘의 흥분을 경험할 때까지 남편의 손이나 자기 손으로 자극의 강도를 높여야 한다. 감각은 일차적으로 골반 부위에 집중되어 있다. 부부가 함께 배우는 동안, 아내가 음핵의 자극이 오르가즘을 일으키는 데 필수적이라고 느끼면, 스스로 자유롭게 음핵을 자극하라. 이것은 반응 패턴을 확립하여 나중에 성교할 때 오르가즘을 훨씬 더 쉽게 경험하게 해줄 것이다. 손으로 자극해서 몇 번의 오르가즘을 경험한 후 여성 상위로 성교를 시작하라. 그리고 나서는 어떤 체위든 아내가 원하는 자세를 활용하라.

만일 아내가 계속 손으로 음핵을 자극해야 오르가즘을 얻을 수 있다 해도 염려하지 말라. 아내의 만족감은 질 속에 있는 음경으로 말미암는다는 생각은 이따금씩만 사실일 뿐이다. 이제, 당신의 목표는 사랑하는 남편이 제공하는 만족감을 누리고 오르가즘에 도달하는 것이다.

또한 남편과 동시에 오르가즘에 오르려고 초조해하지 말라. 어느 시점에선가 이것이 일어나면 멋진 일이다. 그러나 이것은 오늘날 매체를 통해 너무 지나치게 강조되어 왔다. 두 배우자가 성관계를 통해 만족을 누리는 것이 목적이 되어야 한다.

음핵과 그 근처를 섬세하고 부드럽고 적절하게 자극하면, 어떤 아내든지 거의 언제나 높은 수준의 자극에 이르게 되고, 오르가즘을 통해 성적인 긴장을 해소할 수 있음을 기억하라.

당신은 성욕을 자극하는 일단의 새로운 기술을 수집하는 데 해결책이 있는 것이 아니라, 서로를 어루만지고 즐거워하고 서로를 기쁘게 하는 법을 발견하여 대화하는 것을 배우는 데 해결책이 있음을 알 수 있을 것이다. 아내가 감각적인 즐거움의 경이로움과 배우자와 하나되는 것의 귀중함 때문에—이것이 남편을 기쁘게 하는 수단이기 때문이 아니라—성을 즐기는 법을 배운다면 만족스러운 성취감을 경험할 것이다!

이제 나는 오르가즘에 도달하는 데 어려움을 야기할 수도 있는 일반적인 신체적 조건 몇 가지를 아내들에게 설명하고자 한다. 성교 중의 아픔은 만족을 누리지 못하게 하고 성적인 해방감을 방해한다. 성교통을 디스페루니아(dyspareunia)라고 하는데, 이것은 증상이지 진단은 아니다. 성교 중에 아픔을 느끼거나 다른 어려움이 있는 여성은 골반과 직장 검사를 포함하는 철저한 신체 검사를 받아야 한다. 소수의 의사들만이 환자에게 성생활의 형편을 물어 볼 것이기 때문에 당신은 의사가 당신의 어려움을 헤아려 주리라고 무조건 기대해서는 결코 안 된다. 심호흡을 하고, 부끄럽더라도 무엇이 문제인지 의사에게 말하라.

일반적인 통증 원인의 한 가지는 위축성 질염인데, 이것은 질 벽이 얇아지는 것으로 여성 호르몬, 특히 에스트로겐의 결핍으로 생긴다. 이것은 에스트로겐의 양이 줄어드는 폐경기에 발생하거나, 연령 고하를 막론하고 난소를 제거한 다음이나, 난소가 충분한 에스트로겐을 생산하지 못할 때 일어난다. 이렇게 질 벽이 얇아지는 것은 에스트로겐을 투여하거나, 질 속에 에스트로겐 크림을 바름으로써 쉽게 교정할 수 있다. 위축성 질염은 폐경기가 직접적으로 야기하는 신체적으로 유일한 성적 문제인데, 폐경기 동안 에스트로겐을 적절히 유지함으로써 예방할 수 있다.

질 속에 격심한 고통을 일으키는 또 다른 질염은 세균 감염이다. 이 가운데 가장 흔한 것은 칸디다 즉 효모 감염과 트리코모나스 기생체에 의한 감염이다. 이런 감염증들은 전염성이므로 무시하면 만성적인 병이 될 수 있다. 며칠 간 성교를 중단하고 또다시 시작할 때는 한두 주 간 콘돔을 사용하고, 이와 더불어 의학적인 치료를 해야 한다. 트리코모나스 감염증을 근절하기 위해 부부는 동시에 약을 먹어야 한다.

성교 중 느끼는 통증의 원인 중 발견해서 반드시 치료해야 할 또 다른 원인은 자궁 탈출증으로 알려진 처진 자궁과, 골반 내에 염증과 염증 흔적을 만들어 내는 자궁내막증이 있다. 또 아내가 성교통을 느끼는 그리 흔하지 않은 신체적 원인은 분만 시 넓은 인대가 찢어진 경우다. 이 인대는 자궁 옆에서 자궁을 지탱해 주는 구조물들 중 하나다. 음경을 깊이 삽입할 때 고통을 느끼지만, 분만 후 몇 개월이 지날 때까지 의사가 이 손상을 발견하는 것은 아주 어렵다. 아기를 낳은 지 한두 달 후에도 성교통이 느껴진다면 반드시 의사에게 요청해 이 인대를 검사해 보라. 고통을 제거하려면 찢어진 인대를 외과 수술로 치료해야 한다.

통증은 경련성 질수축증에 의해 생길 수도 있는데, 이것은 질 입구 근육의 무의식적인 작용으로 음경을 삽입하려고 할 때 근육이 경직하는 것이다. 이 근육 경직은 정도가 아주 심해서 조그만 손가락조차도 질 속에 삽입할 수 없다. 이 고통스러운 상태는 보통 맨 처음 성교를 시도하려는 때부터 시작되지만, 출산 후나 골반 수술 후, 심지어 재혼 초기와 같은 때에도 일어날 수 있다.

경련성 질수축증은 흔히 다음의 조처로 대략 일주일 내에 제거될 수 있다. 아내가 병원의 검사대 위에 누워 골반 검사를 받기 위한 자세를 취하고 나면, 남편이 그 방으로 안내되어 고무 장갑을 낀다. 남편은 윤활제를 충분히 바른 손가락을 아내의 질 속에 넣어 보라는 지시를 받는다. 이것은 남편과 아내 두 사람에게 질의 바깥쪽 3분의 1 주변에 있는 근육들이 얼마나 경직되었는지 보여 주기 위함이다.

일단 남편이 집게손가락을 질 속에 넣어 보면, 질 입구 주변 근육이 수축해서 아주 단단하고 긴장된 상태로 되어 있는 것을 손쉽게 감지할 것이다. 손가락으로 순식간에 너무 세게 압박하면 다른 근육의 경직처럼 고통을 줄 것이다. 그러나 몇 분 간에 걸쳐 질 속에서 직장을 향해 아래쪽으로 서서히 그리고 꾸준히 압박해 주면 근육이 이완될 것이다.

남편과 아내는 눈금을 새긴 확장기 서너 개를 집으로 가져가 하루에 한두 차례 그것들을 사용하라는 지시를 받는다. 조금 안심할 수 있을 때까지, 처음에는 아내가 스스로 확장기를 삽입하는 것이 좋을지 모른다. 이것들을 헤가 확장기라고 부르는데, 만년필보다 약간 크다. 또는 플라스틱 직장 확장기 세트를 사용할 수 있는데 이것은 대부분의 약국에서 손쉽게 구할 수 있다. 물론 이것들은 삽입 전에 충분히 윤활제를 발라야 한다. 일단 확장기를 질 속에 넣으면 20-30분 간 있어야 한다. 이것을 쉽게 삽입할 수 있게 되면, 아내는 적당한 크기의 확장기를 매일 밤 몇 시간씩 질 속에 넣고 있어야 한다. 이런 확장기들을 하루에 한두 번 삽입함으로써 아내는 질 속에 무엇인가를 받아들일 수 있고 통증 없이도 그것이 가능하다는 사실을 알게 되면서 점차 마음이 편해진다.

그러다가 어느 때부터인가는 남편이 확장기를 삽입해 주는 것이 가능해진다. 대부분의 경련성 질수축증은 심리적인 문제들로 인해 생기는데, 남편의 관심과 애정 어린 협력과 따뜻한 보살핌은 치료의 중요한 요소다.

부부가 성교를 하기로 할 경우, 질 속에 확장기를 삽입하여 아내가 음경을 삽입할 때라고 느낄 때까지 기다린다. 그런 다음 아내 상위 체위를 취하는 것이 좋은데, 이 때 아내는 한 손으로 질 속에서 확장기를 꺼내고 다른 손으로 음경에 윤활제를 충분히 바르고 몇 초 내로 삽입한다. 이런 전환 동작은 불과 몇 초 사이에 끝내야 하는데, 시간적인 간격이 이것보다 더 길어지면 질 근육이 다시 경직될 수 있기 때문이다. 이러한 신속한 전환은, 적어도 처음 몇 번 동안은 부부가 성교를 하기 위한 필수적인 조치다.

작은 손가락조차 질 속에 삽입할 수 없었던 극단적인 경련성 질수축증의 사례들을 우리 병원에서 본 적이 있다. 한 부부는 17년 간 성생활을 하지 못하다가 두 아이를 입양했다. 또 다른 부부는 14년 간 성생활을 하지 못하고 지냈다. 두 경우 모두 눈금을 새긴 확장기의 사용으로 6주 내로 문제가 해결되었다.

정식 확장기가 없을 때에는 혜가 확장기의 간단한 대체물로서 한쪽 끝이 뾰족하게 되어 있는 짧은 양초들을 사용할 수 있다. 이 양초들은 크기가 차례대로 점점 굵어져야 하는데, 가장 큰 것은 직경이 만년필보다 약간 크면 된다.

골반 충혈은 허리 및 골반 통증과 골반 무력증의 가장 일반적인 원인 가운데 하나다. 성적 자극이 증가하는 고원 단계에서 아내의 골반 구조 전체는 상당한 압박을 받아서 충혈된다. 만일 아내가 만족스럽고 강한 오르가즘에 이르면, 이 고인 혈액의 배수로를 만들기 위해 수분 내에 무의식적인 근육 수축이 일어나고 소동맥이 닫히고 정맥 기관이 열린다. 이로 인해 안락하고 따뜻한 쾌감이 골반 부위를 독특하면서도 유쾌하게 압도하고, 곧 이어 안온한 느낌이 뒤따른다.

자극받은 아내가 오르가즘에 도달하지 못하면, 골반 기관과 아내의 정서가 손상을 입게 된다. 이는 종종 신경과민, 약화, 피로, 때로 심각한 정도의 골반 통증과 요통을 초래하는데, 이는 만성이 될 수도 있다. 이것은 또한 결과적으로 만성적인 질 분비물 유출이나, 월경 시 과다한 또는 불규칙한 출혈을 초래할 수 있다. 유감스럽게도 많은 여성이 이 통증 때문에 골반 수술을 받는다. 이 반복적인 충혈은 자궁을 상당히 확대시키는 원인이 되기도 하는데 이 때문에 의사는 수술이 필요하다고 착각할 수 있다. 나는 아내들이 온갖 노력을 다해 규칙적으로 완전한 오르가즘에 도달하는 법을 배울 때까지는 골반 통증 수술을 피할 것을 제안한다.

우리가 논의했던 만성적인 증세와 더불어 의학적인 치료가 필요한 신체적인 이상이 어느 때든지 일어날 수 있기 때문에 적어도 6개월-1년마다 정기적인 골반 검사를 받아야 한다.

내가 관찰해 온 바 오르가즘에 이르지 못하는 대부분의 경우는 불충분한 결혼 준비, 신혼기의 좌절과 두려움에서 시작되었다. 그리고 장기간 계속 실망하게 되고 서툴고 권태로운 결혼 생활이 뒤따르면서 만족스러운 성생활의 희망은 아내 안에서 사그라들 수밖에 없었다.

또한 아내들이 남자는 본성적으로 모험을 좋아한다고 잘못 인식함으로써 이 상황이 악화될 때가 많다. 아내가 만족하지 못하고 있음을 인식하고 남편이 아내를 즐겁게 하려고 노력할수록 이런 경향은 더욱 강해진다. 아내는 남편의 다양한 접근을 혐오스럽거나 저속하거나 비정상적인 것으로 간주하기 시작한다. 젊은 남편의 접근에 대해 냉담하고, 침묵하고, 뾰로통하고, 무심하거나 부정적인 태도를 보이는 것이야말로 눈부신 결혼의 광채를 순식간에 제거하고 냉각시키는 길일 것이다.

이 책에서 얻은 지식을 적용한다면, 남편은 아내를 풍요롭고 만족스러운 성관계로 부드럽게 이끄는 노련한 연인이 될 수 있을 것이다. 기억하라. **모든 아내는 성행위를 통해 매번 오르가즘을 경험할 수 있어야 한다.** 부부 관계가 애정이 넘치고 아주 따뜻할지 모르지만, 그것만으로 충분하지 않다. 고지가 눈앞에 있다! 당신도 할 수 있다!

8
발기 부전증이 있는 남편들에게

신체 건강하고 근면한 53세의 조지는 결혼 생활을 하면서 최근까지 일주일에 대여섯 번의 성생활을 원했다. 그러나 이제 조지의 아내는 남편이 더 이상 자기에게 관심을 보이지 않는다고 불평했다. 조지의 아내는 남편이 몇 주 전에 발기력을 상실했다고 판단하고 그 날 밤으로 그들은 성생활을 끝냈다. 그들은 한 번도 이것에 대해 얘기한 적이 없었는데, 그 때 이후로 남편은 무심한 것처럼 보였다. 조지의 아내 역시 남편이 지난 몇 달 간 직장에서 더 많은 책임을 떠맡았고 평소보다 더 피곤해했다고 진술했다.

그렉과 그의 아내는 다른 침대에서 잠을 잤으며 서로 접촉하거나 애정을 보이지 않으려고 지극히 조심했다. 언젠가부터 그렉의 발기 부전 증상이 심화되었다. 그렉의 아내는 남편을 딱하게 여긴 나머지 "이것으로 남편을 괴롭히지 않음으로써 가급적 남편을 편하게 해주려고 노력했다."

랄프는 아내를 원했다. 하지만 그들이 성교하는 도중에 그의 표현에

따르면, 그의 욕구가 '단전되었다.'

돈의 아내는 남편에게 지나친 요구를 했으며 자신을 만족시키지 못하는 남편을 종종 비난했다. 돈은 자신이 즐거움보다는 성취하는 데 집중하고 있는 것을 발견했다. 마침내 돈은 성교를 전혀 할 수 없었다.

해리는 몇 년 간 알코올 중독증 환자였다. 몇 번 발기가 되지 않는 것을 경험한 후 해리는 성관계를 갖기가 점점 더 두려워졌다.

조와 그의 아내는 항상 만족스러운 성관계를 누렸으나 두 사람은 조의 발기 유지력에 심상찮은 변화가 있음을 알아차렸다. 그들은 서로 의논한 후에 의사와 만나기로 약속했다.

로저는 침체에 빠졌고 성생활에 전혀 관심이 없었다. 로저의 아내는 남편의 침체 상태와 성생활에 대한 무관심 등 처음 닥친 일을 의사에게 털어놓을 수 없었다.

이들 남성은 발기 부전(impotence)이라고 알려진 심상찮은 상태 때문에 고통을 겪는다. 발기 부전이란 남편이 성교를 할 만큼 충분히 발기되지 않거나 발기를 유지하지 못하는 증상을 말한다. 신체적인 관점에서 보면, 발기한 음경은 축 늘어졌을 때보다 4-5배의 혈액을 함유한다. 남성이 (어떤 이유에서든) 발기 부전일 때, 많은 모세 혈관으로 이루어진 반사 신경 메커니즘은 음경을 단단하게 만들고 발기를 유지할 만큼 충분한 혈액을 공급하지 못하고, 또 음경이 이것을 지속적으로 함유하지 못한다. 어떤 남성은 자극을 느끼고 성관계를 갖고 싶어할지 모르나 음경이 발기가 되지 않는다. 발기 부전으로 고생하는 또 다른 남성은 아내와 성교하고 있는 도중에 그럴 수 있는데, 이 때 발기가 사라지고 그는 낭패감을 맛본다.

내 진료실에 찾아온 남성들 중에서 가장 상심한 그룹에 속하는 사람들이 바로 발기 부전증을 겪는 이들이다. 그러나 이런 남성들은 충분히 희망을 가질 수 있는데, 문제를 해결하려는 쪽으로 마음을 정하고 건설적인 조치를 취한 사람들은 대부분 성적인 능력을 되찾을 것이기 때문이다. 그들의 결혼 생활은 이후에 더 좋아질 수도 있다. 왜냐하면 발기 부전증을 해결하는 과정에는, 부부의 상호 이해를 강화하고 애정을 더욱 풍성하게 표현하기 위해 아내 편의 애정 어린 협력이 필요하기 때문이다.

발기나 사정을 한 번도 경험하지 못한 남성은 극소수다. 발기 부전에 대한 치료법을 찾는 상당수의 남성은 어려움을 겪기 전까지 역할을 꽤 잘했다. 발기 부전은 모든 연령, 모든 인종, 모든 사회적 수준, 모든 경제 집단에서 나타난다. 지나치게 단순화하는 위험을 무릅쓰고라도 내가 진술하고자 하는 바는, 발기 부전은 **대개** 남성의 사고 방식에서 기인한다는 것이다. 비록 **모든** 남자가 언젠가 발기를 상실하긴 하지만, 성에 대해 긍정적인 태도를 가진 남자는 이런 이상 상태로 인해 거의 고통을 겪지 않는다. 치료 전문가 헬렌 카플란(Helen Kaplan)은 남성 인구의 대략 절반이 일시적으로 발기를 상실했거나 아니면 성교 시에 발기할 수 없었던 경험이 있다고 주장한다.

많은 발기 부전 사례를 보면, 다소 보편적인 발기 상실의 경험이 실패/걱정/더 많은 실패/더 많은 걱정의 악순환을 만들어 급기야 유쾌한 성생활을 하기보다는 발기 부전 현상에 빠지게 한다. 이상 상태가 지속될 때 걱정은 낭패감으로 귀결되며, 두려움과 심리적인 고통이 강렬해질수록 남편은 아내에게 '관심을 두지 않음'으로써 더욱더 도피하려고 하게 된다. 이는 결국 자신의 삶에서 성을 말살하려고 애쓰는 것과 다름없다.

나는 이런 문제에 직면하고 있을지도 모르는 남편과 아내 두 사람에게 발기 부전에 관한 지식을 나눌 수 있는 기회가 있음을 각별히 감사한다. 이제 나는 당신의 은밀한 결혼 생활에 참여하여 잠시 이야기를 진행하려고 한다. 이런 이상 상태를 아직 한 번도 겪어 보지 않은 사람들은 주의 깊게 읽고 경계로 삼기를 권한다. 당면한 어려움에 현명하게 대처하면, 이후에 이런 일시적인 현상이 만성적인 상태로 고착되어 수년 간 근심할 가능성이 줄어들 것이다. 요지는 대부분의 경우 이런 일은 반드시 일어나는 현상이 아니라는 사실이다. 이따금씩 발기 부전을 겪는 것은 부부가 이것을 심각한 문제로 보지 않는 한 전혀 중요하지 않을 수도 있다. 물론 부부의 정상적인 성생활에 지장을 초래하는 발기 부전의 문제는 다루어야 한다.

　이런 이상 상태가 남성에게 왜 그토록 파괴적인가? 왜냐하면 이것은 가장 상처받기 쉬운 자존감을 절단해 버리기 때문이다. 역사적으로 성적 능력은 진정한 남자―남성적인 사나이―의 특징으로 간주되었다. 발기 부전은 남성성을 가장 두드러지게 대표하는 신체 기관과 관련된다. 발기 부전은 사랑하는 여인을 더 이상 만족시킬 수 없다는 생각으로 그의 자아를 위협한다. 문화적으로, 남성들은 **항상** 성교할 준비가 되어 있는 것으로, 말 그대로 늘 욕망이 폭발하기 직전에 있는 것으로 묘사되어 왔다. 그리하여 평범한 남자는 자신의 정열이 표준치 이하로 떨어진 것이 아닌가 의심하면서, 다시 세인의 기준으로 끌어올려야 한다고 느낄 수 있다. 게다가 오늘날 남편들은 성취에 대한 압박감을 더 많이 받고 있으며, 많은 여성이 자신의 필요에만 집중한 나머지 지금까지 그들이 놓쳤다고 생각하는 모든 것을 큰 소리로 요구하는 실정이다. 이렇게 되면 남성들은 성에 대한 정교하고 (때로는 유쾌하지 않은) 새로운 접근법을 담은 호화로운 책자들과 이 주제에 관한 다양한 잡지 기사를 대하면서, 세상이 자신의 침실 속으로 들어와 자신의 능력을 감독하고 있다는 인상을 받지 않을 수 없다. 그 결과 대부분의 남성은 자신이 부적절하다고 느끼게 되며, 최악의 경우 발기 부전을 경험하면서 좌절과 굴욕을 맛보게 된다.

　문제의 발기 부전이 나타날 때 남편이 범하는 제일 큰 실수는 '그것에 관해 생각하지 않으려고 노력하는' 것이다. 애정과 이해심이 있는 아내에게 자신의 두려움을 거침 없이 표현하는 남편들은 전문적인 도움을 구할 생각까지 하지 않고서도 어려움을 극복할 수 있을 것이다.

　그러나 이상 상태가 지속될 경우 남편은 의사를 만나서 문제가 무엇인지 명확하게 말해야 한다. 환자가 어떤 상태인지를 알 때 의사는 문제의 범위를 설정할 수 있을 것이다. 발기 부전의 의학적인 기준은 환자가 보고한 내용에 따르는데, 이는 환자의 시도 중 적어도 50-75퍼센트가 성공적인 성교를 할 만큼 발기가 안 되거나 발기를 유지하지 못하는 것이다(이따금씩 겪는 실패를 발기 부전으로 간주해서는 **안 된다**).

그런 다음 의사는 철저한 신체 검사를 할 것이며, 기관의 구조적인 원인이 있는지 알아보기 위하여 비뇨기관과 내분비 계통의 검사를 하게 될 것이다.

당뇨병 환자들의 40-60퍼센트가 당뇨 조절과 무관하게 결국 발기 부전이 되기 때문에 우선 당뇨병을 의심해 보아야 한다. 그러나 이런 사람들은 발기는 할 수 없을지 모르지만 거의 항상 정상적으로 사정할 수 있기 때문에 성관계를 계속 가질 수 있다. 물론 남편과 아내 두 사람은 서로를 위해 손으로 아주 만족스럽게 자극해 주는 법을 배워야 한다. 둘 다 오르가슴에 도달하기 위해 신체적인 친밀감과 솔직한 의사 소통법을 개발해야 할 것이다.

연구자들은 보통 여성 당뇨병 환자들은 욕구나 오르가슴이 줄어드는 것을 경험하지 않으며, 성행위 중에 질이 매끄럽게 되는 것에 변화가 없다고 보고한다.

발기 부전의 원인을 정확하게 지적하는 것은 어려울지 모르지만, 치료를 받고 있는 발기 부전 남성들의 약 75퍼센트가 발기 부전의 원인이 될 수 있는 구조적인 조건을 어느 정도 갖추고 있음이 밝혀졌다. 사실 발기 부전은 때때로 요긴한 진단 자료가 되는데, 왜냐하면 이것은 명백히 의학적인 치료를 요하는 구조적 이상의 첫 징후일 수도 있기 때문이다.

그러나 치료받은 남성들의 75퍼센트 이상이 억압, 수치심, 사회성의 결여, 정서 불안, 자신감의 상실, 죄책감, 분노와 적대감, 친밀함에 대한 두려움 등을 갖고 있어서, 경미하거나 중간 정도의 심리적인 문제들이 확실히 발기 부전과 연관되어 있음을 보여 주고 있다.

발기 부전의 몇 가지 원인

발기 부전의 원인을 단정하기 전에 의사가 반드시 고려해야 하는 요소가 많다. 여기에서 몇 가지를 소개하겠다.

알코올. 알코올이 가끔 약간의 성욕을 유발하기는 하지만, 대체로 이것은 성적 결합을 수행하거나 누릴 수 있는 능력의 상당 부분을 빼앗아 간다. 알코올은 항상 신경 조직을 억제하는 진정제 역할을 하기 때문에, 사람의 기능 조정력이나 언어 구사력을 억제하는 것만큼 성기능을 억제한다. 음주 조절력을 상실한 사람(알코올 중독자)은 정상적인 성적 능력이 거의 없다. 상습적인 알코올 중독자의 50퍼센트가 발기 부전증을 앓고 있다. 남성 알코올 중독자는 정상적인 성욕을 갖고는 있지만 자신이 성적으로 제 구실을 못하는 것을 심하게 불평하는 경향이 있다. 이 때문에 더욱더 알코올에서 도피구를 찾는 경향이 있다.

피로. 단순한 피로는 정상적인 남자의 경우에 가장 일반적인 성욕 감소의 원인이다. 피로로 인해 발기가 안 되는 경험이 쌓여서 발기 부전증으로 고착될 수도 있다. 대다수 남성은 정서적, 육체적으로 아주 피로한 상태에서 퇴근하게 되는데, 그렇기 때문에 만족스러운 성관계에 쏟을 만한 충분한 에너지를 가지고 있을 리가 없다. 남편이 휴식을 취하도록 느긋하게 기다려 주는 것과 중년에 이르러 정력이 줄어드는 것을 수용해 주는 것이 이런 어려움의 상당 부분을 극복하는 방편이다. 아내는 남편이 일찍 잠자리에 들 수 있도록 미리 준비하고, 남편의 휴식을 방해하는 활동을 중단시킴으로써 남편을 도울 수 있다.

비만. 연구자들은 비만 남성들에게 8주 간 엄격한 식이 요법을 실시한 결과, 남성 호르몬인 테스토스테론 수준이 상당히 올라갔으며 거의 대부분 정상적인 수치에 이르렀음을 발견했다. 이런 남성들이 체중을 줄이기 전에는 정상 체중의 남성들보다 두 배나 높은 여성 호르몬 수치를 나타내었다. 남성에게 과다한 에스트로겐이 분비되는 주요 이유는 지방 세포에 함유되어 있는 물질이 화학적인 변화를 일으키기 때문이다. 이 에스트로겐은 고환이 남성의 성기능에 필요한 테스토스테론을 생산하는 작용을 억압하는 듯하다. 호르몬 문제 외에 비만은 체력을 소모시키고, 육체적인 결합과 신체적인 접촉에 영향을 미치며, 때로 자아상을 왜곡하고 자신감을 떨어뜨린다.

흡연. 남성 흡연자들과 비흡연자들을 비교한 최근의 연구들은, 흡연자의 혈액에는 테스토스테론 수준이 두드러지게 낮았지만 7일 간 금연한 후에는 거의 정상 수준으로 올라갔음을 보여 주었다. 과다한 흡연은 다른 점에서는 건강한 남성들의 테스토스테론 수준을 감소시킨다는 사실이 시험 결과 밝혀졌다. 튤란 대학교 의대의 알톤 옥스너(Alton Ochsner) 박사는, "장기간의 임상 실험 후 제가 확신한 바에 의하면, 오늘날 특히 젊은이들의 발기 부전의 가장 흔한 원인 가운데 하나는 흡연입니다"라고 말했다. 또한 흡연은 폐암과 심장병의 주요 원인이며, 발작과 혈액 순환 장애를 초래하고, 음경 부위의 혈액 공급과 활력을 감소시킨다.

약물. 혈압 조절제와 같은 약물 그리고 특히 입을 마르게 하는 약물은 성적으로 활발한 남성에게 발기 부전을 초래할 수 있다. 의사에게 가면 문제가 되는 약물이 어떤 것들인지 확인할 수 있겠지만, 여기에 부분적인 목록을 적어 본다.

암페타민(중추 신경을 자극하는 각성제), 항우울제인 모노아민 옥시다스 억제물들(파르네이트, 마르플란, 나르딜), 아트로핀, 밴신, 마취제, 수면제의 일종인 바르비투르산염, 프로게스테론, 코티존, 프로판텔린 브로미드(프로-반틴), 에스트로겐, 과네티딘(에시밀), 3환계 항우울제를 포함한 향정신성 약물, 이미프라민(토프라닐, 프레자민, 자니민, 이마베이트, SK-프라민), 레세핀(혈압 강하제), 모든 형태의 진정 수면제, 신경 안정제, 메틸도파(알도메트).

오늘날과 같은 약물 남용의 사회에서는 비합법적인 마취제와 흥분제들이 주범임을 주목하라. 젊은 부부들이 삶의 한 영역에서 스릴을 추구하는 동안, 부부 사이의 긍정적이고도 성장하는 성생활을 통해 얻을 수 있는 실로 위대한 스릴을 스스로 박탈하고 있다는 점을 일러두고 싶다.

우울증. 우울증이 발기 부전을 초래했는지 아니면 발기 부전 상태가 우울증을 초래했는지를 판단하는 것은 중요하다. 임상적으로 우울증으로 진단을 받은 사람은 음식, 잠, 즐거움, 성과 삶 자체에 대한 흥미가 낮은 편이다. 이런 사람들은 지속적으로 다가오는 절망에 대응하여 생존하는 데 대부분의 에너지를 쏟는다. 정상적으로 즐겼던 것들에 대한 욕구가 없어지는 것은 이해할 만하다. 적절한 상담과 약물 치료를 하면 대개 긍정적인 결과가 나타난다.

가끔 사람은 인생에 일어나는 어떤 일로 인해 침체된다. 여기에는 친구의 죽음, 직업의 상실 또는 다른 예기치 않은 사건이 포함될 수 있다. 우울증이 성적 무능을 초래할지도 모르지만 이것은 일시적인 상태일 뿐이다. 심장마비나 발작과 같은 심각한 질병을 앓은 후 몇 달 동안, 질병이 초래한 우울증 때문에 가끔 성욕이 없을 수 있다.

다른 부정적인 감정들. 분노, 시기와 같은 부정적인 감정이 성교에 집중하는 것을 방해하고, 성적인 에너지를 고갈시켜서 발기 부전을 초래할 수 있다. 성경적인 원리를 실천하면 이런 문제가 상당 부분 해결될 것이다. 만일 결혼 관계에서 충돌이 일어날 때 이것들을 건설적으로 다룬다면 무언의 적개심이 성관계에까지 퍼지지는 않을 것이다. 부부가 잠자리에 들어서 자유롭게 성교를 할 수 있다면 이것은 은폐된 분노가 처리되었다는 확실한 표지다.

정력 감소에 대한 당혹감. 50세 이상의 남자는 자신의 성적 능력에 정상적인 변화가 찾아오는 것을 수용해야 한다. 만일 그가 20세 청년의 수행 능력을 고수하려고 애쓴다면 간혹 실패할 것이고 심각한 불안을 겪을 수 있다. 그러나 그가 그다지 중요하지 않은 생리적인 변화를 여유 있게 수용한다면 앞으로 수년 동안 성생활을 즐길 수 있다. 젊음의 활력을 '상실하는' 대신, 더욱 성숙한 즉 좀더 의미 있고 노숙한 방식으로 사랑을 표현하는 능력을 획득할 수 있다는 사실을 기억해야 한다.

스트레스. 남성이 삶 속에서 겪는 정신적인 압박감은 어떤 것이든 발기 부전으로 표출될 수 있다. 사실 **발기 부전**이라는 단어는 유약함, 연약함, 무기력, 무능 그리고 능력과 정력과 역량의 결핍을 암시한다. 스트레스로 인해 이런 느낌들이 엄습할 때 성기능이 공격받는 것은 지극히 당연할 것이다. 사람이 **의지**의 발동만으로 발기를 할 수는 없다는 사실을 기억하는 것이 유익할 것이다. 신경을 곤두세워 음경을 억지로 발기시키려는 남성은 그렇게 할 수 없을 것이다. 이런 경우에는 자신의 몸을 억지로 작동시키려고 하지 않으면서 긴장을 이완하고 즐거운 감각에 집중하는 것이 가장 좋고 유일한 해결법일 것이다.

성에 대한 죄의식. 남성이 성장기 때 성은 죄라고 하는 잘못된 신념을 접하면, 나중에 결혼한 후 죄책감, 심지어 아내를 만지는 것에 대한 두려움까지 생길 수 있다. 그럴 때 정상적인 성적 반응은 중단되고, 그의 사고와 의식의 감지 장치는 발기가 일어나는 것을 거부하며, 더 나아가 죄책감은 자극 기제를 억압한다. 물론 그는 잠잘 때 사정을 할 것이며 아침에는 아주 건강한 남성처럼 발기를 할 것이다. 그의 발기 부전은 심인성(心因性)이라고 할 수 있다. 이런 문제는 경건한 그리스도인 전문가의 도움과 하나님의 말씀에 대한 올바른 이해를 통해 해결될 수 있다.

빈약한 학습 경험. 남성들은 결혼 초기에 이따금씩 서투른 솜씨로 아내를 만지고 음경을 삽입하려다가 그 과정에서 발기력을 상실한다. 이것이 신경을 과민하게 만들어 발기 부전을 초래하게 된다. 남성은 자신이 어리석다는 생각이 들고 자존심이 손상된다. 이것말고도 음경이 들어갈 입구를 찾기 위해 머뭇거리면서 자신의 감각에 대한 집중력을 상실하기도 한다. 바로 이런 까닭에 발기 부전의 문제가 없는 경우라도, 아내가 음경의 삽입을 늘 도와주어야 할 필요가 있다. 아내는 음경이 어디로 들어가야 하는지를 가장 잘 아는 사람이다.

근본적인 문제

발기 부전의 원인이 되는 요소들을 넘어서서 근본적인 문제가 존재한다. 즉 남편이 발기를 이루고 유지하는 자신의 능력이나 무능함에 너무 심하게 몰두하는 문제다. 그는 실패에 대한 두려움 때문에 압박을 느낀다. 그는 성교 도중 자의식 때문에 모든 기쁨과 육체적인 즐거움을 파괴하고 포기할 정도가 될 때까지, 방관자처럼 자신의 신체적인 반응에만 신경을 쓴다. 그는 성적인 반사 신경들에 명령을 내리려고 애쓰지만 그것들은 욕구와 자극에만 반응하기 때문에 아무런 성과도 없다. 그는 마치 '어떤 것도 제대로 할 수 없는' 사람처럼 된다. 그런 사람은 "오늘 나는 너무 서툴었다"고 불평하면서 그 때부터 자신의 성공이 아니라 실패에 주의를 기울인다. 그러므로 불안한 남편은 서투른 솜씨로 만지고, 자신의 서투른 모습에 집중해서 자신이 아무것도 아님을 인식하고야 만다. 이런 자의식은 항상 자멸적이다. 그것은 불만족스러운 사태를 초래하며 성교 과정에서는 더더욱 그럴 수밖에 없다. 이것은 실패에 대한 두려움, 즉 무대 뒤에 숨어 있던 진짜 괴한에게 문을 열어 주는 격인데, 이 때문에 어떤 치료법이든 반드시 이 두려움을 다루지 않으면 안 된다.

남편의 발기 부전이 진행되는 동안 아내에게 어떤 일이 일어나는가? 아내는 다음 세 가지 태도 중 하나를 취하는 경향이 있다. (1) 거절받는 느낌을 갖게 되고 모든 책임을 자신이 지려고 한다. (2) 거절받는 느낌을 갖게 되고 적대적으로 반응한다. (3) 이해하려고 노력한다. 그리고 누군가가 자신에게 방법을 가르쳐 준다면, 가능한 한 가장 성숙하고 애정 어린 방식으로 남편을 돕고자 한다.

나는 아내야말로 남편을 치료할 수 있는 열쇠를 쥐고 있는 사람이라는 사실을 정말 강조하고 싶다. 남편의 성적인 활력을 회복시키기 위해 애쓰는 사랑하는 아내의 협력은 결코 과소 평가되어서는 안 된다. 남편과 협력할 준비가 된―자신의 자아보다 남편에게 더 큰 관심을 가지고 한결같이 보살피려는―아내를 볼 때, 나는 남편이 치료되리라는 강한 확신을 갖게 된다.

자신을 용납하기 힘든 아내는, 실제로는 전혀 그런 문제가 아닌데 남편의 발기 부전을 자기에 대한 인격적인 거부로 간주한다. 이런 아내는 이 문제가 자신에 대한 남편의 무관심을 반영하는 것이 결코 아닌데도, 이것을 여자로서 자신이 무능하다는 증거로 받아들일 수 있다. 사실 남자들은 전혀 관계가 없는 여성과는 성교를 잘할 수 있는 반면에, 사랑하는 여인 앞에서는 실패를 두려워하는 경향이 있다. 누군가가 적절하게 지적했듯이 **사랑**과 **발기**는 동의어가 아니다. 좌절한 남편은 상당한 욕구를 지니고 있으면서도 발기가 안 될지 모른다. 그러므로 나는 아내들에게 자신과 남편과 상황에 대해 합리적으로 생각하라고 권한다. 부부가 치료를 위해 협력하는 동안 아내가 스스로를 탓하지 않고 남편의 상황에 참여하고자 하면, 아내는 일종의 정서적인 성숙을 향해 의미 심장한 발걸음을 내딛게 되고, 이전보다 더 매력적인 사람이 되어 갈 것이다.

나는 남편이 자신을 성적으로 만족시켜 주지 못하는 것에 대해 불평을 많이 하는 아내들 중에는, 문제를 해결하기 위해 협력해야 할 때에는 비협조적인 이들이 많다는 사실을 알게 되었다. 적개심을 품고 있는 아내에게 분명히 강조하고자 하는 사실은, 자신과 자신도 모르는 사이에 상처를 입히고 있는 남편은 하나님 보시기에 여전히 한 몸이기 때문에 결국 스스로를 파멸시키고 있을 뿐이라는 점이다. 아내는 남편을 도울 때 그것은 스스로를 아주 잘 돌보는 것이며, 주는 법을 배우면서 자신이 마음속으로 갈망하는 사랑이 샘솟는 것을 발견하게 될 것이다.

성숙하고 안정되고 예민하고 남편의 필요를 잘 이해하는 아내에게 내가 말하고 싶은 바는, 그런 여인은 기적을 행할 수 있고 또 기적을 행할 것이라는 점이다! 성교가 없을지라도, 그 과정에서 상당한 상호 만족이 있을 수 있다.

두 사람은 그들의 문제—**부부** 문제—를 해결할 수 있다고 시인하는 것으로 시작해야 한다. 해결책을 찾는 동안 그들은 상대방 안에 생기는 무력감을 서로 제거해 줄 수 있을 것이다. 이것이야말로 얼마나 큰 선물인가!

해결책에는 세 가지 지침이 있는데 이것을 기억하기 쉬운 용어로 부른다면, **말하기**, **만지기** 그리고 **느긋하게 자극하기**다.

말하기란 무관심과 좌절의 기간 동안 엉망이 된 의사 소통의 노선을 다시 확립하는 것을 말한다. 아내는 남편으로 하여금 두려움을 말로 표현하도록 격려해야 한다. 무언의 모의는 이제 중단하고 남편은 자신이 느끼는 바를 표현할 수 있어야 한다. 각자가 상대방의 감정에 마음을 열

때 이해의 분위기와 자연스러운 일체감이 증대한다.

만지기란 좌절의 기간을 보낸 후 각자가 등을 돌리고 누웠을 때 중단되었을지 모르는 신체적인 의사 소통을 언급한다. 부부는 애정과 포옹과 애무와 살을 맞대고 자는 것의 즐거움과 만족을 다시 누리기 시작해야 한다.

느긋하게 자극하기란 남편이 발기를 할 수 없을지라도(또는 할 수 없다고 생각할지라도) 개발하기 시작할 수 있는 일종의 성관계를 시사한다. 부부는 성교를 요구하지 않고 서로를 기쁘게 하는 데 시간을 함께 보내기로 동의해야 한다. 남편은 새로운 의사 소통법을 사용하여 무엇이 그를 만족케 하는지를 아내에게 정확하게 말해야 한다. 아내의 몸은 남편이 이용할 수 있으며 남편의 몸은 아내가 이용할 수 있다. 더 이상 어떤 것을 기대하지 않고 성 유희를 통해 서로 애무하는 것을 즐기도록 하라. 아내는 자극과 관련하여 남편에게 아무것도 요구해서는 안 되는데, 어떤 치료 전문가들은 먼저 부부가 며칠 동안 성교와 오르가즘을 금하는 것에 동의하라고 제안한다. 남편이 자신의 몸이 적절한 반응을 수용하는 법을 배우는 동안, 두 사람은 부드럽고 친밀한 분위기에서 함께 긴장을 풀어야 한다. 성교를 하지 않고 느긋하게 성욕을 자극하는 이런 환경에서 음경의 발기력은 증가했다 감소했다 할 것이다. 일단 발기가 되면 남편은 이것이 사라진다 해도 다시 할 수 있다는 자신감을 얻게 될 것이다. 남편과 아내는 사랑의 협력을 통해 발기력을 되찾을 수 있다는 확신을 얻게 된다. 발기가 되었다 사라졌다 하는 것을 관찰하는 것은 두 사람의 훈련 과정에서 중요한 요소다.

적당한 시간이 되었을 때 남편은 음핵의 자극을 통해 아내를 만족시키는 것에서 기쁨을 발견할 것이다. 남편이 성교할 준비가 되었다고 느낄 때 아내는 음경을 삽입할 준비를 갖추어야 한다. 이것이 부분적인 발기라 할지라도 아내는 음경을 질 속에 '밀어 넣을' 수 있고, 그 후에 수반되는 자극이 종종 발기를 증대하고 유지시킨다. 발기 부전으로 어려움을 겪는 남성에게는 보통 남성 상위 체위가 가장 만족스럽고 자극적인 자세라고 알려져 있다.

성교 과정은 결코 서둘러서는 안 된다. 성적 능력을 완전히 되찾으려면 충분한 시간이 필요하고, 성행위는 아주 즐겁고 느긋하고 감각적인 방식으로 수행되어야 한다. 또한 은밀함이 보장되어야 한다. 아내는 가장 매력적인 잠옷(잠옷이 아닐 수도 있다)을 입어야 하며, 남편은 이전에 아내를 부를 때 쓰던 사랑스러운 이름을 사용해야 한다. 어떤 이름은 전혀 자극을 주지 않을 수 있다(당신은 남편이 자신의 아내를 누구 **엄마**라고 부르는 것을 들어 본 적이 있는가? 만일 남편이 아내를 이렇게 부른다면, 아주 드문 일이지만 그는 잠재 의식적으로 아내를 어머니로 상상할 것이며, 그 결과 성적인 흥미를 상실하게 될 것이다).

일단 성욕을 자극하는 부드러운 애무와 접촉이 형세를 반전시키고 나면, 더 큰 성공이 일어난다는 사실을 기억하라. 그러나 남편은 특히 스트레스로 가득 찬 상황에 있게 될 때면 발기 부전에 대한 두려움이 언제든지 다시 찾아올 수 있음을 인식해야 한다. 그는 처음에 했던 대로 아내와 대면하여 자신의 두려움을 나누고, 아내의 몸에서 편안함과 만족을 찾고, 정신적 긴장을 풀고, 자신에게 어떤 성취 능력도 **요구**하지 않음으로써 치료할 수 있다.

아내는 남편이 열등하게 느끼지 않도록, 즉 결코 남편을 정신적으로 압박하지 않도록 그리고 남편의 성적인 능력을 평가하지 않도록 주의해야 한다. 아내는 적극적으로 반응하고 매력적으로 보이되 너무 강하게 접근해서는 안 된다. 그들은 협력을 통해 성관계를 최대한 선용할 수 있을 것이며, 어려움이 나타나기 전에 누렸던 것보다 훨씬 더 큰 만족을 얻을 수 있을 것이다.

다른 치료법들

발기 부전의 의학적인 치료법으로는 대개 다음과 같은 것이 있다. 환자의 병력 조사, 신체 검사, 적절한 약물 치료 등. 충분한 병력 조사와 신체 검사는 발기 부전의 원인 파악에 커다란 도움을 준다. 이상 조건을 발견해야만 약물 치료나 약물의 변경을 적절하게 시행할 수 있다. 환자가 계속하여 구조적, 신체적 발기 부전을 겪는데도 뚜렷한 원인이 발견되지 않는 때가 가끔 있다. 그런 경우에는 다음과 같은 치료법 중에서 한 가지 이상을 시도할 수 있다.

발기 부전에 대한 일차적인 치료법은, 음경 내 혈액의 흐름을 증진하기 위해 요힘빈(Yohimbine)과 같은 가벼운 혈관 확장 신경제를 사용하는 것이다. 그러나 이 약이 특별히 음경의 혈관 확장을 위해 제조된 것이 아니라는 사실과, 부작용으로 침 마름, 현기증과 위장 장애가 있을 수 있음을 기억해 두어야 한다. 이 약물 치료는 약 30퍼센트의 반응률을 보이고 있다.

요힘빈을 견딜 수 없거나 또는 그것에 반응하지 못할 수도 있는 사람들은 진공 방식을 고려해 봐야 한다. 10개 정도의 다양한 진공 방식 제조회사가 있다. 모든 진공 방식은 기본적으로 같은 방식으로 작동한다. 그것들은 음경 주변에 소극적인 압박을 가해서 음경이 아주 팽창할 때까지 거기에 피를 끌어들이는 것이다. 이 시점에서 음경의 아래 부분에 고무 밴드를 감아 놓고 음경 속에 피를 가두고 나서 30분 정도 발기를 지속시킨다. 그런 다음 고무 밴드를 제거한다. 혈액의 응고를 방해하는 물질을 지니고 있거나, 생식기 부위에 국부적인 피부병이 있어서 이런 흡입 장치의 사용으로 악화될 소지가 있는 환자들은 진공 방법을 사용해서는 안 된다.

점차 평판이 좋아지고 있는 또 다른 치료법은 음경 주사다. 이는 파파베린, 펜톨라민(Regitine), 프로스타글란딘(Caverject) 같은 약물을 투여하는 것이다. 이 약품들 가운데 프로스타글란딘만 발기 부전 치료제로 미 식품의약품국(FDA)의 승인을 받았다. 각자가 음경의 줄기 안에 있는 근육 사이에 알맞은 양의 약물을 주사하는 법을 익혀야 하는데, 약물을 투여하면 매우 신속하게 평균 30-90분 간 발기가 지속된다. 70-75퍼센트의 남성의 경우 이 약품은 안전하고 믿을 만한 것임이 입증되었다. 음경 주사의 금기 조건은 혈액의 응고를 막는 치료를 받고 있는 중이거나 음경에 페이로니씨 병과 같은 상처 조직이 남아 있을 때다. 또 장기간의 약물 주사는 조직에 상처를 내서 음경이 불규칙하게 뒤틀릴 수 있다. 만일 이 증상이 나타나면 음경 주사 치료를 즉각 중단하는 것이 현명하다.

현재까지 가장 발달한 치료법은 음경 이식이다. 기본적으로 세 가지 형태의 음경 대체물이 있다. 그것은 한 쌍의 유연한 금속 막대나, 한 쌍의 공기 자급식 인공 보철 실린더 그리고 세 부분으로 나누어진 부풀릴 수 있는 인공 보철물이다. 이런 인공 보철 장치들은 외과 수술로 이식한다. 두 가지 흔한 문제는 감염과 기계 장치가 실패하는 경우다. 실패율은 둘 다 5퍼센트 이하다. 감염이 생기면 장치를 제거해야 하며 나중에 제2의 장치를 이식할 수 있다. 감염은 당뇨병 환자의 경우에 좀더 흔하다. 장치가 실패하면 재수술 때 결함을 교정하고(하거나) 보철물의 일부나 전부를 수선해야 한다. 그럼에도 불구하고 음경 이식을 통한 만족도는 남녀 공히 90-95퍼센트에 달한다.

음경 혈관 이식은 대다수 남성의 경우 만족스러운 효능을 발휘하지 못했다. 이 방법은 자각할 수 있을 정도의 국부적인 동맥 장애가 있는 사람들이나, 두드러질 정도의 정맥 이상으로 고생하고 있는 사람들에게 사용되어 왔다. 이 수술은 아랫배에 위치한 하위 상복부 동맥과 같은, 인접한 혈관을 음경에 이식하는 것이다. 이 방법은 근본적으로 혈액 순환의 새로운 통로를 설치하는 셈이 된다. 정맥 이상의 경우에는 음경의 혈액을 다 빠져나가게 만들 만큼 크게 팽창한 정맥을 잡아매거나 결찰한다.

일반 치료 전문가들은 50-75퍼센트의 발기 부전 치료율을 보고한다. 인용할 만한 정확한 통계가 있는 것은 아니지만, 나는 발기 부전의 주범인 실패의 **두려움**에 대항할 만한 여분의 자원을 소유하고 활용할 수 있는 그리스도인 남편들의 경우 훨씬 더 높은 치료율을 목격했다. 하나님은 우리에게 두려워하는 마음보다 훨씬 더 큰 자원을 주셨으며, 이것을 알고 신뢰하는 그리스도인 남편들은 마음의 안정과 여유를 얻어서 거의 모든 발기 부전의 문제를 효과적으로 해결할 수 있을 것이다. 성경은 "하나님이 우리에게 주신 것은 두려워하는 마음이 아니요 오직 능력과 사랑과 근신하는 마음"(딤후 1:7)이라고 말한다.

　우리 자신의 무력함을 인식하게 되는 제반 상황은 도리어 우리에게 약속하신 그리스도의 능력을 깨닫는 기회가 될 수 있다. 그분을 의지할 때, 너무 크거나 반대로 너무 사소하여 하나님이 감당하시지 못할 문제가 없음을 발견할 것이다!

9
성적 친밀감의 잠재력

우리 창조주는 한 몸 관계를 고안하시면서, 성적 친밀감이라는 잠재력을 그 안에 설정하셔서 결혼을 거의 상상할 수 없을 정도로 풍성하게 만드셨다. 이 가능성이 언제나 제대로 이해되어 왔던 것은 아니지만, 오늘날 치료 전문가들과 연구자들은 **진정한** 성적 친밀감이 결혼 관계를 치유하고, 갱신하고, 충전하고, 회복하고, 유지하는 놀라운 힘을 가지고 있음을 깨닫고 있다.

그러나 **모든** 성적인 접촉이 친밀감의 표현은 아니지 않는가 하고 질문할지도 모른다. 성행위보다 더 친밀한 것도 있지 않을까? 고대 로마의 우울한 속담 하나가 이 질문에 대한 해답을 암시해 준다. "모든 피조물은 성교가 끝난 뒤 비참하다"(*Post coitum omnis animal triste*). 다시 말해서 광대한 우주 속에서 친밀해지려는 작은 시도가 이루어졌다. 두 사람은 일시적인 육체적인 결합을 통해 외로움을 치유해 보려고 애썼다. 그러나 그 시도가 끝난 뒤 불과 얼마 안 되어 사람은 다시 혼자가 된다. 즉 흥적인 성관계로 고독과 불안을 은폐하려고 애쓰는 남녀들에게 슬픔과 고통스러운 공허감이 남는 것은 논리적인 귀결이다. 그런 성교로는 서로에게 헌신한 부부간에만 가능한, 진정하고 지속적인 친밀감을 얻을 수가 없다.

결혼 관계 **내에서**조차 비인격적인 성행위가 너무나 흔하게 행해진다. 그렇게 되면 배우자와의 깊고 흥허물없는 친밀함에 대한 갈망이 채워지지 않고 불만족스러운 상태가 지속되어서, 고독감은 더욱 심해진다. 사실 모든 성교는 이런 깊고 흥허물없는 친밀함 속에서 해야 하며, 그 안에서 두 사람은 이미 존재하던 친밀함을 다시 확인하고 더욱 새롭게 할 수 있다.

진정한 성적 친밀감은 정서적, 정신적, 영적으로뿐 아니라, 육체적으로도 두 배우자를 강력하게 묶어 준다. 그러므로 친밀함은 성교 때만 생겨나지 않는다. 하나님은 부부 관계를 한 몸 관계로 고안하셨기 때문에 부부가 성관계를 갖든, 대화를 하든, 포옹을 하고 잠이 들든, 특별한 모임에 참석하기 위해 함께 옷을 차려입든, 정원에서 나란히 일하든, 함께 기도하든 간에 부부간의 진정한 친밀감은 항상 성적인 차원을 포함한다. 이것이 전부 **애정 행위**다.

부드러움의 표현, 사랑의 몸짓, 애정 어린 신체적 접촉, 생각의 공유, 감정의 교환, 상호 지지와 신뢰, 상대방의 몸을 자기 몸처럼 존중하는 것, 웃음의 공유, 아무도 끼여들 수 없는 본질적이고 영구적인 친밀감, 이 모든 것이 합쳐져서 아주 만족스러운 형태의 성적 상호 작용이 연속적으로 일어나게 된다. 이것이 진정한 성적 친밀감을 나누는 부부 생활 패턴이다.

이 친밀감은 지금껏 두 사람이 배양하고 개발한 소속감에서 나오는 것이다. 필자는 「사랑하는 아내와 남편」에서, 결혼한 지 25년이 넘은 한 부부가 그들의 결혼에서 소속감을 가지기 시작했을 때 그들의 관계가 어떻게 깊어질 수 있었는지 관해 우리에게 이야기한 바를 인용한 적이 있다. 그 내용은 다음과 같다.

화창한 6월 어느 날 결혼식장으로 향하면서, 우리는 우리에게 필요한 모든 것을 소유했다고 생각했다. 우리의 우정은 따뜻했고, 우리 사이의 낭만적인 감정은 더욱 열렬해져 갔다. 그리고 정열의 불길은 오직 상대방을 기다리고 있었다! 결혼 생활이 안정된 후에도 교제와 성적인 욕구와 낭만적인 감동은 여전히 지속되었다. 그러나 그것은 우리가 기대했던 것보다는 약간 불완전했다. 왜냐하면 우리는 불안전한 사람들이었기 때문이었다. 핑크빛 로맨스는 이 부분에 대해서는 우리를 준비시켜 주지 못했다! 그 당시 우리는 그리스도인이 아니었기 때문에 '아가페' 사랑이 서로를 강하게 결합시킬 수 있다는 사실을 알지 못했다. 다행히도, 결혼의 황홀감이 거의 밑바닥으로 가라앉으려 하던 불안정한 세월을 헤쳐 나오는 동안 그 어떤 것이 우리를 이끌어 주었다. 우리 사이에 발전되었던 그것을 소속감이라 불러도 좋을 것이다. 처음부터 우리는 이 세상에 대항하여, 둘이지만 하나의 인격을 이루는 우리가 언제나 같은 편이 되기로 결심했다. 그래서 무슨 일이 일어나든지, 사생활에서 아무리 충돌해도 우리는 서로에게 충실했다. 우리는 마당에서 뛰노는 오누이 같았다. 우리는 서로 다툴 때도 있었지만, 다른 사람이 간섭하는 경우에는 힘을 합해 그 사람과 대결했다! 우리 중 한 사람이 마음이 상할 때엔 다른 한 사람이 눈물을 닦아 주었다. 결혼 연륜이 쌓이면서 서로를 신뢰하는 습관이 생겼다. 우리는 성급한 두 젊은이에게서 기대할 수 있었던 것 이상의 친절을 서로에게 베풀 수 있게 되었다. 실로 얼마 되지 않아서 우리는 우리 관계에서 무언가 굉장한 것을 발견했다. 즉 우리가 서로에게 속해 있음을 깨달았다. 우리는 서로를 최우선으로 생각해 왔으며 언제나 그럴 것이다. 우리는 서로에게 속했기 때문에 우리가 스스로 망치기 전에는, 외부의 어느 누구도 우리의 사랑과 친밀감을 망칠 수 없었다. 그러나 우리는 그렇게 망칠 마음이 전혀 없었다! 그것은 잃어버리기에는 너무 소중한 것이다. 많은 사람이 소속감을 찾기 위해 전 생애를 허비하는 것처럼 보인다. 그들은 그것을 발견할 수 있는 최상의 장소가 결혼 관계라는 사실을 모르는 것 같다.

친밀감은 소속감이 주는 이러한 안정에 기초한다. 그렇지만 이것은 감각적이고 만족스러우며 다정함을 특징으로 하는 지속적인 성관계에 의해 그리고 두 배우자가 서로 사랑하고 사랑받고 있다는 느낌에 의해 배양되어야 한다. 성을 이런 식으로 경험할 때, 일단의 정서적인 유익이 생긴다. 즉 상처를 치유하며, 유쾌하고 긍정적인 인생관을 갖게 되고, 안정과 평화를 얻을 수 있다.

이런 종류의 친밀감이 지속될 때 부부는 정서적으로 아주 가까워져서 상대방에게 민감하게 반응하고, 상대방의 행복에 항상 관심을 두며, 그의 필요에 세심한 주의를 기울이게 된다.

배우자들은 서로에게 화를 낼 수 있다. 이런 일은 가끔 일어난다. 그러나 친밀한 상태가 깨어지는 것을 견딜 수 없기 때문에 상황은 오히려 빨리 해결된다. 그 후에 성교는 즐거운 재결합의 수단이 된다.

부부는 진정한 성적 친밀감의 개발을 통해 인생의 각 시기를 안전하게 통과하게 된다. 성적 친밀감은 위험한 바다인 결혼 생활의 초기 몇 년을 무사히 통과하게 해준다. 그리고 외부의 유혹이 제일 강하다고 하는 결혼 7년째를 무사히 통과하게 된다. 이어서 자녀들이 집을 떠나고 다시 두 사람만의 관계에 집중하게 되는 중년기와, 외부의 압박과 문제가 심각하게 불거지는 역경의 시기를 무사히 통과할 수 있다. 그리고 성적 친밀감은 육체의 질병이나 장애로 인해 부부의 성생활을 새로운 상황에 맞추어 재적응해야 하는 시기도 거뜬히 통과할 수 있도록 해준다. 마지막으로 성적 친밀감은 노년기에도 계속해서 풍요롭고도 만족스러우며 고무적인 관계를 유지하도록 해준다.

그러나 동전은 양면을 갖고 있다. 성적 친밀감은 건설적이며 통합하는 힘으로서 아주 **중요하기** 때문에, 기대에 어긋나거나 그것이 전혀 없을 경우에는 도리어 결혼을 붕괴시킬 수 있는 막대한 잠재력을 지니고 있다.

긍정적인 성적 친밀감의 실패를 예고하는 조짐이 있다. 즉 결혼 생활의 권태, 성교에 대한 무관심, '신혼기가 끝난' 데서 오는 좌절감, 어느 한쪽 또는 양쪽이 이런 친밀감을 다른 곳에서 찾으려는 유혹 등이다.

모든 결혼 관계에서 성적 친밀감의 개발을 방해할 수 있는 몇 가지 요소를 여기에 소개한다.

친밀감의 장애물들

비판하는 습관

많은 부부가 상대방의 외모나 행동을 향상시키려는 욕심으로 서로를 허물없이 비판할 뿐만 아니라, 일상적인 대화에서도 무의식적으로 비판 또는 잔소리를 하는 습관에 빠진다. 이렇게 되면 친밀감을 꽃피울 수 있는 환경이 파괴된다.

자기 자신에게 **귀를 기울여 보라**. 만일 비판하는 습관이 있다면 배우자가 변화의 필요를 제시하기 전에 당신 자신이 변화를 시도할 수 있다. 아무리 심하게 보복하고 싶을지라도 당신 편에서는 절대 비판을 삼가라. 대신 그런 비판적인 말을 긍정적인 칭찬과 격려의 말로 대체하라. 그렇게 하면 두 사람 관계의 방향이 확연히 바뀔 것이다. 그리고 마주앉아 솔직한 분위기에서 대화할 수 없었던 것이 두 사람의 정서를 얼마나 메마르게 했는지를 분명하게 깨닫기 시작할 것이다.

밀봉된 분노와 원한

분노와 적개심은, 아무리 덮어서 감추고 억압하려 할지라도 모든 종류의 친밀감을 자라지 못하게 하고 말라 죽일 것이다. 결혼 생활의 권태는 한 번도 솔직하게 표현하지 않은 분노와 원한을 감추는 가면일 수 있다. 이것은 문제가 생겼을 때 부부가 그것을 해결하지 못해서 발생한다. 때때로 그들은 긴장 상태를 야기한 원인을 처리하려 하기보다 부자연스러운 고상함을 선택할 것이다. 때로 그들은 한 번도 충돌하지 않은 체하면서 평온한 태도를 유지한다. 하지만 좋지 않은 감정은 여전히 존재한다. 문젯거리 역시 언젠가 그들을 괴롭힐 기회를 엿보고 있을 것이다.

논쟁은, 그 당시에는 싫어도 냉담한 침묵보다 낫다. 왜냐하면 논쟁은 적어도 상대방에게 손을 내미는 것이기 때문이다. 논쟁하는 두 사람의 잠재적인 욕구는, 상대방에게 자신의 처지를 이해해 주고 수용해 달라는 것이다. 논쟁은 가끔 부부간에 새로운 이해심을 촉발한다.

격렬한 '싸움'은 의견과 감정의 억압보다 훨씬 낫다고 할 수 있는데, 억압은 분노를 초래해서 결국 무관심에 이르게 하기 때문이다. 무관심이야말로 사랑의 진짜 대적이다. 싸움을 하고 있을 때 부부는 적어도 서로에게 관심을 갖고 있다!

건설적인 대화를 위해 두 가지 기본 규칙을 준수해야 한다. (1) 문제를 해결하고 서로 이해할 수 있을 때까지 이야기를 계속할 것. (2) 어느 쪽이든 과거의 실패를 다시 거론하지 말고 당면한 갈등 사항만 논의할 것.

의사 소통의 실패

언어적, 비언어적인 의사 소통이 없는 친밀감은 정말 존재할 수 없다. 결혼한 사람들 중에는 두 사람의 관계를 가급적 피상적인 상태로 유지하려는 이들이 있는데, 이는 친밀해지는 것을 두려워하고, 친밀감의 발전을 두려워하기 때문이다.

그러나 대다수의 사람은 정말 의지만 있다면 훈련을 통해 의사 소통하는 법을 배울 수 있다. 의사 소통에는 기꺼이 상처받으려는 자세와 경청하는 사랑이 필요하다. 느끼는 바를 말로 표현하고 그런 표현을 배우자의 이해심에 내맡기기 위해서는 상처받을 각오를 해야 하며, 경청하는 사랑의 뒷받침이 있어야 한다.

배우자나 자신에 대한 신뢰의 결핍

상호 신뢰는 친밀감의 본질적인 요소다. 이런 신뢰를 확립하려면 시간과 관심이 필요하다. 그러나 자신에 대해 좋지 않은 감정을 가지고 있을 때는 문제가 복잡해진다. 친밀감은 상호적이기 때문에, 이런 감정은 친밀감에 대한 두려움을 야기할 수 있다. 친밀해진다는 것은 **주고받는 것**인데, 이 말은 사람은 무언가 줄 것을 가지고 있어야만 한다는 뜻을 깔고 있다. 자아상이 빈약한 사람은 자신에게 줄 것이 아무것도 없다고 느낄 것이며, 가족과 친구들을 멀리함으로써 이런 '사실'을 숨기려고 애쓸지 모른다. 사람들은 가끔 정서적으로 깊이 연루되는 것을 꺼리는데, 이는 친밀한 관계로 인해 상처를 입은 적이 있기 때문이다. 이런 일은 아이 적에, 즉 문제를 이해하고 해결하기에는 너무 어릴 때 주로 발생한다. 그러나 고통스런 기억의 패턴을 정서적인 친밀감 안에서 누릴 수 있는 즐거움의 패턴으로 완전히 새롭게 대체한다면, 이런 경험에서 생겨난 좀처럼 사라지지 않을 것 같던 아픔도 치유될 수 있다. 그렇게 하려면 어느 한쪽에서 먼저 시간을 들이고 인내심을 발휘해서 상대방의 신임을 얻으려고 노력해야 한다. 두 사람이 친밀한 관계를 회복하려고 한다면 얼마든지 그리할 수 있을 것이며 또 해야만 한다.

자신의 신체적 외모에 대한 걱정

자신의 신체에 대한 부정적인 인식과 성적 친밀감의 억압 사이에는 직접적인 상관 관계가 있다. 자기 몸을 부끄러워하고 그것을 감추려고 하면, 자유로운 성적 상호 작용과 심지어 잠자리를 공유하는 친밀감도 향유할 수 없다. 성욕을 자극하는 즐거운 생각보다는 자신의 신체적 결함에 집중하면 몸의 자연스러운 성적 반응이 억제된다. 많은 사람이 자신의 신체 가운데 어떤 면은 별로 사랑스럽지 않다고 느끼고 있으며, 배우자도 동일하게 생각하고 있다고 확신한다. 이것은 놀라운 일이지만 사실이다. 이 경우에 배우자가 할 수 있는 유일한 일은 상대방의 모든 신체 부분에 대한 인식을 말로 표현하는 것인데, 깎아 내리는 식이 아니라 언제나 칭찬하는 말로 전달해야 한다.

자신의 외모에 대해 걱정을 하는 개인은 이것을 영적인 문제로 생각해야 한다. 물론 실제적으로 개선할 수 있다면 당연히 개선책을 사용해야 한다. 그러나 그 사람은 두 가지 성경적인 원리를 묵상할 필요가 있다.

(1) 하나님이 내게 이런 특성을 주셨다. "내가 주께 감사하옴은 나를 지으심이 신묘막측하심이라. 주의 행사가 기이함을 내 영혼이 잘 아나이다"(시 139:14). 그러므로 우리는 자기 몸을 가급적 가장 잘 돌보아야 하며, 하나님이 우리에게 주신 것과 그분이 나를 지으신 방식에 대해 긍정적인 감정을 개발해야 한다. (2) 주님은 한 몸 관계의 중요한 요소로 남편과 아내가 상대방 앞에서 '벗었으나 부끄러워 아니하도록' 계획하셨다(참고. 창 2:24-25). 그러므로 배우자에게 제 몸을 드러내지 않으려 한다면 이는 비성경적이다.

성행위 중 '방관자가 됨'

'방관증'(spectatoring)이라는 전문 용어는, 자신이 성적으로 훌륭하게 해 내지 못할까봐 걱정하여 성행위 중 자신의 행동을 관찰하는 것을 말한다.

이런 증세는 사려 깊은 배우자가 상대방으로 하여금 감각적인 느낌과 부담없는 신체적 애무의 즐거움에 집중하도록 도와줌으로써 치료할 수 있다.

친밀감은 상호적인 경험이기 때문에 자아에 몰두해 있으면 친밀감에서 나오는 기쁨을 공감하기 힘들다. 배우자를 기쁘게 하는 데 관심을 기울이고, 또 배우자가 자신을 즐겁게 해주는 대로 느낄 때에야, 친밀감이 확립되고 불안한 자의식이 사라질 것이다.

성의 진가를 깎아 내림

결혼 내의 성관계는 가장 심오하면서도 가치 있고 신비스러운 경험 중의 하나다. 그러나 이상하게도 어떤 사람들은 성을 빨리 성장하여 벗어나야 할 미성숙한 것으로 생각한다. 양쪽 배우자가 성의 가치를 의식적으로 깎아 내리고 관심을 다른 곳으로 돌리는 결혼 관계가 있다. 이런 부부는 틀림없이 하나님이 결혼을 통해 계획해 놓으신 성적인 차원의 풍성한 친밀감을 파괴하게 된다.

예상대로만 진행되는 기계적인 성교

풍부한 친밀감은 언제나 생명의 표지가 된다. 이를 닦는 것처럼 일상적이고, 편지를 부치는 것처럼 기계적인 성교는 죽어 가는 관계의 표지다. 이것은 육체적인 성교 이전에 정서적인 준비를 충분히 함으로써, 시간과 장소와 접근법을 다양화함으로써 그리고 성급한 오르가즘을 겨냥한 목표 중심적인 기술보다는 부드러움과 감각적인 즐거움을 강조함으로써 회복될 수 있다. 남편은 2분 남짓 만에 성교를 끝낼 수 있다. 그러나 이것은 자신과 아내를 다 기만하는 행동이다.

민감성의 결여

우리가 배우자의 필요에 민감할 때 친밀감은 자라난다. 특히 성관계에서 필요와 욕구에 대한 무감각은 친밀감의 개발에 아주 해롭다. 부부싸움은 아직 끝나지도 않은 상태이고, 옆방에는 아이들이 놀고 있고, 문간에는 이웃들이 왕래하고 있는데도 성관계를 요구하는 남편과, 성교 도중 고기를 꺼내 놓으려고 냉장고로 가거나 아이들이 자고 있는지를 확인하느라 남편의 열렬한 성행위를 차단하는 아내는 전통적인 사례로 종종 인용된다. 치료 전문가들은 만족스러운 성경험을 가로막는 행위를 '성적 태업'(sexual sabotage)이라고 부른다. 친밀감을 개발하고자 한다면 배우자의 필요를 깨닫고, 그것을 민감하고 충실하게 채우는 데 자신의 에너지를 쏟아부어야 할 것이다.

비성적인(nonsexual) 신체 접촉의 결여

배우자와 함께 친밀감을 누린다는 것은 '접촉한다는 것'이다. 이것은 정서적, 지적, 영적으로 접촉하는 방식뿐만 아니라 **신체적인 접촉을 의미한다**.

부부들은 사랑하고 있다는 느낌을 유지하기 위해서 성교를 목표로 하지 않는 애정 어린 신체적 접촉이 필요하다. 정서적, 성적 친밀감은 거부나 오해의 두려움이 없는 상태에서 두 사람이 부드럽고 민감하게 마음을 터놓고 자주 접촉하지 않으면 자라나지 않는다. 친밀감은 일상적인 삶의 일부로서, 여기에는 붙어서 잠을 자고, 꼭 껴안고, 바싹 다가앉고, 손을 맞잡고, 입을 맞추는 것 등이 포함된다.

결혼 후 대부분의 부부는 접촉을 성적인 신호로만 사용하는데 그래서는 안 된다. 성생활이 신체적인 접촉과 애정에 대한 자신의 필요를 다 충족시켜 줄 것으로 기대해서는 안 된다. 친밀감을 쌓아올리기 위해서 부부는 날마다 '접촉을 유지해야' 한다.

과다한 텔레비전 시청

텔레비전 시청은 우리가 언급했던 다른 요소들보다 그리 중요하지 않은 것처럼 들릴지 모른다. 그러나 텔레비전은 수동성을 촉진하기 때문에 여기에 몰두한 사람들에게는 친밀한 관계를 개발하려는 동기도, 에너지도 남아 있지 않다. 텔레비전 시청은 최면성이 아주 강해서, 우리는 자신이 얼마나 많은 시간을 허비하고 있는지 깨닫지 못한다.

텔레비전은 실제로 불화의 원인으로 바뀔 수 있다. 한쪽 배우자는 밤늦게까지 텔레비전을 시청하다가 자기가 잠자리에 들 때 배우자가 성교 준비를 하고 기다려 주기를 기대한다. 또 이따금씩 성행위를 피하는 수단으로 텔레비전 시청을 고의적으로 이용한다. 그러므로 자신의 우선 순위를 숙고해 보고, 어느 쪽—텔레비전 화면을 응시한 채 소극적으로 인생을 허비하는 것이냐 배우자와 친밀한 관계를 맺는 것이냐—을 취해야 할지 결정하라.

이 시점까지 당신 부부는 함께 개발할 수 있는 친밀감의 단편만을 개발했을지 모른다. 그렇다면 영적인 동력을 활용하라. 두 사람이 영구적인 친밀감을 확립하려고 의식적으로 노력하기만 한다면, 온화함과 보살핌과 부드러움의 영역에서 얼마든지 성장할 수 있을 것이다. 이런 성장을 가능케 하는 잠재력을 활용하라. 이런 종류의 성장은 하루 아침에 일어나지 않으며, 개인의 인격적인 성숙과 마찬가지로 서서히 이루어진다.

그리고 이런 일에 진보가 있을수록 사랑하는 사람을 친밀하게 알아 가는 것은 결코 권태롭지 않은 일임을 발견하게 될 것이다! 그에 따라 확실한 보상을 받을 것이다.

친밀감을 위한 처방

결혼 생활에서 성적인 친밀감을 확립할 수 있는 행동을 여러 가지로 제안할 수 있겠지만, 세 가지만 처방하려고 한다. 이것은 광범위한 지침으로서, 치료 전문가들이 분류한 친밀감의 세 가지 기능을 반영하고 있다. 그것은 **사랑, 감각적인 민감함** 그리고 **성**이다. 첫 번째 지침은 사랑과 관련되는데, 신뢰를 세우는 유일한 방법은 사랑이기 때문이다.

상호 신뢰를 확립하라

당신이 자신을 보호하거나 변호하려고 애쓰면 친밀감을 확립할 수 없다. 자신의 필요와 단점을 드러내기를 두려워하면 친밀감을 형성할 수 없다. 정서적, 신체적으로 배우자에게서 가장 강한 안정감을 느끼지 않으면 친밀감을 형성할 수 없다.

친밀감은 안정감이 있는 곳에서만 성장한다. 왜냐하면 인간의 행동은 즐거움을 추구하고 고통을 회피하는 쪽으로 길들여지기 때문에, 배우자가 당신 자신을 정서적인 고통이 아니라 즐거움과 결부시킬 수 있을 정도로 그에게 잘 대해 주어야 한다.

상대방에게 상처를 받거나, 거절을 당하거나, 비판이나 오해를 받을 것을 두려워하게 되면 부부간의 애정 어린 접촉이나 자유로운 나눔은 어려워질 수 있다. 하나님의 말씀은 친밀감을 쌓아 올리고 신뢰를 확립하는 방법을 간단하게 두 가지로 보여 준다.

(1) "사랑은 허다한 죄를 덮는다"(벧전 4:8). (2) "사랑은 덕을 세운다"(고전 8:1). 다시 말해 (1) 실수를 너그럽게 보아주고 결코 비판하지 말라. (2) 항상 배우자를 격려하고, 공감에서 나온 이해라는 귀중한 선물을 주라.

비판은 사랑과 친밀감에 일격을 가하는 것이다. 비판은 결코 어떤 사람도 더 좋은 방향으로 변화시키지 않는다. 이것은 내적인 친밀함을 갈망하는 부부 사이의 정서적인 간격을 수킬로미터 떨어뜨릴 뿐이다. 한편 칭찬은 둘 사이의 관계를 강화하는 힘을 가지고 있을 뿐 아니라, 개인을 강하게 하고 고무시켜서 더 고상한 것을 달성하게 해준다.

배우자를 무조건적으로 사랑하는 것('아가페'라고 부르는 사랑)은 상대방의 신뢰를 얻는 최선의 방법이다. 무조건적으로 사랑하는 법을 더 알기 원하다면 「사랑하는 아내와 남편」의 제10장 "아가페 방식"(*The Agape Way*)을 읽어 보라. 또한 이 책의 3장을 읽어 보라.

감각적인 민감함을 즐기는 법을 배우라

치료 전문가들은 감각적인 민감함을, 누군가에게 안기고 귀여움과 애무를 받고 신체적인 접촉을 하는 것에 대한 필요로 정의한다. 지적이고 영적인 것과 대조적으로 신체적인 것에만 몰두하는 관능성(sensuality)과 감각적인 민감함(sensuousness)을 혼동해서는 안 된다. 감각적인 민감함이라고 할 때, 우리는 인간의 깊은 필요를 충족시키는 수단이며 결혼 관계에서 친밀감을 개발하는 중요한 방법인 접촉의 중요성을 이야기하고 있는 것이다.

「사랑하는 아내와 남편」에서 우리는 어느 부부나 실행에 옮길 수 있는 비성적인 접촉 25가지를 제시했다. 어떤 사람들은 평균치보다 더 많은 접촉을 갈망하는데 그들은 그저 안기고 애무를 받기 위하여 성교를 즐긴다. 또 어떤 사람들은 그들의 진정한 필요가 무엇인지도 이해하지 못한 채, 성교를 민감하고 애정이 담긴 애무와 친밀함의 대체물로 여긴다. 그리고 또 어떤 이들은 그들의 "애정에 문제가 있다"고 믿는다. 이런 사람들은 애정 많고 인내심 있는 배우자의 노력을 통해 그리고 비성적인 신체적 접촉을 통해 감각적인 친밀감을 즐기는 법을 배워야 한다.

비성적인 감각적 친밀감은 성관계를 향유하는 면에서도 중요하다. 사람 몸의 구석 구석은 성욕을 자극할 수 있는 능력을 가지고 있으며, 부부는 손과 손가락을 사용하여 상대방 신체의 모든 부분을 만지고, 쓰다듬고, 마사지하고, 애무해야 한다. 애정 어린 손길로 (어둠 속에서 사랑하는 사람의 얼굴을 손가락으로 민감하게 더듬는 것을 포함하여) 신체의 각 부분을 탐구하는 것은 친밀감을 증대시킬 것이다.

감각적인 접촉을 배우는 동안, 남편은 자신이 상상한 것보다 성은 훨씬 더 여유 있는 것이라는 사실을 발견할 수 있으며, 또 아내가 깨닫고 발견한 대로 그를 애무하여 즐겁게 해줄 때 수동적이 되는 것도 아주 즐거운 경험임을 발견할 수 있다. 감각적인 민감함은 부드러움을 즐길 줄 아는 능력을 필요로 한다. 부드러움을 다소 여성적이라 생각하는 남성은 친밀감의 이런 측면을 경험으로 많이 배워야 할 것이다.

연인으로서 성관계를 가지라

성관계 후 대부분의 남편은 자신이 훌륭한 연인이었는지를 확인하기 원하고, 대다수의 아내는 남편이 기쁘고 황홀하며 만족했는지 확인하고 싶어한다. 그러나 연구에 의하면 상당수의 부부가 아무 말도 하지 않은 채 그냥 돌아누워 잠들어 버린다고 한다!

그러나 만일 당신이 친밀감을 확립하고자 한다면, 습관이나 의무감에서 벗어나 불만스러운 엄마나 아빠로서가 아니라 연인으로서 성관계를 가질 수 있어야 한다.

그렇다면 아직도 연애 관계를 지속하는 배우자 사이의 성생활은 어떤 특징이 있을까? 무엇보다도 그들의 성관계는 처음 사랑에 빠졌던 때―극적인 연애 기간―를 자주 재현하게 될텐데, 이것은 젊음의 신선함을 되찾게 해준다. 성적으로 하나가 되기 위해 세상의 문을 닫는 매순간 이런 감정을 회복할 수 있다. 아내와 성교할 때마다 남편은 정복하는 즐거움을 경험하며, 아내도 남편을 뒤쫓아 쾌락을 경험할 것이며, 또 남편은 아내가 쾌락을 느끼는 것을 엿볼 수 있다.

연인으로서의 남편은 자신감이나 강인함 등 아내를 기쁘게 하는 남성적인 특성과 더불어서, 부드러움과 아내를 배려하는 능력을 갖추고 있으며, 당황하지 않고 자신의 감정을 표현할 줄 안다. 아내도 걸맞게 반응한다. 즉 아내는 남편의 느긋하고 감각적인 접근과 낭만적인 분위기에 의해 쾌락을 느끼고 남편에게 이 사실을 나타낸다.

연인들은 성행위에서 단조롭고 기계적인 절차를 피한다. 그들은 다양성—시간이나 환경의 변화, 다양한 전희, 빈도, 체위, 분위기의 변화—을 즐긴다. 가끔 그들의 성행위는 재미있으며, 가끔은 아주 열정적이고, 가끔은 느긋하고 부드럽다. 변화는 성생활의 **향신료**다.

연인들은 남자와 여자로서 서로 상대방을 즐긴다. 그들은 둘만 있게 되면 산책하거나 조용히 앉아서 대화를 나눈다. 전전희 시간. 그들은 또 재충전을 하고 둘의 관계를 새롭게 하기 위해 하룻밤이나 주말 동안 또는 며칠씩 어디론가 함께 떠난다.

연인들은 성교를 하기 몇 시간 전에 그들의 욕구를 은근하게 또는 직접적으로 전달할 줄 안다. 이렇게 함으로써 상대방을 정서적으로 준비시키며, 앞으로 있을 시간을 기대하게 만들며, 상대방의 머리속을 성관계를 좀더 아름답고 여유 있게 누리기 위한 고무적인 생각으로 꽉 채울 수 있다.

둘 다 만족을 느끼고 절정에 이른 후에 연인들은 부드럽게 어루만지고 속삭이고 입맞추고 포옹함으로 여전히 밀착되어 있기를 원한다. 또 그들은 특별한 대화로 행복감을 유지하기 원한다. 현세의 것은 아무것도 허용되지 않는다! 집 수리나 돈 문제나 자녀의 성적 문제를 논하지 말라. 그들은 여전히 서로의 팔에 안긴 채 성교의 느긋한 여운 속에서 모두에 대한 대화를 나눌 것이며, 특별히 연애 기간을 회상하고 싶어할 것이다. 그들은 속 깊고 의기를 드높이는 대화, 즉 평소에는 잘 이야기하지 않던 꿈과 목표들을 언급할 수도 있을 것이다. 이것은 은밀한 웃음이 있는 시간이며, 연인으로서 항상 서로를 칭찬하는—아름다운 경험을 하게 해준 것에 감사하는—시간이며, 잠들기 전에 하나님이 주신 축복에 대해, 심지어 그들의 성교에 대해서 감사하면서 함께 기도하는 시간이다.

그리스도인 부부의 성적인 친밀감은 영적인 차원을 가지고 있다. 왜냐하면 사랑하는 사람과 하나됨을 경험하고, 두 사람이 신체적으로, 정신적으로, 영적으로 가장 심오한 친밀함에 도달하기 때문이다. 이런 부부에게 성교 후의 비참함은 끼여들 수 없다. 단지 사랑하는 두 사람이 하나되어 기뻐하고 찬송할 뿐이다.

우리는 당신이 부부 관계 속에서 이러한 성적인 친밀감의 기쁨을 경험하게 되기를 빈다.

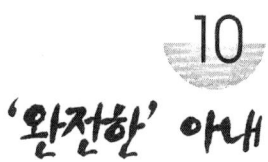

10
'완전한' 아내
-게이 휘트

이 장은 **완전한** 아내가 되는 법에 관한 매우 진지한 강의는 아니다. 내가 완전한 아내라는 말도 아니며, 또는 당신이 기본 10단계를 따라 조금만 더 노력하면 거기에 도달할 수 있다고 말하려는 것도 아니다.

완전이란 말을 작은 따옴표 속에 넣은 것은 이 말을 사전에서 정의하는 고상한 의미와는 다소 다른 방식으로 사용하고자 하기 때문이다.

'흠이나 결함이 없는'(누가, 내가?)
'철저히 숙련된'(거의 불가능!)
'아주 효과적인'(아마 이따금씩)
'필요한 자질을 다 갖춘'(글쎄, 아니올시다)

그러나 마지막 의미는 생각해 볼 여지가 있다. 즉 당신은 완전한 아내라는 사실을 남편에게 확신시키기에 **필요한 자질을 모두 갖추었다는** 말이다. 이것이 바로 이 장에서 다루려는 내용이다.

우리는 자신이 완전한 아내가 아님을 알고 있다. 그리고 우리 남편들도 그것을 알고 있다. 그러나 남편들이 우리를 완전하다고 생각할 만큼 그들을 아주 행복하게 해주는 것은 가능하다. 왜냐하면 우리는 남편들에게 가장 중요한 영역에서 그들을 기쁘게 하는 법을 자세히 배웠기 때문이다. 우리 남편들이 정신을 잃을 만큼 우리를 좋아하게 만들 목적으로 하는 비정상적인 관계나 기발한 속임수에 대해 말하려는 것이 아니다. 그들은 쉽게 속지 않는다. 그리고 더욱 중요한 것은, 남편들을 기쁘게 하는 더 좋은 길, 곧 하나님이 인정하시는 길이 있다. 이것은 신약의 종 됨의 원리에 근거하고 있다. "예수를 위하여 우리가 너희의 종이 되었다"(고후 4:5).

물론 이것은 남편 곁에서 하녀처럼 행동해야 한다는 말이 아니다. 예수님을 생각하면서 남편을 섬긴다는 것은 노예나 18세기 가정부처럼 비천해야 한다는 것이 아니다. **이것은 나 자신에게 몰두하지 않고 남편을 먼저 생각하는 태도에서 비롯된다.** 여기에는 항상 남편을 돕고 기쁘게 하기 위한 방법을 찾는 것이 포함된다. 잠언 31장에 나오는 여인과 같은 아내는 남편에게 '살아 있는 동안 악을 행치 않고 선을' 행할 것이다. 남편을 기쁘게 하는 행동은 스스로 결정한 태도, 곧 남편을 가정의 왕이요 결혼 관계의 왕으로 존중하려는 태도에서 흘러나온다. 남편은 주님 다음으로 내가 가장 기쁘게 해주고 싶은 대상이다. 남편은 그리스도 바로 다음으로 나의 최고 우선 순위다. 그러므로 남편을 나의 '주'로 대우하는 것이 나의 기쁨이요 특권이다. 이것은 나만의 생각이 아니다. 왜냐하면 사도 베드로는 첫 번째 서신에서 그리스도인 아내들에게 남편에게 순종하라고 명령하며, 아름답게 단장하려면 "오직 마음에 숨은 사람을 온유하고 안정한 심령의 썩지 아니할 것으로 하라. 이는 하나님 앞에 값진 것이니라"(벧전 3:4)고 지시하고 있기 때문이다. 그는 계속해서 사라를 모범으로 강조하고 있다. "사라가 아브라함을 주라 칭하여 복종했다"(벧전 3:6).

이런 태도에 대한 상급을 일찍이 언급한 적이 있지만, 반복해서 말할 가치가 있다고 본다. 아내가 남편을 기쁘게 하면 할수록 남편은 아내를 기쁘게 하기 위해 더욱 열심을 낼 것이다. 남편이 아내를 기쁘게 하려고 노력하면 할수록 아내는 더욱 기쁘고 만족스러울 것이며, 남편을 기쁘게 하는 행동을 하려고 더욱더 노력할 것이다. 이것은 선순환이라고 부를 수 있는 반응의 고리인데, 왜냐하면 이러한 상호 반응은 결코 끝나지 않기 때문이다. 당신이 일단 이 사랑의 고리 안에 발을 들여놓으면 결코 밖으로 나가고 싶지 않을 것이다. 유감스럽게도 남편이 아내의 한계를 속속들이 알고 있다 할지라도, 남편은 아내가 무엇을 하든지 **괜찮다**고 여길 것이다. 당신은 남편에게 꼭 맞는 아내임을 입증하게 될 것이다.

이런 태도를 성관계에 적용시키면, 아내는 남편을 만족시키기 위해서 스스로도 **만족해야** 한다고 할 수 있다. 남편들은 자신의 만족스러웠던 성 경험을 언급하면서, 대개 그 이유는 흥분하고 감격하는 아내를 바라보았기 때문이라고 한다. 대부분의 남편은 부부의 성생활에는, 수동적으로나 따분하게 복종하는 아내에게서 생물학적인 필요를 채움받는 것과는 비교가 안 되는 고상한 차원이 있음을 인식하고 있다. 그들은 아내가 성교로 인해 황홀경에 이르는 것을 보기 원한다. 그러나 통계를 보면 성교에서 최고의 성취감과 오르가즘을 일관되게 누리는 부부는 40퍼센트 미만이다.

내가 부부의 성교 기술에 관한 세미나 강사이기 때문에 이 영역과 관련된 실망과 욕구를 털어놓는 여성이 많다. 그들은 자신이 만족스러운 성관계를 누리지 못하고 있음을 알고 있다. 하지만 다른 사람들도 대개 그러리라고 생각한다. 그들은 만족스럽지 **못하다**.

성경 말씀의 증거뿐 아니라 상담 경험에 근거해 볼 때, 우리 부부는 만족스러운 성생활은 행복한 결혼에 필수 불가결한 요소라고 믿는다. 이것이 가장 중요하다고는 말할 수 없을지 모르지만, 한쪽 배우자가 성생활을 박탈당하거나 성생활에 불만을 가지면 그 문제가 아주 주요한 사안으로 부각된다. **만족스러운** 성관계는 모든 결혼 관계를 견고하게 한다. 사실 이 친밀한 영역에서 하나되는 것은 결혼 관계의 다른 모든 영역도 강화시킨다.

오늘날 성이 공공연한 화제가 되었음에도 불구하고 결혼한 지 30년 된 여성들이 여전히 나를 찾아오고 있다. 그들은 절정에 도달하는 것이 어떤 것인지도 모르고 있다. 잡지에 나오는 성에 관한 온갖 이론은 그들에게 도움이 되지 않았다. 그들은 성적 자극, 반응, 절정과 더불어 성생활의 세부 사항을 이해할 필요가 있었다. 그것이 바로 우리가 이 책을 이렇게 구체적으로 쓰게 된 이유다.

정확한 생리학적 사실을 알고 그대로 적용한다면 아내들의 불만과 남편들의 문제는 절반 이하로 줄어들 것이다. 해결하기 어려운 문제는 주로 태도와 의사 소통의 문제다. 일부 상담가는 어려움의 80퍼센트 정도가 이 두 영역에 속한다고 주장한다.

태도와 의사 소통

자신의 태도를 평가하라

나는 더 만족스러운 성생활을 갈망하는 아내들이나, 성은 남편에게 그리 대단한 것이 아니라고 생각하면서 만족스런 성생활에 대한 기대조차 없는 아내들을 위해 이 제안을 하고자 한다. 먼저 자신의 태도를 평가해 보라! 그러기 위해서는 얼마간 홀로 있는 것이 필요한데, 이 때 성에 대한 자신의 태도와 연인으로서 자신의 남편에 대한 태도를 솔직하게 평가하라. 이 평가 작업을 끝내기 전에, 당신은 자신의 자존감 문제를 동시에 다루고 있음을 깨닫게 될텐데 이것 역시 전체 문제에서 많은 비중을 차지한다.

먼저 성 일반에 대한 자신의 태도에서 시작하라. 당신은 성교(섹스)라는 말을 들을 때 어떤 생각을 하는가? 머리 속에 어떤 이미지가 떠오르는가? 무언가 따뜻하고 사랑스러우며 부드럽고 풍성하다는 것인가? 아니면 약간 혐오스럽거나 불쾌한 것인가?

결혼 전에 당신의 태도는 어떠했는가? 당신의 어머니는 당신이 미리 알아야만 하는 모든 것을 알려 주셨는가? 어머니는 당신에게 **어떤 것을**

말씀하셨는가? 아마 당신은 남편이 모든 것을 알고 있으리라 생각했겠지만 남편은 많은 것을 모르고 있을 수 있다. 그리고 당신은 여전히 성적인 억압을 느끼고 있는가? 당신은 성생활을 의무적으로 유지하는가 아니면 기분 좋게 기대하는가? 당신은 남편의 성적인 접근에 따뜻하게 반응하는가 아니면 남편이 아무 관심도 보이지 않기를 바라면서 다른 쪽으로 돌아눕는가?

신혼기의 경험이 어떤 불행한 패턴을 만들어 놓았고, 그것 때문에 실망하고 흥미를 잃게 되었는가? "달은 빛나지 않았고…별은 떨어지지 않았으며…번개도 치지 않았어요!"라는 말로 첫 경험이 기대에 매우 어긋났음을 이야기하는 여성들이 얼마나 많은지 모른다. 당신은 남편과 함께 경험했던 이런 유쾌하지 못한 시간은, 지식의 부족과 염원하던 순간에 대한 너무 높은 기대치 때문에 발생한 것임을 이해해야 한다. 그리하여 어쩌면 아직까지도 당신의 반응을 좌우하는 이런 실망거리들을 용납할 수 있어야 한다. 낭만적인 문학 작품들은 부부가 되는 순간 모든 성적인 반응이 자동적으로 시작되는 것처럼 암시하고 있지만 이것은 사실이 아니다. 성행위는 본능적이지 않다. 정말 만족스러운 성관계를 확립하려면 시간이 필요하다.

셜리 라이스(Shirley Rice)는 「결혼 생활에서의 육체적인 결합」(*Physical Unity in Marriage*)에서 부부의 육체적인 사랑에 자신이 얼마나 기여하고 있는지를 평가하는 방법을 제시하고 있다. 라이스는 우리 여성이 위대한 사랑장인 고린도전서 13장에 있는 판단 기준을 가지고 남편을 향한 우리의 **육체적인** 사랑을 평가해야 한다고 말한다. 당신이 해 온 방식을 살펴보라. 지금 우리는 **육체적인** 사랑에 관해 이야기하고 있음을 기억하라. 당신의 사랑은 오래 참고 온유한 것인가? 결코 시기하거나 질투하지 않는가? 독점하고 싶어하지 않는가? 결코 교만하지 않은가? 결코 무례히 행치 않는가? 결코 경솔하지 않은가? 자신의 권리를 주장하고 상대방에게 강요하지 않는가? 이기적이지 않은가? 성을 잘 내지 않는가? 악한 것을 생각하지 않는가? 또는 지난 잘못을 다 계산해 놓고 있지는 않은가? 불의를 기뻐하지 않고 진리와 함께 기뻐하는가? 항상 남편에게서 최상의 모습을 기대하는가? 실패한 적은 결코 없는가?

이 얼마나 엄격한 기준인가! 우리는 하나님의 능력이 아니고서는 그런 사랑의 자질을 갖출 수 없다. 그러나 요지는 우리는 그리스도 안에서 거듭난 여성이며, 권능을 부여하시는 하나님의 능력으로 이런 평가 시간에 우리 자신에게서 발견하는 온갖 잘못된 태도를 개조하고 바꿀 수 있다는 것이다.

우리가 **우리 자신**을 어떻게 보는지 고려하면서 평가를 계속해 보자. 당신은 당신 자신을 있는 그대로 수용하는가? 또는 마음속으로 당신이 아름답지 않다고 느끼는가? 체중이 너무 많이 나가거나 너무 말랐다고 느끼는가? 아마 당신은 엉덩이가 너무 크다거나 다리가 너무 가늘다고 생각할지 모른다. 또는 가슴이 빈약하다고 생각할 수 있다(당신은 남성들이 풍만한 가슴을 얼마나 좋아하는지 알고 있다).

남편과 성행위를 할 때 당신의 결함이나 흠을 감추기 위해 긴 잠옷으로 몸을 가리거나 불을 끄려고 하는가? 그리고 이런 태도가, 성교하는 동안 당신의 행동에 영향을 미치고 있는 것은 아닌가? 당신은 상당히 부자유스러우며, 당신 자신과 당신의 외모를 잊어버릴 수가 없다!

우리 대부분은 자신의 외모가 전설적인 마릴린 먼로에 필적할 수 없다는 사실을 잘 알고 있다. 그래서 남편들이 그저 그런 몸을 가진 우리를 아름답거나 매력적으로 보지 않으리라고 생각한다. 나는 여성 대다수의 경우에, 언젠가 그들의 진상이 드러나는 것보다 이런 인식 자체가 더 큰 문제라고 생각한다. 스스로 아름답다고 생각하는 여성은 오직 남편과 함께 있을 때—그리고 성교 도중에는 훨씬 더 자유로운 상태에서—그를 위해 더욱 아름다워지려고 한다. 당신과 나는 우리의 남편이 다른 모든 사람 중에서 특별히 우리 자신을 선택했다는 사실과, 우리가 그들이 원하는 사랑의 반응을 보인다면 그들은 결코 우리의 불완전함에 유념하지 않으리라는 사실을 기억해야 한다.

이 평가에서는 우리가 남편을 있는 그대로—외모뿐 아니라 기질, 강점과 약점, 심지어 경제력까지도—받아들이고 있는지도 평가해야 한다. 당신도 알다시피 이 문제는 성교 때 당신이 남편에게 반응하는 방식이나 남편이 당신에게 접근하는 방식에 명확한 영향을 미친다. 만일 당신이 남편을 말이나 생각으로 무시하고 있다면 둘의 관계는 손상을 입을 것이다. 배우자를 있는 그대로 수용한 후에는 그의 강점에 생각을 집중시켜야 한다. 우리는 남편에게 어떤 찬사를 보내는가? 여성으로서 우리는 항상 받기만 하려 들지 모른다. 남편이 자동차나 세탁기를 수리할 수 있다는 사실이 당신을 얼마나 기쁘게 하는지 그에게 말해 주는 것은 어떤가? 또는 당신은 당신 부모님에 대한 남편의 친절함에 얼마나 감사하고 있는가? 남편의 훌륭한 패션 감각을 칭찬하는 것은 어떤가? 또는 남편이 신체적으로 그토록 건강한 것과 당신이 필요할 때 언제나 현명한 조언을 해주는 것은 얼마나 대단한가? 남편에게 있는 것은 무엇에 대해서든지 이런 평가를 할 수 있을 것이다. 이것들은 전부 아내 혼자 간직하지 말고 남편에게 솔직하게 표현해야 할 제목이다. 서로에 대해 감사하고 그것을 **표현하는** 부부는 만족스러운 성관계를 기대할 만한 충분한 근거가 있다. 그들의 상황에서 겪는 어려움은 단지 신체적인 성격의, 즉 신체적인 부적응의 문제일 경우가 많은데, 이런 문제들은 적절한 지식을 제대로 적용한다면 쉽게 해결할 수 있다.

의사 소통

태도를 평가한 다음에는 의사 소통의 문제를 재고해 보아야 한다. 의사 소통이 없는 성은 바람직하지 않다. 성교 과정에서 당신의 의사 소통은 비언어적인 성격을 띨 수도 있다. 아마 당신은 성 문제 전문가들이 제안하는 대로, 남편 손 위에 자신의 손을 정답게 포개어서 남편에게 자극해 달라는 사인을 보내도 좋을 것이다. 그리고 남편이 너무 거칠거나 너무 부드럽다면, 다시 남편 손 위에 자신의 손을 올려서 의사를 표시한다. 한마디 말도 하지 않고 당신이 성교할 준비가 되었음을 알리는 방법들이 있다. 그러나 성교하기 전이라도, 남편에게 자신의 필요를 솔직하고 분명하게 전해야 할 필요가 있을지 모른다. 남편 역시 아내에게 말하고 싶은 것이 있을 수 있다. 만일 당신이 오르가즘에 이르기를 원하는데 그렇게 할 수 없다면, 남편에게 손으로 자극하여 오르가즘에 이르게 해 달라고 부탁하라. 우리 여성은 결혼 생활에서 성행위와 같이 중요한 것에 대해 얼마나 침묵하는지 모른다. 우리는 '이번에는 남편이 달라지겠지', '이번에는 남편이 내가 원하는 것을 헤아려 주겠지' 하며 침묵 중에 **바라거나** 침묵 중에 **견디거나** 침묵 중에 **기대한다**. 왜 남편에게 바로 말하지 못하는가?

의사 소통에 관해 말하면서 한 가지 의사 소통하지 말아야 할 것을 밝혀야겠다. 어떤 아내들은 남편을 기쁘게 하려는 마음에서 (또는 다른 이유에서) 실제로 한 번도 오르가즘에 도달해 본 일이 없으면서도 지난 수년 동안 성교를 매우 즐기는 체해 왔다. 오르가즘에 관한 온갖 기사를 접하면서 그들은, 남편이 이런 사실을 제대로 알고 있었더라면 자신도 얼마든지 오르가즘을 경험할 수 있었을 것이라고 깨닫는다. 그러나 불쌍한 남편들은 지난 세월 동안 아무 문제 없이 잘해 왔다고 생각한다. 어떤 여성들은 솔직해야 한다는 미명하에 그 동안 거짓으로 반응해 왔음을 남편에게 털어놓는다. 그 결과 아주 비참해질 수 있다. 우리는 이런 뜻밖의 새로운 사실로 인해 자아가 박살난 남편들을 알고 있다. 아내가 처음부터 사실을 위장해 왔음을 알게 되면, 남편은 넌더리를 내며 아내와 더 이상 관계를 갖고 싶어하지 않을 것이다. 아내가 거짓으로 반응해 왔음을 깨닫는 순간, 당연히 남편은 아내가 다른 영역에서도 부정직하지 않았는지 의심하게 될 것이다. 이런 경우에는 대개 남편이 모르는 것이 훨씬 더 낫다고 나는 믿는다. 만일 지금까지 철저히 호도해 왔다면 기도와 지혜로 상황을 바꾸어 나가야 할 것이다. 당신이 읽고 알게 된 성생활의 기교에 관해 몇 가지 솔직한 제안을 하되, 남편이 지금까지 당신을 적절히 자극하지 못했거나 만족시키지 못했음을 시사하지 말라. 이런 식으로 개선해 나간다면 가식이 아니라 진정한 만족을 얻을 수 있다.

태도와 행동

평가가 끝났으면 행동을 개시해야 한다. 내게 상담을 하러 왔던 어떤 여성처럼, 당신도 지금까지 자신의 태도가 옳지 않았음을 깨달았다고 해서 곧 변화할 수 있는 것은 **아니라고** 생각할지 모르겠다. 할 수 없다고 말하는 여성은 **할 수 없다**. 이 사람은 벌써 실패하기로 작정한 셈이다.

반면에 당신 안에 권능을 부여하시는 하나님의 능력이 있다면 당신은 얼마든지 **변화할 수 있다**. 이런 일이 어떻게 가능한가? 주님 앞에서 당신의 태도를 인정하고, 당신이 옳다고 믿는 바대로 되려고 하고 말하려 하고 행하려 한다면 이런 일이 가능해진다. 남편을 기쁘게 하는 것이 주님께도 순종하는 것이요 그분을 기쁘게 해 드리는 것임을 인식하라. 그것이 하나님과 남편에게 드리는 사랑의 제물이 되게 하라. 주님은 강제로 행하도록 **하시지** 않을 것이다. 그분은 당신의 협력 없이 당신을 변화시키지 않으실 것이다. 당신은 로봇도, 인형극에 사용하는 인형도 아니다. 그러나 만일 당신이 마땅히 지녀야 할 태도를 알게 되었다면, "좋아요, 제 속에서 역사하시는 하나님의 능력으로 저는 변화될 수 있을 거예요"라고 말해야 한다. 그리고 나서 그대로 **행하기** 시작하라. 어떤 여성이 손톱 물어뜯는 습관이 있다고 하자. 어떻게 하면 이것을 중지시킬 수 있을까? **할 수 없다**고 말함으로 중지시킬 수 있는 것이 아니라, 그냥 중지함으로써 고칠 수 있다. 사랑, 성, 결혼, 남편을 향한 자신의 태도를 변화시키는 데도 원리는 동일하다.

성교가 두 사람 모두에게 좀더 즐거운 것이 되기 위해 시도해 볼 수 있는 몇 가지 방법이 있다. 첫 번째로, 기대치를 높이는 '방법'—특히 당신이 성경험에 대해 그릇된 태도를 갖고 있다면—을 제안하겠다. 온종일 기대감으로 기다리다가 침실에서 행복하게 하루를 마감하는 낭만적인 성생활에 대한 기대치를 높인다면 두 사람의 애정을 아주 강화할 수 있다. 남편은 아내의 관심을 자극하고 자신의 기대치를 높일 수 있는 기회를 얼마든지 만들 수 있다. 예를 들면, 남편이 아내에게 아주 의미 심장한 입맞춤을 하고 출근한 다음, 근무 시간 중 어느 시점에선가 단지 아내가 보고 싶다는 이유만으로 아내에게 전화를 건다면, 아내는 사전에 환영 준비를 해서 아이들을 침대로 보낸 후 바로 남편에게 반응을 보일 것이다. 만일 남편이 이런 예비적인 조처가 얼마나 효과적인지 아직 잘 모르고 있다면, 남편에게 전달해야 할 사항 중에 포함시킬 수 있을 것이다. 이런 정신적인 기대와 아울러, 하루의 마지막을 남편과 함께 오붓하게 보낼 수 있도록 식사 준비, 아이들 보살피기, 기타 집안일을 잘 처리하는 계획을 명확히 세우라.

성에 대한 태도를 바꾸는 최선책은 긍정적으로 생각하고 행동하는 것인데, 좋은 감정은 언제나 올바른 행동의 결과로 생기기 때문이다. 만일 당신의 문제가 자극받는 데 시간이 너무 **오래** 걸리는 것이라면 낮 시간부터 기대감을 높이기 시작하라. 남편과 나누는 성생활이 즐겁다고 다짐하라. 드디어 성교 시간이 되었을 때는 계속 다음과 같이 생각하라. '이것은 내 몸을 기쁘게 하는 것이다. 이것은 나를 기쁘게 하는 것이다. 하나님은 내가 이렇게 하도록 창조하셨다. 나는 남편을 기쁘게 하고 싶다. 이것은 만족스러운 경험이 될 것이다. 나는 즐겁고도 놀라운 감각을 느끼게 될 것이다…' 물론 남편이 전혀 놀라운 감동을 제공할 수 없다면, 이런 생각만으로 큰 도움이 되지는 않을 것이다. 그런 경우 남편에게 이 책을 권하여, 남편이 아내를 기쁘게 하는 법을 배울 수 있도록 하라.

성생활이 남편에게 즐거움을 줄 수 있을 뿐 아니라 아내 자신도 이를 통해 즐거움을 제공받기 원한다면, 아내는 자신의 성적인 만족에 대해 책임을 져야 하고, 남편에게 자신의 필요를 전달하는 것을 주저하지 말아야 한다. 자신에게 가장 만족스러운 성생활을 누리기 위해서는 남편에게 아주 솔직할 수 있어야 한다. 두 사람은 상대방이 어떤 특별한 형태의 성행위를 거부하는 것은 단지 행동을 거부하는 것이지 **인격 자체**를 거부하는 것이 아님을 확실히 인식할 필요가 있다. 두 사람은 자신의 흥분을 증대하기 위한 아이디어를 기꺼이 주고받을 수 있어야 한다. 우리 여성들은 새 옷이나 새 카페트가 필요하다고 이야기하는 데는 주저하지 않지만 성적인 필요가 생기면 말문을 닫아 버리는 것 같다. 결코 이 문제가 너무 지엽적이거나 하찮아서 논의할 가치가 없다고 생각하지 말라.

성행위가 진행 중일 때는 집중하는 것이 가장 중요하다. 기대치를 높이고 새로운 태도를 가지려고 애써 보지만 산만해져서 처음부터 다시 자극해야만 하는 때도 있을 것이다. 그러나 낮에 있었던 문제나 냉동실에서 고기 꺼내 놓는 것을 깜빡 잊었다는 생각을 하면서 누워 있어서는 안 된다. 몸과 마음이 함께 협력해야 한다. 무엇이든 당신의 욕구를 자극하는 것에 집중하라. 당신과 남편이 서로 완전히 합일할 때 경험하게 될 기쁨에 대해 생각하라.

소극적으로 하지 말고 적극적으로 하라. 그러면 성교를 더욱 즐기게 될 것이다. 그리고 적극적인 태도를 가지면 주의가 덜 산만해질 것이다. 남편이 당신을 애무하는 동안 남편을 애무하는 것을 두려워하지 말라. 성적인 긴장을 해소하는 일에 집중한다면 자신의 감각을 더욱 쉽게 감지할 수 있을 것이며, 자연히 몸은 자극을 증대하는 쪽으로 움직이게 될 것이다.

성교를 주도해 본 적이 있는가? 거의 모든 남편은 아내가 이렇게 하는 것을 대단히 좋아한다. 예외적으로 이에 대해 위협을 느끼는 남편들 중에는 발기 부전을 두려워하는 사람이 많다. 팀 티몬스(Tim Timmons)는 "완전한 결혼"(Maximum Marriage) 세미나에서 "남편을 완전히 열광시키라.…그를 사로잡으라.…**그의 뒤를 바싹 좇으라**"고 말한다. 말 한마디 않고도 아내는 남편에게 그를 멋진 사람으로 생각하고 있으며, 육체적으로 매력적인 사람으로 생각하고 있음을 알릴 수 있다.

바람직한 성교의 빈도에 대해서는 의견 차이가 많을 것이다. 두 사람이 함께 결정한다면, 어떻게 결정하든 그것이 두 사람의 결혼 관계에서는 '표준'이 되는 것이다. 만일 남편이 당신이 원하는 것보다 더 자주 성교를 요구하는 것 같다면 다음 이야기를 숙고해 보라. 만일 당신이 사막에 있는데 목이 탄다면 물 한 잔을 생각하지 않겠는가? 그러나 당신이 냉장고 옆에 서 있고, 단추만 누르면 차가운 얼음물을 먹을 수 있다면 그리고 단추를 누르기만 하면 어느 때든지 얼마든지 물을 먹을 수 있다는 사실을 안다면, 물을 마시고 싶은 욕구는 그렇게 절박하지 않을 것이다. 이렇게 볼 때, 남편이 성교 이외에 결코 다른 것을 생각하지 않는 것처럼 보인다면 이는 그가 지금 '사막에 있고' '목이 타기' 때문일지 모른다.

때로는 당신이 매우 피곤하여 파김치가 된 상태인데도 남편이 다가올 때가 있을 것이다. 세속적인 치료 전문가들은 이런 경우 "미안하지만 저는 오늘밤은 못하겠어요"라고 반응해야 한다고 말한다. 그리스도인 아내로서 내 의견은, 우리가 아무리 피곤하더라도 주님께 남편을 따뜻하게 대하고 그가 원하는 대로 반응할 힘과 능력을 달라고 간구할 수 있다는 것이다. 우리가 주님을 신뢰하고 남편의 필요를 채울 수 있는 힘을 달라고 기도할 때, 실제로 그렇게 될 수 있음은 물론 성교를 즐길 수도 있다. 문제의 핵심은 태도다. "나는 한 번도 남편을 **거부하지 않았어요**"라고 딱 잘라 말하던 여성처럼 되지 않기 바란다. 사실 그녀의 마음속과 심지어 그녀의 목소리에는 거부감이 자리잡고 있음을 분명히 알 수 있었다.

남편에 대한 복종이 당신에게 거슬리는 일이고 당신의 자연적인 성향에 위배되는 것처럼 보인다면, 하나님에 대한 복종과 남편에 대한 복종은 초자연적인 역사, 곧 우리 자신이 선택한 행동의 결과**에다** 하나님의 능력이 더해질 때에만 가능한 것임을 기억하라. 시편 40:8은 "나의 하나님이여 내가 주의 뜻 행하기를 즐기오니"라고 하는데 이것이 아내가 도달해야 할 지점이다. 복종은 항상 당신 자신이 하는 것이지 상대방이 당신을 **위하여** 해야 하는 것으로 기대해서는 안 된다.

의례적인 행사는 성적인 즐거움에 장애물이 될 수 있다. 만일 당신과 남편이 항상 똑같은 시간에 기계적인 절차로 성관계를 해 왔다면, 다른 시간과 다른 접근법을 시도해 보라. 가족의 시간표는 대개 아내가 작성할텐데, 두 사람이 쉬면서 준비를 갖추는 시간을 계획에 넣을 수 있을 것이다. 만족스러운 성관계를 하기 위해 남편은 에너지가 필요하다. 일상의 일이 주는 부담에다 사회 생활로 인한 극도의 과로에서 남편을 보호할 수 있어야 한다.

외모

만약 자신의 외모가 최상의 상태라고 스스로 느낄 수 있다면 성교를 더욱 즐길 수 있다. 물론 이것이 항상 가능한 것은 아니다. 특히 성욕이 충동적으로 일어나는 때에는 그것이 불가능하다. 그러나 잠자리에서 남편은 아내의 깨끗하고 아름답고 여성다움을 바라보는 것을 좋아할 것이다. 그것은 또 자신의 매력에 대한 자신감도 증가시킬 것이다. 얇게 비치는 잠옷은 미묘한 분위기의 매력을 창출한다. 요즈음은 할머니들도 입지 않을 '할머니 스타일의' 가운들이 있다. 반대로 남편의 낡은 티셔츠는 아내에게 도움이 되지 않을 것이다. 그러나 만일 남편이 어떤 특정한 옷을 입기 원한다면, 그것을 입고 잠자리에 들라. 어떤 이들은 적당한 때에 벗기만 한다면 침대에서 무엇을 입든 남편은 상관하지 않을 것이라고 생각할지 모른다. 그러나 여성스러운 잠옷으로 단장한 깨끗하고 향내 나는 몸은, 아내가 남편과 함께하는 시간에 가장 매력적이고 매혹적으로 보이기 위해 애쓰고 있다는 사실을 남편에게 전달해 준다. 이제 우리는 남편들이 아내의 몸을 보는 것에서 크게 자극을 받는다는 사실을 다 이해하게 되었다. 하지만 무엇이든 지나치면 안 된다. 집에서 알몸 상태로 돌아다니거나 맨살이 다 드러나게 옷을 입는 것은 좋은 습관이 아니다. 언젠가 어떤 부인이 말했듯이, "상상력을 발휘하도록 무언가를 약간 남겨 놓는 것이 마음을 사로잡는 힘이 더욱 크다."

물론 평소에도 아내의 외모는 남편에게 중요하다. 남편을 기쁘게 **하고자 하는** 아내를 위해 몇 가지 실마리를 제시하겠다. 예쁘게 보이라. 계속 웃는 낯을 하라. 불평하지 말라. 팔을 벌려 남편을 영접하라!

남편을 기쁘게 하기 위한 또 다른 방법들이 있는데, 이는 간단한 것이어서 이미 알고 있을 줄 안다. 그러나 늘 기억할 필요가 있다. 침실의 아름다움과 안락함에 주의를 더 기울이라. 청소할 시간이 모자랄지라도 정돈된 느낌을 주도록 늦은 오후가 되면 집을 치우라. 남편이 퇴근하기 전에 자신을 새롭게 단장하라. 남편이 좋아하는 야채가 브로콜리라면 그것을 내놓고, 남편이 콩을 싫어하면 빼라. 남편이 좋아한다고 생각하는 옷을 입으라. 만일 남편이 밤늦게 자는 것을 좋아한다면 오후에 억지로라도 낮잠을 청해서 남편과 함께 밤늦게까지 있도록 노력하라. 만일 남편이 야구를 좋아하면 그것을 배워서라도 함께 즐기라. 당신이 시녀이기 때문이 아니라, 남편의 세계를 함께 즐기기 위해 그렇게 하라는 것이다. 가장 중요한 것으로는, 현명한 아내는 논쟁을 하지 않는다. 아내는 남편의 뜻을 포용함으로써 또는 그의 의견에 복종함으로써 그를 평안하고, 만족스럽고, 행복하게 해줄 것이다. 중요한 사안일 때는 사안 본래의 가치에 집중하여 토론하고 결정해야 한다. 보통 남편은 아내의 사려 깊은 의견을 환영한다. 경청은 많이 하고 말은 적게 하라는 것은 언제나 우리 아내들에게 필요한 훌륭한 교훈이다. 그리고 이 모든 것은 남편에게 순종하라는 하나님의 말씀이 아내들에게 권고하는 바와 일치한다.

만일 당신이 남편에게 아름다운 존재로 남아 있기를 원한다면 나이가 들수록 더욱 절제해야 할 것이다. 남편이 뚱뚱한 것을 원하지 않는다면 중년 이후에 1년에 4-5킬로그램씩 증가하는 자연적인 체중 증가를 피해야 한다. 남편과 함께 참여하는 건강 증진 프로그램은 두 사람에게 교제 시간을 허용할 뿐만 아니라, 부부의 황금기를 활기차게 보낼 수 있게 하며, 사지에 혈액 공급량을 최대한 증가시킴으로써 성적인 활력까지도 더해 줄 것이다.

더욱 중요한 것은 내적인 아름다움임을 경시하지 말라는 것이다. 앨리스 페인터(Alice Painter)는, 여자가 열여섯 살일 때 아름답지 않다면 어쩔 수 없지만 예순 살인데 아름답지 않다면 그것은 자신의 잘못이라고 했다. 내면이 불행한 여자는 주름과 표정에서 그것이 나타난다. 또 행동으로 그것을 나타내고, 다른 사람들의 미움을 사게 된다. 그 여자는 아마 크고, 귀에 거슬리고, 푸념하거나 불평하거나 비웃는 어조의 목소리를 통해 그것을 드러낼 것이다. 사랑을 받으며, 또 자신이 사랑받고 있음을 아는 여성, 주님을 사랑하고 그 남편을 사랑하는 여성은 갈수록 **사랑스러워질** 것이다.

기독교적 사랑의 보증

수년 전 우리 부부는 그리스도인이 된 이래 우리의 결혼 생활이 얼마나 변했는지에 대해 질문을 받았다. 가히 비교할 수 없을 정도다! 물론 그 전에 우리는 둘 다 자기 중심적이었다. 우리는 서로를 기쁘게 하는 것에 대해 별로 관심이 없었고, 하나님의 말씀이 말하는 성의 의미에 대해 무지했기 때문에 이 책에서 논의한 그런 종류의 성관계를 경험하지 못했다. 우리는 서로 잘 지내기는 했지만 마음 깊은 곳에 있는 감정을 나누지는 못했다.

지금은 우리 둘 다 그리스도인이기 때문에, 나는 나를 향한 남편의 사랑이 그리스도께서 나를 사랑하시는 것과 같은 종류임을 알고 있다. 그 사랑 안에서 나는 안전하고 든든하다. 나는 언제 어디서나 남편에게 이야기할 수 있으며, 우리 가정의 영적인 리더로서 그의 지혜를 신뢰한다고 고백할 수 있다. 우리는 우리의 마음을 기도로 함께 쏟아 낼 정도로 아주 친숙해졌기 때문에, 이제 무엇에 대해서든 서로 자유롭게 의사 소통한다. 우리는 각자의 단점과 자신의 결점을 드러내는 것을 두려워하지 않는다. 왜냐하면 우리는 서로의 온갖 단점과 실수와 강점과 더불어, 서로를 있는 그대로 받아들이고 있음을 알기 때문이다. 내가 사랑받는 것이 나의 성취에 근거한 것이 아님을 아는 것은 얼마나 놀라운 일인가! 즉 내가 무엇을 잘 해 내지 못할지라도 나는 여전히 사랑을 받을 것이다. 그리고 그 사실은 **틀림없이** 나로 하여금 더 잘하게 해줄 것이다.

그렇다고 이것이 완전한 관계인가? 물론 아니다! 여전히 내 안에서 고개를 드는 옳지 않은 태도가 있다. 그럴 때마다 나는 그리스도인으로서 이런 식으로 행동하지 **않아야** 함을 인식하면서 뒤로 물러나 이 문제를 주님께 맡기고 다시 시작해야 한다. 나는 옛 사람이 나를 다스리도록 하지 **않아야** 하며, 옛 자아라면 모욕으로 느꼈을지도 모르는 사소한 것들에 대해 유치하게 화를 낼 필요가 없다. 사실 곰곰이 생각해 보면 남편이 바쁘거나 일에 몰두했기 때문에 그렇게 된 것이지 결코 고의로 그렇게 한 것이 아님을 깨닫는다. 그리스도인 여성으로서 나는 하나님께 순종하고 내 남편을 기쁘게 할 수 있는 자유가 있다. 반대로 행동할 **필요가** 없다.

나는 남편들이 이 장을 읽고 있는 것을 그려보고 싶고, 또 그들이 아내를 사랑하고 감사하는 정도를 아내에게 나타내는 모습—단지 침실에서만이 아니라 어느 때든지, 포옹과 쓰다듬음과 친절함과 칭찬의 말로—을 떠올려 보고 싶다. **많은 남편이 아내의 행동은 곧 자신의 행동을 반영한다는 것을 인식하지 못하고 있다.**

자녀와 우선 순위

성과 결혼에 관한 이 논의에서 자녀에 관해 두 가지를 언급하겠다. 첫째, 자녀는 우선 순위상 적절한 위치에 있어야 한다. 남편이 첫째여야 하고 자녀는 그 다음이어야 한다. 어떤 여성은 자녀를 남편 앞에 놓는다. 그 후 자녀가 성장해 독립하고 나면 남편과 아내는 의사 소통의 근거를 잃고 만다. 둘째, 가정은 자녀들이 성에 관한 태도를 제일 먼저 보고 배우는 장소다. 그들이 받을 수 있는 가장 좋은 성교육은 엄마 아빠가 서로 사랑하는 모습과 이 사랑이 부드럽고 사려 깊은 방식으로 표현되는 것을 보는 것이다.

자녀가 어떤 식으로 영향을 받는지 알기 위해 이런 예를 들어 보자. 아내가 부엌의 가스레인지 앞에 서서 저녁을 준비하고 있을 때, 남편이 아내 곁으로 와 아내의 등을 토닥거린다고 가정해 보자. 그 때 아내는 돌아서서 질책하는 어조로 "저리 가요!"라고 한다. 근처에서 놀고 있던 어린 아들 딸이 그 광경을 목격한다. 방금 그들이 무엇을 배웠을 것 같은가? 이제 다른 장면을 연상해 보자. 남편이 곁으로 와 뒤에서 아내를 토닥거리자, 아내는 돌아서서 남편을 보고 생긋이 웃으며 팔을 내민다. 서로 껴안고 입을 맞춘다. 그리고 남편은 소파로 가서 신문을 읽고, 아내는 음식을 준비하며 작은 소리로 콧노래를 부른다고 가정해 보라. 이 때 자녀들은 얼마나 다른 것을 배우겠는가!

자녀들은 부모의 행동을 관찰하고 부모의 태도를 흡수하고 동화할 것이다. 만일 그들이 부모가 따뜻하면서도 감정을 드러내는 관계를 맺는 것을 본다면, 그들도 십중팔구 애정이 깊은 사람으로 성장할 것이고 성에 대해 건전한 태도를 갖게 될 것이다. 그리고 나중에 그들이 결혼을 준비할 때 부모의 도움을 요청하게 될 것이다.

신부를 위한 조언

최근에 몇몇 신부는 나에게 와서, 진작 누군가 그들에게 몇 가지 제안을 해주었더라면 좋았을 것이라고 말했다. 그에 대한 응답으로 나는 다음의 요령을 포함시키고 싶다.

* 마지막 순간에 급하게 챙기지 않아도 되도록, 모든 결혼식 준비를 아주 충분히 그리고 미리 미리 하라.
* 신랑과 신부는 쉬어야 한다. 이 말은 신부는 결혼식 날 새벽이 될 때까지 수다를 떨어서는 안 되고, 신랑은 결혼식 전날 밤에 총각 파티를 해서는 안 된다는 의미다.
* 첫날밤을 보내기 위해 **짧은** 여행을 계획하라.
* 반드시 튜브 형으로 된 인공 윤활제를 휴대하라.
* 분비물을 흡수하기 위해 작은 수건을 준비하라.
* 두 사람이 첫날밤 기대하는 바가 무엇인지 미리 함께 정하라. 서서히 그리고 부드럽게 서로 상대방의 옷을 벗겨 줄 것인가, 아니면 신부가 화사한 잠옷 차림으로 사뿐사뿐 들어와 신랑의 넋을 빼앗을 것인가? 서로의 벗은 몸을 바라보는 어색함은 첫날밤 함께 있는 동안 언제 그랬느냐는 듯이 사라져 버린다.
* 신혼 여행 기간에 최소한 한 번은 함께 샤워를 하라.
* 낭만적인 분위기를 위해 양초를 가지고 가라.
* 휴식을 취하라. 그리고 서로를 소중히 여기면서 결합할 것을 기대하라.

홀마크사가 발행한 아버지의 날 카드의 메시지가 아주 인상적이어서 나는 매년 이것을 남편에게 보내는데, 그 내용은 다음과 같다.

언제나 나를 보호하고 배려하며, 안전과 생활비와 그리고…**성적인 즐거움**을 제공하는 내 남편에게!

남편은 정말 그렇다! 나는 당신이 이 장의 원리들을 실행에 옮기고 그것들이 효과를 발휘하는 것을 경험하기 바란다. 또 당신이 남편을 즐겁게 하고 또 남편으로 하여금 당신을 즐겁게 하는 법을 배우게 함으로써 당신이 기대하는 만큼 성적인 즐거움을 누릴 수 있게 되기를 바란다. 이것은 당신이 시작하기 나름이며 당신의 태도에 달려 있다.

11
가족 계획의 이론과 실제: 피임법

> 자식은 여호와의 주신 기업이요 태의 열매는 그의 상급이로다.
> 젊은 자의 자식은 장사의 수중의 화살 같으니
> 이것이 그 전통(箭筒)에 가득한 자는 복되도다.
> 시편 127:3-5

모든 자녀는 하나님의 선물임에 틀림없다. 두말할 것도 없이 나는 산모의 생명이 위협받지 않는 이상 유산은 해서는 안 될 일이라고 생각한다. 그리고 개인적으로는, 부모가 어느 정도 지적인 능력을 갖추고 있는 성숙한 그리스도인이라면, 자녀들이 건전한 그리스도인의 삶을 살도록 훈련할 수 있는 한도 안에서 얼마든지 많은 자녀를 두어도 괜찮다고 생각한다.

자녀들이 하나님을 섬기는 독자적인 삶을 영위할 수 있도록 준비시키는 일은 남편이나 아내에게 특별한 기쁨을 경험할 수 있게 해준다. 모든 자녀는 하나님의 뜻하신 목적을 향해 시위를 떠난 살, 곧 전통의 화살과 같다.

하나님은 부모들이 받을 복에 대해서 분명히 공포하셨다. 그러나 우리가 이미 잘 알고 있듯이 부모가 된다는 것은 뭔가 되돌려 받을 것을 생각하지 않고 주고 또 주는 것을 의미한다. 하나님이 약속하신 상급은 요구해야 주시는 그 무엇이라기보다는 저절로 따라오게 되어 있는 것이다.

자녀들을 순전하고 경건한 사랑으로 키우려는 부모라면, 성경이 명백하게 제시하고 있는 주님의 가르침에 입각하여 그들을 양육하는 데 혼신을 다할 것이다. 예수 그리스도 안에서 정서적으로 성숙해 가는 엄마 아빠들은 보상을 요구하지 않으면서 자녀들을 사랑하고 그들에게 베풀 수 있게 될 것이다. 이런 자들이야말로 하나님이 약속하신 모든 기쁨과 만족을 기대할 수 있다.

베푼다고 할 때 내가 염두에 두는 것은 아이들의 물질적인 욕구를 다 채워 주는 것이 아니다. 부모들은 **자기 자신**을 주어야 한다. 즉 자신이 상상할 수 있는 모든 인내와 사랑과 절제를 기꺼이 쏟아부어야 한다. 자신을 기꺼이 줄 수 있는 사람만이 어린아이의 순전한 신뢰를 받을 것이며, 십대의 따뜻한 존경을 받을 것이며, 그 중간의 성장기마다 나름의 애틋함을 누릴 수 있을 것이다.

시편 128:1-4은 경건한 가정 생활을 다음과 같이 묘사하고 있다.

여호와를 경외하며 그 도에 행하는 자마다 복이 있도다. 네가 네 손이 수고한 대로 먹을 것이라. 네가 복되고 형통하리로다. 네 집 내실에 있는 네 아내는 결실한 포도나무 같으며 네 상에 둘린 자식은 어린 감람나무 같으리로다. 여호와를 경외하는 자는 이같이 복을 얻으리로다.

약혼기부터 두 배우자는 장차 가정을 꾸미는 일과 자녀 양육에 대한 의견을 나누고, 관련된 문제들에 대해 결혼식 **이전에** 의견의 일치를 보아야 한다. 물론 나중에 생각이 달라질 수도 있겠지만, 결혼 관계가 발전해 갈수록 하나님이 인도하시는 대로 관점을 통일시킬 수 있게 될 것이다.

이 장에서는 가족 계획의 여러 측면을 고려하려는 이들에게 필요한 정보를 제공하고자 한다. 오늘날 미국의 경우 결혼한 부부의 약 15퍼센트는 불임으로 인해 자녀가 없다. 또 다른 10퍼센트 부부는 그들이 원하는 것보다 적은 수의 자녀를 두고 있다. 이 장의 마지막 부분에 가서는 임신 가능성을 높일 수 있는 실제적인 방법론을 제시할 것이다. 신체적인 이상이 없는 경우라면 몇 가지 간단한 절차를 밟음으로써 임신율을 두 배로 증가시킬 수 있다.

그러나 대부분의 경우, 즉 4분의 3 이상의 부부는 불임 문제와 상관이 없기 때문에 상담에서 임신 횟수나 출산 터울 조정에 대한 질문을 가장 많이 한다. 흔히 받는 질문들을 중심으로 여러 가지 방법론을 검토해 볼 텐데, 그렇다고 내가 이런 방법론을 적극적으로 추천하려는 것은 아니며 단지 의학적인 정보를 소개하려는 것뿐이다. 가족 계획은 부부가 전적으로 책임을 져야 할 사적인 문제다. 결정은 당사자가 해야 한다. 인공적인 피임법을 사용할 것인지, 자연스럽게 임신을 피하는 쪽으로 할 것인지, 아니면 어떤 방법도 사용하지 않기로 할 것인지 부부 스스로 결정해야 한다.

의사 결정을 위해 다음의 통계를 참고하라. 즉 임신 적기의 부부가 아무런 조치도 취하지 않은 채 하는 성교의 80퍼센트는 임신에 이른다. 또 다른 고려 사항으로는 다음과 같은 것이 있다.

1. 신혼 부부는 서로에게 적응하기 위해 얼마간의 시간을 확보하는 것이 바람직하다. 즉 두 사람은 새로 탄생한 가정의 여러 가지 책임을 피차 받아들이기까지 서로 의사 소통하는 방법과 삶을 나누면서 살아가는 방법을 배워야 한다. 바로 아이를 가지게 되면 젊은 부부가 서로에게 집중하는 것이 힘들어진다.

2. 아내의 건강이 가장 중요한 이슈다. 가족 계획을 하지 않는다면 여성은 20명 정도의 출산이 가능하다고 한다. 예를 들면, 42세의 한 여성이 25년 동안 쌍둥이 하나 없이 21명의 자녀를 낳았다고 하여 최근에 화제가 된 적이 있다. 그 여성은 통산 16년 동안을 꼬박 임신해 있었던 것이다. 이와 같은 연속적인 출산은 일반적으로 여성의 건강을 고려할 때 결코 추천할 만한 일이 못 된다. 웨슬리 부인은 19명의 자녀를 두었다고 한다. 그 중에 두 사람, 즉 우리가 잘 아는 존 웨슬리와 찰스 웨슬리는 영국을 참된 기독교 신앙으로 되돌리는 일에 크게 쓰임받는

인물이 되었다.
3. 임신에 대한 두려움은 종종 성관계의 즐거움을 억제하는 요소로 작용한다는 사실을 염두에 두어야 한다.

만일 부부가 임신을 연기하기로 할 경우 어떤 피임법이 가장 올바른 것인지 어떻게 결정할 수 있을까? 어떤 부부에게든 또 언제든 완벽한 방법이란 없다. 어느 부부에게 만족스러운 방법이 다른 부부에게는 적합하지 않을 수도 있으며, 또 같은 부부라도 상황이 변하거나 관점이 변하면 방법을 바꿀 수도 있는 것이다.

첫 번째 고려 사항은 무엇보다 **안전**이다. 즉 선택한 방법이 유해하지 않아야만 한다. 그 동안 애용하던 일부 피임법이 건강에 위험을 초래할 가능성이 있음을 현대 의학이 밝혀 내고 있는 중인데, 이런 사실들을 염두에 두어야 할 것이다. 어떤 방법은 과거에 특정 병력(病歷)이 있거나 현재 건강상의 문제가 있는 여성에게는 적합하지 않다. 또 어떤 방법은 어떤 여성들에게 신체적인 불쾌감을 초래할 수도 있다. 의사는 이런 사항들을 다 고려하여 가장 안전한 방법을 권해 주어야 한다.

연구 속도가 빨라지고 정부의 규제가 자주 바뀌면서 피임에 대한 정보는, 특히 통계와 부작용에 대한 정보는 최근치를 알아야 한다. 담당 의사와 이 문제를 상의할 것을 권한다.

두 번째 고려 사항은 **효율성**으로서, 이 문제는 상당 부분 사용자의 조심성 여부에 달려 있다고 할 수 있다. 즉 어떤 방법을 적절하고 규칙적으로 조심성 있게 사용하는 부부는 같은 방법을 사용하되 부주의하거나 불규칙적으로 사용하는 부부보다 훨씬 더 높은 성공률을 기대할 수 있다. 예를 들면 나는 방법론별로 예측하지 않은 임신 가능성에 대한 통계인 실패율을 두 가지 수치로 제시했다. 첫 번째 통계 숫자는 그 방법을 정확하게 사용했을 경우의 **피임 실패율**을 보여 주지만, 두 번째 통계 숫자는 **사용자 부주의로 인한 실패율**을 나타낸다. 이렇게 함으로써 각 개인이 신경 써야 할 정도나 신중성의 정도에 차이가 있음을 나타내려고 하였다.

세 번째 고려 사항은 **얼마나 정성 들여** 사용할 수 있느냐 하는 문제다. 어떤 방법은 더 많은 시간과 생각을 요구한다. 자연적인 가족 계획법은 꾸준한 기록과 더불어서 관련된 제반 사항을 살피고 이해할 것을 요구한다. 또한 이 방법의 확실한 효과를 기대하려면 대략 열흘 정도는 성교를 절제해야만 한다. 따라서 어떤 방법을 결정하기에 **앞서서** 얼마나 철저하게 지킬 가능성이 있는지를 먼저 정하라.

네 번째 고려 사항은 **개인적인 취향** 문제다. 어떤 이유에서든 불쾌하거나 불편하거나 거부감이 느껴지는 방법이라면 자신에게 맞는 것이 아니다.

다양한 피임 방법을 소개하는 동안 나는 특정한 방법을 추천하지는 않을 것이며, 다만 유해하거나 비효율적일 가능성이 있는 방법을 사용하지 않기를 권한다.

오늘날 주로 사용하고 있는 방법들을 설명하기 위해 그 작용 과정과 효율성에 대한 최근 통계 자료와 그 방법의 장점과 단점을 제시하는 순으로 서술하겠다. 우리는 인공적인 방법(피임약, RU 486과 자궁 내 피임 장치, 페사리, 살정제, 콘돔)을 먼저 살펴보고, 다음으로 수술법(정관 절제술과 난관 결찰법)을 살펴보고, 마지막으로 자연적인 가족 계획법을 살펴보겠다.

현재 사용 중인 또 다른 산아 제한법으로는 여성 콘돔, 젤리, 스펀지, 질 좌약, 자궁 경부 마개형, 호르몬 피하 이식법(Norplant), 불임술(복벽 절개 복강경 수술) 등을 들 수 있다. 이런 방법들에 대한 자세한 설명을 보려면 조 매킬해니(Joe S. McIlhaney Jr.)가 쓴 「여성들이 제기하는 건강에 대한 질문 1250」(*1250 Health-Care Questions Women Ask*) 제2판이나 체외 수정 및 배아 이식 등에 관한 정보를 참고하기 바란다.

피임을 하지 않고 **한 번의 성교**로 임신할 가능성은 성교한 시점이 월경 주기의 어디에 해당하는지에 따라 달라지겠지만 대개 3-20퍼센트라고 한다.

경구용 피임법: 피임약

피임약으로 알려져 있는 경구용 피임법은, 에스트로겐 호르몬과 프로게스테론 호르몬을 완전히 균형을 맞추면 배란을 억제할 수 있다는 발견에 기초한 피임법이다. 이 두 호르몬은 임신 중에 배란을 정지시키는 호르몬과 동일한 호르몬이다. 따라서 어떤 여성들은 피임약을 복용하기 시작하면서 유방이 부드러워진다거나 속이 더부룩하거나 입덧과 같은 임신 초기 때와 비슷한 증상을 경험한다.

피임약은 21일 동안 매일 복용해야 한다. 약은 월경을 시작한 지 5일째 되는 날부터 복용하면 된다. 그 후 매일 한 알씩 복용하여 21알을 먹으면 된다. 복용을 멈춘 후 2-3일이 지나면 월경 주기가 다시 시작되는 셈이다. 마지막 약을 복용한 지 일주일 후부터 21일 동안 복용하면 주기가 반복된다. 임신을 억제하고자 하는 동안 이 절차를 매달 반복해야 한다.

피임약은 기본적으로 여성의 난소에서 정상적으로 생성되는 자연 에스트로겐, 프로게스테론과 아주 흡사한 물질로 구성되어 있다. 이 물질은 여성의 몸이 난자를 생성하지 못하도록 메시지를 보냄으로써, 성교 시에 배출된 남성의 정자가 결합할 대상 자체가 없도록 해준다.

여성이 피임약을 복용하는 한, 월경 주기를 통제하는 것은 바로 이 **약**이지 호르몬이 아니라는 사실을 이해하는 것이 중요하다. 모든 여성이 호르몬 정제에 대해 동일하게 반응하는 것이 아니므로 때로 월경 시기가 아닌 중간기에도 약간의 하혈이나 하혈의 기미가 있을 수 있다. 또한 월경 시에 혈액의 양이나 지속 기간에도 증감이 있을 수 있으며, 때로는 월경을 완전히 거르기도 한다. 피임약을 복용하고 있는 중에 월경을 거르게 될 경우가 있는데, 그렇더라도 동일한 스케줄대로 계속 복용해야 임신을 억제할 수 있다. 규칙적으로 복용을 했지만 월경을 두 번 이상 걸렀을 경우에는 의사에게 검진을 받아야 한다. 대개 피임약을 복용하면 월경은 훨씬 더 규칙적으로 변하고, 생리통도 거의 없어진다.

월경 시기를 연기하려고 이따금씩 피임약을 며칠 더 복용하는 경우에도 특별히 해롭지는 않은 것으로 안다. 월경 시기를 늦추는 것은, 남편의 근무 시간이 불규칙하면서도 어느 정도 예측 가능한 경우에 큰 도움이 될 수 있다. 이런 식으로 월경의 시작 시점을 다시 잡으려면 의사의 처방대로 에스트로겐과 프로게스테론이 따로 분리되어 있는 **복합** 피임약을 복용해야 한다.

피임약을 중단하기로 할 경우, 복용을 중단한 후 첫 번째 월경 주기가 되면 대개는 배란이 재개된다. 그러나 어떤 여성들은 배란과 월경의 재개에 어려움을 겪기도 한다. 또 어떤 경우는 90일이 지나서 배란이 재개되기도 한다.

많은 여성은 피임약의 복용이 폐경기를 지연시키는 것이 아닌지 의아해한다. 그러나 피임약의 사용이 때로 폐경기의 시작을 인식하지 못하게 만드는 경우가 있을 수 있지만, 폐경기를 지연시킨다는 증거는 없다.

임신을 위해 그냥 피임약 복용을 중단해도 되는가? 어떤 전문가들은 콘돔이나 페사리와 같은 피임 도구를 대용하여 3개월 정도 기다렸다가 임신을 시도하는 것이 안전하다고 한다.

피임약은 인공적인 피임법 중 가장 효과적인 방법으로서 실패율은 1년의 사용 기간 동안 100명 중 1명 이하다. 그러나 의학 서적들은 피임약의 심각한 후유증에 관한 증거가 늘어나고 있다고 보고하고 있다. 가장 유념해야 할 한 가지 사실은, 영국에서 1968년 이래 46,000명의 여성을 대상으로 실시한 연구의 결론이다. 영국 의학지의 선두주자인 "랜셋" (*Lancet*)이 보고한 연구 발표문에서 책임 연구원이 내린 결론은, 대체로 피임약 복용자는 피임약을 한 번도 사용하지 않은 여성에 비해 연령별 사망률이 40퍼센트 높게 나타났다는 것이다.

미 식품의약품국은 피임약의 복용과 응혈 이상 반응 사이에 명백한 상관 관계가 있음을 경고해 왔다. 혈액 응고로 인한 합병증 때문에 사망하는 비율은 피임약 복용 여성 10만 명 가운데 3명으로 나타났다.

이 통계의 의미를 파악하기 위해서는 다음의 통계와 비교해 보아야 한다. 즉 임신으로 인한 사망률이 10만 명 가운데 22.8명이요, 유산으로 인한 사망률은 10만 명 중 100명이라는 사실을 유념하라. 통계적으로 볼 때 피임약은 흡연이나, 운전 또는 수영보다 생명과 건강에 유해하지 않은 것이라고 할 수 있다. 예컨대 한 여성이 자신의 전 생식 기간인 약 30년 동안 경구용 피임약을 복용했을 때 따르는 위험 부담률은 그 여성이 도시 한 가운데를 관통하는 고속 도로에서 약 19킬로미터 거리를 운전할 경우에 따르는 위험 부담률과 맞먹는다.

그러나 담배를 피우는 여성은 피임약이 자신에게 굉장히 해로울 수 있다는 사실을 인식해야 할 것이다. 오늘날 전문가들은 피임약을 복용하기 원하는 여성은 반드시 금연할 것을 강력히 주장하고 있다. 그렇게 하지 못하겠으면 다른 피임법을 택하는 것이 좋다. 치명적인 응혈 이상과 뇌졸증의 발생률은 20-34세 흡연자의 경우 35-44세에 이르는 흡연자들의 25배에 이르고 있다. 따라서 흡연을 하는 경우에는 피임약을 복용하지 않도록 하라!

젊은 여성의 경우 산아 제한용 피임약과 담석 발생률의 증가가 상관 관계가 있다는 강력한 증거가 있다. 미국에서만 경구용 피임법은 수술한 숫자로 따져서 10만 건의 담석증을 유발했다고 추정되고 있다. 16,638명의 여성을 대상으로 10년 넘게 조사한 또 다른 연구는 흑생종(腫)을 포함하는 각종 질병이 피임약과 연관될 수 있다는 가능성을 보고하고 있다.

어떤 연구 결과는 단정적으로 받아들여서는 안 된다. 왜냐하면 복용자의 생활 방식과 관련이 있을 수도 있기 때문이다. 예를 들면 연구자들은 피임약을 복용하는 소녀들이 자궁경부암에 걸릴 소지가 더 많은 이유는 아마도 훨씬 더 조기에 그리고 더 잦은 성행위를 하기 때문이라고 설명한다.

이런 발견들을 염두에 두고 각 개인은 피임약 복용이 산아 제한의 방법으로서 얼마나 효과적이고 또 편리한지와 다른 한편 건강을 해치는 위험 정도를 잘 알아 보아야 할 것이다.

비교적 약소한, 피임약의 다른 부작용으로는 현기증과 구토증을 들 수 있다. 그러나 이런 문제들은 저녁 식사 후에 복용함으로써 극복할 수 있다. 왜냐하면 저녁 식사 후에 복용하게 되면 위 안의 음식물이 약물을 천천히 흡수하게 함으로써 불쾌한 효과를 줄여 주기 때문이다. 이런 증상들은 대개 며칠 지나지 않아서, 몸이 적응하고 나면 사라지게 된다.

다음과 같은 증상이 발생하면 담당 의사와 상의하는 것이 좋다. 즉 두통이 잦거나 지속될 경우, 피부의 변색, 이유 없이 가슴이 답답한 경우, 발목이 이례적으로 붓는 경우, 호흡이 가빠지는 경우, 사물이 이중으로 보이거나 빛이 번쩍 하는 것과 같은 시력 이상, 다리의 통증이 이유 없이 지속되는 경우, 유방에 몽우리가 생기거나 유방이 확장하는 경우, 하혈이 잦거나 지속적일 때 등이다.

경구용 피임법은 현재 미국에서 가장 보편적으로 사용되는 산아 제한법이다. 그러나 뉴욕 시 가족 계획 협의회 부의장은 장차 여성들의 피임약 복용 기간이 지금보다는 훨씬 짧아질 것으로 예견하고 있다. 그는 대부분의 여성이 길어야 15년 정도만 경구용 피임약을 복용할 것이라고 한다.

경구용 피임법의 장점
1. 적절히 사용하기만 하면 이 피임법은 지금까지 알려진 방법들 중에 가장 효과적이고 복원이 용이한 방법이다.
2. 간편하고 확실한 피임법이다. 성교 시에 특별한 준비를 할 게 아무 것도 없다. 피임약을 복용한 여성은 언제 어느 때든 보호를 받을 수 있다.
3. 성교의 자연스러운 욕구와 즐거움을 방해받지 않을 수 있다.
4. 의사의 검진이나 장치 부착을 위한 도움이 전혀 필요 없다.
5. 대부분의 경우 월경 주기가 더욱 규칙적으로 고정된다.

경구용 피임법의 단점
1. 장기적으로 보면 건강을 해칠 가능성이 있다.
2. 어떤 여성은 부작용을 경험할 수 있다.

3. 대수롭지는 않지만 구토증이나 유방이 이완하는 등의 불쾌감이 따를 수 있다.
4. 피임약을 복용해야 한다는 사실을 기억하는 것이 쉽지만은 않다(잠자리에 들기 전에 양치질을 해야 하는 것과 마찬가지로 피임약 복용을 생활의 일부가 되게 하는 것이 좋다).
5. 모유를 먹이려는 여성은 이 방법을 택하지 않는 것이 좋다. 왜냐하면 에스트로겐의 증가는 모유의 양을 감소시키거나 중단시키는 경우가 있기 때문이다.
6. 의사의 처방이 있어야 한다.
7. 에스트로겐 함량이 적은 피임약은 수정을 용이하게 하는 대신 착상을 방해할 수가 있다.

실패율: 기대치 않은 임신을 할 확률은 1년에 100명 중 한 명 이하이다.

RU 486

'산아 제한' 방법으로 어떤 여성들은 RU 486을 사용하는데 이것은 화학적으로 유산을 유도하는 것으로서 산아 제한 방법이라기보다는 낙태약이라고 할 수 있다.

자궁 내 피임 장치(IUD: Intrauterine Device)

자궁 내 장치는 부드럽고 신축성이 있는 플라스틱 장치로서 고리(루프라고도 한다—역주)나 갈고리 모양이다. 똑바로 펼 수 있도록 되어 있어서 빨대와 같은 관 안으로 들어갈 수 있다. 의사는 이것을 자궁 경부의 도관을 통해 자궁강 안으로 삽입하며, 자궁강 안에서 이 장치는 원래의 형태로 돌아가게 된다. 현재 어떤 자궁 내 장치들은 스테인레스 강철로 만들어지고 있다. 그 외 대부분의 장치는 미세한 실과 같은 구리 철사로

되어 있어서 축을 중심으로 단단히 감겨 있다. 자궁 내에 소량의 구리만 방출되더라도 착상 과정에 관여하는 효소의 기능을 변화시키고, 또 자궁 안에서 정자의 이동을 방해하게 된다. 구리의 효용은 2년이 지나면서 약해지기 시작하며 이 때 자궁 내 장치를 바꿔 줘야 한다. T자 형으로 생긴 또 다른 장치는 1년 동안 소량의 프로게스테론을 자궁강 안에 방출하게 되어 있는데 이것도 1년이 지나면 교환해야 한다(우리 나라의 경우와 다름-역주).

자궁 내 장치가 정확히 어떻게 효과를 발휘하는지는 아무도 모른다. 다만 어떤 연구자들은 이 장치가 난자의 이동을 촉진함으로써 난자가 자궁강을 빨리 통과하여 지나가기 때문에 임신을 가능하게 하는 착상의 여유가 생기지 않는다고 생각한다. 또 다른 연구자들은 자궁 내 장치가 자궁 내에서 국소적으로 염증 반응을 일으킴으로써 자궁 내벽이 이례적으로 팽창하기 때문에 수정란이 착상할 수 없게 된다고 생각한다. 또 어떤 이들은 자궁 내 장치가 아주 이른 시기에 조기 유산을 일으킨다고 생각한다. 몇 차례에 걸친 실험에 의하면, 강간을 당한 환자에게 24-48시간 내에 구리를 함유하고 있는 자궁 내 장치를 삽입했을 경우 임신이 되지 않는다고 한다.

모든 자궁 내 장치의 가장 주된 합병증과 부작용으로는 골반의 염증(정상적으로도 두세 번은 발생함), 패혈증을 수반하는 유산, 자궁 벽의 천공(穿孔) 현상, 장치가 자궁벽으로 파고 들어가거나 장치 조각이 떨어져 나가는 경우, 자궁 안에서 장치를 찾지 못하여 방사선 검사를 해야 하는 경우, 자궁 외 임신 등을 들 수 있다. 전반적인 치사율은 자궁 내 장치를 사용하는 것이 경구용 피임약을 사용하는 것보다 낮다고 할 수 있지만 질병 발생률은 자궁 내 장치가 7배나 높다.

골반 감염은 자궁 내 장치를 삽입한 여성의 4퍼센트 정도가 경험하며, 이 중 어떤 경우는 아주 심각하고, 어떤 경우에는 자궁 척출이 불가피하며, 어떤 경우는 염증 때문에 불임이 되기도 하며 나팔관이 손상되기도 한다. 최근에 제작된 자궁 내 장치를 사용하더라도 감염이 발생할 가능성이 있기 때문에 장차 임신을 원하는 여성은 이 방법을 사용해서는 안 된다. 자궁 내 장치를 사용하는 여성의 불임 가능성은 배로 늘어나게 된다.

자궁 내 장치를 착용하면 자궁 외 임신의 가능성, 즉 수정란이 나팔관에 착상할 확률이 이례적으로 높은 것으로 나타나 있다. 이렇게 될 확률은 자궁 내 장치를 사용하지 않았던 경우보다 10배나 더 높으며, 자연 유산의 가능성도 장치를 사용하지 않았던 사람보다 3배나 더 높다.

최근의 통계는 자궁 외 임신과 연관된 감염이 단일 요인으로는 자궁 내 장치 사용자의 치사율을 높이는 가장 큰 요인임을 보여 준다. 임신이 된다 하더라도 자궁 내 장치는 비정상적인 임신의 가능성을 상당히 높이고 있으며, 임신과 관련된 치사 가능성을 현저하게 증가시킨다고 한다. 1975년에 자궁 내 장치의 한 형태가 영구적인 판매 금지 조처를 당했던 것도 바로 이 때문이었다.

또 자궁 내 장치를 사용한 대부분의 여성의 경우 월경의 양이 증가했으며 월경 기간도 일찍 시작하고 늦게 끝나서 한 달에 2-4일 지연되었다는 보고가 있다. 연구에 의하면 바로 이러한 과다한 자궁 출혈 때문에 10-20퍼센트의 여성은 자궁 내 장치를 착용한 지 2-3년 이내에 사용을 중단하도록 했다고 한다. 그리고 자궁 내 장치를 계속 착용한 여성들의 경우 훨씬 많은 퍼센트가 혈액의 유출로 인한 철분 부족 현상을 겪었으며 어떤 경우에는 빈혈 증상을 보이기도 했다. 또 다른 불쾌한 부작용으로는 투명하며 점액질이고 무취의 질 분비물이 생겼다.

자궁 내 장치를 착용한 이들의 10퍼센트 정도는 장치를 삽입한 지 1년 이내에 장치가 빠지는 것을 경험한다고 한다. 이런 탈착 현상은 대부분 월경 중에 발생한다. 자궁 내 장치에 부착되어 있는 견고한 나일론 실은 자궁 경부에서 질 쪽으로 2.5센티미터 가량 나와 있도록 되어 있는데, 이 실을 만져 보면 자궁 내 장치가 제 위치에 있는지 확인할 수 있다. 그리고 필요하면 이 실을 사용하여 자궁 내 장치를 제거할 수도 있다. 월경 시에 탐폰을 사용할 경우 이 실이 거기에 딸려 나오지 않도록 조심해야 한다. 이 장치가 밖으로 빠져나올 가능성이 있기 때문이다.

의사들이 자궁 내 장치를 삽입하기 가장 용이한 시기도 월경 기간이다. 자궁 경부의 입구가 약간 팽창해 있을 뿐 아니라 임신하지 않았다는 사실을 확인할 수 있는 최적기이기 때문이다. 자궁 내 장치는 출산한 직후에 삽입해서는 안 된다. 적어도 2개월, 가능하면 그 이상 기다려야 한다.

자궁 내 장치를 사용하는 경우에는 1-2년마다 의사의 검진을 받아야 한다. 하혈이나 질 분비물이 과다하거나 골반에 통증이 있을 경우(특히 열이 있거나 월경 시가 아닌데도 하혈이 비칠 경우에는) 바로 의사에게 보여야 한다.

자궁 내 장치가 상당한 정도의 피임 효과가 있는 것은 사실이지만, 때때로 여성 신체의 미묘한 내적 반응 기제에 심각한 정도로 영향을 미칠 수 있다는 사실과 또 미치고 있다는 사실이 밝혀졌다. 나는 이 방법을 추천할 수 없으며, 사용하지 않기를 권한다.

자궁 내 장치의 장점
1. 일단 장치를 삽입한 다음에는 피임에 대해 별로 생각할 필요가 없다.
2. 한 번 착용하면 수년 간 그대로 있을 수 있다.
3. 이 장치의 삽입은 대부분의 여성에게 거의 고통을 주지 않는다.
4. 산아 제한법으로는 경구용 피임약 다음으로 아주 효과적인 방법에 속한다.

자궁 내 장치의 단점
1. 질병 발생률이 높으며 사망을 유발하기도 한다.
2. 이상 임신의 가능성이 높다.
3. 자궁 내 장치가 자궁 밖으로 빠져나올 확률이 10퍼센트나 된다.
4. 어떤 여성은 하혈이나 질 분비물이 과다해진다.
5. 조기 유산의 가능성이 높아진다.

실패율: 1년 간 100명의 사용자 중 1-6명이 예기치 않은 임신을 했다.

페사리

질 다이아프람이라고도 하는 페사리는 의학적으로 허용되는 피임법으로는 최초로 개발된 것이다. 1950년대까지는 피임을 하는 부부의 적어도 3분의 1이상이 이 페사리에 의존하였다. 그러나 경구용 피임약이 완벽한 피임법으로 부상하면서 조금이라도 불편을 수반하는 방법들은 순식간에 밀려나게 되었다. 그러나 페사리의 안전성이 입증되면서 상당수의 부부가 다시 사용하기 시작했다. 이 방법은 피임용 크림이나 젤리와 더불어 사용할 경우 효과적인 가족 계획 방법이 될 뿐 아니라 현재까지 나온 모든 피임법 중에서 가장 안전한 방법으로 알려져 있다.

페사리는 질기지만 가벼운 돔 모양의 고무 마개로서 직경 5-10센티미터 크기다. 테두리는 고무로 싸인 반지 모양의 금속 스프링으로서 신축성이 있어서 페사리 전체를 압착시키기가 쉬우며, 질 안으로 쉽게 집어 넣을 수 있다. 페사리가 질 안쪽 벽에서 완전히 펼쳐지게 되면 자궁 경부를 마치 돔처럼 둘러쌈으로써 정자가 자궁 안으로 들어오는 것을 막아주는 장벽으로 작용하게 된다.

질의 뒤쪽 벽에서 치골까지의 거리는 여성마다 다르기 때문에 페사리는 여러 가지 치수로 만들어져 있으며, 의사는 각 사람에게 가장 적합한 페사리를 처방해야 한다. 그리고 1-2년에 한 번씩 혹은 5킬로그램 이상 체중 변화가 있으면 다시 조정해야 한다. 페사리를 처음 삽입할 때는 의사의 지시를 잘 따라야 한다. 사용법을 익힐 때까지 진료실에서 삽입하고 제거하는 훈련을 하라. 알고 나면 간단하다!

대개 성교 전에 페사리를 삽입하지만, 그것이 성가실 경우에는 2-3시간 전에 미리 삽입해 두어도 좋다. 페사리가 일단 안전하게 장착되고 나면 아내나 남편은 그것의 존재를 떠올리지 않아야 한다.

완전한 피임 효과를 보려면 자궁 경부 근처에 놓이게 될 페사리의 상단부에 피임 목적의 정자를 죽이는 젤리나 크림을 **반드시** 발라 두어야 한다. 성교를 위해 별도의 윤활 효과가 필요하다면 젤리를 선택하고 그렇지 않으면 크림을 사용하라. 이처럼 살정제를 준비해 두면 접촉하는 모든 정자를 죽일 수 있지만, 모든 정자가 완전히 박멸될 때까지, 즉 성교 후 적어도 6시간(바람직하기는 8시간) 동안은 페사리를 그대로 두라.

성교를 하든 하지 않든 한 번 장착한 페사리는 24시간 또는 그 이상 제자리에 안전하게 있을 수 있다. 그러나 장착한 후 3시간이 지나서 성교를 할 경우에는 질 주입 도구를 사용하여 성교 전에 여분의 젤리나 크림을 더 주입해야 한다.

페사리를 불빛에 비추어 봄으로써 구멍이 나지 않았는지 점검하라. 제대로 사용할 경우 수년 동안 사용할 수 있다. 제대로 사용하려면 다음과 같은 사항들을 따르다.

* 페트롤레움 계통은 고무 돔을 급속히 손상시키기 때문에 윤활 효과를 높이기 위해 바셀린을 사용해서는 안 된다.
* 아주 뜨거운 물로 씻어서는 안 된다.
* 완전히 씻은 다음에 말려야 한다.
* 방향성 비누를 사용해서는 안 된다.
* 열이 나오는 곳 부근에 보관해서는 안 된다.
* 표면에 상처를 내지 않으려면 손톱을 짧게 깎아야 한다.
* 사용 후에는 테두리와 마개를 분리하여 홈이 난 데가 없는지 잘 살펴야 한다.

정기적으로 페사리를 가지고 골반 검사를 하러 가서 치수에 문제가 없는지를 확인하고 또 의사의 조언을 구하라. 페사리는 제대로 사용하기만 하면 미래의 임신에 아무런 영향을 미치지 않으며, 지금까지 그 효과가 확실하게 입증된 널리 통용되는 피임법이다.

페사리 피임법의 장점
1. 페사리는 3시간 이전부터 삽입해 둘 수 있어서 성교가 방해받지 않

는다.
2. 남편이나 아내 다 페사리의 존재를 의식하지 않아도 되기 때문에 성적 자극에 방해가 되지 않는다.
3. 관리만 잘하면 수년 동안 사용할 수 있다.
4. 월경 기간 중에 성교를 할 경우 아래쪽 질 벽의 하혈을 막아 줄 수 있다. 그리고 정기적인 월경 기간 중에는 피임용 크림을 사용할 필요가 없다.

페사리 피임법의 단점
1. 페사리는 의사의 측정과 조절 작업이 있어야 한다.
2. 예기치 않은 성교 시에는 페사리 삽입이 방해가 될 수 있다.
3. 반드시 수반되어야 하는 피임용 젤리나 거품이 미끈거리거나 성가시게 여겨질 수도 있다.
4. 어떤 여성은 질에 페사리를 삽입하는 것에 대해 혐오감을 가지는 경우가 있다.

실패율: 이 방법으로 예기치 않은 임신을 할 가능성은 1년 동안 100명당 2-20명꼴이다. 사용자 부주의로 인한 실패 가운데 흔한 것으로는 피임용 크림을 사용하지 않았거나, 페사리를 삽입하고 나서 오랜 시간이 경과한 다음 성교할 때 추가로 크림을 바르지 않은 경우를 들 수 있다.

질에 사용하는 살정제

정자를 죽일 목적으로 생산되는 제품 그 자체가 피임약으로 쓰일 경우가 있다. 여기에는 좌약, 거품, 크림, 젤 등 다양한 형태가 있는데, 공통점은 질에 발랐을 때 질 조직을 손상시키지 않고 정자를 죽일 수 있는 화학 성분을 포함하고 있다는 점이다. 거품, 크림, 젤 형태의 약은 자궁 경부에 장애물을 설치하여 정자가 자궁 안으로 들어오는 것을 막아 주는 역할을 한다.

　살정제는 아주 가느다란 플라스틱의 질 삽입기로 자동적으로 양을 측정하여 삽입하도록 되어 있다. 그러나 성교할 때마다 또는 그 이전에 미리 준비해 두는 것을 잊지 않아야 한다. 모든 정자가 죽을 때까지 적어도 6시간(바람직하기는 8시간)을 기다리는 것이 좋으며 관주(灌注)는 하더라도 그 후에 하는 것이 좋다.

　거품을 사용할 때에는 외음부의 질 벽이 아니라, 자궁 경부 근처의 뒤쪽 질 벽까지 밀어 넣어야 하며 성교 전에, 적어도 성교 15분 이전에 아내가 삽입해야 한다. 사용하기 전에 20번 정도 용기를 흔들거나 거품을 채운 주입기를 흔들어서, 살정제가 면도용 크림 정도의 농도로 골고루 섞이도록 해야 한다. 그리고 여분의 거품이 담긴 용기를 곁에 두라.

　살정제는 오랜 동안 사용되어 왔으며 아주 안전하다고 할 수 있다. 거품은 젤리나 크림보다 약간 더 효과적인 것으로 밝혀졌으며 또 덜 성가시다는 이점이 있다. 어느 약국에 가든 처방 없이도 다양한 살정제를 구입할 수 있다. 동봉한 안내서를 주의 깊게 살펴본 다음 그대로 따라야 한다.

살정제 피임법의 장점
1. 의사의 처방 없이도 살 수 있다.
2. 절차가 간단하다.
3. 성교 후에 제거할 필요가 없다.
4. 심각한 부작용은 없다.

살정제 피임법의 단점
1. 성교 전에 사용해야 한다.
2. 때로 질에 알레르기성 염증을 유발할 수 있다.
3. 성교 후에 분비물 양이 굉장히 많다.

실패율: 1년 동안 100명당 2-29명이 예기치 않게 임신했다. 사용자 부

주의로 인한 실패율이 높은데 이것은 올바로 사용치 못할 경우에는 매우 비효과적인 방법임을 나타내 준다.

콘돔

콘돔('성병 예방 기구', 줄여서 '예방구' 또는 '덮개', '고무' 등으로 불린다)은 얇은 고무 또는 양피막(lamb membrane)으로 만든 덮개로서 발기한 음경에 딱 맞게 부착시켜서 성교하는 동안 정액이 질로 들어가지 못하도록 보관해 주는 역할을 한다.

콘돔은 세계적으로 가장 널리 사용되고 있는 효과적인 산아 제한 방법이다. 그리고 안전하기로 정평이 나 있다. 왜냐하면 고무 콘돔을 사용할 때 가끔씩 생기는 피부 발진과 같은 아주 사소한 부작용 외에는 달리 알려진 부작용이 없기 때문이다(이 문제는 고무 콘돔 대신 양피막으로 만든 콘돔을 사용하면 쉽게 해결할 수 있다). 콘돔은 성병과 제2형 단순 포진 바이러스의 확산을 예방해 주는 역할도 한다.

이런 장점들에도 불구하고 콘돔은 과거 수년 간 미국에서 평판이 별로 좋지 못했다. 1868년부터 시작하여 대부분의 주 의회가 그리고 1873년에는 최종적으로 연방 의회가 도덕적인 이유를 들어 콘돔을 피임 수단으로 판매하는 것을 법적으로 금지시켰기 때문이다. 또한 200개 이상의 도시가 콘돔 반대법을 통과시켰다. 이들 대부분은 피임용으로 콘돔을 판매하지 못하도록 했을 뿐 아니라, 콘돔을 사용하면 임신을 막을 수 있다는 정보를 제공하는 것도 범죄로 간주하였다! 그러나 그 후 이 법들은 위헌으로 판명되었으며, 오늘날 신세대 부부들은 이 안전하고 간단하며 실제적인 가족 계획의 방법을 활용할 수 있게 되었다.

그러나 이것은 과연 얼마나 효과적일까? 콘돔은 신뢰도에 대한 평판을 극복해야만 했다. 수년 전만 해도 콘돔은 사용 도중 터지거나 새는 문제가 있었다. 1938년에 미 식품의약품국은 시판하는 콘돔 네 개 중 세 개는 결함이 있는 것으로 추산했다.

그러나 오늘날 상황은 완전히 달라졌다. 모든 회사가 콘돔을 포장하기 전에 하나하나 검사하고 있는 것으로 알려져 있다. 그리고 미 식품의약품국은 아주 엄격한 검사를 요구하고 있으며 실제로 무작위 표본 산출법으로 누출 검사를 실시한다. 소비자 보호 단체들이 과거 수년 간 검사한 결과에 따르더라도 오늘날 콘돔은 임신을 예방하는 데 '사실상 문제가 없는' 것으로 나타나 있다.

다른 번거로운 방법들(페사리와 살정제)과 마찬가지로 콘돔의 효과는 사용자의 정성과 주의 여하에 따라 달라진다. 그러나 최근의 연구에 의하면 방법론적인 실패율(콘돔을 올바르게 사용한다면)은 1퍼센트 미만이다. 이 수치가 얼마나 낮은 것인지 구체적으로 나타내 보면, 1년 간 이 방법을 사용하는 부부 100쌍당 임신 가능성은 1쌍에 불과하다. 각 부부가 일주일에 두 개를 쓴다고 가정하면 제대로 사용한 것을 전제할 때 만 번에 한 번 임신할 가능성이 있다는 결과다.

확실한 피임을 위해 살정제 거품을 병용할 것을 추천하기도 하는데, 살정제와 콘돔을 함께 사용하면 아주 효과적이다.

성공적인 콘돔 사용을 위한 몇 가지 간단한 지침을 제시하겠다.

1. 사정 직전까지 기다렸다가 콘돔을 끼우려고 하지 말라. 그 때는 너무 늦다. 왜냐하면 초기 윤활액(사정 전에 음경에서 스며나오는)에 함유되어 있는 정자가 성기 접촉을 통해 질 속으로 들어갈 수 있기 때문이다.
2. 전희 도중에 발기한 음경에 콘돔을 씌우라. 즉 이것을 마지막 순간의 성가신 절차로 여기기보다는 이것도 성교 가운데 자극의 한 부분으로 포함시키도록 하라.
3. 돌돌 말린 콘돔을 발기한 음경의 끝에 대고 음경을 따라 그 하단부까지 풀어 내리라. 말린 콘돔은 오직 한 방향으로만 풀릴 수 있음을 유의하라. 포경 수술을 하지 않은 경우에는 포피를 완전히 뒤로 젖힌 다음에 콘돔을 말아 내리지 않으면 쉽게 흥분할 가능성이 있다.

4. 음경의 끝부분에는 1.5센티미터 정도의 저장 공간을 남겨 두어서 정자가 콘돔에 모이도록 하라. 그렇지 않으면 정액이 음경을 타고 흘러내려서 콘돔이 벗겨질 염려가 있다. 콘돔을 씌우기 전에 콘돔 끝부분을 비틀어서 저장 공간에 있는 공기를 빼내어서 정액이 그 곳에 고일 수 있도록 하라. 요즈음은 아예 끝을 젖꼭지 모양으로 확장시켜 놓아서 사정된 정액을 모을 수 있는 콘돔이 나와 있다.
5. 윤활 작용이 충분치 않을 때 주로 콘돔이 벗겨진다. 윤활까지 되어 있는 콘돔을 사용하든지(처음부터 끝까지 전체를 윤활해 놓은 것도 있고 끝부분과 음경 윗부분에만 되어 있는 것도 있다) 아니면 아스트로글라이드와 같은 비알레르기성 윤활제를 사용하라. 바셀린이나 콜드 크림을 사용해서는 안 된다. 왜냐하면 이런 제품들은 고무 성분을 약화시키는 경향이 있다. 피임 효과를 확실히 하기 위해 피임용 젤리나 크림을 사용할 경우에는 그 자체가 윤활 기능을 한다.
6. 사정한 다음에는 음경이 수축하여 콘돔이 빠지지 않도록 음경을 곧바로 철수해야 한다. 음경을 질에서 철수할 때는 정액이 흘러내리지 않도록 콘돔의 테두리를 단단히 잡도록 하라.
7. 성교 도중에 콘돔이 미끄러져서 빠진 경우에는 조심스럽게 콘돔의 바깥 부분을 잡고 질에서 빼내어서 그 안의 내용물이 유동하지 않도록 하라. 그리고 아내는 곧 피임용 거품을 질에 넣는다(이런 비상 사태에 대비하여 거품을 곁에 두고 있어야 한다). 거품이 없을 때는 즉시 따뜻한 물로 질을 씻은 후 외음부를 비눗물로 씻어 낸다.
8. 콘돔은 변기에 버려서는 안 되고 쓰레기통에 버려야 한다. 콘돔은 변기를 막히게 한다.
9. 성교를 반복할 때는 깨끗한 콘돔을 사용해야 한다.
10. 햇빛이나 형광등 빛은 고온(예컨대 내리쬐는 태양 아래 세워 둔 자동차 내부나 주머니의 지갑 안에 넣어 둘 경우)과 마찬가지로 고무 성분의 약화를 촉진한다. 환기 구멍이 있는 팩에 들어 있는 콘돔의 경우 햇빛 아래나 형광등 빛 아래 두어서는 안 되며, 밀봉되어 있

는 콘돔은 온도가 높아질 가능성이 있는 장소에 두어서는 안 된다.

오늘날 콘돔은 약국이나 소매상 어디에서도 금방 구할 수 있다. 처방전 없이도 살 수 있으며 의사와 상의할 필요도 없다. 어떤 것은 표면을 거칠게 처리하여 아내의 자극을 증가시킬 수 있도록 만들어져 있다. 어떤 이들은 양피막으로 만든 콘돔을 선호하는데 이것은 더 얇고 남편의 자극을 증가시키는 효과가 있다. 이것은 보통의 고무 콘돔보다 두세 배 더 비싸다. 콘돔을 씌운 음경은 민감도가 약간 떨어지기 때문에 어떤 남성들은 성교 시간을 더 연장할 수 있어서 아내의 만족과 자신의 즐거움을 증가시킬 수 있다고 보고하고 있다.

또 콘돔법은 발기는 하지만 발기를 지속하는 데 어려움을 느끼는 남성들에게 유익한 면이 있다. 콘돔의 기저부는 발기를 유지하도록 하는 음경 정맥에 대해 지혈 효과를 발휘하기 때문이다.

오늘날 거의 전염병과 같은 속도로 확산하고 있는 성병을 예방하는 데도 콘돔은 세계적으로 그 가치를 인정받고 있음을 이미 언급했는데, 콘돔을 쓰면 부부 한쪽이 트리코모나스와 같은 성병에 감염되어 치료를 받고 있을 때도 계속 성교를 할 수 있다. 어떤 의사들은 임신 말기에 성교를 할 경우 양수가 감염될 가능성을 줄이기 위해 콘돔을 사용할 것을 권장한다. 포경 수술을 하지 않은 남편의 경우 부인들이 자궁 경부암에 걸릴 확률이 더 높은데, 콘돔을 사용함으로써 어느 정도 예방 효과를 기대할 수 있다.

결론적으로 생김새가 썩 산뜻하지 않고, 애초에 임상용으로 만들어진 것도 아니며, 평판이 좋지 않은 적이 있었다 해도 콘돔은 가장 안전하고 간편하며 건강상이나 위생상으로도 아무 문제가 없는 가장 실용적인 방법이며, **제대로 사용하기만 하면** 아주 효과적인 피임 방법이다.

요약하면, 콘돔이나 살정제, 페사리 등 장애물 설치형 피임법은 제대로 사용하기만 하면 피임률이 99.6퍼센트인 피임약에 못지않은 방법으로 적어도 97퍼센트의 피임 효과를 거둘 수 있다는 것이 전문가들의 보고다.

콘돔의 장점

1. 사용이 간편하다.
2. 아주 안전하다.
3. 제때에 제대로 사용만 한다면 피임률이 아주 높다.
4. 비용이 별로 들지 않는다.
5. 병원에 갈 필요가 없으며, 처방전 없이도 살 수 있다.
6. 남편이 피임에 대한 책임을 인식하고 감당하게 된다.
7. 성적 접촉으로 인한 감염을 막아 준다.
8. 남편의 사정을 지연시킴으로 부부의 즐거움이 증진된다.

콘돔의 단점

1. 어떤 이들은 성적 쾌감을 방해받지 않을까 하는 의구심을 갖는다.
2. 발기가 된 다음이라야 끼울 수 있다.
3. 미세한 구멍이 뚫려 있을 경우 임신이 될 수 있다. 그러나 실제로 그럴 가능성은 20만 개의 1 이하로 추정되고 있다.
4. 1-5 마이크론 미만의 물질은 콘돔을 통과할 수 있다. 피임은 이 정도로도 충분하지만 에이즈 바이러스의 전염을 막아 준다고 장담할 수는 없다. 정자의 크기는 에이즈 바이러스의 500배나 된다.
5. 사용자의 부주의로 인한 실패율이 높기 때문에, 올바르게 사용하지 않으면 효과를 기대하기 어렵다.

실패율: 1년 동안 사용 시 100명 중 1-36명의 임신 가능성이 있다.

정관 절제술

지금까지는 부부가 원하면 언제라도 중단할 수 있는 인공적인 피임 방법에 대해서 살펴보았다. 이제 반영구적이고 복원할 수 없는 임신 중절법으로 간주되는 두 가지 수술 방법을 살펴보자. 남편이 하는 정관 절제법과 아내가 하는 난관 결찰법이 그것이다. 이 두 방법은 남편과 아내 둘 다 더 이상 자녀를 원하지 않을 때에만 고려 대상이 된다.

정관 절제술은 불임의 방법으로 점점 더 각광받고 있는데 1년에 50만 명 정도가 이 수술을 받는다. 시술은 지극히 간단하여 대부분의 남성은 수술 다음날부터 출근이 가능하다.

정관 절제의 전통적인 방식은 메스를 사용하여 음낭의 전면이나 측면부를 절개하는 것이다. 최근에는 메스를 사용하지 않는 기술이 개발되었는데, 이 방식은 조직 손상을 최소화할 수 있으며 이전 방식에서 나타나는 후유증을 피할 수 있다는 이점 때문에 점점 더 각광받고 있다. 대개 의사의 개인 진료실에서 국부 마취로 시술할 수 있으며, 수술 시간도 15분 정도면 된다.

이 방식의 기본 원리는 정자가 사정액에 유입되지 못하도록 차단하는 것이다. 수술 후에도 성교의 다른 측면들, 즉 성욕과 발기, 사정, 오르가즘에는 아무런 차이가 없다. 수술 후 발기에 어려움을 느끼는 것은 단순히 심리적인 것으로서 이내 괜찮아진다. 그러나 최근에 동맥 경화증과 전립선암의 유발 가능성에 대한 우려가 높아지고 있다. 그러나 미국 비뇨기학회는 정관 절제술은 대단히 안전하며 신뢰할 만한 불임법이라고 밝히고 있다. 정관 절제술을 기피할 만한 건강상의 부담은 하나도 없다.

정관 절제술은 시술이 비교적 간단하고, 회복이 빠르며, 전신 마취가 필요하지 않기 때문에 난관 결찰법보다는 훨씬 더 보편적으로 이용되는 산아 제한법이다. 나중에 임신을 원하게 될 경우에 대비하여 정자를 정자 은행에 보관할 수도 있다. 이런 가능성을 고려하고 있는 이들은 정자 은행이 어디에 있는지, 또 정자를 보관할 수 있을지를 시술 전에 미리 파악해 두어야 한다.

정관 절제술 후 다시 원상태로 복원시키는 수술의 경우, 성공률은 현재 75-80퍼센트 가량 된다. 복원이 실패할 경우 고환 밖 흡출 방식이나 고환 내 채취 방식으로 정자를 추출하여, 자궁 내의 난자와 성공적으로 결합시킬 수 있다. 이런 방식이 점점 보편화되고 있으나 현재로서는 지나치게 비싸며 의료보험 혜택도 받을 수 없다.

정관 절제 수술을 했다고 해서 바로 불임 효과를 기대할 수는 없다. 사정액 안에 정자가 남아 있는 한 임신의 가능성이 있기 때문이다. 시간이 중요한 것이 아니고 사정의 횟수가 중요하다. 10-12회 정도의 사정 후에 정액을 검사해 보라. 그래도 정자가 남아 있을 경우에는 5회 정도 사정한 이후에 다시 검사를 받으라. 일주일 이내에 불임 상태가 되기도 하지만, 그 기간은 6-8주 또는 그 이상으로 길어지기도 한다. 정자가 하나라도 검출되면 산아 제한을 정관 절제술에만 의존해서는 안 된다.

아마도 정관 절제술에 대한 가장 큰 오해는 수술 후에 남성의 성욕을 감퇴시킬 가능성이 있다는 것이리라. 모든 심리적인 요인을 예견하는 것은 불가능하지만, 정관 절제술 자체는 남성의 성욕이나 생식력에 어떤 신체적인 영향도 미치지 **않는다**. 절제한 관 자체는 미세한 정자를 고환에서 옮겨 오는 기능 외의 다른 기능은 전혀 없기 때문이다. 그리고 사정액은 정낭과 전립선에서 분비하는 것이므로 사정 시의 분비물의 양은 정관 절제술 이후에도 가시적으로 차이가 없다. 오르가즘 시에 경험하는 신체적인 흥분과 쾌감의 정도도 동일하다.

정관 절제술의 장점
1. 더 이상 자녀를 원치 않는 부부에게 영구적인 불임 효과를 가능하게 해주는 단순한 방식이다.
2. 더 이상 다른 피임법을 사용할 필요가 없다.
3. 비교적 통증 없이 단 시간에 시술이 가능하다.

정관 절제술의 단점
복원술은 비용이 많이 들고 어려우며 또 성공을 보장할 수 없다. 영구적인 불임을 각오해야만 한다.

난관 결찰법

난관 결찰법은 여성의 수태 능력을 차단하는 수술이다. 기본 원리는 난자가 난소에서 자궁으로 들어가는 양쪽 관을 절개하거나 묶는 것이다. 난자가 자궁 안으로 들어가지 못한다면 정자는 난자를 만날 수 없으며, 그렇게 되면 임신할 가능성이 없어진다.

난관 결찰법은 병원에서 마취 후 시술하게 된다. 난관 결찰법에는 다음과 같은 세 가지 방식이 있다.

1. 복부 벽을 절개하는 법
2. 질 안쪽을 절개하는 법
3. 복강경(腹腔鏡)을 이용하는 방법

대부분의 난관 결찰은 첫 번째 방식으로 이루어지고 있다. 주로 출산 후 24시간 내에 시술하기 때문이다. 임신 기간 동안 자궁이 팽창했기 때문에 난관이 복부 상단으로 올라와 있어서 해산 직후 하루 동안은 난관을 찾기가 용이하다. 그리고 해산 직후에는 시술이 비교적 용이할 뿐 아니라 하루나 이틀 정도만 더 입원하면 된다. 제왕절개술로 분만한 경우에는 난관 결찰을 제왕절개와 동시에 시술할 수 있기 때문에 입원 기간을 더 연장할 필요도 없다.

난관 결찰의 시술 방법은 4장에서 나팔관을 설명하면서 이미 설명하였다.

난관 결찰은 임신을 막는 것 외에 다른 작용은 전혀 없다. 여성의 월경 주기에 아무런 영향을 끼치지 않으며, 일반적으로는 성격이나 성적 반응에도 아무 변화를 야기하지 않는다. 다만 일부 여성의 경우 임신 가능성에 대한 두려움에서 벗어났기 때문에 성적으로 더 예민하게 반응하게 된다.

영구적인 산아 제한을 원하는 부부들의 경우 정관 절제술이 더 간편하고 비용이 적게 들기 때문에 대개 더 많이 애용하는 것이 사실이다. 그러나 사람에 따라서는 난관 결찰을 선호하기도 하며 특히 출산 직후, 그것도 산모가 건강상의 이유로 더 이상 임신을 감당하지 못할 경우에는 난관 결찰 시술을 많이 받는다.

난관 결찰법의 장점
1. 피임 목적으로 성교를 중단할 필요가 없다.
2. 불임의 효과가 영구적이다.

난관 결찰법의 단점
1. 큰 수술로서 수술에 따르는 위험을 감수해야 하며 비용도 감안해야 한다.
2. 하혈이나 감염, 장기 치료 등 수술에 따르는 위험을 감수해야 한다.
3. 며칠 간 골반의 불편함을 느낄 수 있다.
4. 나중에 아이를 원할 경우 다시 임신하기가 아주 어렵다. 난관 결찰을 복원하는 데 엄청난 비용이 든다.

자연적인 가족 계획법

인공적인 피임법을 사용하지 않고도 임신을 조절할 수 있는 자연적인 가족 계획은 아래와 같은 세 가지 생물학적 사실에 기초한다.

1. 여성은 월경 주기마다 대개 하나의 난자를 생성한다.
2. 난자는 24시간 정도 생명력을 유지하며 이 시간 안에 남성의 정자와 결합될 때 수태가 가능하다.
3. 남성의 정자는 여성의 질 안에 방출된 후 48시간 정도 생존한다. 이 시간 내에 여성의 난자를 수태시킬 수 있다.

이 세 가지 사실을 종합하면 성교가 수태로 연결될 수 있는 날은 한 달에 사흘, 즉 난자가 방출되기 전 이틀과 방출된 후 하루뿐이라는 결론에 도달한다. 이 때만 성교를 피한다면 **이론적으로는** 임신 가능성이 사라진다.

이처럼 자연적인 가족 계획은 여성이 수태 가능한 날에 성교를 피하기만 하면 된다는 생각에 기초한다. 그러나 이런 단순한 생각을 실행에 옮기기가 쉽지 않으며, 또 이 방법의 효과를 제한시키는 것은 바로 어떤 날이 안전한지를 결정할 수 있는 완벽한 방법이 발견되지 않았다는 사실이다. 과거의 주기법은 월경 전 일주일과 월경 기간 그리고 월경이 끝난 후 5일 간은 안전하다고 전제하였다. 그러나 이 주기법의 실패율은 상당히 높다.

요즈음 점점 더 많은 부부가 증상 체온법으로 불리는 방법을 사용하려는 경향이 있는데, 이는 이 방법을 통해 수태 가능한 기간을 훨씬 더 정확하게 예측할 수 있기 때문이다. 이 방법의 성공 여부는 자신의 월경 주기를 얼마나 확실히 파악하고 도표화하는가에 달려 있다. 증상 체온법은 임신을 원하는 경우에도 도움을 받을 수 있으며, 또 세심하게 계획하고 시간을 정확하게 맞출 수만 있다면 태어날 아기의 성을 선택하는 데도 유익할 수 있다.

증상 체온법은 여성의 월경 주기에서 수태 가능 시기를 전후로 하여 어떤 신체적인 징후가 있다는 사실에 기초한다. 이 방법을 사용하는 부부는 수태 시기 동안 성교를 하지 않기 위해 그 징후를 관찰하고 해석하는 법을 배워야 한다.

이 방법은 달력 계산, 정기적인 체온 측정, 분비물 관찰, 여성의 배란기에 나타나는 기타 징후들을 관찰하는 것을 포함한다.

관찰한 것을 매일매일 달력에 기록하는 일은 아주 중요하다. 왜냐하면 배란은 대개 다음 월경 주기가 시작되기 전 12-16일 사이에 일어나기 때문이다. 문제는 다음 월경이 언제 시작하는지를 확실히 아는 데 달려 있다. 월경 주기는 번번이 달라지거나 여성의 연령에 따라 다양하게 변한다. 월경 주기가 불규칙한 것은 젊은 여성이나 갱년기를 앞둔 여성에게는 지극히 정상적인 일이다. 대개 신체적으로나 정서적으로 긴장하게 되면 월경 주기가 불규칙해지며, 특별한 이유가 없을 때도 그런 경우가 있다.

여성들은 자신의 월경 주기가 어느 정도 폭으로 변화하는지를 알고 있어야 한다. 몇 달 간 관찰해 보면 그 추이가 드러날 것이다. 이런 세부적인 정보하에 여성은 월경 시작일, 즉 월경 주기의 제1일을 예측할 수 있다. 이런 예측이 가능하면 다음으로 월경 시작일에서 14일을 빼면 배란일을 계산해 낼 수 있다. 그리고 이 배란일 전 4일과 배란 후 3일 간 성교를 피하면 된다.

그러나 여기까지는 증상 체온법의 일부에 불과하다. 배란 시기를 정확하게 예측하기 위해서는 매일매일 체온을 기록해 두어야 한다. 체온 측정은 일반 온도계를 써도 무방하나 사소한 온도 변화도 측정할 수 있는 기초 체온계를 사용하면 편리하다. 기초 체온계를 사용하여 아침에 눈을 뜨자마자 **침대에서 일어나지 말고** 구강 측정법으로 온도를 재라. 아침마다 거의 일정한 시간대에 그리고 체온계를 5분 이상 입에 물고 있은 다음 체온을 측정하는 것이 가장 좋다. 일반적으로 일주일 또는 열흘 중 체온이 평소보다 약간 내려간 날이 있다면 이는 배란이 시작되었다는 표시다.

이런 체온의 하강이 있은 다음 대개 24-72시간 동안 0.3-0.5도까지 체온의 상승이 일어난다. 이것은 배란 후 난자가 생성하는 프로게스테론이라는 호르몬 때문이다. 기초 체온보다 상승했던 체온은 월경이 시작할 때까지 지속된다. 기초 체온 변화로 체온이 상승하기 시작한 지 이틀 후부터는 안전한 기간으로 간주해도 좋다.

이처럼 세심한 체온 기록은 정확한 기간 예측에 중요한 단서를 제공해 준다. 그러나 배란과 전혀 상관이 없는 질병이나 과로 역시 매일매일의 체온을 유동적으로 만들 수 있으므로 체온만으로 결정해서는 안 된다. 그렇기 때문에 매일 아침 일정한 시간에 같은 조건하에서 체온을 측정하는 것이 중요하다.

자연적인 가족 계획법의 세 번째 측면은 자궁 경부의 점액질을 관찰하는 일이다. 배란기에 자궁 경부의 점액질은 질 분비물의 방출을 부드럽게 해주는 역할을 한다. 그 첫 번째 징후로는 정상적인 질 분비물보다 양이 많은 듯하고 축축한 느낌의 점액질이 나오는 것이다. 점액질이 지속적으로 묽은 여성들도 있다. 그러나 대부분의 경우 배란이 가까워 오면서 자궁 경부에서 유출되는 점액질이 날 계란의 흰자처럼 맑고 투명하며 미끌미끌해진다.

이 시기에 여성은 수태 가능성 여부를 알아보기 위해 간단한 검사를 해 볼 수 있다. 때로 산부인과 실험실에서도 이 방법을 쓴다. 먼저 자궁 경부의 점액질을 한두 방울 채취하여 수평으로 놓은 식탁용 칼의 평평한 면 위에 떨어뜨린다. 그 다음 또 다른 칼을 꺼내 역시 평평한 면을 수평으로 하여 점액질을 떨어뜨려 놓은 다른 칼 위에 포갠다. 그리고 각도를 수평으로 유지하면서 수직 방향으로 들어올려 보라. 그러면 스핀바르카이트(spinnbarkeit)로 알려진 신축 현상이 나타날 때가 있다. 즉 수태 최적기의 점액질은 10-20센티미터까지 늘어나서 가느다란 실처럼 된다. 실험적으로 날계란의 흰자를 이용하면 2.5센티미터 정도밖에 늘어나지 않음을 알 수 있을 것이다.

이 검사는 호주의 부부 의사인 존(John)과 린 빌링스(Lyn Billings) 박사의 임상 실험 결과 밝혀진 것인데, 이는 그들이 점액질 징후를 인식하는 방법을 가르치다가 착안했다고 한다. 그들은 주기의 세부적인 사항, 즉 건조한 날, 점액질이 있는 날, 하혈이 있는 날 등을 자세하게 기록해 두라고 권한다.

그러나 자궁 경부의 점액질 검사로만 수태일을 결정하려 해서는 안 되는데, 질 감염이나 성교, 질 세척 등도 점액질의 농도를 변화시키기 때문이다. 수태 가능 여부를 결정하는 요인으로는 월경 주기, 기초 체온의 추이, 점액질의 농도와 신축성을 포함시킬 수 있다. 이 중 한두 요인으로 수태기를 결정하기보다는 모든 요인을 고려하는 것이 중요하다.

증상 체온법은 이런 요인과 다른 신체적인 징후를 함께 고려하여 배란의 시기를 비교적 정확하게 잡아 내는 방법이다. 이 방법을 사용하는 이들은 이 방법을 제대로만 사용하면 인공적인 피임법을 쓰는 것 못지않은 성공을 거둘 수 있다고 주장한다. 그러나 자연적인 가족 계획법으로 확실한 피임을 원한다면 매달 열흘 정도의 절제 기간을 두어야 한다. 이 방법을 지지하는 이들은 이 열흘의 절제 기간은 구애 기간, 즉 결혼의 낭만을 되찾고 부부가 성적으로 다시 결합할 것을 소망하는 기간이 될 수 있다고 말한다.

나는 아내의 이런 복잡한 생식 주기를 이해하고 나서 부부 생활에 대한 계획과 기대를 함께 나누면서 사랑이 깊어지는 부부들을 보았다. 한편 증상 체온법에서 얻은 정보는 가장 적합한 수태 시기를 찾는 이들에게도 아주 유용하다.

증상 체온법에 대한 훌륭한 설명서로는 존(John)과 쉐일라 키플리(Sheila Kippley) 부부가 쓴 「자연적인 가족 계획법의 기술」(*The Art of Natural Family Planning*)을 권한다. 이 책은 상당히 복잡한 이 방법의 모든 세부 사항을 자세히 가르쳐 줄 것이다. 이 책의 신학적인 설명 부분은 가톨릭 교인을 겨냥하고 있는데, 이 방향의 연구들은 주로 가톨릭 교회의 장려하에 시행되고 있기 때문이다. '부부 연맹'[The Couple to Couple League, P. O. Box 111184, Cincinnati, OH 45211, USA(T. 513-471-2000)]으로 연락해도 책을 구입할 수 있을 것이다.

이 방법을 정확하게 그리고 성공적으로 실시하려면 몇 달 전부터 공부하고 실습해 보아야 할 것이다. 증상 체온법으로 피임한 다양한 배경의 부부 1,247쌍을 대상으로 한 연구 결과를 보면 실패율이 11퍼센트나 된다. 이는 어떤 부부들이 고백했다시피, 안전하지 않을 듯한 기간에도 성교를 했기 때문에 벌어진 현상이다.

관주법(질 세척법)

관주(douche)는 불어에서 온 말로서 '내뿜다', '따르다'는 뜻을 갖고 있다. 성교 후에—비록 직후라 해도—관주를 통해 이미 유입된 정자를 밖으로 흘려 보낼 수 있다고 기대하는 것은 오산이다. 정자는 사정 시에 강력한 힘으로 방출되어 자궁 입구에 도달하며, 일부는 그 속으로 들어간다. 정자는 1분마다 평균 0.3센티미터를 움직인다고 한다. 따라서 어떤 정자는 관주액(세척액)이 미치는 지점을 이미 통과한 상태다. 더구나 관주액의 압력은 정액을 자궁 경부 안쪽으로 더욱 밀어넣는 효과가 있다.

어떤 경우든, 관주는 굳이 필요하지 않다. 질은 늘 내분비물로 가득 차 있으며, 질 표면 자체에도 분비물이 있어서 마치 눈물이 눈을 세정하듯이 질을 세정하기에 충분하다.

여성의 생식기 주변에서 나는 냄새는 대부분 이런 분비물이 질 입구에서 건조되면서 생긴다. 따라서 비눗물로 잘 씻기만 하면 이런 냄새는 충분히 제거할 수가 있다. 그리고 필요한 경우, 깨끗한 물을 손으로 움켜 쥐고 몇 차례 질 입구를 닦아 내면 된다.

성교를 한 다음날 아침에 어떤 여성들은 남편의 정액과 질 분비물이 섞여 나오기 때문에 불편함을 느낄 것이다. 정도가 심할 경우, 관주법을 사용할 수도 있다.

적절한 관주법. 다음의 여러 가지 방법 중 하나를 택할 수 있다.

* 물 2리터에 식초 두 스푼(차순가락)
* 물 2리터에 소금 두 스푼
* 깨끗한 물
* 시판용 관주액 : 이 경우에는 지시된 용법을 따를 것

관주 기구로는 가방형(통처럼 된 저장 용기)과 진공관 형태의 세척기 두 가지가 있다. 가방형은 벽에 걸어 둘 수 있는데, 둔부보다 60센티미터 정도 높게 걸어 두는 것이 좋다. 가방형을 사용할 경우 절대로 외음순이 마주 포개어지도록 해서는 안 된다. 그렇게 하면 관주액이 압력으로 질 속에 들어갈 수 있기 때문이다. 용액이 압력으로 경부 입구까지 들어갈

경우 대개는 나팔관을 통해서 배출되는데, 이 때 감염되어 골반에 심각한 염증을 일으킬 수 있다.

관주 용액의 온도를 적당히 맞추어 부드럽게 유입되도록 하고, 질이 자연스럽게 팽창할 수 있도록 해야 한다. 그런 다음 용액을 분출시켜야 한다. 2리터의 물이 다 없어질 때까지 이런 과정을 반복하라.

사용한 관주 기구는 비눗물로 잘 닦은 다음 헹궈서 말려 두어야 한다. 건조되는 동안 이 기구가 벽에 닿지 않도록 하라. 눅눅한 화장실 벽에서 자라는 칸디다균에 감염될 수 있기 때문이다. 관주 기구를 절대 다른 사람이 사용하지 못하도록 하고, 관장용으로 사용해서는 더욱 안 된다.

관주 여부는 개인이 결정할 문제지만, 산아 제한의 방법으로서는 거의 효과가 없음을 유념하라.

질외 사정법

이것은 사정 직전에 음경을 질에서 철수시키는 방법을 말한다. 이것은 정자를 생식 기관 밖으로 유출함으로써 피임을 시도하려는 방법이다. 질외 사정법은 창세기 38장에 등장하는데, 성경에서 직접적으로 언급하고 있는 산아 제한법의 유일한 예다. 8-10절을 읽어 보라.

유다가 오난에게 이르되 네 형수에게로 들어가서 남편의 아우의 본분을 행하여 네 형을 위하여 씨가 있게 하라. 오난이 그 씨가 자기 것이 되지 않을 줄 알므로 형수에게 들어갔을 때에 형에게 아들을 얻게 아니하려고 땅에 설정(泄精)하매 그 일이 여호와 목전에 악하므로 여호와께서 그도 죽이시니라.

우리가 다 알다시피 당시 히브리 관습에 따르면 오난이 형수 다말에게 아이를 낳아 주면, 그 아이는 법적으로 자신의 아이가 아니라 형의 아이로 간주되었다. 오난은 형수와 결혼은 했지만 결혼의 목적인 자녀 출산을 고의적으로 왜곡시켰다. 그는 고의적으로 아버지 유다가 내린 명령에 불순종하고 있으며, 그렇게 함으로써 죽은 형에 대한 영적, 도덕적인 책임을 수행하지 않고 있는 것이다. 문제는 신체적인 행위가 아니라 하나님을 불쾌하게 만든 영적인 불순종에 있다. 이런 불순종 때문에 오난은 결국 하나님으로부터 가장 엄격한 징계를 받게 된다.

아우가 형수와 결혼하도록 한 관습은 적어도 두 가지 이유 때문이었던 것으로 보인다. 첫째는 죽은 형의 후손을 이어서 그의 이름과 명예를 보존하고 유업을 계승할 상속자를 확보하기 위함이었다. 둘째는 형수의 필요 때문이었다. 만일 이런 조처가 없다면 이 여인은 일생 동안 궁핍을 면할 수 없을 것이다. 당시 상황에서 어떤 남자가 결혼을 한다고 하면 그 남자의 형제들이 상당히 깊이 관여하게 마련이었을 것이다. 배우자를 선택하는 일에도 형제들이 발벗고 나섰을 것이다.

오늘날 질외 사정법은 인공적인 피임법을 강하게 반대하는 이들이 가끔씩 사용하는 방법이다. 그러나 불행하게도 이 방법은 가장 비효과적인 피임법이다. 왜냐하면 사정 전이라 해도 성적으로 흥분했을 때 음경이 분비하는 근소한 윤활액에도 정자가 숨어 있을 수 있기 때문이다. 난자를 수태시키는 데는 단 한 마리의 정자만 있어도 된다. 바로 그 한 마리가 사정이 있기 전에 이미 잠입할 가능성이 얼마든지 있다. 피임법으로 이런 방법을 쓰고자 한다면 사정 전에도 여성의 성기와 아예 접촉하지 않아야 한다.

질외 사정법은 비효과적일 뿐만 아니라, 바람직하지 않다. 왜냐하면 이 방법은 성행위 중 가장 부담이 없어야 하는 시간에 두 배우자에게 엄청난 구속을 가하기 때문이다.

금욕법

고린도전서 7:3-5이 보여 주듯이, 성경이 금하는 산아 제한법 중의 하나는 결혼 안에서 지속적인 금욕을 하는 것이다.

남편은 그 아내에게 대한 의무를 다하고 아내도 그 남편에게 그렇게 할지라. 아내가 자기 몸을 주장하지 못하고 오직 그 남편이 하며 남편도 이와 같이 자기 몸을 주장하지 못하고 오직 그 아내가 하나니 서로 분방하지 말라. 다만 기도할 틈을 얻기 위하여 합의상 얼마 동안은 하되 다시 합하라. 이는 너희의 절제 못함을 인하여 사단으로 너희를 시험하지 못하게 하려 함이라.

배우자는 상대방의 성적인 필요와 요구를 민감하게 헤아려 주어야 하며, 그 필요를 사랑으로 꾸준히 만족시켜 주어야 한다.

출산을 못하는 부부를 위하여: 부모가 될 수 있는 길이 없을까?

성은 즐거움을 위해 고안된 것이다. 그리고 가장 큰 즐거움은 자녀를 출산할 때 찾아온다. 젊은 부부들이 가정을 꾸리려는 열망으로 결혼했다가 자녀를 출산하지 못하게 될 경우에는 먼저 그 원인을 발견해야 한다. 고치기 힘든 불임의 원인이 있긴 하지만, 문제의 3분의 1 정도는 극복할 수 있다.

의사들은 피임을 하지 않고 정상적인 성생활을 하는 경우 1년이 지나도 임신이 안 될 경우를 불임으로 규정한다. 불임이란 일정한 기간 안에 임신하는 데 실패했다는 의미다.

연구에 따르면 부부가 자유로운 성교를 시작한 지 3개월 내에 66퍼센트가 임신한다고 한다. 그리고 6개월 내에는 75퍼센트의 여성이 임신하며 1년이 지나면 80퍼센트의 여성이 수태한다고 한다. 나머지 여성들은 외부의 도움을 받아야 한다. 담당 의사의 검사를 받고 조언을 구하면 된다.

수태의 기본 요소로는 정상적인 배란, 아무런 장애가 없는 나팔관, 정상적인 정자를 들 수 있다. 임신이 되려면 이 요소를 반드시 갖추어야 한다.

1. 남편은 정상적인 숫자의 건강하고 활동적인 정자 세포를 생산할 수

있어야 한다.
2. 사정 시, 정자 세포는 요도를 타고 방출될 수 있어야 한다.
3. 이 정자 세포는 여성의 질 안으로 유입되어서 자궁 경부에 도달하고 점액질을 통과하여 자궁으로 올라가서 나팔관까지 갈 수 있어야 한다. 그것도 여성의 월경 주기상 적기가 되어야 수정될 수 있다.
4. 아내는 정상적이고 수태 가능한 난자를 생산할 수 있어야 하는데, 이 난자는 난소를 떠나서 나팔관으로 들어갈 수 있어야 한다.
5. 일단 임신이 되면 수정란은 분할을 시작해야 한다. 4일이 지나면 이 조그만 세포의 집합체는 나팔관을 나와서 자궁으로 들어가게 되고, 적절하게 발달한 자궁 내막에 안착하고, 차차 정상적인 발달 과정을 밟게 된다.

어떤 부부가 임신을 할 수 없다고 한다면, 바로 이런 요소들 중 한두 가지에 문제가 생겼기 때문이다. 불임은 대개 한쪽 배우자만의 결함이 아니라 여러 요소로 인해 생긴다. 즉 사소하지만 두 배우자가 모두 결함을 지니고 있는 경우가 많다. 도움을 받고자 한다면, 먼저 아이를 갖지 못하는 특별한 요인을 찾으려는 목적하에 남편과 아내가 다 정밀 검사를 받아야 한다.

아내의 신체 검사에서는 일반적인 골반 검사와 더불어서 자궁의 근종 및 다낭성 난소, 질과 자궁 경부의 감염 가능성을 주시한다.

처녀막이 여전히 보존되어 있다면 정자가 자궁 경부에 유입되지 못한다고 볼 수 있다. 그리고 감염된 여성 생식 기관이 정자가 질 안으로 들어오자마자 정자를 손상시키는 물질을 생성하는 경우가 있다. 짙은 점액질 때문에 자궁 경부가 차단되어 있을 수도 있다. 자궁 내의 종양이나 감염된 내막이 문제일 수도 있다. 자궁이 부적절하게 기울어져 있거나 자궁의 위치가 정자의 진입에 방해물로 작용하는 수도 있다. 난자와 정자가 만나는 관이 점액질로 차단되어 있거나, 초기 감염 시에 나타나는 조직 손상 때문에 방해를 받고 있는 경우도 있다. 내분비 장애로 인해 난자 자체가 적절하게 성장하지 못하는 경우도 있다.

  남편의 경우 신체 검사를 통해 비(非)하강 고환, 너무 작거나 위축되어 있는 고환, 정계 정맥류, 전립선염과 같은 문제점들을 쉽게 찾을 수 있다.

  고환이 사춘기까지 정낭 안으로 내려오지 않으면 정자를 생성할 수가 없다(일반적으로 비하강 고환은 5세 이전에 수술을 통해 교정하게 된다).

  정계 정맥류는 고환 위쪽 부위의 음낭 정맥이 비정상적으로 팽창한 경우다. 이 경우의 대부분(85퍼센트)은 왼쪽에서 발생하며 남자가 서 있는 상태에서만 찾아낼 수 있다. 즉 음낭 상부에 있는 고환 위쪽이 이례적으로 부어 있거나 푸르게 보인다. 이는 다리 부위에서 흔히 볼 수 있는 정맥 이상과 유사한 경우다. 그러나 이것이 항상 불임을 초래하는 것은 아니다. 정계 정맥류가 있는 남성 대다수가 정상적인 정자를 생성한다. 그러나 이러한 남성의 정자 수가 줄어들거나 활력이 떨어진 경우 그 증상을 제거했을 때 80퍼센트 이상 확실한 진보가 있었다.

  전립선염(4장에서 자세히 설명한 바 있다)과 정자를 저장하는 부위가 감염되는 부고환염은 수태에 위협적일 수 있다. 아마도 이는 정액의 화학적인 변화 때문이거나 생식기 도관이 막히기 때문인 듯하다.

  수태는 일반적인 건강 상태에도 영향을 받기 때문에 의사는 반드시 만성적인 염증이나 영양 실조, 빈혈 또는 대사 이상이 있는지 살펴보아야 한다. 내분비 이상, 특히 갑상선 기능 저하와 뇌하수체, 부신, 생식선의 호르몬 결핍은 수태에 직접적인 영향을 미치는 것으로 밝혀졌다. 비타민 A는 정자를 계속 생성하기 위해 꼭 필요하다. 그리고 비타민 B군은 뇌하수체의 기능에 필수적이다. 비타민 C(아스코르빈 산)는 정자의 파괴를 방지하는 것과 관련이 있다. 따라서 남편과 아내가 다 좋은 체력을 유지하기 위해 적당한 운동과 휴식은 물론이거니와 균형 잡힌 식사와 함께 기본적인 규칙을 준수해야 한다.

  남편과 아내의 신체 검사는 의사의 도움을 받기 위한 시작에 불과하다. 불임의 원인을 찾는 것은 단순한 일이 아니다.

  전통적으로는 불임이 여자의 문제로 여겨져 왔으나 30퍼센트는 남성

쪽 문제로 밝혀졌다. 나머지 20퍼센트의 경우에도 남성이 함께 책임져야 할 부분이 있다[성경은 오래 전에 남성 쪽에도 불임 문제가 있을 가능성을 밝히고 있다. "네가 복을 받음이 만민보다 우승하여 너희 중의 남녀와 너희 짐승의 암수에 생육하지 못함이 없을 것이며"(신 7:14)]. 만일 부부가 전문가를 찾아야 한다면, 남편이 먼저 검사를 받는 것이 좋다. 왜냐하면 남자의 검사는 시간도 덜 걸리거니와 비용도 저렴하기 때문이다.

그러나 불임은 항상 부부의 문제로 보아야 하며, 부부가 하나의 '재생산의 단위'로 간주되어야 한다. 물론 의사는 남편이 정밀 검사를 받기 전에 다른 장애물을 제거하려고 노력할 것이다.

예를 들면, 두 사람이 아이를 가지려고 **1년 간 성실하게** 시도해 보았는가? 불임을 진단하는 데는 기간이 중요하다. 얼마나 자주 성교를 했는가? 2주일에 한 번으로는 불임을 측정하기에 충분하지 않다. 성교 중에 인공적인 윤활제를 사용했는가? 어떤 윤활제에는 살정제가 섞여 있다. 기름을 사용하는 젤리(바셀린)도 마찬가지다. 크림이나 젤리나 윤활제는 어떤 것이든 정자의 활력을 떨어뜨린다. 인공 윤활제, 특히 정자를 죽이는 종류는 일시적으로 불임을 야기하지만 쉽게 복원된다.

아내는 성교 전에 청결을 목적으로 관주를 해 왔는가? 이렇게 함으로써 질의 산도를 변화시켜서 정자에 바람직하지 않은 효과를 초래할 수 있다. 즉 정상적인 정자의 기능과 활력을 떨어뜨릴 수 있다. 아내가 이전에 경구용 피임약을 복용한 적이 있는가?(경구용 피임약을 장복한 경우 정상적인 배란으로 돌아가기까지 시간이 걸린다)

다음으로 의사는 불임의 가능한 원인으로 성적인 부적응에 초점을 맞출 수 있을 것이다. 기능상 발기 부전의 문제는 없는가? 역행성 사정, 즉 사정하고 있다고 느끼지만 정자는 음경이 아니라 방광으로 되돌아가는 문제는 없는가?

그 동안 남편의 정서적이고 심리적인 문제뿐만 아니라, 직업 경력도 고려해야 한다. 수태율의 저하는 신체적이거나 정서적인 스트레스 그리고 누적된 심리적인 긴장에 기인하기도 한다. 다행히도 스트레스가 감소하고 나면 불임의 문제가 해결되기도 한다.

난방이나 방사선과 같은 환경적인 요인이 남성의 불임에 기여할 수도 있다. 음낭의 한 가지 중요한 기능은 고환을 복부 내의 체온보다 2.2도 정도 차갑게 유지하는 것이다. 그러나 남편은 수영복이나 승마복 형태의 속옷을 입거나 장시간 온욕을 함으로써 의식하지 못하는 사이에 정낭의 온도를 체온과 같은 수준이 되게 하는 경우가 있다. 원시 시대에는 남성이 성교 전에 차가운 개울가에 앉아 있는 의식이 있었다고 한다. 열은 정자 수를 감소시켜 일시적인 불임을 야기할 수 있다. 그러나 느슨한 옷을 입으면 몇 주일 안에 정상적인 정자 수로 회복된다.

의료상이나 직업상 방사선에 노출되는 경우도 불임의 원인이 된다. 정낭의 배아 세포는 방사선에 대단히 예민한 반응을 보인다. 그러나 노출 정도에 따라 다르긴 하겠지만 이런 경우에도 불임 증상을 회복할 수 있다.

특별한 약물이 원인일 수도 있다. 대부분의 항암제는 정자의 생성을 억제하며, 코티존(부신피질 호르몬의 일종으로 관절염 등의 치료제)이나 말라리아 예방약, 이뇨제, 니트로푸란토인(요도 감염 치료제), 우울증 치료에 쓰는 약물 등도 마찬가지이다. 테스토스테론 복용도 남성의 세포 기능과 발달을 자극하는 호르몬의 생성을 중지시키는데, 심지어 어떤 이들은 이것을 남성의 피임약으로 간주하기도 한다.

과거의 감염 경력이 불임의 숨은 원인일 수도 있다. 예를 들면, 단핵구증가증(mononucleosis)이나 지속적인 발열은 일시적인 남성 불임의 원인일 수 있다. 그러나 이런 증상은 치료 후 3개월 정도 지나면 다시 나타나지 않는다.

치료를 다 받았다 해도 적어도 3개월 동안은 정자 수의 증가를 크게 기대해서는 안 된다. 3개월이란 시간 간격을 항상 염두에 두라. 고환이 정자를 생성하는 데는 72시간이 필요하며, 생성된 정자가 순회로를 따라 여정을 마치고 정낭에 들어가기까지는 10-15일이 소요된다.

가정의가 일련의 조사를 다 해 보았음에도 별로 신통한 원인을 찾지 못했을 경우, 남편은 정액 분석을 위해 비뇨기과나 산부인과를 찾아가야 한다. 정액 분석에서는 정액의 양은 물론 정자의 수, 활동성, 모양, 형태를 살핀다. 정자의 수는 같은 사람의 것도 채취한 시점에 따라 굉장히 다르다. 정자의 활동성은 진행 속도를 기준으로 측정한다. 정자의 모양과 형태는 변종이 아주 많으며 100퍼센트 모두 정상인 표본을 찾기는 불가능하다. 기형 정자는 생식력이 있는 남자들의 경우, 많으면 15퍼센트나 된다. 60-70퍼센트의 정자가 기형일 경우에는 수태 가능성이 희박한 것으로 간주한다. 다시 말하면 문제는 양이 아니라 질에 달려 있다.

과거에는 1밀리리터(1/4 차숟가락) 안에 6천만 마리 이상의 정자가 들어 있을 때 정상으로 규정했다. 오늘날은 1밀리리터 안에 비록 3천만 마리 이하의 정자가 들어 있다고 해도 활동성과 형태, 구조가 정상이면 수태 가능한 것으로 간주한다.

평균 1회 사정량은 3.5밀리리터, 즉 3/4 차숟가락보다 약간 많은 정도다. 임신을 원하는 부부가 반드시 기억해야 할 사실은 여러 차례 사정을 반복하게 되면(예컨대 48시간 이내에 4회) 정자의 수와 정액의 양은 명백히 감소한다는 점이다.

평균치의 사정량에다 정상적인 정자 수를 포함하고 있다면, 보통 1회 성교에서 21억 개의 정자가 사출된다. 엄청나게 많은 숫자로 들릴지 모르지만 이 중에서 50-60퍼센트의 정자만 제대로 활동성을 갖추고 있다. 활동성 있는 정자들이 나팔관의 3분의 1 지점에서 출발하여 수태 지점을 향하여 전진하는 동안 어마어마한 수의 정자가 낙오하게 된다. 질 분비물 때문에 파괴되는 정자가 많은 퍼센트를 차지하며, 나머지 정자들도 최종 목적지, 즉 조그만 난자를 싸고 있는 막을 향해 전진하는 동안 낙오하게 된다. 수태의 마지막 단계는 소수의 정자가 이 막에 달라붙어서 잠입을 시도하는 것인데, 드디어 정자 하나가 잠입에 성공하면 수태된다. 최종적으로는 단 **하나**의 정자가 수태로 연결되지만 그것을 위해 수백만 마리의 정자가 이동한다는 사실을 이제 이해할 수 있을 것이다.

최근의 어떤 연구는 생성된 정자를 최대한 이용할 수 있도록 특별한 과정을 거치면 밀리리터당 2천만 마리 정도의 정자만 있어도 임신이 가능하다고 밝히고 있다.

불임 연구에서 성교 후 검사는 당연히 밟는 절차다. 이 검사는 배란기에 실시하며, 성교 후 몇 시간이 지난 다음 경부의 점액질을 현미경으로 관찰하는 것을 포함한다. 이렇게 함으로써 정자의 움직임이 경부의 점액질에 영향을 받으면서도 어떻게 활동성을 유지하는지 관찰할 수 있다.

만일 불임이 정자의 수송을 저해하는 점액질의 산도에 기인한다면 여성은 성교 전 30분이나 한 시간 전에 중탄산나트륨 용액(미지근한 물 1/4리터에 베이킹소다 1차숟가락)으로 관주를 하면 된다. 이렇게 하면 정자의 생존 가능성을 상당한 정도로 증가시킬 수 있다. 질염이 있는 여성도 중탄산나트륨으로 관주할 필요가 있는데, 이는 산도를 중화할 뿐 아니라 분비물의 과다한 유출을 막음으로써 훨씬 더 많은 정자가 경부로 이동할 수 있게 해주기 때문이다.

대부분의 정자는 처음 서너 방울의 정액에 다 들어 있기 때문에 특히 정자의 수가 적은 남자의 경우 성교 중 철수법이 효과적일 수 있다. 즉 음경을 깊이 삽입한 상태에서 처음 몇 방울의 정액을 방출한 후 곧바로 음경을 질에서 철수하면 아주 농축된 정액을 경부 입구에 남겨 둘 수 있다.

때로는 남편의 정액으로 인공 수정할 것을 권하기도 한다. 의사가 남편의 정액에서 채취한 신선한 정자를 배란 예정일에 맞추어 자궁 경부의 입구에 유입시킬 수 있다. 이 때도 처음 서너 방울의 농축 정액을 사용하는 것이 좋다. 매달 수태 시기에 맞추어서 이런 과정을 두세 차례 반복한다. 이런 과정을 지속적으로 6개월 정도 반복하면 정자 수 때문에 불임이었던 부부의 50퍼센트는 임신하게 된다.

신체에 아무런 이상이 없는 경우, 임신 가능성을 높일 수 있는 간단한 성교 지침을 소개하면 다음과 같다.

1. 아내가 등을 대고 똑바로 누운 상태에서 베개 두 개를 엉덩이에 받치고 다리를 가슴까지 끌어당긴다.

2. 남편은 사정을 시작할 무렵 가능하면 음경을 깊이 삽입한다. 그리고 사정을 다 끝내지 않도록 최대한 사정을 멈춘 다음, 곧바로 음경을 철수한다. 왜냐하면 60-75퍼센트의 정자는 처음 두세 방울의 정액에 들어 있기 때문에 가능하면 정액이 묽어지지 않도록 하는 것이 바람직하다. 또한 전후 운동을 계속하면 정자는 생존에 별로 바람직하지 않은 산성의 질 분비물과 접하게 되기 때문이다. 보통 정자는 자궁 경부의 점액질 안에서 생존이 용이하다.
3. 아내는 두 개의 베개로 엉덩이를 받친 채 1시간 정도를 그대로 있는다. 그런 다음 베개를 빼내고 또 1시간 정도를 그대로 누워 있는다.
4. 매달 수태 가능일을 기준으로 3일 간 30-36시간 간격으로 성교를 해야 한다(24시간 간격으로 하는 것은 무리다!). 난자는 배란이 있고 나서 24시간 이내에 수태시켜야만 한다는 증거가 있다(배란 시기를 측정하는 방법은 이 장의 자연적인 가족 계획법 항목에서 설명해 놓았다).
5. 수태 가능 기간으로 예측되는 날 사나흘 전에는 성교를 금함으로 남편이 최대한의 정자를 확보하도록 한다.
6. 남편은 적어도 나흘 간격으로 정기적으로 사정을 해야 건전한 정자를 최대로 확보할 수 있다. 나흘 이상 금욕을 할 경우 정자 수는 감소하게 된다.

만일 의사가 아내의 자궁이 뒤쪽으로 기울어져 있음을 발견했다면(자궁 후굴), 임신을 위해서는 완전히 다른 체위가 필요하다. 즉 아내는 손과 무릎으로 몸을 받치고 엎드린 채 가슴을 침대에 댄다. 남편은 남성 후위의 자세로 음경을 삽입한다. 사정을 시작할 즈음에 최대한 깊이 삽입한 다음, 사정을 다 하기 전에 멈추고 이내 음경을 철수한다. 물론 이런 자세를 유지하는 것은 쉬운 일이 아니지만, 아내는 남편이 사정한 후 1시간 정도 가슴을 무릎에 대고 엎드린 자세를 계속 유지해야 한다. 오르가즘 도달 여부는 임신 가능성과 전혀 상관이 없다.

불임의 특정한 원인을 발견하지 못했을 경우에도 의학적인 요법을 실시해 볼 필요가 있다. 검사와 관찰과 요법을 반복할 필요도 있다. 해결책이 확실하지도 않은데 많은 에너지와 돈과 시간이 들지도 모른다. 가장 우수한 산부인과라 해도 환자의 30-40퍼센트 정도를 임신시킨다면 아주 탁월한 병원으로 간주된다.

지난 몇 년 동안 수태에 대한 태도도 상당히 변했다. 많은 부부가 전문직에서 경력을 쌓느라 가정의 출범이 늦어지고 있다. 이런 부부들이 임신을 하려고 하면 재생산에 많은 문제가 생긴다. 대부분이 겪는 문제 중 흔한 것으로는 여성의 나이로 인한 '나쁜 알' 문제가 있다. 여성이 40세가 넘을 경우 임신 가능성은 아주 낮아지며, 35세 이후만 해도 눈에 띌 정도로 낮아진다. 대부분의 경우 가장 적기는 15-24세며, 적어도 31세 이전이다. 어떤 연구에 따르면, 전 미국 여성 중 15-24세 여성의 4.1퍼센트가 생산에 어려움을 겪는다면 25-34세 여성의 13.4퍼센트, 35-44세 여성의 24.4퍼센트가 어려움을 겪는다고 한다.

나이 든 여성이 임신을 하게 되면, 그 임신을 유지하는 것 또한 쉽지 않다. 40대 여성은 자연 유산의 확률이 훨씬 더 높은데, 20대의 여성보다 50퍼센트는 더 높다고 한다. 또한 나이 든 여성들이 중량 미달의 아이나 미숙아를 출산할 위험 부담률도 훨씬 높다고 한다.

불임 문제를 극복하려는 부부들은 그 과정 중에 여러 가지 고통스러운 감정을 겪게 된다. 예컨대, 충격, 당황스러움, 분노, 심한 우울증, 슬픔, 지속적인 좌절감을 느낀다. 사실 불임은 성인기의 주요 위기 중의 하나다.

대부분의 경우 불임과 그에 따르는 임신 시도 과정에서 부부간의 성관계와 결혼 생활 전체는 부정적인 영향을 받게 된다. 이런 일이 발생하는 과정을 살펴보자.

1. 배우자 중 한쪽 또는 양쪽 다 성적 부적응증을 의심하게 된다. 왜냐하면 임신은 성관계의 결과이기 때문이다.

2. 배우자 중 한쪽 또는 양쪽 다 자신을 부적절하다고 느끼며, 어떤 내담자가 표현했듯이 '결격자'라고 생각하게 된다. 그들은 자신이 배우자나 다른 사람과 '조화를 이루지 못한다'고 생각한다. 마치 그들의 인생 설계 가운데 본질적인 어떤 부분에서 실패했다고 느낀다. 일시적으로 자신을 인격체로 받아들이지 못하게 된다. 왜냐하면 그들이 그토록 바라던 부모가 될 수 없기 때문이다. 그들은 근심에 싸인 나머지 성관계를 포함하여 모든 것에 대한 흥미를 잃게 된다.
3. 배우자 중 한쪽 또는 양쪽 다 성교를 단지 아이를 가지려는 염원을 성취하기 위한 수단으로 보게 된다. 그 결과 성행위를 훌륭한 가치와 풍성함이 있는 경험으로 받아들일 수 없게 된다.
4. 정액 검사나 성교 후 검진과 같은 불임 요법의 요구 사항이 의사들에게는 일상적인 것이지만, 당사자들에게는 당황스럽고 내키지 않는 것일 수 있다. 즉 이런 진료상의 요구로 인해 두 사람의 성적인 친밀감이 방해받게 된다.
5. 싫든 좋든 특정한 날, 특정 시간에 성교를 해야 하기 때문에 그들의 성생활은 지나치게 계획적이 되며, 그 결과 낭만적인 자발성과 순수한 정열을 상실하게 된다.
6. 진행 과정이 느린 데서 오는 그리고 상황을 임의로 통제할 수 없다는 생각에서 나오는 무력감 때문에 두 사람 다 심한 좌절을 겪게 된다. 결국 정액이나 경부의 분비물은 마음대로 교정할 수 있는 것이 아니다(의사도 제반 과정의 여러 측면을 논의하면서 가능한 한 모든 정보를 제공해 줄 뿐이다). 이따금씩 분노를 느끼지만 표출할 수는 없고, 심한 우울증으로 나타날 때까지 억압하게 되는데, 이것이 성적 욕구에 심각한 영향을 미치게 된다. 아내는 오르가즘에 도달하는 데 어려움을 느끼게 되고, 남편은 사정 장애를 일으키게 된다. 성을 더 이상 즐거움의 대상으로 생각하지 않게 되면서 두 사람 다 성적 욕구를 잃게 된다. 불임의 정서적인 고통과 성욕은 밀접하게 연관되게 마련이다.

7. 결혼 생활에서 누리는 즐거움이 박탈되는 정도에 비례하여 다른 사람을 향한 분노와 시기의 수준은 점차 증가하게 된다. 그리하여 때로는 이 시기에 겪는 내적, 외적 압력 때문에 직업이나 친구나 생활 방식을 바꾸게 된다.
8. 특히 여성들은 불임이야말로 고통스러운 경험이라고 고백한다. 어떤 환자의 보고에 따르면 가장 성가신 일은 아침마다 체온을 측정하는 것이었다고 한다. 즉 그 환자는 아침마다 자신의 불임 상태를 새롭게 기억해야 했고 고통을 가중시켜야 했던 것이다. 이런 스트레스야말로 결혼 관계의 모든 측면에 상상을 초월할 정도의 악영향을 미친다.

내가 별로 유쾌하지 않은 가능성들을 열거한 까닭은, 이런 것들이 실제로 우리가 빠질 수 있는 함정임을 미리 인식시키려 함이다. 부부가 함께 이런 문제들에 정직하게 대처한다면 그리고 문제가 닥쳐올 경우 하나님이 주시는 자원을 이용하여 대처하는 방법을 배운다면 그것들을 막아낼 수 있을 것이다. 어떤 사람이든 실망과 상실감을 겪게 마련이다. 하나님은 이 모든 것을 알고 계시며, 당신의 자녀들이 이런 경험에 적극적으로 대처토록 하기 위해 필요한 모든 것을 공급하신다.

두 사람이 서로를 이해하기 시작하고 나아가서 위로하며 기도를 통해 서로 깊은 교제를 경험하게 된다면, 불임 부부를 압박하는 어려움들은 두 사람을 더욱 가깝게 만드는 잠재력이 된다. 그들은 두 사람의 인생에 대한 하나님의 온전한 계획을 피차 확신함으로 서로를 북돋울 수 있으며, 하나님과 하나님이 주실 것을 기다리는 인내와 믿음을 키울 수 있다.

이렇게 기다리는 시간은 한층 더한 부드러움과 더 깊은 애정과 비(非)성적인 어루만짐을 수반하는 애정 생활이 가능한 시간이기도 하다. 이 기간 동안 그들을 정서적으로나 성적으로 떼어놓으려는 압력을 받겠지만, 서로간의 친밀감을 개발하기 위해 그들이 알고 있는 기술을 총동원해야 한다(이런 기술은 「사랑하는 아내와 남편」에 잘 설명되어 있다). 무엇보다 서로를 지지하고 서로에게 긍정적이어야 하며, 서로에게 절대로 비판적이어서는 안 된다. 자존감이 밑바닥으로 내려가게 마련인 인생의 이런 국면에서 말과 태도와 행동으로 서로를 세워 줄 수 있어야 한다.

이런 식으로 문제에 대처한 부부들에게 나타나는 결과가 몇 가지 있는데, 귀결이 어떻든 다 긍정적인 것이다. 그들 중 40퍼센트는 아이를 가지게 될 것이다. 나머지 사람들 중 어떤 이들은 입양을 통해 만족을 찾게 될 것이다. 또 어떤 이들은 아이가 없어도, 이것이 그들의 결혼을 위한 하나님의 특별하고 온전한 계획임을 확신하면서 만족스럽고 창조적이며 생산적인 삶을 사는 법을 배우게 될 것이다.

인생의 충격적인 상황에서 중요한 것은, 그 기간 동안 어떻게 반응하기로 결정하느냐 하는 것이다. 어떤 부부들은 불임의 문제를 믿음으로 대처하여 두 사람의 사랑을 더욱 적극적인 방식으로 표현하기로 결정했다. 그 후 부모가 되는 간접적인 길이 있음을 발견했고, 시간 나는 대로 다른 아이들을 돕는 가운데 큰 기쁨을 누리게 되었다. 한 아이에게만 집중할 사랑을 여러 명에게 나누어 줄 수 있게 된 것이다. 비키 러브(Vicky Love)가 쓴 책 「아이가 없다고 불완전한 것은 아니다」(Childless Is Not Less)는 크게 격려가 될 것이다.

성경은 이 원칙을 다음과 같은 말로 표현하고 있는데, 이는 수세기 동안 수많은 이에게 위로가 되었다.

잉태치 못하며 생산치 못한 너는 노래할지어다. 홀로 된 여인의 자식이 남편 있는 자의 자식보다 많음이니라. 여호와의 말이니라(사 54:1).

12
임신 기간의 성생활

아기를 갖게 되면 궁금한 것이 많아지는데 이 질문들은 예비 부모에게 아주 중요하다. 임신은 부부 관계에 어떤 영향을 미칠까? 아내가 임신 기간에 성욕을 상실하지 않을까? 성교는 아기에게 해로운 영향을 끼치는 것이 아닐까? 성교가 아내에게 너무 불편하지 않을까? 얼마 동안이나 안전하게 성관계를 가질 수 있을까? 이 기간에 남편은 어떤 부분에서 아내를 도와주어야 할까? 아내의 변한 외모에 대해 남편은 어떻게 느낄까? 남편이 기대하고 요청하는 바는 무엇일까? 부부는 출산 준비 강습을 함께 받아야 할까? 자연 분만을 시도해야 할까? 아기가 태어난 후 얼마 만에 정상적인 성생활을 다시 시작할 수 있을까? 임신 기간이 끝나면 서로 더 친밀해질까 아니면 더 멀어질까?

이런 질문들은 대부분의 부부가 임신 사실을 알자마자 공감하게 되는 한 가지 사실을 반영하고 있다. 즉 임신 기간은 부부 관계에서 **절대적으로** 세심한 주의가 **필요한** 시기이며, 이것은 장차 부부간의 성적, 정서적 적응에 긍정적이든 부정적이든 지대한 영향을 끼칠 것이라는 점이다.

부부마다 임신에 대한 성적, 정서적, 신체적인 반응은 매우 다양하게 나타나기 때문에 이런 질문들에 대해 획일적인 해답을 주는 것은 위험할 수 있지만, 나는 몇 가지 일반적인 소견을 말하고자 한다. 이런 소견들은 의학적인 연구와 가정의로 일한 나 자신의 경험에 근거하고 있다. 나는 수년 동안 수많은 아기를 분만시켰는데, 대개는 임신 전후에 걸쳐 정기적으로 돌보고 관찰했던 부부들의 아기였다. 실은 20년 전쯤에 받아 낸 여자 아기들의 상당수가 오늘날 산부인과 진단을 받으려고 나를 찾는다.

어떤 부부든지 다음과 같은 세 가지 단순한 지침을 따를 수 **있다면**, 임신은 그들의 결혼 생활에 지속적인 유익을 끼치는 대단히 가치 있는 경험이 될 수 있음을 나는 목격해 왔다.

1. 자신의 감정을 전달하라.
2. 배우자의 필요와 욕구를 충족시키라.
3. 줄곧 경험을 공유하라.

의사 소통

서로간의 대화가 절대적으로 필요한 때가 있다면, 지금이 바로 그 때다. 특히 자신에 대해, 아기에 대해, 벌어지고 있는 일에 대해, 또 결혼 생활에 대해, 자신의 걱정과 기쁨에 대한 자신의 감정을 전달해야 한다. 내가 당신의 **감정**에 대해 이야기하라고 말했던 것을 주목하라. 만일 당신이 감정을 조심스럽게 솔직히 표현한다면 언쟁이나 논쟁 또는 성을 낼 여지는 없어진다. 당신은 어떤 사실이나 가치 판단을 주장하는 것이 아니라 자신이 어떻게 **느끼는지**를 말하고 있기 때문에, 거기에는 서로의 말을 들을 공간만 있을 것이고 그러면 상호 지지에서 나오는 상호 이해만 존재할 것이다.

치료 전문가들은 관계상의 어려움은 임신 기간에 부부가 감정을 터놓지 않는 데서 가장 많이 발생한다고 한다. 또한 임신 기간의 성 문제는 대개 빈약한 의사 소통에서 나온다. 예를 들어 아내가 성교 시 자신을 불편하게 하는 것이 무엇인지 남편에게 말하는 것이 중요하다. 침묵 가운데 견디는 것은 분노에 이르게 할 뿐이며 성관계에 어두운 그림자를 드리울 것이다. 성행위를 부정적으로 생각하면 이것을 다음으로 미루거나 심지어 회피할 것이다.

필요와 욕구

현재까지 연구된 바에 의하면 대부분의 임산부는 점진적으로 성적인 관심과 욕구가 다소 감퇴한다고 한다. 임신 기간과 임신 기간 이후에 걸쳐서 성교 빈도를 측정한 조사에 따르면 이런 결과가 나왔다. 처음 석달 간은 일주일에 2.25번, 그 다음 석달 간은 일주일에 2.39번, 마지막 석달 간은 일주일에 1.08번, 분만 이후는 일주일에 2.65번. 다른 조사들도 동일한 결론을 확증한다. 임신 기간의 4-6째 달 동안에 보이는 약간의 횟수 증가는 여성이 초기의 불편을 극복하고 임신했다는 막연한 느낌에 적응했고, 늘어난 복부를 문제로 보기보다는 행복하게 느낄 수 있다는 사실을 반영한다.

한 가지 상식적인 가설이 연구 결과에 의해 입증되었다. 자신의 임신을 부정적으로 생각하는 여성들은 성적인 관심과 만족이 감소하는 경향이 있는 반면, 임신에 대해 긍정적인 태도를 갖는 여성들은 만족스러운 성관계를 유지한다.

임신한 여성은 성교가 그리 필요하지 않을지 모르지만 성적인 긴장이 해소되어야 하며, 한 가지 분명히 필요한 것은 다정한 신체적 접촉이다. 연구 조사에 참여한 여성의 약 92퍼센트가 성교 중 깊은 포옹을 강하게 원하고 있었다. 연구자들은 대부분의 여성이 임신 기간 중 친밀함에 대한 욕구를 강하게 느끼는 것으로 결론내렸다.

신체적으로 아름답지 않다고 **느낄** 수도 있는 이 기간에 아내는 격려와 칭찬이 필요하다. 실제로 이 때 사랑과 존경을 받은 아내들은 대개 아주 특별한 아름다움을 풍기게 된다. 남편은 평상시보다 더 자상하고 칭찬을 아끼지 않아야 한다. 임신 기간 동안 고마움을 표현하면서 아내를 다정하게 대하면, 두 사람 모두에게 성적 만족이라는 큰 보상과 지속적인 유익이 따를 것이다.

여기서 아내에게 몇 가지 조언을 하겠다. 심리적으로 남편은 아기와 정서적인 결속을 느낄 필요가 있고, 일어나고 있는 모든 일의 주체로 자신을 인식할 필요가 있다. 남편은 또한 자신의 연인/동반자를 오직 모성에만 관심이 있는 그 누군가와 영원히 바꾼 것이 결코 아니라는 사실을 확신할 필요가 있다.

임신이 당신의 성적인 욕구를 변화시킬지라도 남편은 임신하지 않았음을 기억하라. 남편의 성적인 필요는 임신 기간, 분만 기간, 이후에 몇 주간 자제하는 동안 내내 같은 수준으로 지속된다. 임신하기 전만큼 자주 성생활을 하지 못하게 되면, **특히** 금욕이 불가피한 기간에는 아내가 손으로 남편을 자극해 주어야 한다. 아내가 음경을 꽉 쥐고 쓰다듬어서 남편을 오르가즘에 이르게 할 때 인공 윤활제를 사용하면 대개 더 자극적이다. 남편이 그것을 원하는지 묻지 말라. 그냥 다정하게 자극을 시작하고 남편이 원하지 않는다면 부드럽게 거절할 기회를 주라. 남편에 대한 자신의 관심을 나타내라. 자신이 성교에 대한 욕구나 필요를 느끼든 안 느끼든 상관없이, 남편을 기쁘게 해주기를 갈망하고 있음을 알려 주라. 만일 당신 역시 남편이 자신을 자극하여 절정에 오르게 해주기를 바라고 있다면 (그리고 의사가 이것에 반대하지 않았다면) 남편에게 분명히 자기 의사를 전달하라.

의사들은 출혈이나 조기 분만의 가능성 또는 높은 유산율 등의 부작용 때문에 임신 8개월까지 안전에 충분히 유의해서 성교를 해야 한다는 사실에 일반적으로 동의한다. 특별한 부작용이 없다면 의사는 편한 대로 얼마든지 하라고 말할지 모른다. 마지막 달에는 감염과 양수막(물주머니)의 조기 파열 가능성 때문에 약간 더 주의를 기울일 필요가 있다. 음경의 삽입으로 인해 양수막이 파열된 사례가 있다. 성적인 절정에 이르게 되면 자궁이 규칙적이고도 힘차게 수축하기 때문에 손 자극을 통해 오르가즘에 도달하는 것은 때로 조기 분만을 초래할 수도 있다.

그렇긴 해도, 의사들 대부분은 고통과 출혈이 없고 양수가 새지만 않으면 분만할 때까지 부부는 성생활을 즐길 수 있다고 생각한다. 그러나 어떤 연구 결과들을 보면 이 문제는 상당한 논쟁거리가 된다. 25,000건 이상의 출산 분석 결과는 분만 전의 성교가 양수 감염의 가능성을 분명히 증가시키고, 그러므로 아기의 생명을 위협할 수 있다는 사실을 보여 주었다. 이것은 희귀한 합병증이다. 그러나 이런 가능성을 유념하고 있어야 한다. 성교 전에 매번 부부가 목욕을 철저히 함으로써 위험을 감소시킬 수 있다. 또 남편은 매번 콘돔을 사용하여 오염의 기회를 더욱 감소시켜야 한다.

체위에 관해 조언하고자 한다. 자궁이 아주 빨리 커지는 첫 석 달 간은 좀 불편할지도 모른다. 여성 상위가 대개 아내에게 가장 큰 편안함과 만족을 주는 체위라고 한다.

복부의 확대는 대개 5개월까지는 성교를 방해하지 않는다. 그 이후에는 아내가 좀더 편안할 수 있도록 특별한 자세를 취해야 할 것이다.

특히 임신 기간에 유용한 자세를 몇 가지 말하겠다. 단 이런 체위로 성교할 경우 아내의 성적인 절정감을 위해 대개는 손으로 음핵을 자극해야 함을 기억하라.

1. 부부는 서로 마주 보고 옆으로 누운 자세로 정면에서 성교를 시작한다. 또는 부부가 둘 다 무릎을 굽히고 같은 방향을 보면서 옆으로 누워 남편이 아내 뒤에서 성교를 시작한다. 후자의 경우는 보통 아내와 남편 모두에게 매우 편안한 자세이며 성교 중에 남편은 손으로 음핵을 자극할 수 있다.
2. 아내는 반듯이 누운 상태에서 무릎을 약간 구부리거나 또는 남편의 어깨에 걸쳐질 만큼 들어올린다. 남편은 똑바로 무릎을 꿇은 자세로 앉아서, 무릎을 넓게 벌리고 아내의 엉덩이를 자신의 허벅지 사

이에 넣는다. 그리고 음경을 질 속에 부드럽게 삽입한다. 이 자세는 성교 내내 손으로 음핵을 자극할 수 있게 해주며 확장한 복부와 접촉할 필요가 없게 만든다. 아내의 엉덩이 밑에 베개를 받치면 좀더 편할 것이다.

3. 남편은 팔걸이가 없는 의자에 편안하게 앉아 아내를 무릎 위에 앉힌 상태에서 마주 보고, 아내의 다리를 자신의 몸 양쪽으로 벌리게 한다. 이런 자세에서 그는 완전히 자유롭게 손으로 자극할 수 있다. 음경의 머리가 바로 질 입구에 놓여서 삽입이 매우 얕다. 하지만 상대방을 자극하기에 충분한 깊이가 될 것이고, 깊은 삽입을 금해야 하는 임신 기간의 마지막 몇 주 동안에도 활용할 수 있다.

4. 분만대 위에서와 비슷한 자세로, 아내는 엉덩이를 낮은 침대 아래쪽 끝 모서리에 대고 반듯이 눕는다. 이 때 등받이가 있는 두 개의 의자를 침대와 닿게 붙여 놓고, 아내는 다리를 벌리고 무릎 안쪽을 의자 등받이 위에 걸친다. 남편은 음경을 편하게 삽입할 수 있도록 자신의 골반의 위치를 정한 후, 바닥 위 두 의자 사이에 쿠션 몇 개를 놓고 그 위에 무릎을 꿇고 앉는다. 분명히 이 자세는 사전 준비가 필요하지만, 특별한 시기 동안 두 배우자 모두 최대한의 자유와 편안함을 누릴 수 있다. 이 자세는 아내를 손으로 자극하는 훌륭한 기회를 제공하며 음경 삽입의 깊이를 자유로이 조절할 수 있게 해준다.

5. 남편은 침대 중앙을 가로질러서 모로 눕는다. 아내는 남편과 직각을 이루어서 십자가 형태가 되도록 하여 반듯이 누운 다음, 남편의 몸 위로 두 무릎을 걸친다. 즉 남편의 무릎 위에 옆으로 앉아 있는 것과 같은 형태처럼 되게 한다. 그런 다음 질 입구가 음경에 가능한 한 가까이 위치하도록 만든다. 음경은 아래쪽에서 삽입한다. 이 위치에서 아내에게 성적인 오르가즘을 제공하기 위해 남편은 **반드시** 손으로 음핵을 자극해야 한다.

아기의 머리가 골반 아래로 잘 내려가기 때문에 마지막 석 달 동안에는 과다한 압박감이 있을 수 있다. 이런 이유로 이 기간에는 음경을 가장 깊이 삽입하게 만드는 여성 상위형을 피하는 것이 더 좋다.

각 부부의 독특한 상황을 고려하려면, 성교의 안전성과 오르가즘에 관해 담당 의사의 조언을 요청하라. 만일 성교를 계속 해도 좋다는 의사의 조언이 있고, 남편이 여느 때와 다름없는 애정 어린 관심으로 아내를 대하고, 또 두 사람에게 다 편안한 체위를 선택한다면, 성장하는 아기가 두 사람의 성적인 친밀감과 즐거움을 방해하는 장애물이 될 이유가 없다.

경험을 공유하라

나는 출산 문제로 나를 찾는 부부들에게 남편이 입원실과 분만실에 동행함으로써 아이의 분만에 함께 참여할 것을 격려한다. 그 준비의 일환으로 나는 매월 정기 진료 시 남편도 나와 함께 실제로 그 아내를 검사하도록 하고 또 검사 결과를 남편과 함께 나눈다. 이로 인해 두 사람은 임신 기간 중에 일어나는 신체적인 변화를 더 잘 이해하게 되고, 그들의 아기가 세상에 태어나는 경험을 더욱 풍성하게 공유하게 된다. 이 때 나는 두 사람이 성적으로 적응하는 중에 야기했을 수도 있는 문제들에 관해 이야기할 기회를 마련한다.

분만하기 약 두 달 전에 나는 부부가 함께 출산 준비 강습을 받도록 설득한다. 자연 분만을 택하든 그렇지 않든 간에, 남편과 아내는 출산 준비 과정을 함께 배움으로 유익을 얻을 것이다.

물론 아내는 약물 치료를 전혀 받지 않기로 결심할 수 있으나, 불안을 줄이는 약물 요법을 추천할 수도 있다. 국부적인 신경 차단법, 흡입 마취제 또는 데메롤과 안정제의 소량 투여 등 몇 가지 선택이 가능하다. 의무감에서 자연 분만을 시도해서는 안 되지만, 미리 준비해 온 부부에게는 자연 분만이 매우 의미 있을 수 있다. 나는 그리스도인 부부가 손을 잡고 병원에 와서 아기의 분만에 함께 참여하고, 하나님이 두 사람을 통해 성취하신 일로 인해 기뻐하며, 이따금씩은 당일날 아기를 데리고 함께 귀가하는 모습을 종종 보았다.

출산 경험을 완전히 공유하는 부부들은 함께 강습에 참여하고, 함께 운동하며, 심지어 아내와 아기에게 제일 좋은 음식을 함께 결정하기도 한다. 남편은 아내에게서 새로운 차원의 민감함을 경험하고, 부드럽고 사려 깊은 신체적인 접촉에 대한 새로운 기술을 터득한다. 아내는 자신을 소중히 여기는 남편을 더욱 깊이 신뢰하게 된다. 이런 식으로 출산에 참여하는 남편은, 아내의 몸이 아기에게 자양물과 편안하고 일시적인 안식처를 제공하기 위해 변화하고 있다는 것을 알기 때문에, 틀림없이 아내의 몸의 변화를 아름답다고 생각할 것이다. 남편은 아기가 바로 곁에 있음을 의식하기에, 아내를 더욱 소중히 여기며 즐거워할 것이다.

분만 시 수축이 있는 동안 남편의 임무는 아내를 마사지하고, 긴장을 계속 풀어 주고, 아내에게 말을 걸고, 아내가 느끼는 바를 민감하게 살피는 것이다. 물론 아내가 실습해 오던 호흡법을 도와줄 수도 있다. 그러나 남편이 가장 크게 기여할 수 있는 바는 그저 격려하고 자신이 함께 있음을 확인시켜 주는 것이다.

이 시기에 배운 정서적인 의사 소통은 아주 귀중한 것이며, 향후 수년 동안의 결혼 생활에 축복이 된다. 임신 전에 존재하던 결혼 생활의 어려움들이 부부가 아기를 출산하는 과정에 함께 참여하는 가운데 해결된 사례가 많다.

아내가 퇴원해 집에 온 후, 특히 분만을 위해 질 입구를 절개했다가 봉합한 경우에는 약간의 불편함을 겪을지도 모른다. 대개는 질에 분비물이 비치게 되는데 이것은 적색에서 점차 옅은 갈색으로 변하고, 양도 줄어든다. 집에서 첫 두 주를 보낼 때 자궁과 질의 조직이 정상적으로 치유되면서 외음부가 좀 불편할지도 모른다. 그러나 분비물이 멈출 때쯤이면 불편이 사라질 것이고 성교를 다시 시작할 수 있다. 일반적으로 출산한 지 2-4주 후에 성교를 하게 된다. 담당 의사가 산모에게 조언해 줄 것이다.

성교를 다시 시작하게 되면 남편은 신혼 기간의 성교 때 그랬던 것처럼 신중하고 사랑스럽고 부드럽게 해야 한다. 반드시 인공 윤활제를 곁에 두라. 출산 후 음핵 근처 부위가 아직 유연하지 않다면 손으로 자극하여 성적인 절정에 이르도록 할 수 있다. 아내가 아기에게 모유를 먹인다 할지라도 그리고 월경이 없더라도 부부가 또 다른 임신을 피하기로 결정한다면, 적어도 6주째 정기 검사 시점부터는 피임을 시작해야 한다.

    나는 아기를 갖는 경험이 당신의 결혼 관계에 부드러운 관심과 의사소통, 정서적인 친밀감과 애정 어린 이해심을 더욱 깊게 하리라 믿는다. 그리고 이 힘든 몇 달 간에도 부부의 성적인 하나됨을 통해 성이 즐거움을 위해 고안되었음을 경험할 수 있으리라 믿는다.

13
노년기의 성생활

60세 이후의 성생활은 그 어느 때보다 더 만족스러울 수 있다! 이것은 상심한 자를 격려하기 위한 한갓 구호가 아니라 사실이다. 나를 찾은 많은 환자가 그런 경험을 했다고 고백했다. 결혼한 지 40년이 넘은 수많은 부부가 우리 병원에 와서 어느 때보다 더 만족스러운 놀라운 사랑의 관계에 대해 들려주었다.

이런 사실이 독자에게 의외의 일로 들린다면 노년층에 대한 사회적 통념을 그대로 받아들여 왔기 때문일지도 모른다. 65세를 기준으로 성욕이 감퇴하고 떨어진다는 사회적인 통념은, 모든 연구와 정보가 그와 반대임에도 불구하고 우리 생각 속에 깊이 박혀 있다. "펀치"(Punch)에 나오는 만화는 노년기의 성적 무능에 대한 이런 잘못된 관점을 잘 나타내준다. 공원 의자에 앉아 있는 어떤 노인이 자기 옆으로 걸어오고 있는 멋진 아가씨에게 눈길을 보내고 있다. 한편 그 모습을 바라보던 그의 아내는 연하의 다른 할머니에게 이렇게 말하고 있다. "알버트는 그 **나이치고는 놀라운 기억력을** 가지고 있어…."

60대나 70대로 접어드는 사람들에게 확실하게 말하고 싶은 점은, 자신과 배우자가 그런 대로 건강하고 서로 사랑으로 의사 소통을 하고 있다면, 결코 과거의 **추억**에 안주할 필요가 없다는 것이다. 해결의 중요한 실마리가 되는 것은 태도다. 예를 들어 불가피하게 노화해 가는 인생을 바라보는 당신의 관점은 다음 둘 중 하나일 것이다. 어떤 이들은 인생을 순응해야만 하는 패배의 연속으로 본다. 그러므로 이런 이들은 노화 과정이 성교의 즐거움을 침범할 때 어쩔 수 없이 점점 더 많은 영역을 포기할 수밖에 없는 노인으로서, 60세 이후의 성생활을 좌절의 연속으로 간주하게 된다. 그러나 또 다른 이들은 인생을 일련의 변화로 인식하긴 하지만, 이런 변화들이 손실뿐 아니라 이득도 가져올 수 있다고 본다. 당신이 변화하는 상황에 정직하게 순응한다면, 도중에 예기치 않은 보물을 발견하게 되고, 포기해야 하는 것이 비교적 적다는 사실도 발견할 것이다. 이런 긍정적인 사고를 가진 사람들이 바로 60세 이후에도 성생활을 즐길 수 있는 사람들이다.

이 장에서는 60세 이상 부부들의 성적인 만족의 지속 또는 증대를 보장할 수 있는 건설적인 제안을 하고자 한다.

진리를 알라

진리를 알라. 그러면 이것이 당신을 자유롭게 할 것이다! 여기서 진리라 함은 자신의 몸과 자연 노화 과정의 결과에 관한 진리를 언급하는 것이다. 안다는 것은 이해하는 것이고, 그러면 일어날 수 있는 난관들을 극복할 수 있게 되는 것이다. 여기에 당신이 알아야 할 몇 가지 사실이 있다.

첫째, 만일 당신이 결혼 생활을 통틀어 만족스러운 성생활을 경험했다면, 만족이 지속되길 기대하면서 성숙한 노년기로 접어들었을 것이다. 시간과 빈도는 변하겠지만, 성적인 만족은 끝나기는커녕 더욱 커질 수 있다. 부부들은 항상 그들의 상황을 창의적으로 만드는 능력을 소유하고 있는데 이것이 60세 이후의 성생활을 풍성하고 자유로우며 놀라움으로 가득 차게 만들 것이다.

남편들은 발기하는 데 시간이 좀더 걸린다는 사실을 알아야 한다. 그러나 더 오랜 동안 자극의 단계를 유지할 수 있기 때문에 유익할 수도 있다. 사정하려는 욕구는 덜 절박해지기 때문에 아내에게 완전한 만족을 줄 수 있는 시간을 좀더 확보할 수 있을 것이다. 사정 시간 자체는 좀더 짧아질 것이며, 휴식 단계도 더 빨리 끝낼 수밖에 없을 것이다. 한 번 절정에 이르고 또다시 발기하려면 좀더 많은 시간(하루나 이틀)이 필요할 것이다. 여기서 인식해야 할 매우 중요한 사항 하나가 있다. 즉 **매번 성교할 때마다 사정을 할 필요가 없다는 것이다.** 사정하려는 육체적인 필요를 느끼지 않을 때는 결코 억지로 사정하지 말라. 억지로 사정하는 것은 발기를 일으키고 유지하는 능력을 감소시킬 수 있다. 사정할 것 같은 느낌이 들 때에만 사정하라. 평소에는 사정을 하지 않고 성교를 즐기라.

아내들은 50세 이후에는 질이 덜 매끄럽고 분비물이 더 천천히 생산된다는 사실을 알아야 한다. 인공 윤활제를 사용하면 이것을 쉽게 개선할 수 있다. 질 벽은 더 얇아지고 탄력성이 떨어져서 성교로 인해 좀더 쉽게 자극받게 된다. 에스트로겐 호르몬을 섭취하거나 질 벽을 통해 흡수되는 에스트로겐 크림을 사용함으로써 이 문제를 완화할 수 있다. 이 책의 초반부에서 설명한 대로 위축성 질염(질 벽이 얇아져서 생기는)은 별도의 에스트로겐을 공급하지 않을 경우 폐경기에 겪는 신체적인 변화 가운데 아내의 성기능에 유일하게 지장을 초래하는 것이다. 능동적인 성생활이 질 입구의 수축을 예방하는 데 도움이 될 수 있다.

월경을 할 만한 충분한 에스트로겐이 있는 한, 질의 위축을 예방하는 데 필요한 에스트로겐도 충분하다는 점을 이해하라.

두 사람 다 이전보다 짧은(10-12초 대신 5-6초 간 지속되는) 오르가즘을 경험하겠지만 이는 여전히 동일한 신체적 즐거움을 제공한다. 만일 아내가 오르가즘 중에 자궁의 수축으로 야기되는 고통을 경험한다면 이것은 대개 에스트로겐 수준이 평균치 이하임을 보여 주는 신호다. 에스트로겐 호르몬제를 정기적으로 복용하거나 주사하면 상태를 경감시킬 수 있다.

　나이가 들면서 성적 욕구가 서서히 쇠퇴하고 있음을 의식하는 남편들은, 남성의 성적인 활력은 17-18세경에 최고조에 도달했다가 그 후부터 점차 쇠퇴한다는 사실을 바로 인식하고 있어야 한다. 한 가지 꼭 기억해야 할 점은 **노화 때문에 발기가 안 되거나 유지하지 못하는 것은 아니라는** 사실이다. 빈도가 점점 줄어들고, 활력이 감소하고, 사정하는 양도 더 적어질지 모른다. 그러나 성은 일생 동안 지속되는 자연적인 기능이기 때문에, 남편이 적극적이고 자발적으로 반응하는 아내와 함께 있다면, 점진적인 생리적 쇠퇴는 성관계에 거의 또는 전혀 영향을 미치지 않을 것이다.

　아내들이여, 생리적으로 여성의 성적인 욕구는 쇠퇴하지 않음을 알아야 한다. 많은 경우에 여성들은 청년기에 시작하여 70세와 그 이후까지도 욕구가 계속 증가한다. 이 기간 내의 결혼 생활에서, 특히 임신의 두려움이 없어졌을 때 아내는 자신이 성적으로 더 적극적이라는 것을 느낄지도 모른다. 아내의 적극적이고 의욕적인 자세는 60세 이후에도 최고의 만족을 가능하게 할 것이다.

　이제 두 사람이 노년기에 대한 각자의 태도를 한 번 더 검토해 보라. 늙는다는 것은 질병과 동의어가 아님을 기억하라! 이것은 성적 욕구와 성적인 즐거움의 끝을 뜻하는 것이 아니다. 발기 부전은 결코 노년기의 자연스런 결과가 아니며, 대부분 정신적인 상태에서 기인하는 것으로서, 어떤 연령층에서든 발생할 수 있다. 특히 이는 자신의 몸 속에서 일어나고 있는 정상적인 변화를 염려하거나 스스로 '내리막길로 들어섰다'고 생각하는 사람에게서 볼 수 있다.

　그렇다면 실제로 성생활이 쇠퇴하고 있는 노부부는 어떻게 된 것인지 반문할 수 있을 것이다. 여기에는 몇 가지 요소가 관련되었을 수 있다. 첫째, 어떤 사람들은 젊어서도 성적 욕구가 그리 강하지 않다. 어떤 사람은 아내에게 지속적인 거부를 당하면서 수년 간 좌절감을 경험한다. 발기 부전을 걱정하는 이들 중에는 성적인 욕구를 재력(財力)에 대한 욕구 등 다른 방향으로 옮김으로써 자신의 자아상을 유지하려는 사람도 있다. 어떤 남자는 아내에 대한 분노가 쌓이면서 성욕이 감퇴되었다. 대부분의 부부는 판에 박힌 방식을 고수함으로써 연합하는 즐거움이 무디어졌다. 이 모든 요소가 노년기의 성적인 욕구를 쇠퇴시킬 수 있지만, 대부분의 경우 그 원인은 신체적이라기보다는 오히려 심리적이다.

스스로 즐기라

생리적인 특성을 이해한 다음에는, 실제로 성교 시간을 음미하고 행복한 결혼 생활의 이 중요한 측면이 훼방받지 않도록 하겠다는 구체적인 결단을 해야 한다. 육체적인 즐거움은 여전히 누릴 수 있다. 두 사람의 사랑은, 필요하다면 3장에서 논의했던 원리들을 적용함으로써 얼마든지 회복할 수 있다. 또 다른 장들에서 설명한 바 있는 성적인 기교에 대한 자세한 정보가 성에 대한 관심을 회복시킬 수 있다. 성교에 대한 새롭고도 창의적인 접근들은 지루함을 제거하고 두 사람의 관계에 다시 생기를 불어넣을 수 있다. 욕구가 가라앉은 남편에 대한 최상의 '치료법'은 따뜻하고 수용적인 아내가 애정을 갖고 남편을 풍부하게 자극하는 것이다(어떤 사람이 말한 대로, 그저 받아들여지는 것과 **필요한 존재**로 여김을 받는 것 사이에는 엄청난 차이가 있다). 한쪽 배우자의 열정이 상대방에게 기적을 일으킬 수 있다.

여기에 성생활의 즐거움을 증가시키기 위한 몇 가지 구체적인 방법이 있다.

아내여, 남편이 당신에게 얼마나 큰 즐거움을 주는 존재인지 알림으로써 남편을 격려하라. 남편이여, 아내가 당신에게 얼마나 매력적인 존재인지를 알리라. 60세 이후의 남편들은 정력의 결핍을 염려할 수 있으며, 아내들은 젊은 날의 외모를 상실함으로 인해 거부당할지 모른다는 두려움이 생길 수 있다. 애정 어린 태도로 서로에 대한 소중함을 인식하고 표현하는 것이 두 사람의 관계와 온전한 자아상을 증진시켜 줄 것이다.

어떤 작가가 말한 것처럼 성교의 '배경 음악'에 유념하라. 다시 말해서 언어적인 접촉을 할 필요가 있다는 말이다. 즉 두 사람이 육체뿐 아니라 언어를 통해 자의식을 망각할 정도로 자신을 상대방에게 마음껏 내어 줄 때 즐거움은 풍성하게 증대될 것이다.

신체적인 접촉에서도, 성적으로는 큰 자극이 안 될지라도 상대방에게 심리적으로 강력하고 긍정적인 영향을 미칠 수 있는 신체 부위들에 민감하라. 이 부분에 관해서도 서로 의사 소통을 하라. 서로를 즐겁게 하는 새로운 방법들을 탐구하는 일에 기꺼이 '모험'을 시도하라.

상호성의 원리를 발견하라. 그리고 성적인 자극을 증대하는 데 이 원리를 적용하라. 연구에서 밝혀진 바에 따르면, 두 사람이 불안과 내적인 갈등에서 벗어날수록 상대방의 자극에 더 잘 반응하게 되고, 쾌감과 자아 망각 또는 자아 포기를 더욱 깊이 경험하면서 상대방의 즐거움을 배가하는 법도 점점 더 많이 배우게 된다고 한다. 다른 한편 거절, 수동적인 대응, 자신에게 집중하는 것은 부정적인 영향을 눈덩이처럼 불어나게 할 수 있다. 배우자와 함께 이런 부정적인 태도를 거부하기로 결심하라. 하나님이 의도하신 즐거움을 방해하는 부정적인 반응에 시간을 허비하기에는 이 땅의 삶은 너무도 짧다. 그런 부정적인 반응들을 경계하고 애정 어린 의사 소통과 상호 이해로 그것들을 극복하라. 의사 소통이 의미하는 바를 기억하라. 이것은 배우자로 하여금 결코 당신 자신의 느낌과 생각을 추측하게끔 만들지 말아야 한다는 말이다. 언제나 자발적으로 여유 있게 성교할 것을 목표로 삼으라.…왜냐하면 이것은 그만큼 재미있기 때문이다!

은밀함을 고집하라

나이가 들면서 우리는 푸근하고 은밀하게 성생활을 즐길 수 있을 정도의 개인적인 공간을 유지하기가 어려움을 깨닫게 된다. 이 문제는 사람들이 노인들도 성생활을 누린다는 사실을 인식하지 못하는 무관심과 무지함으로 인해 더욱 복잡해진다. 아주 불가피한 경우를 제외하고는 두 사람만이 함께하는 은밀한 시간은 포기하지 말아야 할 귀중한 선물이다. 모든 사람—특히 노부부들은 더욱—은 따스함이 느껴지는 접촉을 원하며, 건강에 대한 관심과 안도감이 필요하다. 두 사람이 요양원이나 양로원 같은 시설에 들어갈 경우에도, 서로간의 사랑을 표현할 수 있는 은밀함이 보장되는 환경을 확보하라.

건강상의 문제들

성적 욕구가 활발한 사람이 정상적인 성생활을 하지 말아야 할 이유는 결코 없지만, 건강 문제가 장애물로 작용할 경우에는 육체적인 관계를 가급적 빨리 다시 시작할 수 있도록 하기 위해 금욕해야 할 때가 있다. 여기서는 심장마비, 뇌일혈 또는 다른 신체적인 한계를 겪은 부부에게 몇 가지 유념해야 할 사항을 제시하겠다. 아내가 폐경기를 겪고 있거나 자궁 제거 수술을 했을 때 고려해야 할 사항도 참고하기 바란다.

심장마비나 뇌일혈을 겪은 후

노년기는 확실히 심장마비나 뇌일혈이 일어나기 가장 쉬운 때다. 이런 심각한 타격을 받은 후에는 다시 적응하는 기간이 필요하다. 하지만 대부분의 의사는 환자가 이런 타격을 받기 전에 성적 기능을 제대로 수행했다면, 평소의 성생활을 재개하는 것이 완전한 회복에 도움이 되리라고 생각한다. 종종 금욕 때문에 생기는 좌절감은 성행위 자체에 들어가는 에너지보다 더 많은 에너지를 빼앗을 것이다. 성교로 인한 맥박, 혈압 또는 호흡의 증가는 정서적으로 유쾌한 자극을 의미하지만, 걱정이나 논쟁으로 인한 정서적인 자극은 사랑하는 부부의 육체적인 연합에 아무 도움도 주지 않으면서 에너지만 빼앗아 간다.

성행위 중 심장병 환자의 심장 박동률을 조사한 것을 보면, 심장의 최대 박동률은 초당 평균 120번이었고 대부분의 경우 불과 10-15초 동안 지속되었다. 즉 성교는 교통이 혼잡한 시간대에 운전하거나 화를 내는 것보다 노력이 덜 드는 것으로 판명되었다. 성행위에 필요한 에너지는 계단으로 한 층을 올라가거나 두 블록을 빠른 걸음으로 걸을 때 필요한 에너지에 맞먹는다. 무엇을 먹거나 마신 다음에는 그것을 소화시키기 위해 상당량의 에너지가 필요하다. 그러므로 심장병 환자는 식사를 많이 한 경우, 적어도 두 시간 동안 성교를 피할 것을 강력하게 충고한다. 불법적인 성행위에는, 신체적인 에너지와 더불어 두려움과 죄책감의 압박이 가중되기 때문에 부담이 훨씬 더 크다고 하는 연구자들의 지적은 흥미롭다.

다른 압박감 없이 정상적인 성생활을 하는 부부의 경우, 손으로 자극하여 절정에 오르도록 하는 일은 대개 6주가 지나면 허용되며, 다른 합병증의 조짐 없이 심장마비가 치료되었을 때는 8-14주 사이에 성교를 재개할 수 있다. 서로를 사랑하고, 신체 접촉을 하는 기쁨에 초점을 맞추고, 여유 있게 성생활을 향유하라. 개인적인 취향을 고려해야겠지만, 만일 남편이 심장마비를 겪었다면 여성 상위를 취하는 것이 다소 유익하다. 이 자세에서 아내는 남편을 좀더 보호하게 되고, 동시에 남편이 회복하는 동안 성교에 좀더 적극적이 될 수 있다.

영구적인 페이스 메이커(전기 자극으로 심장 박동을 유지하는 장치―역주)를 장치한 환자의 경우는 처음 두 주 동안 신체 활동을 제한하는 것 외에는 성적인 활동에 특별한 제약이 필요 없다. 그 시기 후에는 담당 의사가 개인별로 결정을 내려야 한다.

의사들은 환자가 조심스레 얘기를 꺼낼 때까지 기다려서는 안 되며, 또 "성생활을 조심하는 편이 낫겠습니다"라는 식으로 단도직입적으로 (불길하게) 충고하기보다는 중병 이후의 성생활 문제를 반드시 솔직하고도 지혜롭게 다루어야 한다. 성적인 기능은 초조하게 기다린다고 해서 결코 향상되지 않으며, 환자의 의학적인 상태도 마찬가지다.

뇌일혈의 후유증은 종종 환자의 자신감과 자존감을 떨어뜨린다. 이 때문에 자신이 배우자에게 성적으로 여전히 매력적인 존재로 남아 있을 수 있다면 굉장한 격려가 된다. 만일 담당 의사의 충고를 따라 두 사람이 서로 잘 협력해 나간다면, 어떤 신체적인 문제든지 대개는 적극적이고 상식적이며 애정 어린 방식으로 대처할 수 있다. 여러 개의 베개와, 침대 머리의 손잡이, 높은 발판, 다양한 체위, 손 자극을 통한 오르가즘 등은 문제를 다루는 방법들이다. 만족스러운 성관계는 뇌일혈 이후의 침체를 극복하거나 예방하는 데 더할 나위 없이 귀중한 요소다.

기타 신체적인 한계 극복하기

뇌일혈과 심장마비는 정상적인 성생활에 지장을 초래하는 여러 신체 이상 가운데 대표적인 요인에 속한다. 그 외에도 사고로 인한 상해, 신체 구조적인 변형, 불가피한 수술의 후유증 등에 대해 언급할 게 많다. 외형적으로는 가장 큰 변화를 야기하지만 기능적으로는 큰 차이를 초래하지 않는 가장 일반적인 수술로 유방 절제술을 들 수 있다. 어떤 부부도 이 수술 때문에 어떤 식으로든 성생활이 위축되어서는 안 된다! 남편은 아내를 얼마나 사랑하는지 그리고 아내가 건강하게 생명을 유지하는 것이 얼마나 고마운 일인지 아내에게 표현해야 한다. 어떤 상황에서든 심지어 가장 열악하고 불가능해 보이는 상황에서도, 사랑하는 두 사람이 서로에게 성적으로 완전한 즐거움을 제공하기 위해 상상력을 발휘한다면, 방법은 얼마든지 찾을 수 있다. 이런 기교들을 함께 배우는 동안 두 사람은 서로 불쌍히 여기고 이해하는 면에서 성숙하게 되고, 결혼 관계 전체를 강화할 수 있을 것이다. 여기서 목표는 최대한의 친밀함 속에서 평생을 함께 사는 것이 되어야 한다. 이 목표를 향해 나아간다면 회복의 가능성도 크게 증대한다. 결과가 어떻든지 두 사람의 삶은 분명히 질적으로 향상될 것이다.

갑작스럽고 극적인 질병이 발병한 다음에 성욕이 완전히 사라지는 경우가 있다. 이렇게 되면 두 사람 모두 고통을 겪게 되는데, 이런 시점에서는 의사의 위로가 절대적으로 필요하다. 이런 식의 성욕 감퇴는 거의 대부분 일시적이며, 건강이 향상되면 저절로 회복되는 경우가 많기 때문에 용기를 잃지 말아야 한다. 노인이 되면, 어떤 이유에서든 장기간의 금욕 기간이 있은 다음에는 성적인 기능 저하가 뒤따르게 마련이므로, 병을 앓고 난 후에는 성적인 자극을 서서히 그리고 꾸준히 증가시키는 것이 아주 중요하다.

50-70세에 속한 남성들은 대부분 전립선의 확대(양성 전립선의 이상 발달) 현상을 보인다. 이 확대가 소변의 흐름을 차단하면 전립선을 제거하는 수술을 해야 한다. 수술 후에는, 사정을 하면 대개 정액이 음경을 통해 밖으로 나가기보다 오히려 방광 안으로 들어가게 된다. 발기를 하고 유지하는 능력은 전립선 수술에 거의 영향을 받지 않는다. 남성은 성적인 욕구와 만족도 면에서 수술 전과 달라진 것이 없을 것이다. 그러나 음경은 이전처럼 정액 유동체를 사출하지 못하게 되었음을 인식해야 한다. 수술 후 두 달이 지나면 정상적인 성교를 다시 시작할 수 있다.

폐경기 이후의 성

아내의 경우 폐경기 이후의 성생활은 똑같거나 아니면 더 나아질 수 있다. 어떤 여성들은 폐경기가 되면 성에 대한 관심과 즐거움을 상실할 것으로 생각하는데, 이것은 전혀 사실이 아니다. 성반응의 시간대가 변한다고 하여 성생활의 만족도가 떨어지는 것은 아니다. 대부분의 여성은 가족에 대한 책임감이 줄어들고, 어머니 역할 외에 자신의 정체감을 개발할 기회가 생기기 때문에 훨씬 더 자유롭게 된다.

의미 있는 성생활을 터득하고 계속 누리는 가운데, 사랑을 경험하고, 자신에 대해 편안함을 느끼며, 남편과 친숙하게 된 아내는 자신의 신체적인 변화를 수용하기가 쉬워진다.

일부 여성은 월경이 중지됨으로 인해 정체감에 위협을 느낄지도 모르며, 신체적인 아름다움이나 성적 매력을 되찾는 일에 지나치게 집착하는 경우가 있다. 지혜롭고 사랑 넘치는 남편은 말과 행동으로 아내를 인정하며 또 아내의 자존감을 세워 줄 것이다. 유행가 가사처럼 "사소한 것들이 아주 중요하다." 특히 여성의 생애 중 이 위기의 시기에는 더욱 그렇다. 남편은 아내로 하여금 교육을 받도록 하거나, 기독교 사역 쪽으로 에너지를 새롭게 활용하도록 격려할 수도 있다. 사실 오늘날 은퇴한 부부들이 국내외에서 모험적인 선교 사업에 뛰어들어 현장에서 과다하게 일하는 선교사들의 짐을 덜어 주는 사례가 더욱 늘어나고 있다.

어떤 여성들은 에스트로겐 결핍의 분명한 조짐을 보이게 되는데, 예컨대 얼굴이 화끈거리고, 신경이 예민해지고, 현기증, 불면증, 짜증, 갑작스런 감정의 동요, 의기소침, 성욕의 감퇴 등을 경험한다. 현재까지 대부분의 의사가 이런 증상들 중 일부 증상이 나타날 경우, 내복약 형태나 주사 형태 아니면 붙이는 형태로 에스트로겐 대체물을 투여해야 한다고 생각한다. 어떤 환자들은 먹는 에스트로겐을 잘 흡수하지 못하는 것처럼 보이는데 이 경우에는 주사가 필요하다. 최장기 효과를 지니는 에스트로겐의 경우 대개 한 달 간격으로 공급하면 된다. 폐경기 증상은 대부분 에스트로겐을 신중하게 조절하면서 투약하면 쉽게 경감시킬 수 있다. 이런 증상들을 겪고 있는 여성은 누구든지 에스트로겐 치료법의 가능성을 타진하기 위해 의학적인 조언을 구해야 한다. 만일 에스트로겐만 가지고 여성의 성반응이 증가하지 않는다면 에스트로겐과 더불어 소량의 남성 호르몬(테스토스테론)을 동시에 투약해야 할지도 모른다. 그리고 정기적인 월경이 멈춘 후인데도 질의 출혈이 있으면 의사를 만나야 하는 신호로 보면 된다.

자궁 제거 수술 이후

자궁 적출술(외과 수술을 통한 자궁의 제거)을 부부의 성생활을 위협하는 것으로 인식할 필요는 없다. 그러나 지식의 부족으로 어려움이 생긴다. 다음은 몇 가지 흔한 오해다.

1. 반드시 체중이 늘고 외모가 변할 것이다.
2. 노화가 좀더 신속하게 진행될 것이다.
3. 성적인 욕구와 반응은 감소될 것이다.
4. 폐경기 이후에 수반되는 갖가지 일반적인 증상이 즉시 나타날 것이다.

가끔 남편들은 아내가 더 이상 성생활에 대해 관심이 없을 것이라고 생각하거나, 나아가서 당황스럽게도 아내를 마치 장식장 안에 보관한 자기 접시처럼 대한다. 수술을 받는 대부분의 여성이 심기가 불편해지는 것을 경험하기 때문에—이제는 많이 완화되었지만—나는 수술하기 전에 부부에게 수술 과정과 우려되는 후유증에 대해 설명하고, 또 아무런 후유증 없이 그들의 성생활이 이전보다 훨씬 나아질 수도 있다는 사실을 전달함으로써 두 사람을 안심시키는 것이 중요함을 발견했다.

노년을 대비하기

나는 이 장을 읽는 젊은 부부들에게 그들의 노년을 재정적으로뿐만 아니라 성적으로도 준비할 것을 권장한다. 만일 당신이 현재 활발한 성생활을 유지하고 있고 앞으로도 지속한다면, 사회에서 은퇴한다고 해서 성교의 즐거움에서도 은퇴해야 하는 것은 아니다. 그러나 그러려면 바로 지금 두 사람의 관계에서 정서적인 투자를 계속해 나가야 한다. 즉 솔직하게 의사 소통하고, 감정 이입과 상호 지지가 가능한 분위기를 창출하고, 상대방을 사랑하는 것을 온갖 언행에서 구체적으로 표현하라. 분노나 상한 감정이 두 사람의 관계에 결코 끼여들지 못하도록 하는 것은 일생 동안 지속될 미래의 즐거움과 친밀함을 위해 투자하는 것임을 기억하라. 노년기를 생각하면서 서로 더욱 사랑하게 될 것을 기대하라. 사실 염려와 억압을 극복하고, 새로운 깨달음을 실행에 옮기며, 상대방을 즐겁게 하는 법을 배운 대다수의 노부부는 실제로 이런 경험을 하였다. 그들은 서로를 더 인정하고 존중하며 젊을 때보다 훨씬 더 깊은 사랑으로 대함으로써 그들의 관계가 더욱 증진되었다고 고백한다.

60세 이후의 성생활에 가장 적합한 표어는 간단하다. **사용하지 않으면 잃어버릴 것이다.** 성적으로 적극적인 자세를 유지하는 부부는 60세, 70세, 80세 이후까지도 성교를 계속 즐길 수 있다.

14

성병의 이해

> 가라사대 너희가 너희 하나님 나 여호와의 말을 청종하고
> 나의 보기에 의를 행하며 내 계명에 귀를 기울이며
> 내 모든 규례를 지키면 내가 애굽 사람에게 내린 모든 질병의 하나도
> 너희에게 내리지 아니하리니 나는 너희를 치료하는 여호와임이니라.
> 출애굽기 15:26

이 책의 초점이 기독교적인 결혼 생활이긴 하지만, 동시에 많은 그리스도인이 인생의 어느 시점에서 성적으로 현명하지 못한 선택을 하게 되는 것을 간과할 수 없다. 하나님의 놀라운 은혜는 완전한 치유를 제공하지만, 그럼에도 불구하고 하나님의 계획을 이탈한 성행위에 따르는 신체적인 결과들이 엄연히 존재한다.

신체적인 결과들은 수없이 많으며 이로 인해 심지어 생명을 잃을 수도 있다. 이 때문에 결혼하지 않은 이들은 자신과 장차 배우자가 될 사람의 성적인 건강 상태를 유념해야 한다. 여기에는 헤아릴 수 없이 많은 질문이 관련되어 있다. 헤르페스 바이러스를 가진 사람과 결혼해야 하는가? 임질은 어떤가? 인유두종 바이러스는? 콘돔을 사용하면 내 병이 배우자에게 옮지 않는가? 태어날 자녀들이 감염되거나 해를 입을 가능성은 얼마인가? 배우자가 인체 면역 결핍 바이러스—에이즈를 일으키는 바이러스—를 옮기지 않는다는 것을 어떻게 확신할 수 있는가? 서로 모순되는 정보 중에서 무엇을 믿어야 하나?

이 장을 통해 내가 목표로 하는 바는 성병에 관한 구체적인 사실을 명백하게 설명하고, 이런 질병과 싸우고 있는 사람들에게 조언을 하며, 난잡한 성행위의 위험성을 사실에 근거하여 솔직하게 밝히는 것이다.

1960년대에 두 가지 주요 성병은 임질과 매독이었다. 이 병은 각각 항생 물질로 치료할 수 있었고 완전히 제거할 수 있었다. 그러나 60년대와 70년대의 성혁명을 거치면서 성행위가 증가함에 따라 일생에 걸쳐 더욱 심각한 영향력을 지니는 새로운 질병이 수없이 나타났다.

지난 10년 간 성적 접촉으로 감염되는 질병에 걸린 사람들의 숫자는 놀라운 비율로 늘어났다. 세계 보건 기구는 매년 세계에서 2억 5천 건의 성병이 발생한다고 추정한다. 어림 잡아서, 성적 관심이 활발한 미국 젊은이의 25퍼센트가 박테리아성 성병 및/또는 바이러스성 성병에 감염되어 있다. 그리고 처음으로 감염된 사람들의 63퍼센트가 25세 미만이다.

대부분의 성인은 성적 접촉으로 인한 질병이 새로운 현상임을 실감하지 못하고 있다. 요즈음 젊은이들처럼 결혼 관계 밖에서 친밀한 성행위를 가졌던 구 세대 성인들은 대개 임신 문제를 염려했다. 그들은 성병에 걸릴 것에 대한 염려를 하지 않아도 되었으며, 때 아닌 죽음을 초래하는 병에 걸릴 위험성에 대해서는 더더욱 생각할 필요도 없었다. 그런데 오늘날의 젊은이들은 성적인 친밀감을 고려할 때 문자 그대로 죽음의 위협을 생각해야 하는 상태에 놓여 있다.

신체적인 고통은 말할 것도 없거니와, 재정적인 측면과 사회적인 여파와 관련하여 이런 질병들이 미치는 엄청난 영향력은 우리의 성도덕을 재고하도록 만든다. 사회를 유지하기 위해서는 이런 성도덕의 변화야말로 성적인 접촉에 기인한 질병을 줄일 수 있는 유일하게 효과적인 방법이다. 오늘날 유일하게 안전한 성은 평생토록 일부일처제의 관계 안에서 누리는 성이다. 결혼하기까지는 절제(나중에 가서 좀더 자세하게 정의할 단어)가 유일한 대안이다.

성적 접촉으로 감염되는 질병(성병)이란 용어는 이런 질병들을 일으키는 감염체가 친밀한 성행위를 통해 사람에게서 사람으로 감염되는 것을 의미한다. 현재 50개 이상의 감염체와 증상이 성병으로 분류되었다. 좀더 심각한 것으로는 클라미디아, 인유두종 바이러스(HPV), 생식기 헤르페스(HSV), 매독, 임질이 있으며 가장 주목할 만한 것으로는 에이즈 바이러스와 관련된 질병들을 들 수 있다. 또한 트리코모나스 질염과 칸디다증은 심각성이 덜하고 반드시 친밀한 성행위와 관련되는 것도 아니지만, 발생 빈도 때문에 논의할 것이다. 우리는 이 병들이 각각 어떻게 전염되고, 치료되고, 예방되는지를 명백히 설명하고자 한다. 성병은 병을 일으키는 세균의 형태—박테리아, 바이러스, 원생 동물과 진균류—에 따라 분류된다. 이 장을 읽을 때 매우 중요한 사항 세 가지를 기억하라.

1. 성병은 때로, 특히 여성에게, 감염의 조짐이나 증상 없이 나타난다.
2. 불임, 암, 자궁 외 임신과 같은 결과를 예방하기 위해 조기 발견이 중요하다.
3. 이 질병의 대부분은 성교가 아니더라도 친밀한 성적 접촉에 의해서 전염될 수 있다.

성적 접촉으로 감염되는 박테리아성 질병

임질

임질은 박테리아 임질균에 의해 생긴다. 이 박테리아는 요도, 자궁 경부, 직장 그리고 인후와 같은 신체의 (습한) 점막 표면을 감염시킨다. 구강, 질 또는 항문을 이용하는 형태의 성행위는 이 병을 전염시킬 수 있다.

배뇨 시 통증을 일으키는 요도염은 요관의 염증인데, 임질에 감염된 남성에게 나타나는 가장 흔한 증상이다. 감염된 지 일주일 내에 대개 고름과 유사한 배출물이 음경에서 나온다. 남성들 가운데 드물게(5퍼센트)는 아무 증상도 나타내지 않는다. 임질에 걸린 여성의 절반 가량 역시 아무런 증상도 보이지 않는다. 여성의 경우, 임균이 자궁 경부에 감염을 일으켜 고름 같은 흰 분비물이 나올 수 있다. 남성들과 달리, 배뇨 시 통증은 여성들에게는 흔하지 않다.

　임질은 남성의 경우에 먼저 요도가 좁아지고, 이어서 전립선염과 부고환염(고환과 나란히 놓여 있는 부고환의 고통스러운 팽창)의 순으로 진행한다. 여성의 경우, 골반 전체를 심각하게 감염시키는 골반염이 생겨서 불임이 될 수 있다. 골반의 염증은 생식 기관을 손상시킬 수 있고, 불임이나 자궁 외 임신(자궁 밖에서 태아가 발달하는 것—가끔 나팔관 임신으로 불린다)을 야기할지도 모른다. 여성의 경우 골반의 염증을 일으키는 임질로 인해 12퍼센트의 불임 가능성이 있는 것으로 추정된다. 남녀 모두의 경우, 임균이 혈액의 흐름을 타고 몸 전체로 퍼질 수 있다. 이것은 열, 발진과 관절염을 일으킬 수 있다.

　임질은 페니실린이나 기타 항생제로 치료한다. 최근까지 이 치료법은 효과적으로 작용했으나 이제 임질균의 약 20퍼센트가 항페니실린성이다. 이런 저항력 있는 병원균을 치료하기 위해서는 다양한 항생제를 써보아야 하고, 효과적인 치료법이 확정될 때까지는 신체에 미칠 악영향을 감수해야 한다. 결과적으로 치료는 훨씬 더 복잡해지고 비용이 많이 들게 되었으며 만성적인 후유증을 야기할 가능성도 증가하였다.

클라미디아

　클라미디아 감염률이 특히 십대와 대학생 연령의 젊은이들 사이에서 급속히 증가하고 있다. 매년 5백 만이 넘는 미국인들이 감염되고 있으며, 그 결과 클라미디아는 가장 일반적인 성병이 되었다. 남자들 경우 이 성병은 보통 비임균성 요도염으로 불리는데, 이것은 임질균에 기인하지 않는 요도염을 의미한다.

　임질처럼 클라미디아도 습한 표피 조직에 침투한다. 임질에 걸린 사람들의 약 30퍼센트는 클라미디아에도 감염되어 있다. 불행하게도 한 번의 성행위로 두 가지 병을 다 얻을 수 있다. 클라미디아는 배뇨 중 가벼운 불편을 초래하고, 감염된 후 하루 내지 이틀 동안은 물과 같은 분비물이 나올 것이다. 이 분비물이 요도 내에 머물고 있는 동안에는, 여성의 경우 아무런 증상이 없을 수도 있다.

　남성의 경우 클라미디아의 주요 합병증은 부고환염이다. 여성의 경우 클라미디아 감염의 가장 심각한 합병증은 골반의 염증과 관련된 질병이다. 미국에서 불임률이 증가하는 것은, 부분적으로는 클라미디아나 임질에 수반되는 골반염의 직접적인 결과로 생각된다. 감염된 어머니에게서 태어난 아기들에게는 눈의 감염이나 폐렴이 나타날 수 있다.

　클라미디아는 페니실린으로 잘 듣지 않기 때문에 테트라사이클린(항생제의 일종)으로 치료한다. 성적 접촉으로 감염되는 질병의 경우에는 서로 전염시키지 않도록 하기 위해 반드시 두 사람이 함께 치료를 받아야 한다.

매독

　매독의 전염률은 수년 동안 감소했지만, 지난 10년 간 특히 대도시의 미성년 사이에서 극적으로 증가했다. 매독은 트레포네마균(Treponema palladium)이라는 병균에 기인하는데, 그 생김새가 코르크 마개뽑이 같기 때문에 나선상균이라고도 알려져 있다. 이 박테리아는 접촉하는 피부가 어디든지 구멍을 뚫고 침투한다. 하감(下疳, chancre)이라고 하는 종기가 초기 또는 제1기 매독의 전형적인 징후인데, 종기는 생식기, 목 안, 입술과 항문 주변에 나타난다. 매독은 입맞춤, 성교, 생식기와 구강의 접촉(오랄 섹스)이나 항문 접촉에 의해 전염될 수 있다.

　매독은 뚜렷한 단계별로 발생한다고 한다. 제1기 매독은 감염된 후 3주간 통증이 없는 하감이 감염 부위에 나타나고, 그 근처의 임파선(또는 결절)을 만지면 통증이 느껴지는 단계다. 특별한 치료를 하지 않아도 하감은 1-2주 후에는 저절로 낫는다. 따라서 감염자는 자신이 건강하다고 생각할지 모르지만, 병원균이 몸에서 떠난 것이 아니다. 1-3개월이 지나면 제2기 매독이 나타난다. 제2기 매독은 간염, 관절염, 뇌막염과 비슷한 증상—열, 발진, 근육통, 생식기에 큰 사마귀가 남, 임파절이 부어 오름—을 보인다. 이 단계 또한 그냥 지나가겠지만, 전반적인 감염 상태는 여전히 지속된다. 어떤 환자들은 제3기 매독 증세를 나타내는데, 이것이 제일 심각한 단계다. 이 단계는 몸 구석구석의 기관들을 손상시키며 죽음을 초래할 수 있다. 매독은 대개 일상적인 혈액 검사를 통해 발견되기 때문에 오늘날 이 단계까지 진전하는 이들은 극소수라고 할 수 있다.

매독은 페니실린이나 기타 항생제로 치료한다. 치료가 어렵지는 않지만, 성공적인 치료를 위해서 초기 발견이 매우 중요하다. 그리고 후기 단계의 매독은 항생제로 장기간 치료해야만 한다.

박테리아성 성병에 걸렸던 사람과 결혼하는 것은 안전한가? 임질, 클라미디아, 매독은 대부분 항생제로 치료할 수 있고 병원균도 완전히 제거할 수 있기 때문에 과거의 병력 자체가 감염의 위험성을 뜻하는 것은 아니다. 그러나 불임을 일으키는 골반 염증성 질병과 같이 병원균이 오랜 동안 잠복해 있다가 뒤늦게 합병증을 일으킬 수도 있다.

성적 접촉으로 감염되는 바이러스성 질병

헤르페스(생식기 헤르페스)

생식기 헤르페스와 구강 헤르페스는 상이한 종류의 단순 포진 바이러스에 기인한다. 입술 위나 입 안의 헤르페스 감염은 일반적으로 '입가의 발진'(cold sore) 또는 '열 물집'(fever blisters)이라고 부른다. 생식기 부위의 감염은 생식기 헤르페스라고 한다.

바이러스는 피부나 습한 표면과의 직접적인 접촉을 통해 전염된다. 바이러스는 자라서 척추 근저에 있는 신경 세포로 퍼지며 그 곳에서 오랜 기간 잠복할 수 있다. 본질상 생식기 헤르페스는 생식기 부위의 발진 또는 물집으로 설명할 수 있다.

초기 감염에서 맨 먼저 발생하는 것은 통증, 가려움, 배뇨 시 통증, 요도나 질의 분비물 등이다. 이런 증상들은 대개 감염 후 3일-3주 이내에 발생한다. 이어서 헤르페스 소낭(농포)이라고 하는 작은 혹이 감염 부위에 나타난다. 이것들은 처음에는 가렵다가 그 다음에는 액체로 가득 찬 작은 물집으로 변할 수 있다. 그것들은 10-12일 후에 작은 종기를 형성하면서 딱지가 앉기 시작한다. 그리고 독감과 비슷한 증상과 함께 임파절이 나타난다. 맨 처음 발발하는 것이 보통 가장 긴데, 12일 정도 지속된다. 그 다음 발발은 평균 5일간 지속된다. 발발 횟수는 사람마다 다르며 스트레스, 피로, 추위나 더위에 노출되는 정도, 특정 음식과 종종 관련 있다. 현재까지 성인 헤르페스 바이러스 감염의 심각한 합병증은 없는 것으로 생각된다. 감염된 사람들의 50퍼센트는 결코 재발한 적이 없다고 한다.

이 바이러스는 다른 신체 부위에 옮겨 다닐 수 있음을 유념해야 한다. 이것을 자가 접종이라고 하는데, 헤르페스가 발병한 종기 부위가 아직 아물지 않은 상태에서 신체의 다른 부위와 닿게 되면 바이러스가 감염되지 않은 부위에 퍼지게 된다. 입술에 물집이 있는 어른이 아이들에게 입을 맞출 때 종종 구강 헤르페스가 퍼진다. 한때는 물집이 터진 상태에서 접촉할 때만 바이러스가 퍼진다고 생각했다. 그래서 그 기간에는 어떤 접촉도 금지할 것을 권장했다. 그러나 최근의 연구는 그렇지 않음을 입증했으며, 바이러스는 아물지 않은 종기가 없을 때도 전염될 수 있는 것으로 알려져 있다. 명백한 징후나 증상이 없어도 전염 가능성은 아주 높다.

분만 시 바이러스와 접촉한 신생아들은 눈, 피부와 주요 신경 계통이 감염될 수 있고 사망하기까지 한다. 분만 중 적절한 예방 조치를 취할 수 있도록 담당 의사에게 감염 가능성을 알리는 것은 매우 중요하다. 활동기의 헤르페스 종기가 있는 임산부는 제왕 절개 수술을 통해 분만해야 할 것이다. 대부분의 바이러스처럼 이 바이러스는 치료할 수는 있지만 낫지는 않는다. 이것은 일생의 병으로 간주된다.

이처럼 복합적인 헤르페스 감염에 대한 치유책이 없기 때문에 치료법은 증상의 감소를 목표로 삼는다. 아사이클로버(acyclovir)라는 약은 조비락스(Zovirax: 세포 확대 바이러스를 포함하는 항바이러스성 약품)라고도 불리는데 이것은 바이러스의 활동 기간을 단축하고, 증상을 완화하며, 농포의 치유를 촉진할 수 있다. 또 충분한 휴식, 균형 잡힌 영양식, 바이러스 복제를 조장하는 온난 다습한 환경을 만들지 않기 위해 옷을 헐렁하게 입고 햇볕에 직접 노출되지 않도록 하는 것 등이 도움이 될 것이다.

헤르페스에 걸린 사람과 결혼하는 것은 안전한가? 이것은 성인들에게는 가장 덜 심각한 성병 중의 하나다. 비록 일생 안고 살아야 하는 병이긴 하지만, 대부분의 사람은 큰 어려움 없이 대처해 나갈 수 있다. 이 헤르페스를 가진 사람과 결혼할 경우 감염 가능성은 상당히 높다.

HPV(Human Papilloma Virus: 인유두종 바이러스)

생식기 사마귀는 주로 HPV에 기인한다. 성적 접촉이 활발한 젊은이들 가운데 HPV 감염률은 38-46퍼센트에 이르고 현재 여성들이 부인과 의사를 찾는 가장 흔한 이유 중의 하나는 바로 HPV 감염 때문이다. 생식기 헤르페스 때문에 의사를 찾는 사람보다 세 배나 많은 환자가 생식기 사마귀로 의사를 찾는다.

다른 성병과 유사하게 HPV 감염도 징후가 전혀 나타나지 않을 수 있다. 남성들은 음경의 줄기나 귀두 또는 항문 주변에 생식기 사마귀가 나타날 수 있다. 여성들은 자궁 경부, 질 벽, 외음부와 항문 주위에서 사마귀를 발견할 수 있다. 사마귀는 납작하거나 둥근 모양이며, 크기는 연필심 정도부터 직경 2.5센티미터 정도로 큰 것도 있다. 이것들은 꽃양배추나 못 끝처럼 보일 수 있고, 떼를 지어서 나타나거나 따로 발생한다. 색깔은 분홍색에서 갈색까지 다양하다. 감염 후 발병까지는 두 달에서 몇 년에 이르는 잠복기가 있다. 성행위는 바이러스를 몸 속 깊이 이동시키고 신체의 모든 표면으로 퍼뜨린다. 사마귀가 눈에 띄지 않는다 하더라도 바이러스가 피부 속에 존재할 수 있다는 사실에 유념해야 한다.

성적으로 문란한 젊은이들 사이에 기형 유두종이 나타나는 숫자가 증가하고 있어서 산부인과 의사들이 지대한 관심을 보이고 있다. 자궁 경부에 나타나는 암과 유사한 이런 이상 증상들은 HPV 감염과 연관이 있는 것으로 생각된다. 최근의 연구는 전체 자궁 경부암 환자의 90퍼센트가 HPV를 보유하고 있음을 보여 준다. 이것은 암이 HPV의 직접적인 결과임을 의미하지는 않지만, 둘 사이에는 유력한 상관성이 있음을 의미한다. 다행히 기형적인 세포의 성장을 초기에 진압하면 자궁 경부암을 예방할 수 있을 것으로 보인다.

생식기 사마귀는 다양한 방법으로 치료한다. 피부 위에 발라서 감염 부위를 없애는 약이나, 냉동 요법(얼리는 것), 레이저 치료법(태우는 것) 등이 있다. 치료는 종종 고생스럽고, 잘 된다고 해도 불편하다. 환자 중 80퍼센트는 사마귀가 재발하는데, 그런 경우 다시 제거해야 한다. 정기적인 부인과 검사가 HPV 치료에 아주 중요하다.

HPV를 가진 사람과 결혼하는 것은 안전한가? 이 경우에는 HPV의 감염을 예방할 길이 없다. HPV는 아주 옮기 쉬우며 시간이 흐르면서 감염되지 않은 배우자도 감염될 것이다. 생식기 사마귀에 걸린 사람의 배우자는 자주 검사를 받고 치료를 받아야 한다. 종종 치료를 받지 않은 배우자가 치료받은 배우자에게 다시 병을 옮기는 수가 있다.

오늘날까지 알려진 HPV 감염의 가장 큰 위험은 자궁 경부암이다. 이 암은 정기적인 부인과 검진을 받고 전암(前癌) 증상을 치료함으로써 예방할 수 있다. 그러나 아직도 발견되지 않은 HPV 감염의 사례가 많기 때문에 지대한 관심이 쏠리고 있다. 이 성병은 언제 어디서 나타날지 모르므로 정기적으로 부인과 의사를 찾는 것이 필수적이다.

에이즈(AIDS, 후천성 면역 결핍증)

모든 성병 중 가장 치명적인 것이 후천성 면역 결핍증이다.

에이즈는 인체 면역 결핍 바이러스(HIV)에 기인하는데, 이것은 질병을 퇴치하는 신체 능력을 예측할 수 있을 만큼 점진적으로 파괴한다. 표준적인 검사 절차가 없기 때문에 미국의 HIV 감염률은 정확하게 알 수 없지만, 여성들, 특히 소수 민족 여성과 미성년자 사이에서 가장 빨리 확산되고 있다고 한다. HIV 감염의 두 가지 주요 경로는 혈액 접촉 바이러스와 점막 접촉 바이러스이다. 사람들은 친밀한 성적 접촉를 통한 체액의 교환, 주사기, 수혈 등으로 감염되며, 유아의 경우 분만을 전후하여 산모를 통해 감염된다. 현재까지의 통계로는 미국 전체 HIV 감염의 70퍼센트와 세계 전체 HIV 감염의 90퍼센트가 성행위의 직접적인 결과다.

바이러스는 임파구라고 하는 백혈구를 공격한다. 임파구는 질병을 퇴치하는 자연적인 능력에 중요한 역할을 한다. 병균이 일단 우리 몸에 들어오면 몸 전체의 체액은 아주 쉽게 감염된다. 그러면 우리 몸은 3주-6개월에 걸쳐 질병을 퇴치하는 항체를 만든다. HIV는 바로 이 면역 조직을 점진적으로 파괴한다. 그리하여 몸은 정상적인 상태에서는 전혀 신경 쓰지 않아도 될 온갖 질병에 감염되기 쉬운 상태가 된다. HIV는 감염된 후 처음 몇 주 동안과, HIV가 진전하여 에이즈가 될 때인 거의 마지막 무렵에 전염성이 가장 강하다. 그러나 어느 시점에서든지 전염 가능성은 있다.

HIV/에이즈에 관한 일반적인 질문들

배우자가 HIV 감염자가 아님을 어떻게 확신할 수 있을까요?

이것을 알 수 있는 유일한 길은 혈액 검사를 하는 것이다. 두 사람 다 혈액 검사를 받아야 한다. 처음 검사를 받고 6개월 후에 둘 다 재검사를 받아야 한다. 두 번의 검사를 받으면, 감염된 사람들의 98퍼센트는 양성 판정을 받을 것이다(나머지 2퍼센트는 희귀한 사례로서 이미 알려진 다른 면역 장애와 관련이 있는 것 같다). 두 사람은 검사 절차와 보고서의 모든 세부 사항을 신중하게 검토해야 한다. 이 방식은 검사 결과를 기다리는 6개월 동안 두 사람 모두 자신을 감염 가능한 상태에 노출하지 않아야 의미가 있음을 유념하라. 그렇기 때문에 궁극적으로는 상대방을 신뢰하는 정도만큼 안전함을 느낄 수 있다.

콘돔은 HIV 감염을 예방하나요?

마가렛 피쉘(Magaret Fischel)이 한쪽 배우자가 감염된 상태에서 성교 때마다 콘돔을 사용한 기혼 부부들을 대상으로 조사한 바에 따르면, 감염되지 않았던 배우자의 17퍼센트가 18개월 내에 HIV 양성 반응을 나타냈다고 한다. 이 숫자는 러시안 룰렛 게임과 비슷한 확률로 대략 여섯 명 중 한 명 꼴이다. 질병 통제국은 **만일** 콘돔이 적절하게 사용되고 찢어지거나 새지 않으면 에이즈 예방 효과는 98퍼센트 정도로 높다고 공식 발표했다. 그러나 많은 연구원은 이것이 사실이 아니며 질병 통제국이 오도하고 있다고 생각한다. 비록 콘돔을 사용한다 하더라도 감염되어 있는 상대와 기꺼이 성행위를 하려고 하는 보건 관리나 의료 전문가는 결코 찾아볼 수 없을 것이다.

N9(nonoxynol-9) 콘돔이 안전도를 높일까요?
N9은 살정제로서 원래 피임을 위해 사용되었다. 보건 관리들은 수년 동안 N9이 든 라텍스(유액) 콘돔을 열심히 권장했다. 실험 결과 N9은 HIV를 효과적으로 죽였다. 그러나 지금은 N9이 점액질 속에 염증을 일으키기 때문에 실제로는 HIV 감염 기회를 증대시킨다고 간주되고 있다. 즉 이 염증 때문에 HIV가 감염된 세포 부위에 혈류량이 증가하거나 백혈구가 급격히 증가하게 된다는 것이다. 결국 질병 통제국은 이 콘돔의 권장 방침을 철회했으며, 1994년 1월 적십자사는 실제로 콘돔 사용에 대한 경고 문건을 발행했다. N9은 매우 훌륭한 살정자제로서 배우자가 HIV에 감염되지 않는 한, 사용과 직접 관련된 위험 부담은 없다.

프렌치 키스는 어떤가요?
바이러스가 구강 속에도 존재하기 때문에 이론적으로는 바이러스가 입으로 전염될 수 있다. 그러나 구강에 존재하는 바이러스의 수치가 낮기 때문에 그 가능성도 낮은 것으로 생각된다. 그러나 신체 변화에 따라 바이러스 수치는 달라지며, 그 때문에 감염될 가능성도 증대할 수 있다. "에이즈에 관해 알아야 할 것들"이라는 질병 통제국 책자에는 다음과 같은 언급이 있다. "안전을 위해서, 전문가들은 에이즈 바이러스에 감염된 사람과 '프렌치 키스'를 하는 것에 대해 경고합니다." 그러므로 프렌치 키스는 안전한 행위가 아니다.

바이러스가 신생아에게 전염될 가능성은 어느 정도인가요?

연구 결과 임산부의 바이러스가 아기에게 전이될 가능성은 불과 30퍼센트로 밝혀졌다. 최근의 연구는 임신 중에 AZT제를 복용하면 신생아에게 바이러스를 전이할 위험률을 10퍼센트까지 낮출 수 있음을 보여 준다.

HIV에 감염된 사람과 결혼하는 것은 안전한가요?

감염된 사람과 결혼하는 것은 안전하지 않다. 한쪽 배우자가 HIV에 감염되었을 때 부부는 체액의 교환이나 점막 접촉을 하게 되는 성적인 행동은 어떤 종류든 삼가는 것이 의학적으로 바람직하다. 그렇지 않으면 다른 배우자도 HIV에 감염될 것이다. 연구 보고서의 분석에 따르면 콘돔을 사용한다 할지라도 감염 가능성은 현저한 것으로 드러났다.

성적 접촉으로 감염되는 원생 동물성 질병

원생 동물은 단세포로 구성된 기생체다. 이것에 의한 질병은 전 세계에 알려진 성병 가운데 가장 많은 비중을 차지하고 있는데, 트리코모나스가 가장 흔하다. 트리코모나스는 남성과 여성을 다 침범할 수 있고, 그 중 50퍼센트는 특별한 증상이 나타나지 않는다. 여성에게 나타나는 증상은 질의 분비물이 아주 많아지고 외부 생식기가 가려운 것이다. 남성에게는 요도염, 전립선염 또는 부고환염이 나타날 수 있다. 트리코모나스는 항생제인 메트로니다졸(Flagyl)로 훌륭하게 치료할 수 있다. 두 배우자가 동시에 치료받아야 한다.

성적 접촉으로 감염되는 진균성 병

생식기 계통을 가장 빈번하게 침범하는 진균류로는 칸디다(효모)를 들 수 있다. 칸디다는 감염을 일으키지 않고 외음부의 표면과 질 속에 존재할 수 있다. 때때로 당뇨병, 암 또는 기타 만성병이 칸디다에 감염될 확률을 높이게 된다. 다른 병 때문에 항생제를 투여하고 있는 도중에 칸디다가 번성하는 수가 많다. 칸디다는 질과 음경의 포피 밑 같은 감염 부위에 치즈 냄새 비슷한 불쾌한 냄새를 가진 분비물과 발진을 잘 일으킨다. 이 성병은 개인 위생의 개선과 아울러, 감염 부위에 바르거나 복용하는 항진균제로 치료가 가능하다.

성병 예방책

무엇이 '안전한', '좀더 안전한' 또는 '방어적인' 성관계인가 하는 문제를 두고 많은 오해가 있다. 성병을 면할 수 있는 유일한 방법은 감염된 사람의 점막 표면이나 체액과 접촉하지 않는 길밖에 없다.

절제를 정의한다면 결혼할 때까지 친밀한 성적 접촉을 전혀 하지 않기로 결정하는 것이다. 부모들은 자녀들에게 절제란 결혼할 때까지 어떤 성행위도 유보하는 것임을 가르쳐야 한다. 친밀한 신체 접촉과 심지어는 오랄 섹스까지 하면서 스스로 절제하고 있다고 생각하는 젊은 그리스도인들이 있다. 성병은 사람의 신분, 영적인 상태, 사랑의 정도, 신실함, 첫 경험 여부 등을 가리지 않는다. 성병은 감염의 기회를 노리고 있으며 즉시 침투하는 질병일 뿐이다. 성병을 이길 수 있는 유일한 수단은 절제다. 절제 이외의 어떤 의학적 대안도 근시안적이며 결국 실패할 수밖에 없다.

여성은 성기능이 활발한 시기에 반드시 부인과 검사를 받아야 한다. 통상적으로 소녀들의 성적 관심이 활발해지기 시작하는 18세부터는 매년 정기적으로 부인과 검사를 받는 것이 바람직하다. 부모가 보기에 어떤 성적인 행위든 의심이 갈 경우, 딸로 하여금 정기적인 부인과 검진을 받도록 하라. 이 권고대로 한다면 드러나지 않은 클라미디아, 임질과 인유두종 바이러스 감염으로 인한 합병증이 크게 줄어들 것이다.

감염 가능 연령에 있는 이들을 교육하고 정보를 제공하기 위해 고안한 프로그램이 아무리 많다 하더라도 성병 예방의 유일한 방법은, 사람의 마음을 변화시켜서 성에 대한 하나님의 계획으로 되돌아가도록 하는 것이다. 그것은 한 남자와 한 여자가 일생을 함께하는 일부일처제의 결혼 관계다. 오늘날 보건 전문가들이 내놓는 성에 관한 충고의 대부분은 사람들이 성적인 행위를 변화시키지 않을 것이라거나 변화시킬 수 없을 것이라는 가정에 근거하고 있다. 콘돔은 위험을 없애 줄 수 없다. 장기적으로 보면 위험을 감소시키지도 못할 것이라는 주장마저 있다. 설사 우리가 위험을 줄일 수 있다 하더라도 도대체 어느 정도까지 줄일 수 있을 것인가? 솔직히 아무도 모른다. 우리가 확실히 아는 것은 하나님은 진실하시며 그분이 말씀하시는 바는 어느 세대를 막론하고 누구든지 신뢰할 수 있다는 사실이다.

불행하게도 이 시대는 절제의 미덕을 고양하는 일은 거들떠보지도 않는다. 대부분의 세속주의자는 절제를 비현실적인 것으로 일축한다. 그러나 우리가 절제의 메시지와 하나님의 본래 계획―한 남자와 한 여자가 일생을 함께하는 일부일처제의 결혼 관계―를 따르기만 한다면 모두가 성병의 종말을 목격할 수 있을 것이다.

결론

대부분의 성병은 다음과 같은 특징이 있다.

1. 일차적으로 친밀한 성적 접촉을 통해 전염된다.
2. 아무런 증상 없이 오랜 동안 잠복해 있거나 존재할 수 있으며, 이 때에도 전염되고 있으며 피해를 입힐 수 있다.
3. 그 위협에서 완전히 벗어나려면 성에 대한 하나님의 계획을 받아들이는 길밖에 없다.

하나님은 성적인 친밀감을 결혼 안의 부부 관계에서만 누리라고 명령하신다. 이 명령에 순종하면 두 사람의 관계는 언제나 향상될 것이며, 성적인 죄악의 결과와 두려움에서 자유케 될 것이다. 우리가 하나님의 음성에 귀를 기울이고 올바로 행한다면 이런 질병들 중 어떤 것도 닥치지 않을 것이다.

성병에 관한 정보를 원하면 아래 연락처로 연락하라.

The Medical Institute for Sexual Health
P. O. Box 4919
Austin, TX 78765
T. 1-800-892-9484

Americans for a Sound AIDS Policy
P. O. Box 17433
Washington, DC 20041
T. 1-703-471-7350

Focus on the Family
Colorado Springs, CO 80995
T. 1-719-531-3400

15
질문과 답변

하나님은 우리가 애써 가르침을 받아야 할 정도로 성에 관한 사실이나 기교를 알기 어렵게 만드신 것 같은데 왜 그러셨나요?

　이 질문을 받은 것은 목사들과 결혼 상담가들을 대상으로 세인트루이스에서 개최된 전국 가정 사역 대회(Continental Congress on the Family)에서 강의할 때였다. 그 때 나는 이 주제는 모든 그리스도인이 제기할 수 있는 매우 중요한 질문이라고 응답했던 기억이 난다. 그 때나 지금이나 내 의견은 하나님이 결코 그의 자녀들에게 좋은 것을 숨기지 않으신다는 것이다. 만일 부부가 결혼 내의 성생활과 관련된 성경 각 권의 내용을 신중하게 연구한다면 그리고 솔직하면서도 애정 어린 언어적, 신체적 의사 소통을 나눈다면 조만간 스스로의 힘으로 모든 해답을 얻을 수 있을 것이다. 즉 성 기교에 대해 이야기해 줄 사람이 필요 없을 것이다. 성경은 결혼 안의 성에 관해 개방적이고 솔직하므로, 비정상적인 억압에서 벗어나 서로 솔직하게 대화하는 부부는 어떤 성적인 문제든 악화시키지 않을 것이다. 그러나 오랜 동안 사람들은 하나님이 성경 속에 아주 분명하게 제시해 놓으신 사실과 원리들을 무시해 왔고, 그 결과 수많은 부부가 결혼 안에 자리잡고 있는 잘못된 기교와 부정적인 태도를 교정하는 데 외부의 도움을 필요로 하게 되었다. 특히 신혼 부부들은 결혼 초기에 정서적, 신체적 만족과 관련된 요소와 기교를 익힘으로써 큰 유익을 얻을 수 있고, 그 결과 문제가 생겨서 걸림돌이 되기 전에 해결책을 찾을 수 있다.

성적 자극에 필요한 시간 측면에서 하나님은 남자와 여자를 왜 그렇게 다르게 만드셨나요?

만일 남편과 아내가 둘 다 짧은 시간의 자극으로 만족한다면 성행위는 잠깐 동안의 기계적인 경험이 될 것이다. 반대로 두 사람이 자극을 받는 데 아주 오랜 시간이 걸린다면 그 경험은 지루하고 단조로울 것이다. 어떤 사람은 결국 관심조차 기울이지 않을 것이다. 남자와 여자가 다르기 때문에, 남편은 자기 절제를 배우게 되며 아내를 기쁘게 하기 위해 기발한 방법을 동원하고 활용하게 된다. 또한 아내는 남편의 성적 자극을 유지하고 강화하는 법을 배우게 되고, 남편은 신체적인 의사 소통을 통해 인내심과 다정 다감함을 개발할 수 있게 된다. 남녀간의 차이는 창의적이면서도 흥미 진진한 상호 작용을 가능하게 해주며, 결혼 내의 성생활을 풍성하게 한다.

남편에 대한 억압된 감정을 어떻게 하면 없앨 수 있을까요?

옷을 입지 않은 채 남편 앞에 나타나거나 또는 벗은 채 남편과 함께 침대 속에 있는 것을 부끄러워해서는 안 된다. 은밀한 침실에서 완전히 자유로운 상태로 서로 상대방을 즐겁게 해줄 수 있어야 한다. 수천 명의 부부가 나의 강의를 담은 카세트 테이프 "부부 생활의 기교와 문제점"을 듣고 유익을 얻었다. 의사가 결혼 생활의 친밀감을 다루는 것을 들으면 두 사람이 성생활의 문제를 서로 솔직하게 다룰 수 있게 된다. 이 책에서 자신이 특별히 억눌린 부분을 다루는 대목을 남편에게 소리 내어 읽어 달라고 부탁하라. 그리고 이 문제를 놓고 남편과 함께 기도하라. 우선 자신의 억압에 대해 남편과 솔직하고 거리낌없이 의사 소통하는 것이 거기서 완전히 벗어나기 위해 취할 수 있는 일차적 조치다. 결혼 관계 안에서 누릴 수 있는 자유를 좀더 온전히 깨닫기 위해, 남편과 함께 아가서 7장을 현대적인 번역판으로 읽어도 좋을 것이다.

둘 다 직장 생활을 하기 때문에 함께 있는 시간에도 대부분 육체적으로 피곤하여 성생활이 방해받고 있습니다. 어떤 조언을 해주시겠습니까?

이런 부부는 이른 시간에 잠자리에 들도록 의도적인 노력을 해야 한다. 또 단 둘이 함께 있는 조용한 밤을 기대하고, 실제로 정기적인 시간을 확보하도록 애써야 한다. 이따금씩 주말에 두 사람만을 위한 짧고 비용이 많이 안 드는 여가를 보낼 것을 권한다. 조용한 휴식과 서로를 즐겁게 하는 일에 집중하기 위해 가까운 모텔을 예약할 수 있다. 가능하다면 식사를 방으로 배달해 주는 모텔을 선택해야 한다. 객실 서비스에 약간의 추가 비용이 들겠지만, 이것은 여행의 목적인 두 사람만의 은밀한 시간을 확보해 줄 뿐 아니라 안락한 분위기를 만들어 준다.

성교하는 동안 자기 스스로 자극하는 것을 추천하는 것에 대해서 어떻게 생각하시나요?

남편이 함께 참여하는 아내의 자기 자극은 오르가즘에 잘 도달하지 못하는 아내를 돕는 데 매우 중요한 역할을 한다고 본다. 이를 통해 아내는 반응하는 법을 배우고, 오르가즘을 경험하며, 올바른 반응 유형을 확립할 수 있다. 그러나 아내가 절정에 도달할 수 있게 되면, 부부는 정상적인 성교 패턴을 회복해야 한다. 그렇지 않으면 그들은 손 자극의 패턴에 빠지게 되고 이는 도리어 성교를 통한 오르가즘에 방해물로 작용할 수 있다. 하나님의 계획은 부부가 모두 성교에서 완전한 성적 만족을 얻는 것이다. 아내를 오르가즘에 이르게 함으로써 자신이 아내를 완전히 만족시킬 수 있음을 알 때 남편의 성적 만족은 크게 증대한다. 그러므로 두 사람의 성교의 일부로서 자기 자신을 **일시적으로** 자극하는(배우는 목적으로만) 아내는 그저 자신을 기쁘게 하는 것이라기보다는, 오히려 남편을 아주 만족시키기 위해 반응하는 법을 배우는 중이라고 볼 수도 있다. 연구자들이 발견한 사실에 의하면 여성의 약 3분의 1은 절정에 이르기 위해 남편이 손으로 음핵을 자극하는 것이 거의 언제나 필요한데, 그러나 대부분은 성교 행위와 연관하여 행하고 있다고 한다.

성교 후에 나오는 분비물을 보통 어떻게 처리하나요?

침대 옆 탁자 위에 사용하기 간편한 작은 수건을 놓아 두라. 자신의 분비물과 뒤섞인 정액을 불쾌하게 생각하는 여성은 성교 후 몇 시간 동안 탐폰을 사용할 수도 있을 것이다.

이상적인 성교 횟수는 어떻게 되나요?

무엇이든 두 사람이 상대방을 즐겁게 할 수 있다면 그것이 기준이다. 만일 당신이 매일 저녁 성교를 원할 경우에, 두 사람 다 즐길 수 있고 부담스럽게 생각하지 않는다면 이것도 괜찮다. 5천 명의 부부를 대상으로 평균 성교 횟수를 조사한 결과 일주일에 두세 번으로 나타났다. 자신의 성적인 욕구를 배우자의 수준으로 끌어올릴 수도 있을 것이다. 이 문제를 하나님께 간절히 의뢰하고, 자신의 태도를 그분께 굴복시킨다면 그리 할 수 있을 것이다. 그 비결은 즐거움을 주고받는 과정에 얼마나 열정적으로 참여하는가 하는 것이다. 성교를 너무 자주 한 나머지 기계적이고 밋밋한 과정이 되도록 해서는 안 된다.

정상적인 성교의 정의를 내려 주시겠어요?

내가 좋아하는 정의는 벨트 박사의 것이다. 그는 다음과 같이 정의했다. "정상적인 성교는 성적으로 성숙한 두 이성간의 관계로서, 여기에는 성적 학대가 끼어들 여지가 없으며, 관능적인 쾌감을 조작하기 위한 인공적인 수단의 사용도 배제되어야 하고, 어느 정도 성적인 자극이 있고 나서 두 사람이 거의 동시에 자극의 정점 또는 오르가즘에 오른 후 질 속에 정액을 방출하는 것으로 끝을 맺게 되는, 직접 또는 간접적으로 성적 만족을 목표로 하는 행위다." 여기에 각주 하나를 덧붙인다면, 배우자와 동시에 오르가즘을 느끼려고 지나치게 애써서는 안 된다는 것이다. 두 사람 중 한 사람이 언제 오르가즘에 도달하느냐에 상관없이, 배우자를 즐겁게 하기 위해 온갖 기술을 발휘하는 데 집중하는 것이 더 중요하다. 그렇게 하는 과정에서 이따금 동시에 오르가즘을 경험할 수도 있다.

전기 진동기를 사용하는 것은 합당한가요?
생식기 부위에 전기 진동기를 사용하면 강한 성적 자극을 줄 수 있는 것이 사실이다. 그러나 그럴 경우 많은 사람은 정상적인 성교를 원할 때 만족을 얻을 수 없음을 깨달았다. 이는 진동기가 일으키는 자극의 강도에 근접할 수 있을 정도의 강력한 자극은 성교를 통해서는 불가능하기 때문이다. 자극을 조장하는 인공적인 수단은 피해야 한다.

질 오르가즘과 음핵 오르가즘 사이에는 어떤 차이가 있나요?
의학적으로는 차이가 없다는 것이 답변이다. 음경에 의한 질 자극으로 일어나든지 손에 의한 음핵의 자극으로 일어나든지, 다 같은 생리적인 오르가즘이다. 그러나 여성들은 두 오르가즘의 경험에서 서로 다른 자극을 느끼는 것으로 보고되었는데, 성교를 통한 오르가즘에서 얻는 가까움과 친밀감이 정서적으로 훨씬 더 큰 만족을 준다고 한다. 즉 여성들 사이에 주관적인 차이는 있는 것으로 관찰되었다.

여성은 성교 중 한 번 이상의 오르가즘을 경험할 수 있나요?
여성의 몸은 다(多)오르가즘적으로 고안되었다. 사랑과 이해의 요소가 갖추어지고 적절한 자극이 계속된다면 여성은 오르가즘을 얼마든지 여러 번 경험할 수 있다. 다회성 오르가즘이 방해받는 이유는 억압이나 불충분한 자극 때문일 것이다. 다회성 오르가즘을 경험하는 여성은 자신이 오르가즘을 경험하는 동안 남편이 성적 접촉과 자극을 지속해 주기를 바란다. 아내는 자신의 반응을 극대화하기 위해 이따금씩 자극의 중지를 요구할 수도 있을 것이다. 자극의 시기와 강도는 아내가 제안해야 한다.

성교를 한 후 남편이 다시 오르가즘을 경험하려면 얼마나 기다려야 하나요?
다시 사정을 할 수 있으려면 남편은 대개 몇 분에서 몇 시간을 기다려야 한다. 이 회복 기간은 소위 말하는 정력과 무관하다. 몸이 정액을 보충할 수 있도록 오르가즘 후 적어도 24시간을 기다릴 때 결과적으로는 더 큰 만족이 있을 것이다. 흔히 55세가 넘은 남성은 24시간 내에 또 다른 오르가즘을 경험할 수 없다고 한다.

오랄 섹스(구강 성교) 문제도 다루시나요? 이런 식으로 사랑을 표현하는 것이 성경적으로나 그 밖의 다른 면에서 금지되었다고 보시지 않나요?
나는 대부분의 신부가 신혼기에 충분한 자극을 받을 수 없었다는 사실을 주목하게 되었다. 이것은 보통 신랑이 사정 시간을 충분히 조절할 수 없기 때문이다. 이에 대한 해결책으로 그들은 아내를 오르가즘에 이르게 하는 오랄 섹스로 주의를 돌린다. 어떤 의미에서 이것은 지름길이 되면서도, 정상적인 성교를 통해 두 사람에게 최대한의 육체적인 만족을 시종일관 제공하는 법을 배우는 데 요구되는 훈련과 노련한 조절력의 개발을 지연시킨다. 비록 하나님이 고안해 놓으신 방식대로 연합과 하나됨을 경험하는 것은 아니지만, 두 사람 모두 오랄 섹스로 성적인 절정에 도달할 수 있기 때문에 그것의 한계와 부족한 점을 자각하기가 쉽지 않을 것이다. 그러나 만일 우리가 대부분의 시간에 오랄 섹스 같은 방식만 사용한다면, 하나님이 인체의 성적인 세부 사항을 그렇게 복잡하게 고안하신 의도를 헤아리기 어려울 것이다. 즉 하나님은 남편과 아내가 서로를 만족에 이르게 하는 기술들을 함께 배우고 활용하도록 하시기 위해 우리의 인체를 그렇게 복잡하게 고안하신 것이 아닐까? 오랄 섹스는 또한 성교 시의 언어적인 사랑의 표현을 명백히 제한한다.

산아 제한을 위해 불임 수술을 선택할 경우, 남편과 아내 중 누가 수술을 받는 것이 좋을까요?

남편에게 행하는 정관 절제 수술이 훨씬 간단하고 안전하며 고통과 비용이 덜하다.

기혼 미국인들이 사용하는 가장 대표적인 피임법은 어떤 것입니까?

보건 통계국에 따르면, 첫째가 경구용(먹는) 피임약이고, 둘째는 남편이나 아내의 불임 수술이다.

여성이 임신의 위험 없이 피임약 사용을 중지할 수 있는 것은 몇 살 때인가요?

폐경기의 정상 분포도는 40-55세이며, 평균 49세에 일어난다. 45-49세의 임신은 임산부 1천 명 중 1-3명의 사례로 발생한다고 추정한다. 50세 이후의 임신은 거의 희박하며, 발생률은 어림 잡아 2만 5천 건 중 약 한 건 정도다. 그러므로 피임약은 50세에 안심하고 중지할 수 있다. 여자가 48세 또는 그 이상이면서 6개월 간 월경을 하지 않았을 경우 피임약을 중지하는 것은 안전하다고 본다.

경구용 피임약은 폐경기에 어떤 영향을 미치나요?

경구용 피임약의 사용은 폐경기를 늦추지는 않지만 그 징후를 은폐하는 수가 있다. 만일 나이로 보아 폐경기에 가깝다면, 진단을 하는 방법은 6주 동안 경구용 피임약 복용을 중지하고 혈장 FSH와 LH를 측정하기 위해 혈액 검사를 하는 것이다. 어떤 개인 병원이든지 분석을 대행해 주는 큰 실험실에 혈청 샘플을 의뢰해서 이런 성선(性腺)의 기능 정도를 측정할 수 있다. FSH가 높게 나타나면 폐경기에 있음을 보여 준다. 만일 경구용 피임약을 중지하고 나서 폐경기의 증상들―특히 얼굴이 화끈 달아오름―이 나타난다면 폐경기라는 증거가 추가되는 것이다. 이런 관찰 사항이 나타났다면, 의사는 경구용 피임약 복용을 중단해도 안전하다고 말할 것이다.

유방의 크기는 성적 욕구와 능력에 어떤 영향을 미치나요?
전혀 영향을 미치지 않는다!
유방은 확실히 여성다움의 가장 고상한 상징이고, 신체의 다른 어떤 부분보다 여성의 가슴을 보거나 생각하는 것이 남자의 성욕을 더 강하게 자극하는 것이 사실이다. 특히 가슴을 지나치게 의식하는 서구 문화에서는 여성들이 여기에 상당한 중요성을 부여하며, 그들의 태도, 욕구와 목표, 정숙함과 신중성 여부에 따라 이 부위를 숨기거나 반대로 과시하려고 시도한다. 그러나 통계 숫자가 보여 주는 바로는 약 50퍼센트의 아내들만 가슴을 애무하는 것에서 성적 자극을 얻는다고 한다. 유두 주변을 손이나 입술로 아주 가볍고 부드럽게 쓰다듬으면 성적인 자극을 주게 된다. 어떤 여성들에게는 이것이 강한 성적 자극이 될 수도 있지만, 어떤 여성들은 자극을 전혀 못 느낄 수도 있다. 남편은 가슴을 만지는 것이 아내를 기쁘게 하는지 안 하는지 파악해야 한다. 아내에게 물어 보라.

가슴이 커서 불리한 점은 어떤 것인가요?
큰 가슴과 직접 관련된 일련의 의학적인 증상들이 발생할 수 있다. 즉 피곤, 요통, 비뚤어진 자세, 팔 전체의 마비와 특히 손바닥의 마비, 고통스러운 만성 유선염 등인데, 이 유선염은 이후에 유방통과 유방 이완을 초래할 수 있다. 가슴이 아주 큰 여성은 등을 똑바로 하고 바른 자세를 유지하기 위해 의도적이고도 의식적인 노력을 기울여야 한다. 그렇지 않으면 나중에 상부 척추에 전형적인 곱추 증세가 나타날 것이다.

여성들이 가끔 전희 중에 가슴을 자극하는 것을 싫어하는 이유는 무엇인가요?
어떤 여성들은 가슴을 만지는 것이 유방암을 유발한다는 근거 없는 두려움을 가지고 있다. 그리고 어떤 경우에는 유방을 만지면 아플 때가 있는데, 특히 월경 주기 며칠 전에 그렇다. 여성들은 지나치게 정숙하거나 유방의 모양과 관련하여 자긍심이 결핍해 있거나 심지어 수치심이 있을 경우가 있는데 그것 때문에 반응이 억제될 수 있다. 유방의 자극이 너무 강하거나 너무 지루하거나 너무 가볍거나 너무 짧으면 만족을 주지 못하는 수가 있다. 남편은 아내의 기호에 아주 민감해야 한다. 한 사람에게 자극을 주는 것이 다른 사람에게는 권태로울 수 있고 심지어 혐오스러울 수 있다. 이 점이 바로 사랑의 행위가 두 사람 사이의 지극히 은밀한 일임을 말해 준다. 두 사람은 그들의 사랑을 의미 있고 자극적인 방식으로 표현하는 법을 발견해 나가야 한다.

모유를 먹이는 것에 대해 어떻게 생각하시나요?
하나님은 본래 당신이 주신 갓난아기를 완전하고 탈없이 키우도록 하기 위해 유방을 고안하셨다. 수유를 하면 유방의 모양과 밀도, 크기가 더 잘 보존된다. 또한 수유는 대개 한 달 내에 자궁이 본래의 크기로 되돌아가도록 회복을 촉진한다.

수유 기간에도 임신할 수 있나요?
할 수 있다! 수유는 월경을 지연시키기는 하지만, 배란(난소가 난자를 방출하는 것)까지는 막을 수 없는 경우가 가끔 있다. 그러므로 출산 후 첫 월경 주기 전에 가끔 임신될 수 있다. 여성은 빠르면 출산한 지 6주 후에 임신이 가능한 것으로 알려져 있다.

유방의 자가 진단은 얼마나 중요한가요? 이것을 얼마나 자주 해 보아야 하나요?
의사의 진단과 유방 방사선 촬영뿐 아니라 자가 진단에 의한 유방암 검사는 초기 유방암의 발견 가능성을 증가시켰고, 암에 걸린 것으로 판명된 여성의 약 3분의 1은 생명을 구했다. 자가 진단은 매달 같은 때, 가급적이면 월경 직후에 행해야 한다. 가족 중에 유방암 병력이 있거나 수유 경험이 없는 여성은 암에 걸릴 위험성이 더 크므로 아주 조심해서 자가 진단을 해야 한다. 다음에 제시하는 유방 자가 진단법은 미국 암 협회에서 개발한 것으로 허가를 받아 인용했다.

월경 주기가 시작되기 직전에 감정이 불안정한 원인은 무엇인가요?

월경 주기 동안, 특히 월경 전 4, 5일 동안에 겪는 감정의 동요는 에스트로겐과 프로게스테론 수치의 변화에 의해 생긴다. 월경 주기가 규칙적인 여성의 적어도 절반 정도가 두통, 요통, 급격한 복통, 긴장감, 성급함이나 의기소침으로 고생할 것이다. 그러나 월경 전의 변화로 일상적인 활동이 방해받을 만큼 어려움을 겪는 비율은 여성 전체의 10퍼센트 정도다. 의사들은 이 시기에 호르몬이 여성에게 어떤 영향을 미치는지를 설명하는 간편한 방법을 발견했다. 그들은 **에스트로겐(E)**을 **에너지로**, **프로게스테론(P)**을 **평화**(peace)와 동일시했다. 다시 말해서 여성은 에스트로겐 수치가 높을 때인 월경 주기의 초반에는 훨씬 더 외향적이고 활발하다. 그러나 프로게스테론이 상승하는 월경 주기의 후반으로 갈수록 점차 더 수동적이 되고 가끔 우울해진다. 즉 프로게스테론은 에스트로겐 수치가 높은 월경 전의 신경 과민을 종종 가라앉힌다.

생리통에는 대개 어떤 치료법을 쓰나요?

대개 약한 진정제를 쓰는데, 붓는 증상이 있으면 이뇨제를 쓰고, 통증이 있으면 진통제를 쓴다. 이런 단순한 접근이 비효과적이면 호르몬제 사용을 고려해 볼 수 있다. 월경 전 2주일 간 에스트로겐을 상쇄할 만한 프로게스테론이 없기 때문에 생기는 불균형이 문제라면, 월경 시작 전 약 열흘 간 프로게스테론 정제를 매일 복용함으로 생리통을 예방할 수 있을 것이다. 4장을 참조하라.

프로게스테론을 섭취하는 것은 위험한가요?

그렇다. 근소하지만 정맥혈의 응혈이 증가할 가능성이 있고, 어떤 사

유방 자가 진단법

다음과 같은 간단한 세 단계 절차로 치료율이 가장 높은 초기에 유방암을 발견하면 생명을 구할 수 있을 것이다.

샤워 중에
목욕이나 샤워를 하는 동안 자신의 가슴을 검사하라. 손은 젖은 피부 위로 쉽게 미끄러지듯 움직일 것이다. 손가락을 평평하게 하여 유방의 전 부위를 천천히 이동하면서 검사하라. 오른손을 사용하여 왼쪽 유방을 검사하고 왼손으로는 오른쪽 유방을 검사하라. 혹이나 딱딱한 마디나 두꺼워진 부분이 있는지 확인하라.

거울 앞에서
팔을 옆구리에 놓고 자신의 유방을 점검하라. 그 다음 팔을 머리 위로 높이 들어올리라. 가슴의 외형에 어떤 변화가 있는지, 즉 부어오르거나 피부가 옴폭 들어간 곳이나 유두에 변화가 있는지 살펴보라.
그런 다음, 손바닥을 양쪽 엉덩이에 대고 세게 힘을 주면서 가슴 근육을 수축시키라. 대개는 왼쪽과 오른쪽 유방이 정확하게 일치하지 않을 것이다. 소수의 여성만이 양쪽이 일치한다.

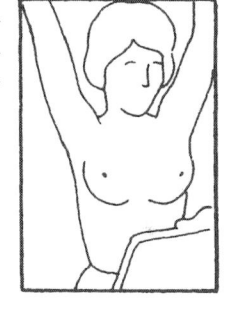

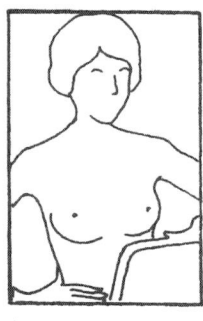

정기적으로 검사해야만 정상적인 상태를 파악하게 되고 검사에 대한 자신감도 생길 것이다.

누운 상태에서
오른쪽 유방을 검사하기 전에 베개나 접은 수건을 오른쪽 어깨 밑에 놓으라. 오른손을 머리 밑에 받치는데, 이렇게 하면 가슴의 유방 조직을 좀더 고르게 분배시킬 수 있다.

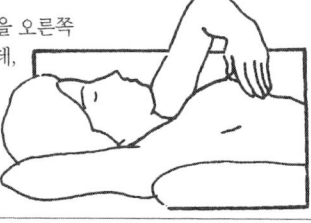

왼손을 평평하게 하고, 시계 모양을 상상하고 손가락을 작은 원 모양으로 움직이면서 부드럽게 내리누르라. 유방의 가장 바깥쪽 꼭대기 즉 12시에서 시작하여 1시 방향으로 옮겨 가라. 그리고 원을 돌아서 다시 12시로 돌아오라. 각 유방의 만곡부에서 느껴지는 단단한 조직의 융기는 정상적이다. 그런 다음 유두 쪽으로 2.5센티미터 정도 이동하여 유두를 포함하여 유방의 각 부분을 계속 동심원 모양으로 검사하라. 적어도 세 번 정도의 순환이 필요할 것이다. 이제 왼쪽 어깨 밑에 베개를 놓고, 왼손을 머리 밑에 놓은 상태에서 왼쪽 유방에서 동일한 절차를 천천히 반복하라. 유방 조직에서 느껴지는 감각에 주목하라.

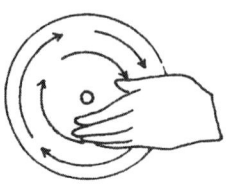

최종적으로 유두를 엄지와 검지로 부드럽게 눌러 보라. 투명하거나 피 같은 분비물이 있으면 의사에게 즉각 보고해야 한다.

유방을 매달 검사해야 하는 이유

대부분의 유방암은 여성 자신에 의해 발견된다. 초기에 발견하여 즉시 치료하면 치료율이 상당히 높기 때문에 유방의 자가 진단법을 배워 두면 자신의 생명을 구할 수 있다. 여기에서 제시하는 3단계 유방 자가 진단법을 사용하라.

유방 검사의 최적기

한 달에 한 번 월경 후 일주일경에 동일한 방식으로 검사를 반복하라. 대개 이 때는 유방이 예민하거나 부풀어오르지 않는다. 폐경기 이후에는 매달 초하루에 유방을 검사하라. 자궁 적출 수술을 했다면 담당 의사에게 언제 검사하는 것이 적절한지 문의해 보라. 매달 정기적인 자가 진단은 마음의 평안을 유지시켜 줄 것이며, 매년 정기적인 의사의 검진은 이상이 없음을 재확인해 줄 것이다.

만일 응어리나 두꺼워진 부위를 발견할 경우 어떻게 해야 하나?

자가 진단을 하는 중에 응어리나 옴폭 들어간 곳 또는 분비물을 발견한다면 가급적 빨리 의사에게 가는 것이 중요하다. 놀라지 말라. 유방의 응어리나 변화는 암 이외의 경우가 많다. 그러나 정확한 진단은 의사만 내릴 수 있다.

람은 체액의 보유량이 증가하며, 월경의 유출량과 지속 기간이 달라질 수 있다.

왜 질에서 계속 분비물이 나올까요?
가장 일반적인 형태의 세 가지 감염증이 분비물을 만성적으로 만들거나 재발시킨다. 그것은 트리코모나스 질 감염증, 칸디다 질 감염증 그리고 일반적으로 질염이라고 부르는 박테리아성 질 감염증이다. 이런 감염증으로 인해 생기는 분비물은 성교 시 통증, 국부적인 염증, 부어오름 또는 가려움을 야기한다. 적절히 치료하지 않으면 질 감염증은 몇 달 또는 몇 년씩 지속될 수 있다.

이런 감염증들이 성교를 방해하나요?
칸디다증은 질에 생기는 진균성 감염증으로서, 치료 초기에는 며칠 동안 성교나 기타 성적인 자극을 중단해야 할지 모른다. 이처럼 성교를 중단해야 할 만큼 심각한 문제는 그리 많지 않다. 칸디다증은 피부가 빨갛게 되면서 흔히 심한 가려움이 나타나고 외음부가 부어오른다. 종종 질은 흰색의 굳어진 우유 같은 분비물이 나오고, 조직이 심하게 자극받기 때문에 단기간 절제하는 것이 현명하다. 분비물은 대개 항진균성 질 크림을 바르거나 좌약을 일주일 간 매일 질 속 깊숙하게 삽입함으로 치료할 수 있다. 통증이 심할 경우에는 고통을 경감하기 위해 하루에 몇 차례씩 20분 간 통증 부위에 얼음 주머니를 얹어 놓을 수도 있다. 임신 중에 칸디다증이 지속될 때는 임신 기간 내내 항진균성 약물 치료를 해야 한다. 이 동일한 칸디다균이 유아의 입 속에 아구창을 일으키기 때문이다.

칸디다증은 어떻게 걸리나요?
이 진균류의 감염은 대개 불필요할 정도로 자주 질 세척을 하거나 질 방향제를 자주 쓰는 여성 그리고 소변에 적당량 이상의 당을 배설하고 있는 당뇨병 환자에게서 나타난다. 칸디다증은 연속적인 항생제 치료를 한 다음이나, 임신 중 또는 월경 직전처럼 몸 속에 에스트로겐 수치가 높을 때, 또는 경구용 피임약을 복용할 때 가장 나타나기 쉽다. 나일론 속옷, 팬티 스타킹과 거들은 진균류에게 절호의 번식 조건을 제공하는 다습 고온 상태를 계속 유지해 준다. 이것은 젖은 수영복을 입고 풀장 주변에 앉아 있는 것과 같은 효과가 있다. 면 내의가 통풍이 더 잘되며, 현재 이 감염증으로 고생한다면 바지보다 치마가 바람직하다.

칸디다증은 전염되나요? 아내를 통해 남편도 걸릴 수 있나요?

남편도 걸릴 수 있다. 이것은 음경이나 사타구니의 발진, 곧 가려울 때 긁어서 빨갛게 된 부위처럼 나타나는데, 자세히 보면 작고 둥근 여드름 같은 것이 있을 것이다. 칸디다균은 습하고 어두운 곳에서 번성한다. 그러므로 이것은 보통 생식기 부위에 한정된다. 남성의 경우 치료법은 하루에 두 번 목욕하여 땀을 제거하는 것이며, 목욕 후에는 주변의 피부를 철저히 말린 다음 의사가 처방해 준 크림을 바르는 것이다. 만일 이 진균류 감염이 치료를 시작한 지 두 주 이상 지속되면 당뇨가 있는지 신중히 검사해 보아야 한다. 왜냐하면 피부 조직에 남아 있는 여분의 당이 칸디다균을 번성시키기 때문이다. 이런 경우에는 근절하기가 훨씬 더 어렵다.

질 감염증 가운데 어느 것이 가장 만성적인 병이 되기 쉬운가요?

트리코모나스 감염증이 가장 만성적이 되기 쉽다. 증세로는 불쾌한 냄새가 나면서 초록빛을 띠거나 누르스름한 분비물이 나오고, 피부의 색깔이 붉어지며 가렵고, 성교 중 약간의 통증이 있다. 이런 증세들은 비교적 가볍기 때문에 감염증은 치료를 요할 만큼 심각해지기 몇 달 전에 이미 나타났을 수도 있다. 트리코모나스 감염증은 변기, 욕조, 수건이나 다른 신체적인 이동 수단에 의해 다른 사람에게 전염된다. 이 말은 두 배우자가 동시에 치료를 받아야 한다는 뜻인데, 이는 트리코모나스가 남편의 포피나 요도 밑에 잠복해 있을 수 있고 당장에는 고통이 전혀 없을 수도 있기 때문이다. 아내가 성공적으로 치료했다 하더라도 남편은 아내를 다시 쉽게 감염시킬 수 있다. 그러므로 치료 기간 동안에는 성교 중에 콘돔을 사용해야 한다.

트리코모나스 질 감염증을 일으키는 것은 무엇인가요?

주범은 현미경을 통해서만 볼 수 있는 작은 기생원충이다. 트리코모나스는 한 방울의 질 분비물로 확인할 수 있다. 현재까지 개발된 치료법은 열흘 동안 하루 세 번씩 남편과 아내 두 사람에게 메트로니다졸을 복용시키는 것이다. 만일 아내에게 트리코모나스 감염증이 재발한다면 일시적으로 월경 기간 중에 탐폰 사용을 중지해야 할지도 모른다. 왜냐하면 트리코모나스는 알칼리성 환경에서 최대로 번성하는데, 탐폰이 질 속에 혈액(알칼리성인)을 계속 보유하고 있을 때 바로 이런 환경이 조성되기 때문이다. 처방받은 대로 치료를 지속하되, 월경 기간 동안에는 특히 신경을 써야 한다.

항생 물질이 이런 질 감염증의 해결책이 되나요?

항생 물질은 약도 되고 병도 된다. 이런 감염증들이 발병할 경우 항생 물질로 치료 효과를 거둘 수 있는 것은 확실하다. 이에 반해 신체의 다른 이상 때문에 사용한 항생 물질이 도리어 질 감염증을 유발할 수도 있다. 항생 물질 중에는 질 내의 정상적인 박테리아 숫자를 감소시키고, 진균류와 트리코모나스 같은 공생적인 유기체를 불어나게 함으로써 오히려 심각한 질 감염증을 유발하는 것이 많다. 이런 각색 항생제가 점점 더 남용되고 있으며, 그 두드러진 결과는 일반 박테리아보다 더 저항력 있는 변종들이 출현한 것이다. 재발성 비뇨기 감염증에 쓰는 몇 가지 항생 물질이 있는데 이 항생제들은 효모균 감염을 진전시키지 않는다. 필요하면 담당 의사와 상의하여 이런 항생 물질을 사용하라. 때로는 감염증을 항생 물질로 치료하기 전에 효모균 감염증을 먼저 치료할 필요가 있다. 감염증이 활발하게 진행되는 동안은 성관계가 도리어 비뇨기 감염증을 서로 주고받는 결과를 초래할 수 있다. 즉 남편은 아내가 현재 치료 중에 있는 유기체에 노출되어서 쉽게 감염될 수 있다. 그러므로 배우자가 동시에 치료받는 것이 중요하다.

성욕을 증대시키는 데 색정적인 그림과 영화는 어떤 작용을 하나요?

많은 부부는 이런 색정적인 영화들이 어떻게 만들어지는지를 모르고 있다. 이것은 둘 이상의 벌거벗은 사람들을 등장시켜서 매우 다양한 방식과 자세로 갖가지 성행위를 연기하게 만든다. 아마도 이것들은 두 사람의 사랑의 관계 내에서 해결책을 추구하는 대다수 그리스도인 부부에게 혐오감을 줄 것이다. 성 문제를 다루는 일부 정신과 의사들은, 이런 영화가 환자들과 대화를 트는 데 그리고 성 문제를 서로 이야기할 수 없었던 부부 사이의 의사 소통을 개시하는 데 도움이 되었다고 한다. 이런 영화들이 성적인 대화의 장벽을 낮출 수 있을지는 모르지만, 성을 이런 식으로 이해하는 것은 문제를 해결하기보다는 더 많은 문제를 야기할 것 같다. 고린도전서 6:18을 보라.

많은 십대가 결혼에 실패하는 이유는 무엇인가요?

첫째, 대부분의 경우에 십대들은 부모에게서 떨어져 나와 독립할 수 없기 때문이다. 둘째, 십대들의 가치관은 아직 유동적이며, 원하는 배우자 상이 정립되어 있지 않다. 결혼할 당시에는 분명하지 않았던 성격이 나중에 본 모습을 드러낸다. 인격은 책임이나 역경에 대한 대응을 의미하기 때문이다. 이 십대들이 앞으로 다가올 결혼 생활의 요구와 어려움에 어떻게 반응할지 정확하게 예측하기란 어렵게 마련이다.

어머니가 딸에게 혼전 교육을 시킬 때 자신의 결혼을 어느 정도 반영해도 될까요?

이에 대한 대답은 모녀가 그들의 관계에서 어느 정도로 친밀한 유대를 형성하고 있느냐에 따라 달라진다. 어머니는 딸에게 어느 정도로 자세한 정보가 필요한지를 판단해야 한다. 일단 결혼 날짜가 잡히면 유익한 정보 제공을 미루어서는 안 된다. 어머니는 딸이 성에 관한 건전한 참고 서적들을 읽었는지 확인해야 한다. 만일 부모가 다정하고 자애롭고 서로에 대한 사랑을 잘 표현하는 관계였다면 그 자체가 딸에게 아름다운 본이 되었을 것이다. 이에 반해 어머니 자신이 성 문제나 경솔한 행동으로 물들어 있다면, 이런 부분은 딸과 나누지 않는 것이 좋을 것이다. 부모에 대한 이미지를 손상시킬 수 있기 때문이다. 자녀들은 십대에 들어서서 가장 중요한 결정을 내리게 되므로, 다른 어느 때보다 이 시기에 훌륭한 부녀 관계가 중요하다.

당뇨병이 발기 부전의 원인이 될 수 있나요?

원인이 될 수 있다. 미국에는 3백만이 넘는 남성 당뇨병 환자가 있는데 그 중 약 3분의 1이 당뇨병에서 기인한 발기 부전 증상을 어느 정도 보이고 있다. 당뇨병은 발기를 획득하거나 유지하는 능력만 감소시킨다. 즉 당뇨병은 성욕을 감소시키지는 않고, 당뇨병 환자의 2-3퍼센트만 사정하는 능력이 감소된다.

당뇨병 환자면서 발기 부전으로 고생하고 있는 남편의 경우 성적인 절정에 이를 수 있는 가능성이 있을까요?

만일 당뇨병 환자인 남편이 발기 부전의 문제를 겪고 있다면 그는 이미 성교 자체에 대한 두려움이 있을 것이다. 대부분의 남성 당뇨병 환자는 8장에서 설명한 발기 부전 극복을 위한 단계를 잘 따른다면, 정상적인 성교를 지속할 수 있다. 왜냐하면 그것은 당뇨병으로 인해 흔히 생기는 신체적인 문제이기 때문에, 애정과 관심과 이해심이 있는 아내는 가능한 한 손에 윤활제를 바른 뒤 남편을 손으로 자극하여 오르가즘에 도달하게 할 수 있다. 남편도 아내를 자극하고 오르가즘에 이르게 하기 위해 손으로 자극해야 한다. 성교 도중에 그렇게 하기가 용이하지는 않겠지만, 남편과 아내가 서로 배려하고 노력한다면 성적인 만족은 얼마든지 가능하다.

조루증의 교정을 위한 실습의 목적을 설명해 주십시오. 그 유익은 무엇인가요?

이 실습을 숙달하게 되면 부부의 성관계를 크게 향상시킬 수 있는데 여기에는 세 가지 주요한 요소가 있다. 첫째, 남편은 사정이 불가피한 시점을 알리는 신체적인 감각을 인식할 수 있게 된다. 둘째, 남편은 흥분과 자신의 반응에 대한 걱정 사이의 연상을 깨뜨리는 법을 배운다. 그는 사정이 제어할 수 있는 것임을 알게 되면서 더 이상 자신의 수행 능력을 걱정하지 않는다. 셋째, 남편은 더 오랜 동안 자극의 즐거움을 연장하는 법을 배우게 되는데, 이것은 아내에게도 좀더 큰 만족을 제공한다.

자신의 조루증 때문에 괴로워하면서, 단 시간에 오르가즘에 이르지 못하는 아내를 성적 매력이 불충분하다고 비난하는 남편을 어떻게 해야 하나요?

이런 태도를 지닌 남편은 압착 기술과 같은 기계적인 실습 이상이 필요하다. 이런 남편은 자신의 전체적인 안목을 바꾸어 놓는, 성교 과정에 대한 완전히 새로운 관점을 개발할 필요가 있다. 가장 큰 문제는 일단 사정하고 나면 성행위는 전부 끝난 것이라는 남자들의 잘못된 믿음에서 기인한다. 남편이 사랑과 다정함과 성적인 만족과 절정에 대한 아내의 필요를 올바로 인식하고 그런 필요들을 채우는 법을 배울 때, 비록 사정 조절력을 획득하기 전이라도 실패와 걱정과 분노와 좌절의 악순환은 중단될 것이다.

지루증이란 무엇인가요?

이것은 조루증보다 훨씬 드문 이상 상태다. 사정 억제라고도 불린다. 의학적인 설명을 하자면 지루증은 사정할 시점 후 15초가 지나도록 사정을 못하는 경우이다. 이는 발기 부전과 대조적이다. 즉 발기 부전은 발기를 하려고 해도 발기가 안 되거나, 적어도 30초 이상 발기를 유지할 수 없는 경우다. 지루증은 오르가즘에 도달하는 것이 불가능하다.

지루증의 원인은 무엇인가요?

알코올이 원인일 수 있고 발리움(Valium)과 같은 일부 약물이 원인일 수도 있다. 또는 사정하려 할 때나 사정 충동을 느끼면 마치 전기 충격에 의한 처벌이 기다리고 있을 것처럼 생각하여 사정 반응을 억제하려는 심리적인 요인 때문일 수도 있다. 단순히 성교 시 음경의 귀두가 충분히 자극받지 못하여 그럴 수도 있다. 이 때는 아내가 윤활제를 충분히 바른 손으로 음경의 귀두를 자극해 주는 것이 필요할 것이다. 13장에서 나이 든 사람들은 항상 사정을 할 필요가 없다는 것과 이것을 억지로 해서는 안 된다고 말했던 것을 유념하라. 물론 이것은 젊은이들이 겪는 지루증과는 다르다. 젊은이들은 사정이 억제되면 고통을 겪을 수도 있다.

소변을 다 본 뒤에도 음경에서 소변이 계속 나오는 문제는 어떻게 해야 하나요? 매우 성가십니다.

50세가 넘은 사람이라면 이런 문제는 정상적일 수 있다. 남자의 요도 중 가장 좁은 부분, 곧 방광에서 밖으로 나오는 관은 전립선 바로 밑에 있고 이 부분을 요도막이라고 부른다. 이 곳 바로 밑에 구부 요도라고 불리는 직경이 좀더 큰 부분이 있다. 이 부분에 남아 있는 소변은 음낭 윗부분 뒤와 항문 앞에 손가락을 대고 앞쪽과 위쪽으로 세게 눌러 주면 쉽게 내보낼 수 있다. 이런 문제가 있다면 혼자서 연습해 보고, 정확한 위치를 찾아 보아야 할 것이다.

많은 사람은 성에 대해 여전히 관심이 있는 노인들을 비정상이라고 생각하는 것 같은데 선생님은 어떻게 생각하시나요?

나는 그런 태도가 잘못되고 어리석다고 생각한다. 사람이 성인기 내내 성에 대해 지속적인 관심을 갖는 것은 정상이다. 노인에 대한 사회적 통념을 버려야 하며 노인들로 하여금 노인—때로는 사랑과 애정에 대한 필요가 훨씬 더 많은 평범한 사람들—이 되게 해야 한다. 젊은이들은 그들이 사랑과 결혼에 대해 독점적인 권리를 가지고 있는 것이 아니라는 사실을 마침내 알게 될 것이다. 연구자들은 성에 대한 정상적인 관심과 능력이 80대까지 지속된다는 것을 입증했다.

아이들이 성에 관한 질문을 던지기 시작하는 것은 언제부터인가요?

가장 초기의 질문은 대개 신체 부위와 남녀의 성 차이와 관련된 것이다. 자기 성기나 다른 사람의 성기를 가리키면서 "이것이 뭐야?" 하고 묻는 것은 두 살경에 흔하다. "나는 어디서 나왔어요?"라는 질문은 보통 서너 살 때 시작하고 임신에 관한 구체적인 질문들은 5-6세 사이에 하게 된다.

자기의 음경을 볼 수 있는 남자아이들보다 여자아이들에게 성기를 설명하는 것이 훨씬 더 어렵습니다. 선생님은 어떻게 하시나요?

은폐하거나 방어하지 않는 태도로 정확한 단어들—질, 자궁 등—을 사용하여야 한다. 여자아이의 기관은 몸 속에 감추어져 있으며, 이것은 아기가 될 씨가 자랄 수 있도록 아주 중요한 장소를 제공하시는 하나님의 특별한 계획임을 설명하여야 한다. 아이의 질문들에 대해 복잡하지 않게 대답하라. 만일 여자아이가 자신과 오빠의 차이를 묻는다면 남자아이는 아기를 낳을 수 없지만 여자아이는 언젠가 아기를 낳아 키울 수 있음을 설명하라. 아이들의 질문에 대한 모든 대답은 솔직하게 해주어야 하며, 성에 관한 예비 지식으로서 우리는 하나님의 창조물이며 하나님은 남자와 여자를 향한 완전한 계획을 가지고 계시다는 것을 전달해야 한다. 아이가 받아들일 준비가 된 것보다 더 많은 정보를 주지 말라.

자녀가 '상스러운 말'을 쓰면 어떻게 해야 하나요?

아이들은 다른 아이들한테서 '상스러운 말'의 형태로 성 지식의 상당 부분을 입수하게 된다. 이런 행동은 아이에게 바른 말을 가르치고, 성에 관한 질문에 대답하며, 아이가 입수한 그릇된 지식을 청산해 주어야 할 때가 되었음을 알리는 신호다.

심한 애무로 인해 임신할 수 있나요?

그렇다. 음경이 실제 질 속에 들어가지 않고 질과 접촉만 해도 질 바깥 주위에 배출된 정액이 안으로 들어가 임신을 일으키는 것이 충분히 가능하다. 나는 이런 식으로 임신하게 된 세 명의 미혼 여성을 맡아 돌본 적이 있었는데, 이들 중 두 명은 성교가 무엇인지 알지도 못했다. 한 명은 겨우 12세였다. 그 아이는 한 친구와 성적인 희롱을 하고 있었는데 6개월이 될 때까지 자신이 임신했는지도 몰랐다. 만일 그 아이의 어머니가 아이의 몸이 불어나는 것을 주목하지 않았더라면 계속 몰랐을 것이다.

마리화나를 피우는 것이 태아에게 영향을 미치나요?

그렇다. 「잔디밭 출입을 삼가라」(Keep Off the Grass)의 저자인 가브리엘 나하스(Gabriel Nahas) 박사는 마리화나의 화학 성분이 태반으로 침투하여 태아 몸에 들어갈 수 있음을 보고했다. 서로 다른 종류의 네 마리 동물을 대상으로 한 실험에 따르면, 동물들에게 매일 마리화나 담배 한 개(one joint) 분량의 마리화나를 주었을 때 유산과 기형 발생률이 높았다.

마리화나는 적어도 421개의 화학적 성분을 포함하고 있다. 아직 이 모든 성분의 효과가 측정되지 않았으며, 이 외에도 또 다른 성분들이 있을 것이다. 그러나 매일 또는 정기적으로 이것을 사용하게 되면 IQ가 15년 동안에 20 정도 낮아질 것이다. 또 심장병이나 뇌종양과 관련된다는 점은 거의 확실하다.

헤르페스 바이러스 감염증은 무엇이며, 분만 시 아기가 감염되면 그렇게 위험한가요?

이 감염증은 제2형 단순 포진 바이러스(HSV 2)에 의해 생긴다. 이 바이러스가 대부분의 포진 바이러스 성병 감염증의 원인이기 때문에 여기서는 일반적으로 통용되는 약자 HSV 2로 표기할 것이다. 이 감염증에 걸린 여성들의 경우 자궁 경부암의 발병률이 높다.

HSV 2 감염증은 부어 오른 종기나 체액이 가득 찬 물집으로 시작되는데, 이것은 성적 접촉 후 1-3일 이내에 나타난다. 최초의 감염은 2-3주 간 지속되고 수년에 걸쳐 재발할 수 있다. 흔히 나타나는 부위는 생식기 근처다. 여성들은 통증을 수반한 심한 상처, 열, 가려움과 질의 불편함을 겪을 수 있다. 남성들은 대개 4-5일 동안 음경이 가볍게 불편하고 쓰리고 아픈 것을 느끼게 된다. 콘돔이 바이러스 전염을 예방하는 데 도움이 될 것이다.

이 감염증은 손가락이나 눈과 같이 몸의 다른 부분으로 퍼질 수 있다. 내복약인 아사이클로버(또는 조비락스) 치료가 권장된다. 감염증은 치료한 다음에도 종종 재발한다. 이처럼 재발하는 감염증은 크기가 다양한 물집 덩어리를 생기게 한다. 그 외에 다른 증세들이 더 있는데, 이 감염증은 대개 일주일 정도 지속된다. 재발하는 헤르페스 감염증은 종종 안식향 과산화수소를 사용하여 발생한 부위를 말림으로써 치료할 수 있다. 빈번하게 재발하거나 좀처럼 재발 방지가 안 되는 경우에는 물집들이 형체를 이루기 시작할 때부터 5일 동안 아사이클로버로 치료하면 된다. 더 심하게 감염한 사람에게는 가끔 아사이클로버로 장기 치료를 하게 된다. 치료에도 불구하고 궤양이 오래 지속되는 사람들과 면역 억제 증세가 있는 사람들은 아사이클로버 정맥 치료가 필요할지 모른다.

가장 심각하고 빈번한 HSV 2 합병증은 분만 중의 신생아 감염이다. 질을 통과해 나오는 동안 감염되는 모든 신생아의 절반 가량이 곧 사망한다. 그리고 나머지 즉 생존자의 절반은 지진아다.

HSV 2의 치료법은 아직 알려져 있지 않다. 만일 임신 중인데 HSV 2를 가지고 있다면, 알아야 할 가장 중요한 사실은 아기가 감염된 질을 통과하지 못하도록 제왕 절개 수술을 함으로써 신생아 감염증을 대부분 예방할 수 있다는 점이다.

최근에 HSV 2 감염증이 그렇게 많이 증가하고 있는 확실한 이유는 알 수 없다. 그러나 입술의 열 물집을 일으키는 HSV 1이라고 불리는 바이러스가 생식기 헤르페스를 일으킬 수 있으며, HSV 2의 증가는 오랄 섹스의 증가와 비례 관계에 있다. 불행하게도, 현재까지는 HSV 2 감염증의 치료법이 없다.

오늘날 아기의 성을 선택하는 것이 가능한가?

이 분야에 관한 수년 간의 연구 덕분에 현재 이에 대한 가능성은 높아졌다. 성교의 시점을 배란 시기를 기준으로 어느 시점에 맞출 것인지, 또 성교 직전에 관수욕을 산성 아니면 알칼리성으로 할 것인지, 남편의 사정 시점을 언제로-즉 아내를 최소로 아니면 최대로 자극한 다음-할 것인지 그리고 음경을 깊이 아니면 얕게 삽입한 상태에서 사정할 것인지를 결정함으로써 선택의 가능성은 상당히 증가하게 되었다.

이것은 흥미 있는 주제다. 만일 이 점에 대해 더 알아보고 싶다면, 이 분야에서 가장 잘 알려진 권위자 란드럼 쉐틀스(Landrum B. Shettles) 박사가 출간한 「자녀의 성을 결정하라」(Choose Your Baby's Sex, Dodd, Mead & Company, 1977)라는 권위 있는 저서를 구해 읽으라.

혼전 상담을 받으러 오는 부부들에게 유익한 가르침을 주고 싶어하는 목사에게 어떤 제안을 하고 싶으신가요?

최소한의 신체적인 지식과 결혼의 성경적인 원리, 이 둘을 다 소개해 줄 수 있는 기독교적 혼전 상담의 필요는 실로 엄청나다. 수많은 목사가 결혼 전에 상담을 받으러 오는 젊은이들에게 교육용 테이프 "부부 생활의 기교와 문제점"과 "결혼 첫날밤"을 추천해 주고 있다. 목사들은 보통 결혼식 4주 전부터 이 테이프를 듣게 한다. 그러고 나서 두 사람이 좀더 구체적이고 전문적인 가르침에 대한 필요를 인식하는 시점인 신혼 여행 때 이 테이프들을 가지고 가서 다시 듣게 하라. 이 테이프에 대해 좀더 알고 싶으면 Scriptural Counsel, Inc., 130 N. Spring St., Springdale, AR 72764, USA로 편지를 하라. 아니면 무료 전화 1-800-643-3477로 연락하라.

16
완전한 사랑, 완전한 즐거움

만일 어떤 외계인이 부부간의 성생활에 관한 요즈음 책을 읽는다면, 십중팔구 부부의 사랑은 단지 몇 초 간의 육체적인 쾌감으로 이루어져 있다는 것과, 사람들은 너도나도 이런 사랑을 얻으려고 애쓰고 있다는 인상을 받게 될 것이다. 그리고 이 외계인은 "만일 저것이 인간들의 짝짓기 과정의 전부라면 왜들 저렇게 야단법석인가?"라고 의문을 제기할 것이 분명하다.

물론 거기에는 훨씬 많은 것, 즉 로버트 헤릭(Robert Herrick)이 말했듯이 '완전한 사랑, 완전한 애정, 완전한 즐거움'이 포함되어 있다. 하지만 이 세상은 온통 육체적인 기교에만 몰두하고 있다. 반대로 많은 그리스도인은 에베소서 5장에 나오는 관계 질서의 의미를 놓고 열띤 토론을 벌이고 있다. 그러나 중간 지대, 즉 결혼 생활에서 차지하는 성적 연합의 역동적인 기능에 대한 문제에 대해서는 아무도 손을 대지 못하고 있다. 다시 말해 육체적인 기교에 대한 것이 아니고 그렇다고 근본적이고 심원한 원칙론도 아니라, 결혼에 헌신한 두 사람이 사랑 안에서 실제로 **어떻**

게 관계를 맺어야 '한 몸'을 경험할 수 있는지는 거의 다루지 않고 있다.
　성경은 남편과 아내의 기본적인 질서(희생적인 사랑과 복종)를 언급하고서는 성관계의 역학에 관한 많은 부분을 우리의 이해력에 일임하고 있다. 성경의 침묵은 하나님이 할 말이 더 없음을 뜻하는 것이 아니라, 오히려 그분의 광대하신 지혜 안에서 각 피조물이 그 관계의 무한한 가능성—그분이 친히 생각하신 대로의—을 스스로 탐구해 나가도록 허용하고 계심을 뜻한다. 인간 관계의 이 무한한 가능성은 상대에 대한 자발적인 헌신을 축으로 하여 성립된다. 바로 이 헌신이 두 사람의 정체감을 형성하며, 장차 두 사람의 연합을 좌우하게 된다.
　모든 결혼 관계는 그 관계 안에 있는 당사자들의 다양성만큼 다양한 특성을 지니는 것이기에 세부적인 사항을 언급하기는 힘들지만, 남편과 아내 사이의 성관계의 역학에 관해 다음과 같은 일반적인 사실을 말할 수 있다.
　첫째, 성관계는 결혼 서약의 보호막 안에서만 왕성한 생명력과 정서적인 풍부함과 끊임없는 변화를 누릴 수 있게 되어 있다. 성교가 따분하고 획일적이고 기계적인 절차가 되어 버리면, 비록 두 사람이 무엇인가 귀중한 것이 결핍되어 있음을 깨닫지 못할지라도 형언할 수 없는 동경으로 가득한 막연한 불만감을 느끼게 될 것이다. 두말할 것도 없이 결핍된 것은 바로 사랑의 생기를 자유롭게 그리고 능동적으로 표현하는 것이다! 이런 상황에서 두 사람의 사랑은 새로워지거나 자유로워져야 한다.
　밋밋하고 판에 박힌 행위는 남편이나 아내 중 적어도 한쪽이 변화를 두려워하고 성행위를 정적(靜的)으로 유지하는 것을 안전의 척도로 삼으려 하기 때문에 나타나는 수가 있다. 그런 사람은 자신도 의식하지 못하는 사이에 충만함이 아니라 공허함을 선택하고 있는 셈이다. 그 선택은 재화를 땅에 묻는 것과 똑같은 형태로서, 이렇게 하는 것은 '두려움' 때문이다. 주 예수님은 이런 태도를 기뻐하지 않으실 것이다. 또한 그분은 생명력 없고 정서적으로 메마른 관계를 기뻐하지 않으신다.
　생기 있고 감동적인 관계를 계속 유지하기 위해서는 즐거운 상호 반응의 유형을 형성해야 한다. 즉 아가서의 솔로몬과 신부 사이의 변화무쌍한 관계에서 볼 수 있는 그런 유형이다. 두 연인은 변화무쌍한 운명과 다변하는 감정을 느끼면서도 형언할 수 없을 만큼 즐거운 시간을 보낸다. 그러나 그들도 인간이기에 그들의 관계는 완전하지는 않았다. 어느 시점에선가 신랑이 신부를 원했을 때 신부는 침해받고 싶어하지 않았다. 신랑이 돌아선 후 신부의 마음은 그를 향해 움직였고 그와 재회하기까지 신부는 그를 찾아다녔다. 마침내 그가 "사랑아, 네가 어찌 그리 아름다운지, 어찌 그리 화창한지, 쾌락하게 하는구나!"라는 진한 감격의 언어를 쏟아 낼 때 그들의 재회는 함께 즐거워하는 영광스러운 결합이 되었다. 그리고 신부는 신랑이야말로 자신의 모든 즐거움임을 열렬히 고백하였다.

이처럼 연인들 사이에서 간혹 있을 수 있는 거의 완벽한 순간들이 우리로 하여금 수집가가 되지 않고는 못 배기게 하여, 우리의 애틋한 경험을 추억으로 간직하게 하고 또 재현하게 만든다. 그런 경험을 회상하는 것은 즐거운 일이지만, 과거에 집착하면 때로 앞에 놓여 있는 새로운 기쁨을 놓치게 된다. 오히려 우리의 애정 관계가 완전하지 못한 것 같은 그때가 서로를 향해 나아갈 여지가 있는 때일 것이다. 우리가 서로에게 헌신하고 있는 한 우리는 결혼 관계 안에서의 끊임없는 변화, 곧 연인 관계의 기복을 두려워할 필요가 없다. 왜냐하면 그것은 두 사람의 관계가 살아 있다는 증거이기 때문이다.

루이스(C. S. Lewis)는 자신의 결혼 생활을 몇 마디 생생한 구절로 묘사하는 중에, 이와 같이 끊임없이 변화하는 관계에서 불변하는 본질을 포착해 냈다. "H와 나는 마음껏 사랑을 즐겼다. 그것은 모든 형태, 즉 진지하고 유쾌하며 낭만적이고도 현실적이며, 가끔은 뇌우처럼 극적이고 가끔은 당신의 따스한 슬리퍼를 신은 것처럼 안락하고 부드러운 사랑이었다. 마음과 몸 어디에도 채워지지 않은 틈이라곤 없었다"(*A Grief Observed* 중에서)

두 사람의 관계가 지속적으로 변한다면 두 사람의 필요도 마찬가지다. 그러므로 우리가 발견한 두 번째 사항은 성생활에서 각 배우자가 해야 할 역할은 고정되어 있지 않다는 것이다. 예를 들어 상호 협력하는 관계에서는 '우두머리'가 있을 수 없다. 남편은 친절하게 보호하는 역할을 감당할 수는 있겠지만, 사랑 안에서 엄격한 지배자의 역할은 필요 없다. 가정 생활의 전체적인 양상에서 아내가 복종해야 한다는 말은, 성관계에서도 아내는 남편이 자신을 즐겁게 해주기를 고대할 수밖에 없다는 의미로 적용되어서는 안 된다. 성행위를 주도하는 면에서나 자신의 상상력을 발휘하여 즐거움을 극대화할 수 있는 방법을 제안하는 면에서 아내도 동등한 권리를 가진다.

부부는 어느 쪽이든 언제나 동일한 역할을 반복해야만 하는 고정적인 틀에 매이지 않을 때 결혼의 이 독특한 영역에서 자신에게 가장 솔직할 수 있다. 본질상 강인한 남편일지라도 두 사람의 은밀한 사랑 속에서 아내를 의지하고 싶을 때가 있을 것이며, 자신의 그런 욕구를 자유롭게 표현할 수 있을 것이다. 반대로 아내는 남편의 강인함을 의식해야 할 때가 있겠지만, 남편의 필요를 채우는 면이나 자신이 추구하고 싶은 것을 남편에게 요구하는 면에서 얼마든지 자유로워야 한다. 두 사람은 상대방의 정서적인 필요를 서로 채워 줄 수 있어야 한다. 이런 결혼 관계에서 부부는 소위 환상적인 성경험이란 실재하지 않으며 폐기해야 할 유치한 개념임을 알 것이다.

관계가 주는 확실한 즐거움의 한 부분은, 부부 관계를 세상의 다른 사람들에게 보여 줄 수는 없지만, 은밀한 침실에서 그 사람은 자신이 아는 한에서 자기다울 수 있는 절호의 기회를 제공받는다는 점이다. 시인 브라우닝(Robert Browning)은 이렇게 말한다. "하나님께 감사할지어다. 그는 미천한 피조물들에게 영혼의 양면을 주셨도다. 그 한 면은 세상을 향하는 것이고, 다른 한 면은 사랑하는 여인을 향한 것이다." 배우자와 함께할 때 우리는, 가장 진실된 자아를 내보일 수 있다.

다른 사람들은 당신을 뻣뻣하고, 냉정하며, 말이 없다고 생각할지 모르지만, 배우자와 같이 있으면 당신은 함께 웃을 수 있다. 분위기에 따라 당신은 마음껏 열정적이 되었다가 다정다감해지기도 하며, 보호하는 쪽이 되었다가 의존하는 쪽이 되기도 하며, 들뜨거나 감정에 푹 빠지기도 한다. 결혼 안의 성생활을 통해 당신은 인격의 모든 부분을 이런저런 모양으로 얼마든지 표현할 수 있다. 그리고 자신의 존재를 표현하는 것 자체가 반대로 배우자의 필요를 충족하게 된다. 엘리자벳 브라우닝(Elizabeth Barrett Browning)은 세상에서 가장 유명한 시 중의 하나인 "포르투갈인들의 연가"(Sonnets from the Portuguese)에서 "제가 당신을 얼마나 사랑하는지 아시나요? 태양과 촛불에 맹세코, 저는 일상 생활의 모든 단조로움 가운데서도 당신을 진정으로 사랑합니다"라고 썼다.

세 번째 사항은 결혼 안의 성생활에 대한 올바른 태도의 중요성과 관계 있다. 즉 가벼운 마음으로 성생활에 접근해야 한다. 물론, 배우자와 함께 향유하는 성생활은 기분 전환의 수준을 훨씬 넘어서는 것이다. 하지만 이것은 인간 세상에 알려진 것 중 가장 훌륭하고, 긴장을 가장 이완시키고 회복시키는 기분 전환책으로서, 하나님이 계획하신 일이다. 이것을 종종 '사랑의 유희'(love play)이라고 부르는데 이상할 게 없다. 이것은 재미지 의무가 아니며, 권태가 아니라 고도의 자극이며, 기대해야 할 것이지 할 수만 있으면 피해야 할 따분한 경험이 아니다. 두 사람이 협력하여 서로의 사랑 안에서 원기를 되찾고, 일상의 염려와 스트레스를 뒤로 하고 절정에 이름으로써 하나님이 성교를 통해 계획하신 완전하고도 놀라운 휴식을 경험하기 때문에 이것은 하루의 가장 흥미 있는 사건이 되어야 하고 또 될 수 있다. 부부가 그들의 침실에서 얼마든지 제공받을 수 있는 **충만한** 기쁨을 결코 발견하지 못하기 때문에 다른 곳에 가서 온갖 형태의 기분 전환을 추구하는 것은 얼마나 모순적인가! 이런 충만함을 경험한 그리스도인 부부는 하나님이 그들에게 베푸신 것으로 인해 함께 찬양할 것이다.

넷째, 부부간의 성관계는 나 외의 다른 사람을 최선을 다해 돌보고 책임 지는 아주 독특한 기회를 제공한다. 두 사람은 상대방의 몸을 마치 자신의 소유처럼 사랑하게 되어 있다. 만족을 위해 사용하다가 마음대로 버릴 수 있는 기구가 아니라 귀하고 영구적인 가치를 지닌 보물로서 말이다. 우리가 배우자에게 얼마나 소중한지를 깨달을 때 우리는 우리 자신의 가치를 더욱 확신하게 된다. 루이스는 자신의 몸이 아내가 사랑했던 몸이기 때문에 '그렇게 독특한 중요성을 지닌다'는 것을 깨달았다! 이런 보살핌과 책임감이 나중에는 모든 가정 생활—집세를 내고 살림을 꾸려 나가고, 식료품을 사고 맛있는 음식을 만들며, 서로 보살피고 아껴 주는 것—에까지 확장된다. 그러나 이런 관계는 성생활을 통해 상대방을 섬세하게 보살피고 아껴 주는 데서 시작하는 것이 가장 좋으며, 또 거기에서 에너지를 공급받아 계속 발전할 수 있다.

마침내 우리는 두 사람을 한 몸이 되게 하는 성의 신비에 이르렀다. 독립된 두 인격체이면서도 육체적, 영적 행위를 통해 하나로 융합될 수 있다는 사실은 우리의 논리로 다 이해할 수도 또 설명할 수도 없다. 그럼에도 불구하고 우리는 결혼 생활을 통해 그 신비를 경험할 수 있는 특권, 곧 배우자와의 애정 생활을 통해 완성에 이른다는 것이 무엇인지를 아는 특권을 누리고 있다.

조지 코넬(George Cornell)은 "인간의 성적 연합은 분리와 고독의 벽을 뛰어넘게 하고, 편견과 반목을 융합시켜 온전하게 하며, 인생의 편린들을 결집시켜 새로운 존재로 통합한다"고 썼다. 인간 세상에 알려진 것 가운데 가장 강력한 황홀경을 경험하는 그 순간에 이 위대한 완성이 일어날 수 있다는 사실은, 하나님이 우리 인간에게 베풀어 주신 성적 연합의 특권이 얼마나 큰 기적인가를 보여 준다.

게다가 이것은 아주 고유하고 지극히 개인적인, 즉 바로 우리 두 사람만의 경험이기에 그 누구와 비교할 필요도 없고 간섭을 받을 필요도 없다. 그 누구도 우리 두 사람이 애정을 나누는 방법을 정해 줄 수 없다. 하나님은 두 사람이 함께 탐구하고, 경험하고, 조화를 이루는 가운데 그것을 최대한 완성해 나가도록 해 놓으셨다. 여기에는 자발적이고 적극적인 태도, 자유로운 표현, 만족에 대한 높은 기대치, 예민하고 섬세한 보살핌과 완성에 이르기 위해 기꺼이 양보하려는 자세 등이 포함된다. 그러나 이런 것들이 정확히 어떤 식으로 모습을 드러낼 것인지는 아무도 말할 수 없다. 당신이 자신과 배우자를 더 알아 갈수록 이 특별한 사람을 어떻게 사랑해야 할지 더 잘 알게 될 것이다. 앤 린드버그(Anne Morrow Lindbergh)가 표현한 대로 "부드러운 어루만짐을 통해 창출되는…친밀감이 있으며…두 배우자가…함께 두 사람만의 고유한 사랑의 방식을 만들어 가고…눈으로 볼 수는 없지만 그 친밀감을 자양분으로 삼아 성숙해 가는…"(*Gift from the Sea* 중에서) 것이 가능하다. 서로를 향한 사랑과 애정과 즐거움은 일상 생활의 평범한 색깔 속에 함께 짜여 있는 밝은 색상의 기쁨의 실과 같다.

코넬은 성에 관한 일련의 연재 기사를 마무리하면서 이렇게 쓰고 있다. "성은 여전히 정의하기 어렵고, 설명하기 어려우며, 신비스럽다. 이것은 마치 모차르트의 음악과 같다. 하루는 모차르트의 음악 한 곡을 들은 사람이 그에게 그 의미를 설명해 달라고 요청하자 모차르트는 이렇게 대답했다. '만일 내가 그것을 말로 설명할 수 있다면 나는 이 음악을 작곡하지 않았을 것입니다.'" 마찬가지로 결혼의 성적인 측면을 이해하려는 이들은 그것을 실제로 경험해야만 한다. 경험하되, 그것의 본래 의도ㅡ자발적이고, 자유로우며, 즐겁고, 새롭게 하고, 말로 다 할 수 없는 의미로 가득 찬ㅡ대로 경험하여야 한다.

17

결혼: 작은 천국

우리 부부는 결혼한 부부가 성적으로 완성될 수 있는 방법을 제시하기 위해 이 책을 썼다. 성경적인 원리들, 성교의 역학과 기교들, 문제 해결의 접근법, 이 모든 것이 최종적인 결과에 기여한다. 그렇다면 이제 이것들은 마땅히 부부의 **성적 완성**으로 귀결되어야 한다.

그러나 여전히 한 가지가 빠져 있다. 이 책에 있는 모든 자료를 적절히 활용한다고 할지라도 당신은 자신과 배우자를 향한 하나님의 계획이라는 완전한 그림이 필요할 것이다. 우리는 지금 당신의 결혼을 아주 특별한 방식으로 바라보며 이야기할 참이다. 우리와 함께 이것을 은밀한 작은 왕국으로 바라보자. 이 왕국은 당신과 배우자가 만왕의 왕이시며 만주의 주가 되시는 예수 그리스도와 함께 거하는 곳이다.

은밀한(private) 작은 왕국이라는 말이 의미하는 바는 무엇인가? 은밀한이란 말은 "공개되지 않고, 세상에서 격리되어 있으며, 공동으로 사용되지 않는다"는 뜻이다. 이것은 하나님이 결혼을 통해 처음부터 의도하신 바로서, 일상사의 분주함과 시끄러움에서 동떨어진 특별한 세계다.

그 곳에서 우리는 서로의 사랑 안에서 언제나 회복되고 기분 전환을 할 수 있다.

"혼자가 아니라 연합하여 한 몸을 이루는 것." 이 진기하고도 섬세한 아름다움을 지닌 관용구에서, 하나님의 말씀은 하나됨과, 그 결과 결혼 관계의 은밀함을 묘사하고 있다. **공동으로 사용하지 않으며, 세상에서 격리되고 공개가 금지되어 있는 것.** 이것이 현재 당신의 결혼 관계를 묘사해 주고 있는가? 하나님은 두 사람이 남편과 아내로서 인생에 닥칠 맹공격에 함께 대처해 나가도록 하기 위해 결혼을 고안하셨다. 그러나 창조주는 결혼의 모든 측면─신체적, 정서적 및 영적인─에서 은밀함과 하나됨의 원리를 신중하게 지킬 것을 요구하신다.

결혼이라는 은밀한 왕국은 한 번 세우기만 하면 다 된 것으로 여겨서는 안 된다. 두 사람의 하나됨을 공격해 오는 것에 대해 늘 대비하고 있어야 한다. 재정적인 압박과 같은 외부의 압박을 통해 오는 공공연한 **침입**에 대비하라. 그 외 눈에 쉽게 띄는 다른 것들을 충분히 생각해 낼 수 있을 것이다. 그러나 때로는 당신의 은밀한 작은 왕국의 성벽을 성공적으로 허물어뜨리는 복병들도 있다. 이런 것들은 훨씬 더 잘 경계해야 하는데, 왜냐하면 드러나지 않은 것들에 대해서 우리는 좀처럼 단호한 태도를 견지하지 않기 때문이다.

공격의 형태는 침입이 아니고 (강제) **침략**일지도 모른다. 당신이 문을 열어 놓으면 침입자들은 당신 부부와 왕 이외의 어느 누구도 출입할 수 없는 은밀한 세계로 버젓이 걸어 들어올 것이다. 이런 침입자들은 가족 구성원일 수도 있고 또 가끔은 선한 동기로 출발한 친구나 이웃일 수도 있다. 그들은 참견하고, 부추기며, 충고하고, 비판하고, 이간질한다. 그들은 당신이 자신을 배우자와 분리하여 보게끔 충동질한다. 그래서 당신 부부의 왕국은 결국 황폐해진다. 즉 하나됨에 대한 의식을 상실하고 그에 수반되는 모든 축복을 상실하게 된다.

결혼 관계를 공격하는 것 중 가장 치명적이고 영악한 것은 **침투**의 형태로 다가오는 것들이다. 당신은 자신의 왕국을 노리는 흉악한 적들을 분별하고 그 정체를 간파할 수 있어야 한다. 고집스러운 마음, 자긍심, 자기 연민, 원한, 분노, 비통함과 질투심 등이 여기에 속한다. 이것들은 당신이 대수롭지 않게 여기는 동안 살금살금 침투해 들어와서는 당신이 방심하고 있는 곳은 모조리 폐허로 만들어 버린다.

그러나 만일 이 모든 공격을 그때 그때 성공적으로 격퇴하고, 은밀한 작은 왕국인 결혼 생활이 하나님이 세우신 보호벽 안에서 발전한다면 어떻게 되겠는가? 그런 결혼 관계는 어떤 특성을 나타낼까?

첫째, 이 은밀한 왕국에는 **안전**이 있을 것이다. 두 사람의 사랑 안에서 부부는 놀라운 안전을 경험할 것이다. 이 안전은 올바른 의사 소통을 가능하게 할 것이다. 성관계는 부드럽지만 활기에 넘치는 의사 소통의 한 형태다. 헌신된 사랑이 제공하는 안전 속에서 서로 나누고, 이해하고, 접촉하고, 상대를 즐겁게 하고 만족시키는 것, 이것이 사실 안전이다! 두 사람은 서로를 안전하게 신뢰할 것이다.

이해하고 이해받으며,
상대방이 생각하는 바를
헤아리되, 진정으로 헤아려 주며,
자신이 하고 싶은 말은 무엇이든 하며,
그리고 이 말이 소중하게 받아들여질 뿐 아니라
비난 없이 헤아림받을 것을 확신하며,
있는 모습 그대로 진정한 **자신**이 되어
사랑받고 있음을 알 때―
이것이 곧 천국이 아니리오?
―글로리아 퍼킨스(Gloria Okes Perkins)

우리의 육체적인 애정 생활은 성벽으로 둘러싸인 정원, 곧 왕국의 안뜰이 된다. 이 곳은 신성한 장소다. 이전에는 그렇지 않았을지 모르지만 이제 우리는 당신의 지각 속에 신성한 부부 생활에 대한 성경적인 안목이 확고해졌으리라고 믿는다. 그리고 그 확신 가운데서 두 사람은 하나님이 의도하신 대로 해가 갈수록 더 기뻐하고 즐거워할 수 있으리라고 믿는다.

육체적인 애정 생활을 전체 삶의 한 중심점으로 삼는 것이 얼마나 중요한지 기억하기 바란다. 다시 말해서 각자 상대방을 위한 시간표를 작성하라. 저녁 일정을 짤 때 피곤하거나 방해받지 않고 서로 충분히 즐기기 위해 단 둘이 있을 수 있는 시간을 확보하라. 둘이서만 가는 은밀한 주말 여행을 이따금씩 계획하라.

둘째, 이 은밀한 왕국에는 **안정**이 있을 것이다. 하나님이 규정하신 방침에 따라 가정이 세워졌다면 부부는 가정의 질서 속에 흐르는 복된 안정감을 누릴 수 있을 것이다. 두 사람은 각자의 위치, 책임, 권리를 정확히 인식하게 될 것이다. 끊임없이 변하는 역할로 인한 관계의 기복이 두 사람을 방해하거나 뒤흔드는 일이 없을 것이다. 질서가 주는 안정감을 즐길 때 두 사람은 이전의 유동적인 상황에서는 결코 맛볼 수 없었던 자유를 누리게 될 것이며, 그 자유함 안에서 얼마든지 성장할 수 있을 것이다.

결혼, 가정 그리고 가족이 하나님의 질서에 따라 움직일 때 생기는 이런 안정은 안전을 보장해 주는 강력한 대책으로서, 부부의 왕국의 평화를 지켜 줄 것이다. 이는 그 결혼 관계가 남편이 독재자로 군림하는 가부장제도 아니고, 반대로 아내가 막후의 실력자로 군림하는 여가장제도 아님을 의미한다. 그렇다고 "누가 책임자인가?"라는 질문에 아무도 대답할 수 없는 무정부 상태도 아닐 것이다(가정에 규율이 없을 때 대개 아이들이 하자는 대로 움직이는데, 이것이 가장 파괴적인 정부다). 이런 것들과 달리 당신의 가정은 신정국(神政國)일 것이다. 그 곳은 하나님이 다스리시며, 하나님의 뜻을 수행할 책임이 남편에게 있기에 남편이 가정의 머리며, 아내는 남편의 사랑과 지혜와 보호 아래 움직이고, 아이들은 부모에게 순종한다. "그러나 나는 너희가 알기를 원하노니 각 남자의 머리는 그리스도요 여자의 머리는 남자요 그리스도의 머리는 하나님이시라"(고전 11:3).

셋째, **평온**이 있을 것이다. 하나님의 말씀이라는 진리 아래 움직이는 은밀한 작은 왕국에는 틀림없이 한적한 시골의 산들바람과 같은 평온함이 있을 것이다. 이 평온은 같은 신앙, 일치된 목표 그리고 두 사람이 가장 소중히 여기는 모든 일에 함께 참여하는 데서 우러나는 것이다. 하나님은 결코 혼돈의 창조자가 아니시기에 그분이 다스리시는 곳에는 평온이 사라지지 않을 것이다

수세기 전에 시인 오마르 카이얌(Omar Khayyám)은 이렇게 썼다.

아, 사랑이여!
그대와 내가 단단히 손잡고 힘을 합친다면
보잘것없는 이 세상 신의 책략을 완전히 장악하여
단번에 박살낼 수 있지 않겠소?
그러고는 신의 뜻에 맞추어 새롭게 개조할 수도 있지 않겠소?

우리는 마음으로는 결국 동일한 것을 원하고 있는 부부들을 많이 상담했다. 두 사람 모두 처음부터 시작하고 싶은 생각이 간절했다. 결국 과거의 실수와 잘못된 방식들은 눈 깜짝할 사이에 산산조각이 나서 사라지고, 그 결과 그들의 이상에 근접한 결혼 관계를 다시 세울 수 있었다.

당신도 이렇게 할 수 **있다**. 만일 현재 당신의 세계, 당신의 결혼 생활이 하나님이 계획하신 은밀한 왕국이 아니라면, 변화시키라. 그 결혼 관계는 하나님의 본래 의도대로 전적인 헌신을 기초로 한 친밀하고도 소중한 관계로 **바뀔 수 있다**.

이 변화의 자원은 주 예수 그리스도를 통해 이제 얼마든지 이용 가능하게 된 하나님의 능력이다. 그분은 당신에게 능력을 주셔서 사랑하게 하시며, 줄 수 있게 하시며, 용서하고 용서를 구할 수 있게 하시고, 당신으로 하여금 자신을 망각하고 당신이 사랑하는 사람을 돌볼 수 있도록 하시고, 그 대신에 배우자가 베푸는 것을 받는 기쁨을 누리게 하신다. 갈등이 일어날 때 그분은 진짜 문제는 곧 **자기 자신**임을 볼 수 있게 하신다.

당신이 권리에 집착하기보다 오히려 책임에 근거하여 행동한다면, 갈등은 해결되어 오히려 두 사람을 더 단단히 연합시켜 줄 것이다. 그분은 당신으로 하여금 상대방의 필요에 민감하게 하시고, 항상 '상대편에 서게' 하시며, 항상 상대방 속에서 칭찬할 만한 것을 보게 하시고, 결코 실수와 실패에 집중하지 않도록 하실 것이다. 그분은 당신의 결혼 생활을 이전보다 더 친밀하고 조화롭고 기쁨이 충만하게 해주실 것이다.

이것은 실로 우리가 마음속으로 그리던 세계다. 그렇지 않은가? 그러나 우리의 은밀한 작은 왕국에는 왕, 곧 우리에게 능력을 부여하셔서 이것을 실현하도록 하실 수 있는 왕이 필요하다.

이 왕은 역사의 시공간 속에 오셔서 십자가에서 죽으시고 온 세상의 죄악을 담당하신 주 예수 그리스도다. 능력 있는 그 구속의 사건을 통해 그분은 우리의 모든 죄가 용서받을 수 있는 길을 열어 놓으셨다. 이는 죽음의 형벌을 다 치르셨기 때문이다. 우리는 예수님 안에서 과거를 용서받았을 뿐만 아니라 마치 깊은 바다에 던져진 것같이 우리의 죄악은 더 이상 기억되지 않을 것이다. 예수님은 자신이 하나님임을 영원히 모든 사람에게 나타내시기 위해, 사흘 만에 무덤에서 다시 살아나셨다. 그 때 자신을 믿고 신뢰하는 자들을 살릴 수 있는 모든 능력과 권세와 자원도 가지셨다. 성경은 "영접하는 자, 곧 그 이름을 믿는 자들에게는 하나님의 자녀가 되는 권세를 주셨으니"(요 1:12)라고 기록하고 있다.

만일 당신이 아직 예수님께 자신의 구주가 되어 달라고 요청한 적이 없다면 지금 그렇게 할 수 있다. 이것은 요한복음 9:35-38에 나오는 눈먼 사람이 치유받은 것처럼 단순하게 이루어질 수 있다. "예수께서…가라사대 '네가 인자를 믿느냐?' 대답하여 가로되 '주여 그가 누구시오니이까? 내가 믿고자 하나이다.' 예수께서 가라사대 '네가 그를 보았거니와 지금 너와 말하는 자가 그이니라.' 가로되 '주여 내가 믿나이다' 하고 절하는지라."

다음과 같이 기도함으로 예수 그리스도를 구주로 믿는 신앙을 표현할 수 있다.

사랑하는 하나님 아버지, 저는 제가 죄인인 것과 제 자신을 구원하기 위해 할 수 있는 것이 하나도 없음을 깨닫습니다. 이제 저는 예수 그리스도께서 십자가에서 죽으시고, 제 과거, 현재 그리고 미래의 죄 값을 지불하시기 위해 피를 흘려 주셨으며, 죽은 자 가운데서 살아나심으로 자신이 하나님임을 나타내신 줄로 믿습니다.

저는 최선을 다해 오로지 하나님을 의지하며, 예수 그리스도를 제 자신의 구주요, 구원과 영생의 유일한 소망으로서 전적으로 신뢰하고자 합니다.

지금 이 시간 그리스도를 제 삶에 영접합니다. 약속하신 대로 저를 구원해 주시니 감사합니다. 제가 당신의 말씀을 상고할 때 믿음과 지혜가 자라게 해주시기를 빕니다.

이 모든 것을 그리스도의 이름으로 기도합니다. 아멘.

우리 부부는 당신이 그리스도를 믿고 의지하게 되었다는 소식을 듣고 싶다. 우리는 당신 부부가 하나로 결속되기를, 그리하여 두 사람의 애정으로 인해 그리스도와 교회의 하나됨의 의미가 온 세상에 드러나게 되기를 기도한다.

이러므로 사람이 부모를 떠나 그 아내와 합하여 그 둘이 한 육체가 될지니 이 비밀이 크도다. 내가 그리스도와 교회에 대하여 말하노라. 그러나 너희도 각각 자기의 아내 사랑하기를 자기같이 하고 아내도 그 남편을 경외하라(엡 5:31-33).

참고 도서

- Adams, Jay E. *Christian Living in the Home*. Phillipsburg, N. J.: Presbyterian and Reformed Publishing Company, 1972. 성경적 원리를 가정 문제에 정확하고 강력하게 적용하고 있다. 「그리스도인의 가정 생활」(생명의 말씀사).

- Allender, Dan B. *Intimate Allies*. Carol Stream, Ill.: Tyndale House, 1995. 결혼에 대한 하나님의 의도를 재발견하고, 부부가 영혼의 동반자가 되는 것을 다루고 있다.

- Blue, Ron. *Master Your Money*. Nashville: Thomas Nelson, 1986. 재정적 자유를 얻기 위한 단계별 계획.

- Carder, David. *Torn Asunder*. Rev. ed. Chicago: Moody, 1995. 혼외 정사 관계에서 돌아서는 것을 다루고 있다.

- Conway, Sally and Jim. *When a Mate Wants Out: Secrets for Saving a Marriage*. Grand Rapids: Zondervan, 1992. 중년 문제 상담소(Mid-life Dimensions Counseling Center)가 제공하는 결혼 생활을 개선하는 입증된 기술들.

- Crabb, Larry. *Men and Women: Enjoying the Difference*. Grand Rapids: Zondervan, 1991. 래리 크랩 박사는 '타인 중심적인' 태도, 즉 자신에게서 벗어나 타인을 지향하는 법을 탐구하고 있다. 「남자와 여자가 함께 그리고 멋있게 살아가는 지혜」(나침반).

- Dobson, James. *What Wives Wish Their Husbands Knew about Women*. Wheaton: Tyndale House, 1977. 이 대중적인 책에는 호르몬으로 인한 폐경기 문제를 다루는 부분이 들어 있다. 「다정한 남편의 사랑스런 아내 이해하기」(보이스).

- Elliot, Elisabeth. *The Shaping of a Christian Family*. Nashville: Thomas Nelson, 1992. 부모들에게 유익한 아이디어와 영감을 주는 책.

- Hendricks, Howard. *Heaven Help the Home!* Wheaton: Victor, 1990. 기독교적 가정에 대한 고전적인 묘사. 「우리 집은 천국」(생명의 말씀사).

- LaHaye, Tim and Beverly. *The Act of Marriage: The Beauty of Married Life*. Grand Rapids: Zondervan, 1976. 성관계를 향상시키는 뛰어난 제안들을 담고 있다. 「아름다운 애정 생활」(보이스).

- Love, Vicky. *Childless Is Not Less*. Minneapolis: Bethany, 1984. 불임 부부들을 격려하는 책.

- Mayhall, Jack and Carole. *Marriage Takes More Than Love*. Colorado Springs: NavPress, 1978. 결혼 생활의 갈등을 실제적으로 해결하는 법을 다룬 책. 「사랑 그 이상의 결혼」(네비게이토).

- McIlhaney, Joe S., Jr. *1250 Health-Care Questions Women Ask*. 2n de. Grand Rapids: Baker, 1992. 여성의 신체적 발달에 관한 모든 측면을 산부인과 의사가 이해하기 쉬운 말로 설명한 책.

- Parrot, Leslie III, and Leslie Parrot. *Saving Your Marriage Before It Starts*. Grand Rapids: Zondervan, 1995. 포괄적인 결혼 준비 프로그램. "당신이 결혼하기 전(그리고 후)에 던질 만한 7가지 질문." 「결혼: 남편과 아내 이렇게 사랑하

라」(요단).

- Rainey, Dennis. *Staying Close*. Irving, Tex.: Word, 1989. 결혼 생활에서 고립되는 현상을 차단하는 법. 「내 곁에 있는 당신」(순 출판사).

- Shettles, Landrum B. M. D. *Choose Your Baby's Sex*. New York: Dodd, Mead, 1977.

- Swindoll, Charles R. *Strike the Original Match*. Grand Rapids: Zondervan, 1993. 결혼과 가정에 대한 하나님의 청사진을 신선하고도 구체적으로 조명하고 있다. 「아름다운 결혼 생활을 위하여」(보이스).

- Wheat, Ed., M. D. *Love Life for Every Married Couple*. Grand Rapids: Zondervan, 1980. 모든 연령의 부부를 대상으로 로맨스의 스릴, 우정 관계의 즐거움, 소속된다는 것의 평온함, 친밀함의 달콤함, 헌신된 결혼 생활의 힘에 대해 쓴 책. "혼자서…결혼 생활을 구하는 법"이란 독특한 부분도 들어 있다. 「사랑하는 아내와 남편」(생명의 말씀사).

- Wheat, Ed., M. D., and Gloria Perkins. *The First Years of Forever*. Grand Rapids: Zondervan, 1988. 약혼한 연인들이나 신혼 부부를 위한 책.

- Wheat, Ed., M. D., and Gloria Perkins. *Secret Choice: How to Settle Little Issues before They Become Big Problems*. Grand Rapids: Zondervan, 1994. 결혼 생활에 영향을 주는 개인적인 결정들에 대해 다루고 있다.

- Wright, H. Norman. *Communication: Key to Your Marriage*. Rev. ed. Glendale, Calif: G/L Publications, 1979. 의사 소통을 개선하여 풍요로운 결혼 생활을 영위하길 원하는 아내와 남편들에게 좋은 아이디어를 제공하고 있다. 「결혼 생활의 열쇠 - 커뮤니케이션」(생명의 말씀사).

추천하는 테이프

이 테이프들은 일반 기독교 서점에서 사거나, Scriptural Counsel, Inc., 130 N. Springs St., Springdale, AR 72764, USA로 주문하면 구할 수 있을 것이다. Bible Believers Cassettes 사는 세계에서 가장 큰 성경 공부 테이프 무료 대여 도서관으로, 만 개 이상의 교육용 테이프를 소장하고 있다. 그 중 천 개 이상이 결혼과 가정에 관한 것이다. 더 많은 정보나 활용할 만한 테이프 목록을 알려 주길 바란다.

- Wheat, Ed., M. D. Sex Technique and Sex Problems in Marriage. 그리스도인 가정의이자 공인된 성 문제 치료가가 결혼 생활을 풍요롭게 하는 법에 대해 상세하게 상담한 내용을 수록했다. 두 개짜리 테이프로서 세 시간용이다. 1981년에 개정되었다.

- Wheat, Ed., M. D. Love Life. 이 두 개짜리 테이프를 부부가 함께 들으면 애정 관계에서 말을 통한 의사 소통이 개선될 것이다. 결혼 생활을 강화해 주는 세 시간 분량의 상담 테이프다.

- Wheat, Ed., M. D. Before the Wedding Night. 이 두 개짜리 테이프는 성공적인 결혼 생활의 필수적인 요소들을 대략 설명해 준다.

- Pursley, Dow, Ed. D. Planning Your Marriage. 이 두 개짜리 테이프는 약혼한 두 사람이 단계별로 결혼 계획을 세우게 도와준다. 결혼 계획의 중요한 세부 사항을 잊어버린 기혼자들에게도 유용하다.

- Wheat Professional Building, 130 N. Spring Street, Springdale, AR 72764, USA, T. 1-501-751-5704로 연락하면 퍼슬리 박사의 상담을 받을 수 있다.

주제 색인

가족 계획(family planning) 56-57, 190-222,
   '자연적인 가족 계획'을 보라
감정(emotions)
   결혼(and marriage) 42-44, 46-49, 156,
      159-160, 161, 163, 165-169
   발기 부전(and impotence) 139-143, 146-
      147, 148, 151
   불임(and infertility) 226, 230-233
   월경 주기(and menstrual cycle) 74-76,
      282
   임신(and pregnancy) 235, 237, 242
   출산 후(after birth of baby) 81
   폐경기(after menopause) 254
감정의 변화(feelings, changing) 39, 44-49,
   129-134, 148-150, 179-182
갑상선 기능 저하(hypothyroidism) 224
거부(rejection) 138, 141, 148, 151, 163, 248,
   250
결혼(marriage)

결혼 준비(preparation for) '준비'를 보라.
경고(warning signs in) 159
그리스도인(Christian) 23, 297-311
부모의 동의(parental approval) 30
성병에 걸린 사람과의(to someone with
   an STD) 262, 264, 268
자녀의 위치(place of children in) 189-
   191
적대적인(hostile) 108, 109
하나님의 설계(God's design for) 18-20,
   21-23, 27-36, 40-44, 146, 270-271
회복(restoration of) 44-49, 155-158
'결혼 생활의 행복', '왕국으로서의 결혼',
   '부부의 역할'을 보라.
결혼 생활에 대한 부정적 정서(negative
   emotions in marriage) 31, 43, 90, 108,
   146, 149, 159-165, 226, 230-232, 250
결혼 생활의 안정(stability of loving marriage)
   308

결혼 생활의 어려움들(problems in marriage)
　불임(infertility) 230-233
　상대방에게 집중하지 못함(lack of concentration on each other) 28, 30, 162
　상호 협조에 대한 요구(require "couple" cooperation) 148, 149, 232-233
　성적인 불만족(sexual dissatisfaction) 31-32, 148, 158, 298
　성적 조정(sexual adjustment) 89-90, 105-109, 127-128, 135-137, 149, 175
　습관에 대한 비판(criticism, habit of) 159, 165-166
　인식(recognition of) 106, 110, 149
　재정적인(financial) 28-29
　치료법(treating) 11-13, 17, 90, 152-154
　친밀감의 결여(lack of intimacy) 155, 159-165
　해결되지 않은 갈등(unresolved conflict) 31, 146, 159-160
　해결법(solution to) 110-126, 128-137, 149-153
　헌신의 결여(lack of commitment) 41-42
결혼 관계 안에서의 성적인 즐거움(pleasure, sexual, in marriage) 11, 18-22, 23, 92, 93, 103, 178, 179, 222
　때로 잃어버림(sometimes missing) 105, 106, 127, 158-159, 298
　하나님의 의도(intended by Creator) 18-20, 47, 156, 176, 274, 298
　회복(restoration of) 117, 165-169, 249-251
　훈련 절차(in training sessions) 110-111, 130-134
결혼 생활에서의 성적인 연합(union, sexual, in marriage)
　배우자에 대한 깊이 있는 앎(gives deeper knowledge of mate) 22
　영적인 진리를 나타내는(demonstrates spiritual truth) 21, 22
　원동력(dynamics) 297-303
　하나님의 명령(commanded by God) 19, 20
결혼 생활의 행복(happiness in marriage) 165-169, 171-172
결혼에서의 육체적 연합(Physical Unity in Marriage) 175-176
결혼에 대한 성경 공부의 가치(Bible study, value of, in marriage) 18, 32-33
결혼 후의 독립(independence after marriage) 19-20, 29-30, 288
경구용 피임약(oral contraceptives/ pill, the) 194-981, 279
경련성 질수측증(vaginismus) 135-137
고원기(plateau) '흥분이 증가하는 때'를 보라.
고환(testicles) 81, 82, 83, 84-86, 110, 260
　비하강[undescended(atrophic)] 224
　정관 절제술(and vasectomy) 211
고환 밖 흡출 방식(epididymal asperation) 212
골반(pelvis) 53, 64, 109, 118, 119, 121, 138
골반 검사(pelvic examination) 134, 223
골반염(pelvic inflammatory disease) '성병'을 보라.
관심(concern)
　결여(lack of) 108, 109, 160, 162-163
　태도(attitude of) 46, 47, 93, 96, 136, 148, 238, 241-242, 249, 253, 254
관절염(arthritis) 260, 261
관주, 질 세척(douche)
　거의 필요 없음(seldom necessary for cleansing) 219
　산성 또는 알칼리성(acid or alkaline) 295
　성교 전(before intercourse) 225, 228

성교 후(after intercourse) 88
피임법으로서(as contraceptive method) 208, 219-220
괄약근(sphincter muscles)
구원의 계획(salvation, plan of) 309-311
권위에 대한 성경적 원리(authority, biblical principle of) 33-36, 45, 300
귀두(glans)
  여성(female) 67, 68, 69, '음핵'을 보라.
  남성(male) 82, 83, 84, 88 264, 291, '음경'을 보라.
그릇된 생각들(fallacies, misconceptions)
  관주, 질 세척(douching) 59, 219, 220
  남성다움의 표식(sign of masculinity) 108
  남성이 주도하는 성교(male sex drive) 142, 211-212
  노인과 성행위(sexual activity and older persons) 245
  사랑과 결혼(love and marriage) 40, 41-42
  성적 욕망 대 양육 본능(sexual desire vs. animal instinct to breed) 21
  성적인 필요와 반응들(sexual needs and responses) 102-110
  성행위와 죄(sexual activity and sin) 20, 21-22
  신혼기에 관한(regarding honeymoon) 64-65, 138
  여성의 의무로서의 성교(sexual intercourse as woman's duty) 110
  월경 중의 활동(activity during menstruation) 72
  자궁 제거 수술의 영향(effects of hysterectomy) 255
  저절로 된다는 생각("it all comes naturally" theory) 91
  정관 절제술의 영향(effects of vasectomy) 210-212
  탐폰(tampons) 72
그리스도인의 결혼에 있는 안전(security in Christian marriage) 23, 185-186, 299, 307-308
그리스도인의 자원(resources of the Christian) 27, 43, 106, 127, 153-154, 172, 179-180, 182, 307-311
근육 수축(muscle contractions) 97, 101, 117-126
금욕(abstinence form sexual activity)
  결혼 관계 외에서(outside marriage) 258
  분만 후의(after pregnancy) 242-243
  상호 동의하에서 제한된 기간에(by mutual consent for a limited time) 22
  실패의 공포를 피하여(as escape form fear of failure) 139, 140, 248
  임신 중(during pregnancy) 235, 239
  정의(definition) 269
  좌절감(frustration caused by) 238, 251
  중병 이후의(after serious illness) 251-252, 253
  피임법으로서(as contraceptive method) 221-222
기독교 가정(home, Christian) 36-37
긴장과 특별한 스트레스의 영향(tension or unusual stress, effect of)
  성생활에 대한(upon sex life) 146-147, 151
  수정에 대한(upon fertility) 225

나팔관(fallopian tubes) '수란관'을 보라.
난관(tubes) '수란관'을 보라.
난관 결찰(tubal ligation) '불임술'을 보라.
난관 투시(salpingogram) 56
난관 폐색(tubal obstructions) 56, 223
난소(ovaries) 52, 53-54, 59, 77-78, 84, 223
난자(egg/ ovum) 55-56, 71, 77, 78, 79, 80,

212, 213, 214, 215, 216, 281
경구용 피임법(and oral contraceptive) 194
난관 결찰(and tubal ligation) 213
수정에서의 중요성(an essential for fertility) 223, 229, 230
수태된(fertilized) 77-79
수태 후의(after conception) 79-80
자궁 내 장치에 의한 피임법(and IUD) 198-199
난포(follicles, ovarian) 53-54
남성 상위 체위(male-above position) 99, 151
남성의 성적 반응 조절(control, masculine, of sexual response)
   결혼 초기(during early marriage) 65, 108
   달성(attaining) 97, 106-107, 116-117
   무능력(inability to achieve) 106-110
   실습(exercises for) 111-117, 290
남성의 회복기(recovery period for men) 278
남성 후위 체위(male-behind position) 100, 229, 239
내음부(internal genitalia) 52-60
노인의 성(older person's sexuality) 245-256
   남성의 생리적 변화(physiological changes in man) 247-248
   여성의 생리적 변화(physiological changes in woman) 217-248, 254-255
   쾌감을 유지하고 증가시키는 방법(how to maintain or increase pleasure) 246-251
노화에 따른 생리적 변화(physiological changes in aging)
   남성(in men) 247-248, 253-254
   여성(in women) 247-248, 254-255
뇌막염, 수막염(meningitis) 261
뇌졸중과 성행위(strokes and sexual activity) 253

뇌하수체(pituitary gland) 53, 54, 79
느긋하게 자극하기(teasing approach) 150-151

단핵구 증가증(mononucleosis) 226
당뇨병(diabetes) 143, 153, 289
대음순[labia majora(major lips)] 68, 70, 88, 98
돌기(fimbria) 56, 77
동반자 의식(companionship) 20, 93, '친밀감'을 보라.
둔감함(insensitivity) 48, 163
때의 중요성(time, importance of)
   관계 개발에 요구되는(needed to develop relationship) 175
   새로운 반응 양식 형성에 요구되는(needed to form new response patterns) 111-112
   성행위에서(in sexual activity) 94, 103, 109, 126, 163, 168, 180, 182, 274

라마즈 분만법(Lamaze method) 118
리비도, 성욕(libido) '성적 욕구'를 보라.

마리화나가 태아에게 미치는 영향(marijuana and unborn children) 293
마약과 약물(drugs and medications)
   성생활에 미치는 영향(effect upon sex life) 144-145, 291
   수태 능력에 미치는 영향(effect upon fertility) 226
   태아에게 미치는 영향(effect upon unborn children) 293
말로 하는 사랑의 표현(verbalization of love)
   결혼 관계에서(in marriage) 180, 187
   성행위 전의(before sexual activity) 48, 160, 166

성행위 중의(during sexual activity) 250
성행위 후의(after sexual activity) 103, 167-168
말초 신경(sensory nerve endings) 60, 82, 88, 121
맞벌이 부부의 시간(working couples, time for) 275
매독(syphilis) '성병'을 보라.
모유로 키움(breast-feeding) 81, 243, 281
미국 암 협회의 유방 자가 진단법(American Cancer Society breast examination plan) 283-284
민감성(sensuousness) 130, 151, 166-167, 180

바이러스성 성병(viral STDs) 259, 262-268
박테리아성 성병(bacterial STDs) 259-262
반응을 배움(learning to respond) 106-107, 129-134, 175, 179-181
발기 부전(impotence) 139-154, 248
  당뇨병(diabetes and) 143, 153, 289
  원인(causes of) 140, 143-147
  정의(definition of) 108, 140, 142, 290
  해결(solution to) 149-151
발기(erection) 82, 83, 87, 95
  발기력 증감(waxing and waning) 95, 150
  발기 부전(and impotence) 140-143, 148-153, 248, 289
  상실(loss of) 111, 114, 117, 139-140, 150
  오르가즘 후에 사라짐(disappearing after orgasm) 103
  자극(triggering) 95, 147
  획득과 유지(attaining and maintain) 139, 140-143, 147, 148-153, 247
방관증(spectatoring) 131, 147, 162
방광(bladder) 54, 55, 82, 83, 119
  신혼기의 방광염에 의한 고통(pain in, from newlywed cystitis) 66

전립선에 의한 폐색(blocked by prostate gland) 86
정액이 방광으로 흘러 들어감(seminal fluid ejaculated into) 225, 254
배란(ovulation) 77-78, 79, 228, 229, 281
배우자를 속임(defrauding one's mate) 22, 31-32, 221-222
배우자를 즐겁게 하는 것(pleasing marriage partner)
  결혼 관계에서(in marriage) 43, 93, 168-169, 172, 177
  성적으로(sexually) 28, 49, 65, 68-70, 94-103, 112, 130-134, 138, 149-150, 167-169, 173, 178, 179, 180, 181, 185
배우자에 대한 감사(appreciation of marriage partner) 22, 23, 172, 177
노년기 부부의(enhancing the older couple's relationship) 253, 254, 256
불임 부부의(for the infertile couple) 232-233
성경적 원리(biblical principle of) 33-35, 299, 301-302
성교 후의(after intercourse) 103, 168-169
임신 중의(during pregnancy) 238, 242
자극 중의(during arousal) 93-94, 249
표현(expression of) 46, 47, 48, 49, 161, 166, 167-169
법(in-laws) '부모'를 보라.
변하는 감정에서 행동의 가치(action, value of, in changing feelings) 44-49, 179-182, 309-311
복종에 대한 성경적 원리(submission, biblical principle of) 33-36, 45-46, 182, 183-184, 300
부고환(epididymis) 82, 83, 84, 260
부고환염(epididymitis) 224, 260, 268
부모를 떠남(parents, leaving) 19-20, 29-30,

288, 311
부부 관계에 영향을 미치는 태도(attitudes affecting marriage relationship)
  긍정적인(positive) 18, 23, 33-37, 172, 181, 185, 232, 237, 242, 245-246, 250, 253, 256, 276
  변화(changing) 127-128, 179-182, 249-251
  부정적인(negative) 17-18, 31, 91, 92, 105-108, 128-129, 141, 146-147, 159, 160-164, 178, 249, 250, 273, 274, 290
  불임으로 인한(because of infertility) 230-233
  평가(evaluation of) 174-177
"부부 생활의 기교와 문제점"(Sex Technique and Sex Problems in Marriage, 학습 테이프) 11, 26, 274, 295
부부 연맹(Couple to Couple League) 218
부부의 역할(roles in marriage)
  남편의(husband's) 30-31, 32, 33, 34, 35, 45-48
  동등한 관계(equality in marriage relationship) 300, 308
  성경의 정의(biblically defined) 32, 33-36, 44-45
  아내의(wife's) 33-35
분노(anger) 31, 44, 90, 143, 146, 157, 158, 159-160, 230, 231
분노, 적의(resentment) 44, 108-109, 141, 159-160, 231, 249, 290
분만(labor) 57, 81, 239, 242
분만 준비 강좌(prepared childbirth classes) 118
불감증(frigidity) '오르가슴을 모르는 아내'를 보라.
불만족스러운 성적 관계(unsatisfactory sexual relationship) 17-18, 92, 105, 107-109, 153, 155, 175

몇 가지 원인(some cause of) 106-107, 107-109, 127-128, 134-137, 144-147, 152-153
아내와 남편에게 미치는 영향(and effect upon husband and wife) 108, 109, 139-143, 148-149
불임(infertility) 70, 222-233, 260, 261, 262
불임 부부를 위한 인공 수정(artificial insemination for the infertile couple) 228
불임 수술(laparoscopic sterilization) 56, 167, 203, 213
불임술(sterilization) 56-57, 84-85, 211-214, 279
불임술로서의 고무 고리 방법(elastic ring method of sterilization) 57
비만(obesity) 144
비임균성 요도염(nongonococcal urethritis) '성병'을 보라.
비타민과 수태(vitamins and fertility) 224
비통함(bitterness) 31, 44
비평, 비난(criticism) 159, 165-166, 177
빈약한 학습 경험(poor learning experience)
  성생활에 미치는 영향(effect of, upon sex life) 107, 128, 138, 147, 174-175
빚이 결혼 생활에 미치는 영향(debt, effect of, upon marriage) 28

사랑(love)
  감정(feeling of) 42-44, 48-49
  결혼 관계를 새롭게 하는(renewal of, in marriage) 44-49, 155-157
  남편에 의한 표현(as expressed by husband) 33-36, 45-49, 237, 242, 254
  성행위에서(in sexual activity) 90, 94
  세속적 정의(world's definition of) 39-40, 42

신약 성경에 나타나는 아가페 사랑(agape, in New Testment) 40, 43, 44-49, 156, 165-166, 175-176
　아내의 반응(wife's response to) 45, 179, 180, 186
　연인으로서의 관계(lovers, relating as) 156-158, 232-233, 297-303, 306-311
　유희(play) 93-99, 149-150, 207, 239, 301
　행동(actions of) 44-45
「사랑하는 아내와 남편」(Love Life for Every Married Couple) 156-158, 233
사정(ejaculation) 84, 86, 88, 102
　노인(in the older man) 247, 254
　당뇨병(and diabetes) 143, 153, 289
　불임(and infertility) 222, 225, 227, 228, 230
　사정 장애(and ejaculatory disturbances) 231
　억제된(inhibited) 291
　억지로 하는 것(forcing of) 247
　역행성(retrograde) 225
　전립선 절제 수술 후(after prostatectomy) 86
　정관 절제술 후(after vasectomy) 212
　조루증(premature) 65, 107-117, 290
　조정(control of) 97, 106-109, 111-117, 290
사정 억제(inhibited ejaculation) 291
사춘기(puberty)
산아 제한(birth control)
　수술 방법(surgical methods) 211-214
　외과적 방법(articifial methods) 194-210
　'임신', '피임 방법', '가족 계획'을 보라.
　살정제(spermicide, vaginal) 202, 204-205, 208, 209, 267
상담(counseling)
　결혼(marriage) 11, 31
　성(sexual) 11, 31-32, 91

혼전(premarriage) 25-37, 295
상호성의 원칙(reciprocity, principle of) 45, 131, 250
생식기(genital warts) '성병'을 보라.
생식선(gonads) '고환'을 보라.
섬모(cilia) 56
성관계에서의 정직함(honesty in sexual relationship) 178
성교(intercourse/coitus/sexual intercourse)
　결혼 밖에서(outside of marriage) 23, 108, 252, 257
　결혼 초기의(during early marriage) 63-66, 175, 274
　기계적인(mechanical) 163, 249, 274
　병을 앓고 난 후의(after illness) 251-255
　비인격적인(impersonal) 155
　빈도(frequency of) 87, 181, 276, 237
　사정하지 않는(without ejaculation) 247
　성교통(pain during) 285
　성병(STDs and) 260, 261
　월경 중의(during menstruation) 71
　임신 중과 출산 이후(during/after pregnancy) 237-241, 243
　전립선염을 완화하기 위해 성교 횟수를 늘리는 것(increased frequency to alleviate prostatitis) 87
　정의(defined) 276-277
　진가를 깎아 내림(de-emphasizing value of) 162, 248
　체위(positions of) 99-100, 115, 116, 151, 229, 239-240
　하나님의 관점(God's view of) 18-20, 23, 250, 273, 298
　헌신의 맥락에서(in context of commitment) 18-23, 273
　'성행위에 대한 부정적인 반응'을 보라.
성교 시의 추천할 만한 체위(positions

recommended in intercourse) 99-100
남성을 자극하기 위한(for male stimulation) 99-100, 151
사정을 조절하는(for ejaculator control) 115
수태를 위한(for fertility) 228-229
여성을 자극하기 위한(for female stimulation) 100
오르가즘을 모르는 아내(with preorgasmic wife) 132
임신 중의(during pregnancy) 100, 239-241
첫 경험 시(for first time) 63
성교에 의한 질병(venereal disease) '성병'을 보라.
성교의 빈도(frequency of intercourse) 87, 181, 237, 276
성교의 실패에 대한 두려움(failure, sexual, fear of) 108, 129, 140, 141, 142, 143, 147-148, 149, 151, 248, 289, '방관증'을 보라.
성교 중의 고통(pain during intercourse) 247
  경련성 질수축증으로 인한(from vaginismus) 135-136
  골반 기관의 충혈로 인한(from congestion of pelvic organs) 109, 121, 137
  분만 후의(after childbirth) 81, 135
  신혼기(on honeymoon) 61, 64, 65
  위축성 질염으로 인한(from atrophic vaginitis) 134-135, 243
  음핵(at clitoris) 87
  자궁 내막증으로 인한(from endometriosis) 135
  자궁 탈출증으로 인한(from uterine prolapse) 135
  질 감염으로 인한(from vaginal infections) 135, 285

성교 중 철수법(coital withdrawal) 228, 229
성교통(dyspareunia) '성교 중의 고통'을 보라.
성교 후의 분비물(secretions after intercourse) 187, 219, 276, 286-287
성기(organs, sexual)
  남성(male) 81-89
  여성(female) 52-81, 88-89
성령의 도움(Holy Spirit, help of) 27
성병(sexually transmitted diseases) 257-271, 286-287, 293-294
  골반 염증(pelvic inflammatory disease) 260, 261, 262
  매독(syphilis) 259, 261
  발생률(incidence) 258, 266
  비임균성 요도염(nongonoccal urethritis) 260
  생식기 사마귀(genital warts) 257, 259, 264-265, 269
  N9 콘돔(Nonoxynol-9, an unsafe preventative) 267
  예방(prevention) 269-270
  위험(damage from) 56, 258
  인유두종 바이러스(human papilloma virus, HPV) 259, 264-265, 269
  인체 면역 결핍 바이러스, 에이즈 (HIV/AIDS) 257, 259, 265-268
  임질(gonorrhea) 257, 259-260, 262, 269
  칸디다증(candidiasis) 259, 268-269, 286
  콘돔 사용(condom use and) 209, 210, 239, 257, 267, 268, 270
  클라미디아(chlamydia) 259, 260, 261
  트리코모나스 질염(trichomonal vaginitis) '질염'을 보라.
  헤르페스(herpes) 257, 259, 262-264, 293-294
성생활에 영향을 미치는 감염(infection

affecting sex life) 66, 134-135, '성병'
  을 보라.
성생활을 개선하는 환경(atmosphere for
  lovemaking, building)
  가벼운 마음으로 접근하는 것(by the
    lighthearted approach) 301
  개인적인 청결을 통해(through personal
    cleanliness) 94
  관심을 통해(through concern) 47
  매일의 습관을 통해(through daily
    behavior) 93, 180
  발기 부전증 치료 훈련(in treating
    impotence) 149-151
  상상력을 자극함으로써(by stirring the
    imagination) 95, 180
  오르가즘을 모르는 아내를 위한 훈련(in
    training sessions for preorgasmic
    wife) 130-131
  즐거운 기억을 함으로써(through
    pleasant memories) 129
  첫 경험(first time) 187-188
  환경과 조명을 통해(through
    environment and lighting) 92-93, 187
성선(gonadotropin) 79, 279
성적 만족(fulfillment, sexual) 11-13, 18, 19,
  20, 23, 31-32, 43-44, 91
  결핍(missing from marriages) 173, 298
  결혼의 다른 측면들(other aspects of
    marriage and) 26, 92
  권리(right to) 31-32
  네 단계(four phases of) 93-103
  당뇨병에 걸린 남편(with diabetic
    husband) 289
  성취 가능성(possibility of achieving) 17-
    18, 19, 48-49, 91, 110-111, 127-128, 134,
    138
  신체적 기교의 달성(mastery of physical

technique necessary for) 91
  신체적 한계(with physical limitations)
    251-254
  완전한 결혼 생활(total marriage and)
    172-173
  책임(responsibility for) 180
성적 만족에 대한 성경적 근거(biblical
  foundations for sexual fulfillment)
  18-23, 25, 27-36, 172
성적 만족을 돕는 기대감(anticipation, as
  aid to sexual fulfillment) 125, 167,
  179-180, 187
성적 만족을 돕는 집중(concentration as aid
  to sexual fulfillment) 27-28, 101, 111,
  115, 122, 126, 129, 130, 142, 180, 181
성적 만족의 단계(phases of sexual
  fulfillment) '성적 자극', '흥분이 증가
  하는 때', '오르가즘', '휴식'을 보라.
성적 반응(response, sexual) 89, 180-181
  결핍(not achieved) 127-128
  남편에 대한 영향(effect upon husband)
    92-93, 96-97, 102, 108, 174
  상호적인(mutual) 168-169
  아내의(of wife) 101, 172-173, 174-1751,
    187
  위장된(pretended) 109, 178
  활동적인(active) 130-131, 179-182
  '상호성의 원칙'을 보라.
성적 반응에 영향을 미치는 기억(memories,
  effect of, upon sexual response) 129
성적 욕구(desire, sexual)
  방해(interruption of) 129, 131, 139-147
  병을 앓고 난 후의(after illness) 253, 255
  생리적인 단계(physiological phase of)
    89-90
  쇠퇴(decline of) 231, 248, 249-250, 255
  수준을 올리는 것(raising level of) 158,

165-169, 179-180
억압(inhibition of) 90, 147
여성의 욕구 증가(increase of, in women) 248-249
연인의(lover's) 298-299
오르가즘을 경험하는 법을 배우는 여성(in woman learning to experience orgasm) 124, 125, 128-131
임신 중(during pregnancy) 237-239
성적 욕구의 부조화(Disorders of Sexual Desire) 89
성적인 주도권(initiative, sexual) 181
성적 자극(arousal, sexual)
남편의 접근(husband's approach to wife in) 93-95, 274
부드럽게 삽입하기(decreased by vigorous thrusting) 99, 126
성적 만족의 단계(phase one of sexual fulfillment) 93-95
아내의 접근(wife's approach to husband in) 181, 274
압착 기술 훈련 중(during squeeze technique sessions) 117
오르가즘을 모르는 아내를 위한 훈련에서 (in training sessions for preorgasmic wife) 131-133
요구되는 시간(time required for) 103, 106, 274
'유방', '음핵', '질', '질 입구'를 보라.
성적 자극/흥분(stimulation, sexual) 67-68, 69, 70
남편의(of husband) 96-98, 150-151
병을 앓고 난 후의(continued after illness) 253-254
시기와 강도(timing and intensity of) 94, 278
아내의(of wife) 96-98

질(in vagina) 60, 61, 121
치골 미골근을 조절함으로써(by control of P. C. muscles) 117
'유방의 자극', '음핵', '손으로 하는 자극', '오랄 섹스', '자기 자극'을 보라.
성적 자극제(erotic stimuli) 142, 276, 288
성적 절정(climax) '오르가즘'을 보라.
성적 조절(adjustment, sexual)
필요한 시간(time needed for) 27-28, 65
학습 과정(learning process involved in) 91, 106-107, 128, 174-175, 177
성적 태업(sexual sabotage) 163
성적인 기교(technique, sexual) 26, 91-103, 130-133, 149-151
성적인 억압(inhibitions, sexual) 90, 130-134, 175, 188, 273, 274
성적인 이완, 긴장 해소(release, sexual) 31-32, 101, 108, 114, 116, 123, 127, 130, 133, 134, 136, 238, '오르가즘'을 보라.
성적인 표현에서의 이기주의(selfishness in sexual expression) 108, 109 185, 289-290
성행위 중의 움직임(movement during sexual activity) 94-95, 99-100, 101, 126
성행위에 대한 부정적인 반응(negative reactions to sexual activity) 17, 97, 105, 109, 138-139, 140-142, 147, 149, 161, 162, 174, 230-232, 249, 250
성행위에서 신체적 장애를 극복하는 것 (overcoming physical hindrances in sexual activity) 251-255
소속감, 일체감(belonging, sense of) 156-158
소음순[labia minora(small lips)] 68, 69, 98
손으로 하는 자극(manual stimulation) 60, 67, 69, 70, 96-98, 102, 109, 112, 114, 133-134, 150, 178, 238, 239, 240, 243, 250,

275-276, 289, 291
수란관(oviducts) 52, 54, 55-57, 77, 78, 213-214
수정 능력(fertility)
　본질적인 것(essentials) 222-223
　시기(time of) 77-78, 215-218
'스핀바르카이트'(Spinnbarkeit) 217
시상하부(hypothalamus) 53
시험관 수정(in-vitro fertilization) 212
신뢰(trust) 156-157, 160-161, 165-166, 178, 266
신약 성경에 나오는 종 됨의 원리
　(servanthood, principle of, in New Testament) 172
신체 검사(physical examination)
　결혼 전(before marriage) 26, 61
　발기 부전증이 있을 때(when impotent) 140, 142
　불임일 때(when infertile) 224-226, 227-228, 231
　성병(STDs and) 265, 269
　임신 중(when pregnant) 241
　정기적(regular) 281
신체 구조(anatomy)
　남성의 생식 기관(male reproductive) 81-89
　여성의 생식 기관(female reproductive) 52-70, 77-79
신체적 접촉(touching, physical)
　두려움(fear of) 147
　발기 부전 치료법으로서(in treating impotence) 149
　불임 부부(and the infertile couple) 232
　성적 신호(as sexual signal) 164
　임신 중의(during pregnancy) 242
　조루증 조절 운동에서(in premature ejaculation control sessions) 111-116

중요성(importance of) 93-94, 131-133, 156, 163-164, 166-167
· 첫날밤(on wedding night) 64-65
신혼기(honeymoon) 27-28, 64-65, 175, 187-188, 191, '신혼기의 방광염', '처녀막'을 보라.
신혼기의 방광염(cystitis, newlywed) 66
심장마비와 성생활(heart attacks and sexual activity) 251-252
십대의 결혼(teenage marriage) 288
쌍둥이를 임신(twins, conception of) 54

아가페 사랑(agape love) 44-49, 157, 166, 175-176
아내의 내적인 아름다움(beauty, inner, of wife) 172, 176, 184
아스코르빈산과 수태(ascorbic acid and fertility) 224
「아이가 없다고 불완전한 것은 아니다」 (Childless Is Not Less) 233
아이의 성별을 택하는 것(selecting sex of child) 295
아테롬성 동맥경화증(atherosclerosis) 211
알코올이 성생활에 미치는 영향(alcohol, effect upon sex life of) 140, 143-144, 291
RU 486 198
암(cancer)
　유방암(breast) 197, 282
　자궁 경부암(cervical) 58, 59, 73, 209, 264, 293
　전립선암(prostate) 87
압착 조절 기술(squeeze control technique) 110-115, 240
애무, 포옹(caresses) 48-49, 64, 65, 93-97, 131-133, 149-150, 156, 162, 163, 166-167, 181

애무(petting) 109, 293
약물(medications) '마약과 약물'을 보라.
양수(amniotic fluid) 182, 239
에스트로겐(estrogen)
    결핍(deficiency) 247, 255
    경구 피임법과(and oral contraceptive) 198
    남성의 성기능에 미치는 영향(effect upon male's sexual functioning) 144
    산모의(in new mother) 60, 81
    월경 주기(and menstrual cycle) 71, 282
에이즈, 후천성 면역 결핍증(AIDS) '성병'을 보라.
여성 상위 체위(female-above position) 99, 133, 239, 241, 252
여성의 연쇄 오르가즘(multi-orgasmic women) 102, 117, 277
여운, 잔광(afterglow) 103, 168
연합(cleaving in marriage) 21, 29, 33, 40-41, 306
영양과 수태 능력(nutrition and fertility) 224
영속적인 헌신(commitment, permanent)
    결혼에서(in marriage) 20-21, 32, 33-34, 40-44, 64
    성교에서(and sexual intercourse) 20-21
    예수 그리스도에 대한(to Jesus Christ) 23, 185
    자기 백성에 대한 하나님의(of God to His people) 20-21, 40
예수 그리스도 우리의 왕(Jesus Christ, Lord and King) 309-311
오랄 섹스(oral stimulation) 96, 259, 261, 267, 278
오르가즘(orgasm)
    남성의(in men) 97, 101-103, 238, 247, 248, 289
    도달하는 데 요구되는 시간(time required to reach) 106-107, 274
    동시에 일어나는(simultaneous) 103, 134, 277
    성적 만족의 단계(phase of sexual fulfillment) 89, 101-103
    신혼기(on honeymoon) 64, 65
    여성의(in women) 68-69, 101-103, 106, 108, 109, 117-126, 127-138, 240, 247, 289
    음핵 자극(and clitoral stimulation) 67-69, 277
    임신 중(during pregnancy) 238, 239, 240
    조루증을 조절하는 운동(in premature ejaculation control) 111-116
    즐거움(pleasure during) 101, 121-126, 178
    지속(duration of) 248
    질의 자극(and vaginal stimulation) 60, 277
    징조(approaching, signs of) 98-99
오르가즘을 모르는 아내(preorgasmic wife) 127-138
온전함(completeness) 23, 155-157, 168-169
옷을 벗음(clothing, removal of) 131, 132, 183, 187
'완전한 결혼' 세미나(Maximum Marriage Seminars) 181
외과적 출산 조절(surgical birth control) 211-214, '불임술'을 보라.
외모(appearance) 161-162, 176, 183-184
외부 생식기(external genitalia) '외음부'를 보라.
외음부(vulva) 52, 68
왕국으로서의 결혼(kingdom, marriage as) 305-311
    공격하는 것들(attacks upon) 306
    은밀함(privacy of) 305-307
    특성(characteristics of) 33

요도(urethra)
 긴장성 요실금(urinary stress incontinence) 118
 남성의(male) 82, 83, 84, 291
 비뇨기 염증(urinary tract infections) 66
 성병으로 인한 감염(STD infections in) 259, 262, 268
 여성의(female) 54, 55, 59, 66-67, 119
요도구(meatus) 84, 86
우리 몸에 제공된 감각(sensations, body's design for) 20
우울증, 성생활에 영향을 미치는(depression, effect of, upon sex life) 90, 140, 146-147, 226, 230
원생 동물성 성병(protozoan STDs) 259, 268
월경(menstruation) 279, 281
 경구용 피임약(and oral contraceptive) 194-195
 복통(cramps during) 72
 성교(intercourse during) 71, 204
 유출(and menstrual flow) 71
 자궁 내 장치에 의한 피임법(and IUD) 200, 201
 자연적인 가족 계획법(and natural family planning) 214-218
 정서적인 영향(emotional effects of) 74-76
 주기(cycle) 70-76, 215
 탐폰 사용(tampon use during) 72
 활동(activity during) 72
월경전 증후군(premenstrual syndrome, PMS) 74-76
위생(cleanliness) 94, 131, 239
유방(breasts)
 자가 진단(self-examination of) 281, 283-284
 자극, 흥분(stimulation of) 94, 96, 132, 280

 크기(size of) 280
유방 방사선 촬영(mammogram) 281
유방 절제술(mastectomy) 253
유산, 낙태(abortion)
 인공 유산(medical) 189, 198, 199
 자연 유산(spontaneous) 199, 201, 230
유전자(genes) 79
육체적 친밀함(closeness, physical) '신체적 접촉', '애무'를 보라.
윤활 작용(lubrication)
 분만 후의(after childbirth) 60, 81, 243
 신혼기의(on honeymoon) 61-62
 인공 윤활제(artificial) 60, 62, 63, 69, 81, 98, 114, 187, 203, 208, 225, 238, 243, 247, 289
 자연적인(natural) 60, 88, 95, 98, 207
 폐경기의 여성(in menopausal women) 60, 81
은밀함의 필요성(privacy needs) 92, 131, 250-251
음경(penis) 81, 82-84, 88, 95, 109, 110-116, 259, 264, 269, 286
 만지기(fondling of) 95, 97, 238
 발기 부전(impotence and) 140-143, 147-151, 152-153
 삽입(insertion of) 60, 63, 99, 123, 126, 147, 150
 삽입(penetration by) 59, 64, 100
  깊은(deep) 101, 135, 228, 238, 295
  얕은(shallow) 240-241
 크기(size of) 84, 101, 121
 '발기', '발기 부전', '포피'를 보라.
음경 이식(penile implant) 153
음낭(scrotum, bag) 82, 83, 84, 88, 224, 291
 불임의 원인이 되는 온도(temperature of, as cause of infertility) 226
 애무(caressing of) 97

정관 절제술(in vasectomy) 85, 211
음핵(clitoris) 59, 60, 64, 67-69, 88, 97, 98, 99, 114, 133, 134, 150, 239, 240, 243, 277
의사 소통(communication)
    결혼 전(before marriage) 190
    결혼 초기(early in marriage) 26, 27, 30
    발기 부전에 대해(in dealing with impotence) 149-150
    부모와 자식간의(between parents and children) 36-37
    비언어적인(nonverbal) 107, 111, 162-163, 166-169, 239, 242, 254
    압착 기술(in squeeze technique sessions) 111-114
    어려움(difficulty in) 177
    언어적(verbal) 124, 156, 159, 160, 165, 166-169, 177-178, 179-180, 185, 250, 273, 274
    오르가즘을 모르는 아내를 위한 훈련에서 (in training with preorgasmic wife) 129-133
    임신 중의(during pregnancy) 236, 239, 242
    중요성(importance of) 97, 177
    친밀함(and intimacy) 149, 155-169
    텔레비전(television and) 30
    의지적 선택(will, the choice of the) 40, 44, 49
이혼(divorce) 30, 41-42
인공적인 피임법(artificial birth control) 194-210
인유두종 바이러스(human papilloma virus, HPV) '성병'을 보라.
임신(conception)
    과정(described) 77-79
    수유 중(while nursing baby) 81, 243
    조절(control of) 191-222

    필요한 요소(factors necessary for) 222-223
임신(pregnancy) 79-80, 235-243
    검사(test for) 79
    기간 중의 성행위(sexual activity during) 239-241
    아기의 건강에 대한 위험(and health risks to baby) 239, 259, 263, 268, 293
    애무에 의한(from petting) 293
    자궁 외 임신(ectopic) 199, 260
    출산 후의 성행위(sexual activity after) 81, 243
    임신에 대한 부정적인 감정(negative feelings toward pregnancy) 237
임질(gonorrhea) '성병'을 보라.
임파선(lymph glands) 261

자궁(uterus) 52, 54, 55, 57-58, 59, 70, 71, 73
    불임과(and infertility) 222
    임신기의(in pregnancy) 78, 79, 281
    자궁 내 장치에 의한 피임법(and IUD) 198
    페서리(and diaphragm) 202
    확대(enlargement of) 137
    후굴[retroverted(tipped)] 229
자궁 경부(cervix) 58, 59, 73, 202, 204, 215, 217, 223, 228, 259, 264
    구멍(cervical os) 59
    도관(cervical canal) 58, 59
    점액(cervical mucus) 217-218, 223, 228, 229
자궁 경부 세포 검사(Pap Smear) 58, 59, 73, 264
자궁 내 장치에 의한 피임법
    [IUD(intrauterine device) method of contraception] 193, 198-201
자궁내막(endometrium) 58

자궁내막증(endometriosis) 135
자궁 외 임신(ectopic pregnancy) '임신'을 보라.
자궁 제거 수술(hysterectomy) 255
자궁 종양(tumors, uterine) 223
자궁 탈출증(uterine prolapse) 135
자기 감응 신경(proprioceptive nerves) 121
자기 자극(self-stimulation) 133, 275-276
자녀(children)
　결혼 생활에서 자녀의 위치(place of, in marriage) 186-187, 189-191
　성병으로부터의 보호(protecting from STDs) 269
　아이를 낳으라는 명령(command to bear) 20
　은밀함(privacy from) 92
　주는 행위(giving to) 189-190
　하나님의 선물(as gifts from God) 189
　훈련(training of) 186-187, 189, 288, 292
자연 분만(natural childbirth) 118, 241
자연적인 가족 계획(natural family planning) 214-218
「자연적인 가족 계획법의 기술」(Art of Natural Family Planning, The) 218
자존감과 성행위(self-esteem, and sexuality) 108, 142-143, 144, 147, 148, 161, 174, 176-177, 185, 231
「잔디밭 출입을 삼가라」(Keep Off the Grass) 293
전립선(prostate gland) 81, 82, 83, 86-87, 211, 260
　전립선 항원(specific antigens) 87
　확장(enlargement) 254
전립선염(prostatitis)
　불임의 원인으로서(as cause of infertility) 224
　성병에 의한(caused by STD) 268

성생활에 미치는 영향(effect of, upon sexual activity) 87
전립선 절제술 이후의 성생활(prostatectomy operation sex after) 86, 254
전희(foreplay) '성적 자극', '사랑-유희'를 보라.
정관(vas deferens) 82, 83, 84-86, '불임술'을 보라.
정관 절제술(vasectomy) '불임술'을 보라.
정낭(seminal vesicles) 82, 83, 85, 212, 227
정계 정맥류(varicocele) 224
정상적인 변화에 대한 걱정과 성생활에 미치는 영향(worry over normal change, and effect of, upon sex life) 148, 248, 254
정액(semen) 83, 87-88, 222
　관주, 질 세척(and douche) 88, 219
　분석(analysis of) 227
　수태를 위해 농축된(concentrated, for fertility) 228, 229
　전립선 절제 수술(and prostatectomy) 86-87, 254
　정관 절제술 후(after vasectomy) 212
　질외 사정(and coitus interruptus) 220
　콘돔(and condom) 206, 208
　'정낭', '정자 보관소'를 보라.
정액 채취(harvesting sperm) 212
정자(sperm) 55, 56, 77, 79, 82, 83, 84, 87, 229
　관주(and douche) 219
　난관 결찰 후(after tubal ligation) 213
　비하강 고환(in undescended testicle) 224
　살정제(and vaginal spermicides) 202, 204-205, 208
　수태(fertility of) 222, 223, 227-228
　숫자(count) 227
　운동성(mobility of) 227, 228

인공 수정(and artificial insemination) 228
정관 절제술 후의(after vasectomy) 212
정계 정맥류(and varicocele) 224
질외 사정법(and coitus interruptus) 220
콘돔(and condom) 206, 207
페서리(and diaphragm) 202
정자 보관소(seed resrevoir) 85
제왕 절개술(caesarean section) 294
조루증(premature ejaculation) '사정'을 보라.
죄의식(guilt)
    성교 시(in sexual intercourse) 17
    표현되지 않을 경우 성생활에서 미치는 영향(unexpressed, effect of, upon sex life) 147
    혼전 성경험(in premarital intercourse) 108
주기(giving)
    결혼 생활에서의 결과(results of, in marriage) 33-34, 42-43, 44-49, 94, 171-173, 297-303
    부모의(by parents) 189-190
    부부 문제를 해결하는 데(in solving a couple's problem) 117, 129, 131-132
    육체적 연합에서(in physical union) 92, 103, 132
주기법(rhythm method of contraception) 215
주변의 혈액 표본 검사(peripheral blood sample) 87
준비(preparation)
    결혼(for marriage) 25, 26, 27, 128, 138, 175
    첫날밤에 대한(for wedding night) 187-188
중독성 쇼크 증후군(toxic shock syndrome) 72

즐거움을 방해하는 것(ritual, as hindrance to pleasure) 182, 249
증상 체온법에 의한 피임(sympto-thermal birth control) 215-218
지루증(retarded ejaculation) '사정 억제'를 보라.
직장(rectum) 54, 55, 66, 82, 83, 119
직장 검사(digital-rectal examination) 87, 134
진균성 성병(fungal STDs) 259, 268-269, 285, '칸디다증'을 보라.
질(vagina) 52, 54, 58-61, 64, 65, 66, 67, 69, 88, 96, 97, 98, 99, 114, 115, 116, 119, 120, 121, 122, 123, 202, 203, 264, 269, 285
    질 분비물(vaginal discharge) 137, 201, 219, 228, 242, 259, 262, 268, 285
    질 입구(vaginal opening) 59, 62, 63, 67, 68, 69, 72, 98, 122, 133, 240
질염(vaginitis) 81, 134-135, 259, 286, 286-287
질외 사정법(coitus interruptus) 88, 220-221
질의 상처(bruising, vaginal) 56, 66

찬사(compliments) '배우자에 대한 감사'를 보라.
처녀막(hymen) 61-63
처진 자궁(dropped-down uterus) '자궁 탈출증'을 보라.
첫날밤에 대한 조언(wedding night, advice for) '신혼기'를 보라.
출혈(bleeding, vaginal)
    경구용 피임약(from oral contraceptives) 194, 197
    암의 초기 증세(as early sign of cancer) 73
    월경 시 과도하거나 불규칙한(heavy or irregular, during menstruation) 137

자궁 내 장치에 의한 피임법(and the IUD)
    200, 201
  첫 성교 때의(at time of first intercourse)
    63
  폐경기 이후의(after menopause) 255
충돌, 갈등(conflict) 31, 158, 159-160
측위(lateral position/ side-by-side position)
    100, 115
치골(coccyx, tailbone) 119
치골(pubic bone) 54, 55, 59, 70, 117-119
치골 미골근(levator ani muscles) '퓨보콕시
    저스 근육'을 보라.
치구(mons veneris/ Mount of Venus) 68,
    70
친밀감(intimacy) 155-169, 297-303
  노년기의(for elderly) 249-250, 256, 291
  신혼기의(on honeymoon) 187-188
  임신기의(during pregnancy) 237, 242
  정서적(emotional) 64, 65, 149, 155-169,
    185, 232-233, 277
  친밀감의 형성 필요성(need for building)
    129, 274

칸디다증[candidiasis(moniliasis)] 135, 220,
    259, 285-286, '성병'을 보라.
케겔 운동(Kegel exercises) '퓨보콕시저스
    근육 강화하기'를 보라.
콘돔(condom) 193, 206-210, 239, 266, 267,
    268, 294, '성병'을 보라.
클라미디아(chlamydia) '성병'을 보라.
키스(kissing) 93-94, 96, 100, 103, 259, 261,
    263

탐폰(tampons) 61, 72, 88 200, 276
태반(placenta) 79, 81, 293
태아(embryo) 79-80
태아(fetus) 80

탯줄(umbilical cord) 79
테스토스테론(testosterone)
  비만(and obesity) 144
  수태 능력과(and fertility) 226
  여성의 성적 반응을 증가시키는(to increase
    female sexual responsiveness) 255
  흡연(and nicotine) 144-145
텔레비전의 영향(television, effects of) 30,
    164-165
트리코모나스 질염(trichomonas infection,
    vaginal) 135, 209, '질염'을 보라.

팽대부(ampulla) 83, 85
페서리(diaphragm, vaginal, method of
    contraception) 202-204
폐경기(menopause) 60, 70, 73 195, 254-255,
    279
포피(prepuce/ foreskin)
  남성의(male) 82-83, 269
  여성의(female) 67, 68
퓨보콕시저스 근육(pubococcygeus
    muscles) 54, 88-89, 117-126
  강화하기(strengthening of) 103-123
  분만 후의(after childbirth) 118
  수축(contractions of) 101, 121-125
  조절(control of) 117-118
  '치골 미골근'을 보라.
프렌치 키스와 에이즈(french kissing and
    AIDS) 267
프로게스테론(progesterone) 71, 75, 80, 282
프로스타글란딘(prostaglandins) 72
피로와 성행위(fatigue and sexual activities)
    144, 186, 275
피임 기구(prophylactic) '콘돔'을 보라.
피임 방법(contraceptive methods) 192-222
피지(smegma) 67, 83
필요(needs, met by marriage partner) 18,

22, 31-33, 46, 47-48, 105-107, 108-109, 149-150, 168, 175, 177-178, 182, 237-238, 246-248

한 몸(one flesh) 19, 20, 21, 92, 149, 156, 278, 298, 306, 311
할례(circumcision) 83-84
항문(anus) 66, 123, 259, 261, 264, 291
항프로스타글란딘(antiprostaglandins) 72, 75
해결(resolution) '이완'을 보라.
행복한 결혼이 주는 평온함(serenity of loving marriage) 309
헤르페스, 포진(herpes) 206, '성병'을 보라.
혈정자(hematospermia) 87
호르몬(hormones) 53, 54, 70, 71, 74, 75, 80, 81, 89, 282, '에스트로겐', '프로게스테론', '테스토스테론'을 보라.
확장기(dilators) 136

회음부(perineum) 123
회음부 외부 근육(perineal muscles, external) 54
효모(yeast) '칸디다증'을 보라.
훈련 과정(training sessions) 111-116, 130-134, 149-151
휴식, 이완(relaxation) 103, 168, '여운, 잔광'을 보라.
흡연(nicotine) 144-145
흥분기(excitement phase) 89
흥분의 상실(excitement, loss of) 90, 94, 127
흥분이 증가하는 때(time of increasing excitement) 95-101

성구 색인

창세기
1:31 *19*
2:17 *19*
2:18 *19, 92*
2:20 *52*
2:24 *19, 29, 41*
2:24-25 *162*
2:25 *20*
3:16 *20*
4:1 *22*
18:12 *23*
38:8-10 *220*

출애굽기
15:26 *257*

신명기
7:14 *225*
24:5 *27*

시편
40:8 *182*
127:3-5 *189*
128:1-4 *190*
139:14 *20, 162*

잠언
5:18-19 *18*
31장 *172*

아가서
2:6 *96*
4:7 *94*

5:16 *94*
7:10 *103*
8:3 *86*

이사야
54:1 *233*

마태복음
1:25 *22*
4:4 *32*
19:5-6 *20*

마가복음
10:6-9 *20*
10:9 *41*
10:10-11 *20*

누가복음
1:34 *22*
6:38 *43*

요한복음
1:12 *310*
3:16 *40*
9:35-38 *310*

사도행전
4:12 *33*

로마서
13:8 *28*

고린도전서
6:18 *288*
7:3-5 *22, 31-32, 222*
8:1 *165*
11:3 *33, 34, 308*
13장 *46, 175*

고린도후서
4:5 *172*
6:14 *33*

갈라디아서
6:1 *31*
6:7-10 *47*

에베소서
4:26 *31*
5장 *33, 47, 297*

5:21 *33*
5:23 *34, 46*
5:24 *45-46*
5:25 *45*
5:25-28 *32*
5:26 *32*
5:31 *21, 29*
5:31-32 *21*
5:31-33 *311*
5:33 *35*
6:1 *29*

빌립보서
3:13 *31*

골로새서
3:13 *31*
3:16 *32*

디모데전서
3:4 *34*

디모데후서
1:7 *154*

히브리서
12:14-15 *31*
13:4 *23, 96*

야고보서
1:5 *32*

베드로전서
3:4 *172*
3:6 *23, 172*
3:7-8 *30*
4:8 *165*

옮긴이 권영석은 건국대 축산학과를 졸업하고, 서울대 대학원에서 교육학 석사 학위를 받았으며, 미국 풀러 신학교에서 신학을 공부하였다. 한국기독학생회(IVF) 간사 및 총무 그리고 L. A. 양무리교회, L. A. Valley 지역의 푸른목장교회를 담임하였다. 역서로 「오늘을 위한 성경적 리더십」, 「벽을 넘어 열방으로」, 「멘토링 받는 삶」(이상 IVP), 「비영리 단체 경영 핸드북」(참미디어) 등이 있다.

송경숙은 서강대 독어독문과를 졸업하였다. 역서로는 「여자들이 기도할 때 무슨 일이 일어나는가?」, 「주님, 아기를 가졌어요」(이상 두란노), 「수줍음」, 「기로에 선 남성」, 「행복한 부부 만들기」(공역, 이상 IVP) 등이 있다.

즐거움을 위한 성

초판 발행_ 2000년 4월 20일
초판 10쇄_ 2014년 12월 20일

지은이_ 휘트 부부
옮긴이_ 권영석 · 송경숙
펴낸이_ 신현기

발행처_ 한국기독학생회출판부
등록번호_ 제313-2001-198호(1978.6.1)
주소_ 121-838 서울시 마포구 동교로 156-10
대표 전화_ (02)337-2257 팩스_ (02)337-2258
영업 전화_ (02)338-2282 팩스_ 080-915-1515
직영서점 산책_ (02)3141-5321
홈페이지_ http://www.ivp.co.kr 이메일_ ivp@ivp.co.kr
ISBN 978-89-328-2522-9

ⓒ 한국기독학생회출판부 2000

책값은 뒤표지에 있습니다.
무단 전재와 복제를 금합니다.